苏州大学校史丛书

总主编 王卓君 朱秀林

东 吴 春 秋

东吴大学建校百十周年纪念

东吴大学上海校友会
苏州大学上海校友会 编

苏州大学出版社

图书在版编目(CIP)数据

东吴春秋:东吴大学建校百十周年纪念/东吴大学上海校友会,苏州大学上海校友会编.—苏州:苏州大学出版社,2010.4
(苏州大学校史丛书/王卓君,朱秀林主编)
ISBN 978-7-81137-469-8

Ⅰ.①东… Ⅱ.①东… ②苏… Ⅲ.①东吴大学—纪念文集 Ⅳ.①G649.285.33—53

中国版本图书馆 CIP 数据核字(2010)第 073653 号

东 吴 春 秋

东吴大学建校百十周年纪念

东吴大学上海校友会
苏州大学上海校友会 编

责任编辑 施 放

苏州大学出版社出版发行
(地址:苏州市十梓街 1 号 邮编:215006)
丹阳市教育印刷厂印装
(地址:丹阳市西门外 邮编:212300)

开本 787mm×1 092mm 1/16 印张 27.5 字数 702 千
2010 年 4 月第 1 版 2010 年 4 月第 1 次印刷
ISBN 978-7-81137-469-8 定价:49.00 元

苏州大学版图书若有印装错误,本社负责调换
苏州大学出版社营销部 电话:0512-65225020
苏州大学出版社网址 http://www.sudapress.com

苏州大学校史丛书编审委员会

总　　序

苏州大学的历史，追溯最早源头，自东吴大学创办至今，已经一百多年了。

历史的偶然性往往使人们惊异不已。近代中国第一所西制大学不是诞生在浸润着欧风美雨的上海等沿海大都市，而是诞生在有着深厚的古老历史文化传统的姑苏。对历史偶然性的惊异又总会激发人们对历史必然性的思索。正因为苏州有着上千年崇文重教传统，才会在近代新的历史条件下宽容地接受了一所异质的教会大学。正因为苏州有着发达的科举文化，当甲午战争失败给社会以空前刺痛之时，才会有一群科举士子毅然转向西学以救亡图存，为大学的兴办创造了难得的生源与际遇。正因为苏州不是沿海大都市，在近代社会转型之际，它更少都市的商业喧嚣，以厚重的文化素养使现代大学茁壮成长……

鸟瞰苏州大学的百年历程，名校汇聚，群贤毕至，千帆竞发，如同百川归流，激荡成壮阔的历史长河。1952 年院系调整，苏南文化教育学院、东吴大学文理学院及江南大学数理系合并组建苏南师范学院，不久更名为江苏师范学院。1982 年，江苏师范学院改为苏州大学。苏州蚕桑专科学校、苏州丝绸工学院、苏州医学院又先后于 1995 年、1997 年、2000 年并入苏州大学。星移物换，万象更新，今日之苏州大学正跨越世纪，攀上历史的高峰，前面是更为辉煌的未来。

这套丛书将向您展开苏州大学一百多年的历史长卷。我们希望，她所承载的历史文化积淀，以及附丽其上的历史记忆、历史评论等等，能让您开卷有益。

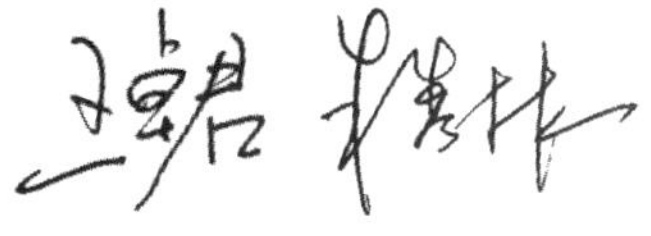

Preface

The history of Soochow University today can be traced back to the establishment of the former Soochow University (1900—1952), one of the earliest universities in the country over a hundred years ago.

Amazingly, the first modern Western university in China wasn't born into the coastal metropolis like Shanghai which had been westernized much earlier, but coincidentally in the ancient city of Suzhou which enjoyed great cultural profundity and historical tradition. This amazing coincidence certainly inspired people to reflect its inevitability. It was Suzhou's traditional homage to culture and education that nurtured an open field to a mission university from the West. It was also its developed Imperial Civil Service culture that enabled a group of Suzhou elite scholars to determinedly turn to Western learning for the survival and revival of the nation after the humiliating Sino-Japanese war in 1894. Furthermore, it was the non-coastal metropolis location that made Suzhou less commercialized during the social transformational period and favored, with its rich cultural attainments, by education pioneers. All these helped to create rare opportunities for an institution of higher learning and its maturity.

The centennial history of Soochow University has witnessed mergence of well-known institutions, assembly of the virtuous, and prosperity of attainments, and continuation flows of historical development. During the national reformation of colleges in 1952, Southern Jiangsu Teachers' College, very soon as Jiangsu Teachers' College was formed on the mergence of the School of Liberal Arts and Science of the former Soochow University, Southern Jiangsu College of Culture and Education and the Department of Science of Jiangnan University. Soochow University was renamed in 1982, and in 1995, 1997 and 2000 respectively, Suzhou College of Sericulture, Suzhou Institute of Silk Textile Technology and Suzhou Medical College were merged into Soochow University. With great changes, Soochow University in the 21st century is renewing itself with each passing day for the peak of its historical glory and bright future.

The book series are opening a demonstrative display of the centennial history of Soochow University. It is sincerely hoped that the accumulation of culture, to which historical memories and comments attached will provide readers a beneficial review of the University.

Wang Zhuo-jun　Zhu Xiu-lin

《东吴春秋》编审委员会名单

序　一

江　涌

在苏州大学即将迎来110周年华诞之际，应邀为《东吴春秋》作序感到十分荣幸。当合上书稿的最后一页，我明白，这个任务我是义不容辞的。

苏州大学的主要前身是创建于1900年的东吴大学。作为全国最早创建的现代高等学府之一，东吴大学是中国第一所以西式教育方式办的大学、第一所创办学报的大学、第一所开展研究生教育并最早授予硕士学位的大学、第一所开设法学专业的大学。在建校之初，东吴以“养天地正气　法古今完人”为校训，确立了“注重学业，培养品格，树立优良学风，提倡服务精神”的办学宗旨，培养了一大批德智兼备、中西融贯、享誉中外的学术大师和著名学者。如今，东吴校友遍布海内外，他们用智慧造福于当地社会，做出了非凡的成就，也为母校赢得了荣耀。

意气风发少年壮，衔环结草学子归。在母校110岁生日即将到来之时，在上海东吴大学校友会的积极倡议和精心组织下，部分校友怀着对母校的深厚感情，回忆往昔在校学习生活的点点滴滴且编著成册，以飨读者。无论他们用什么语言形式，讲述什么趣闻轶事，都是用心和爱去写出了他们对母校最虔诚、最真挚的思念和感激，是对母校辉煌历史的真实记录和再现，也是为母校校庆献上的一份珍贵贺礼。当代苏大人和立志创建一流大学的高校工作者，亦可从书中获取诸多启迪和不竭的精神动力。

是为序。

2010年4月28日

（作者系苏州大学副书记、副校长）

序　二

顾念祖

2000年，东吴大学在上海的校友们数百人结伴乘大客车去苏州庆祝母校百年华诞，盛况如在眼前，倏忽又迎来了母校110周年大庆，真是三生有幸。十年仅是一瞬间，东吴校友大多已届耄耋之年，可是对母校的感恩和眷恋却更加炽热。早在两年前上海校友们就在盘算着如何庆祝，提出了不少建议，其中编辑一本纪念文集献给母校，表达"永念系东吴"的深情厚意，获得一致赞同。随即着手征求稿件，应征者异常踊跃，打消了我们对稿件不足的担心。许多老校友穿过时光隧道，打开了记忆之门，或查找资料，或互相启发，戴起老花镜，握笔手微颤，严肃认真，力求详实，钩沉出深厚的师恩、同窗的情谊、年轻时的趣事。负责编辑的校友更付出了艰辛的劳动。囿于条件，缺乏电脑、复印等设备，他们想尽办法克服困难，出色地完成了校友们的期望，我想广大校友是不会忘记感谢他们的。

东吴大学如同一棵参天大树，根深叶茂，至今郁郁葱葱，欣欣向荣；犹如一部鸿篇巨著，耐人阅读，受益无穷。百年来，名师辈出，人才济济，为国家、社会培养出大批人才，有不少是国内外著名的科学家、文学家、社会活动家，我不用也难以在此一一列举。以名闻遐迩的法学院来说，过去有"南东吴北朝阳"之说，朝阳现已很少有人提及，而东吴的影响绵延至今。东京审判、审判"四人帮"、编辑《英美法词典》都有东吴学子的身影。建国后有相当长一段时间东吴似乎偃旗息鼓，则非东吴人之过。1954年制定的新中国第一部宪法，出现了法律术语翻译的错误，如有东吴法律人参加，定可避免。记得2000年苏州大学举行东吴英才、著名法学家杨兆龙先生诞辰百年纪念会时，有位北京大学著名法学教授发言中盛赞东吴法学教育，坦陈至今国内无出其右。前不久我偶然遇到一位在电子企业工作的女青年，她忽然问我是否是东吴大学的。我感到非常惊讶，因素不相识，忙问究竟。原来她是外省一所大学法律系毕业生，在校时一位法学老师在上课时谈到东吴法学院的辉煌历史，使同学们印象深刻，肃然起敬。从此她对东吴的历史感到兴趣，电脑中保存了有关信息。这次是在苏州大学上海校友会网站上看到7月份苏大同学来沪采访东吴老校友活动的一张照片，从而认出了我。其实何止是法学专业，其他如历史、生物、化学、体育等专业均有优秀业绩，培养了不少知名学者和优秀人才。东吴大学不仅是学术的殿堂，也是铸造人格的基地，这是东吴成功和凝聚力之所在。百年东吴，百年校训，至今苏州大学仍沿用“养天地正气，法古今完人”的校训，树立了良好的校风和学风，熏陶了一代又一代学子。人生的精神信仰、价值取向、为人处世都找到了正确定位，解决好人生第一要义——如何做人，产生了巨大的人格力量，如能坚持不懈，就可能在人生之路上不断趋近完人。东吴法学院当时没有高楼大厦和现代化的物质条件，没有奢靡之风。而苏州大学则由于改革开放，国力大增，学校与时俱进，与国际接轨，硬件建设与昔日东吴不可同日而语。这些都是时代的烙印。但是，过去东吴大学和现今的苏州大学，在校风、学风上都一脉相承，至少我没有听到出现过目前有的大学出现的抄袭剽窃、买卖文凭、泄露试题等学术腐败和“学店”作风，这是最值得我们骄傲的，也是在庆祝校庆时感到欣慰的。以上所述只是浮光掠影，在《东吴春秋》纪念文集中，校友们各有记述，虽然也只是雪泥鸿爪，却已可看到东吴这棵大树、这本大书的梗概了。经过上百年探索，我国终于找到了一条符合国情、顺乎民意、行之有效、举世瞩目的建设中国特色社会主义国家的道路，全国人民正满怀信心从事振兴中华这一伟大事业，校歌中唱道：“国运待昭苏”，现在国运已昭苏了。对我们母校，我们也充满信心，同时也有几点愿景：一是早日恢复东吴校名；二是加紧培育出一大批国内外有影响的学者；三是薪火传承，发扬光大，重振东吴雄风，显示教学特色。

2009年国庆60周年前夕

（作者系东吴大学上海校友会会长）

目　录

一、东吴岁月

回忆母校东吴大学

物理系35届　许葆钧

我原籍江苏无锡，幼年时，在无锡积余小学读书，1926 年考入无锡辅仁中学（圣约翰大学校友所办学校）。记得国文老师张子惠先生讲解“三国”时，盛赞东吴，东吴建都建业，即今南京，苏州为其重镇，当时称为吴郡。与魏蜀两国位置相对来说，吴位于东，故称东吴。东吴位于长江中下游与东南沿海一带。江苏南部与浙江北部地区经济富康，文化发达，尤以吴主孙权善于用人，鼎盛治理一方，政治清明，深得人心，东吴美名久远。所以美国人于清末来江苏办大学，取名东吴，盖有颂扬之义。东吴大学与北京之燕京和辅仁、上海之圣约翰和同济、杭州之江均为名牌大学。

我家境仅属小康，苏州消费较低，离无锡近便，投考了东吴大学。“东吴”在城中东南角葑门内，地名天赐庄，占地范围约 100 亩，附近有博习医院、景海女中。

东吴大学 1900 年 5 月由美国监理公会（后称卫理公会，Methodist Church）在苏州筹建。11 月间美国人孙乐文（D. L. Anderson）首任校长，当时学校定名为东吴大学堂，英文校名为 Soochow University（soochow 为当时常用的威妥玛拼音）。

东吴大学的宗旨为注重学业，培养品格，树立优良学风，提倡服务精神，校训为“UNTO A FULL GROWN MAN”。学生必读中文，中英文并重。

校园处于葑溪之西，胥江之东，有大城市罕见的奇胜而少繁喧，诚为用心求学的理想学府。学校有三院即文、理、法学院。文、理学院在苏州，法学院在上海。当时校中有教授、副教授、讲师、助教等百余人。

东吴大学于 1901 年 3 月 20 日在苏州正式成立开学，至 1927 年潘慎明教授任代理校长。是年夏季，校董会推举东吴毕业生杨永清为校长。杨校长曾于美国华盛顿大学学习，并为威斯康星大学研究生，获得政治学硕士学位，1930 年又在佛罗里达南方大学获得法学博士学位。

杨校长就职后，改校训为“养天地正气，法古今完人”。学校增添理科实验设备，正式招收女生，文科开展各种社会调查，理科注重实验操作，法学院增设中国法课程，与英美法并重。

1931 年，我考入东吴时，杨永清校长兼任文学院院长，化学教授潘慎明任理学院院长，文学院设有中文、历史、教育学、英文等系，著名教授、副教授有张梦白、美籍许安之（D. L. Sherertz）、孙蕴璞、凌敬言，理学院设生物学、数理学及化学三系。

1931 年，李庆贤先生由美国学成回国，改数理系为物理系，李任主任。理学院学生，应选一门主科，两门副科。我以物理为主科，数学为第一副科，化学为第二副科。

东吴实验大楼在葛堂，有三层，一层物理，二层生物，三层化学。东吴生物实验设备及材料全国有名。

关于英文课，几位老师热忱负责。如美籍老师费德乐女士（Miss Whitlow），30多岁，讲英文文法和读本。她讲课时，讲台上放一闹钟，开始上课叫两三位学生上黑板，规定在两三分钟内做完规定的练习，时间到钟声响即令学生停止。当场评分，佳则表扬，劣则批评。以1优、2良、3中、4庸、5和6不及格评分，如评为5、6，俗称“吃鱼肉”，即不及格，促使学生必须认真学习，力求进步。

不料开学不久，即发生“九一八”事变，日本帝国主义侵略我东北，全国人民为挽救民族危亡，掀起汹涌澎湃之爱国救亡运动，全国各地学生组织请愿团到南京请愿要求抗日，东吴也有不少学生参加。在此情况下，学校停课一段时间。1932年1月28日，日寇在上海发动进攻，我十九路军英勇抵抗，因此东吴第一学期课程未能完成。学校规定我选读日语为第二外国语，于1932年暑期补课，完成学业，才得学分。由日本东京帝国大学毕业的章赋浏先生教授日文，为期一年，章老师讲解文法与读本由浅入深，条理清楚，容易理解掌握，听章老师的课又能领会不少教学方法。

美籍英语老师德丽霞兰女士（Miss L. J. Tuttle）年近半百，教学经验丰富，讲解生动如讲故事，并关心我辈大学生活，只要有同学贪玩不用功，即很生气。一次她在课堂上对全班训话，说：“你们年轻人，怎么常到观前街吃点心、白相[Now you young man, go to Quan-chien, eat dianxin (light refreshments) and baixiang (enjoy and amuse yourselves)!]!”“白相”为苏州土话，意为玩耍浪费光阴。

美国老师惠廉士博士（Dr. M. O. Williams）教我们社会学及古代文化，记得他上课第一句话常说你们大家要珍惜时间（Anyone of you ought to know valuing one's time）。他讲古代文化，包括亚洲、非洲，如数家珍，极为娴熟，如有些不常用的词语如harpoon（鱼叉）、taboo（禁忌，戒律），几十年后，我还常记不忘。惠廉士老师非常关心学生学习，经常利用机会和同学们用英语谈话，或用便笺写英文短信，要求学生用英文作复，周末邀请同学到他家作客，谈天吃茶点。美国师母和蔼可敬，有子女2人，活泼可爱，请苏州保姆在家带养。惠廉士夫妇对我们颇亲热，谈天话家常，使我们学会地道美语。惠廉士老师对学生恩情甚笃，但评分正确，不送分数。据东吴大学建校90周年纪念刊记载：惠廉士老师家住美国新泽西州，1992年，曾偕夫人来中国访问，重游东吴校园并参观其故居，当时他们夫妇年近90，常有贺卡书信寄达校友。

另一位美国老师文乃史博士（Dr. W. B. Nance），曾于1922年任东吴大学校长，增设生物供应处，所制作之生物标本为全国和南洋一带及欧美各学校争相购买。1934年，文乃史老师教我们伦理学，讲课非常风趣，深入浅出，曾说一般人总是偏爱自己子女，中外皆然，并用苏州方言说“瘌痢头伲子自家格好”，引起同学哄堂大笑。他上课时一面讲一面观察学生是否注意听讲，他在课堂内来回走动，使学生不敢在上课时做其他作业。

美籍老师葛海伦女士（Miss Helen Clark）教英文文学，每次上课均提问打分，每节课指定课外阅读课文20—30页，使学生多自学，保证进度，收事半功倍之效。她常邀请同学到她住所进行英语会话，有一次同学回家结婚返校后，在补办请客时特别请葛海伦老师赴宴，因她不习惯与大家共餐，于是各种菜先分与她，中餐西吃是她生活中第一次，在吃得开心之时，葛老师说："中国学生尊师诚笃，勤奋学习，自己更喜欢在中国任教并喜居中国，教师在中国为中国社会所尊重，在中国所见，多是中国文化和社会之优点，此乃一个人生活之要素，也是人生之价值。"葛老师谆谆教诲，同学们深受感动。

东吴自杨校长1927年莅任后，开始招收女生，可谓较早开男女同学之风气，但学校对男女学生管得极严。男女同学在一起讨论学习方面问题，虽然颇热烈，但极少串门，更少谈情说爱之事，衣着摩登者也少见，校风非常良好，师生之间感情甚是融洽。几次春假节日组织游览无锡太湖、惠山及苏州虎丘、天平山、天池山名胜，不分院系随意参加。

东吴对体育极重视，体育课在一二年级开设，由赵占元、王守方等老师授课，一般在操场及健身房进行基本训练及田径运动，并请苏州著名武术家戴老师授课，包括少林拳及刀剑等器械运动，算入学分。我也参加东吴武术班，为一门正式体育课，物理系蒋纬国同学也认真参加。

东吴在学校附近办一小学名惠寒小学，教师都由东吴学生担任，不发工资，属义务性质，目的在服务社会，培养家境困难的失学儿童。学生入学，免收一切费用，书籍用品全由学校供给，东吴附中及大学学生毕业于惠寒小学者不少。1932年至1933年间我在惠寒小学教自然课，并自己出钱购买奖品，奖励成绩优良学生，我既是东吴学生，又当小学老师，内心倍感荣幸。

韶华易逝，四年美好的大学生活，转瞬即告结束，1935年秋季我毕业离别母校，踏上教学工作岗位，历任中学、中专、大学各级学校教师，中间经抗日战争时期，先后任教53年，并曾在军训部军官外语班及成都黄埔军校任教。1962年至1978年在新疆塔里木农垦大学任教数理课。1978年起因工作需要改教英语课，经塔里木农垦大学上报评为英语教授，1980年被评为物理副教授并批准入党。水有源，树有根，凡此一切均为当年母校培植之恩所赐。(2004年农垦大学发展为新疆塔里木大学，系综合性大学)

东吴大学从1900年至1952年经历半个世纪，文理法三学院共毕业3 000余人，其中费孝通、雷洁琼、赵朴初、谈家桢、顾翼东、吴芷芳、李政道、许国璋、蒋纬国等校友均为著名学者、教授、社会名流、科学家、政治家、军事家，其中老前辈如谈家桢曾任东吴大学上海校友会会长，张梦白曾任东吴大学苏州校友会会长。1961年开始，台北东吴大学扩建，设文、理、外语、法、商等学院，成绩卓著，东吴声誉，跨越海峡。

综观东吴大学过去与现在，其影响所及，实为深厚。东吴校训"养天地正气，法古今完人"，无论海内外始终熠熠生辉。

东吴校歌中指出"辅国维才，广才维学，众望注东吴，古今完人，天地正气，更勉以同符"，乃我辈东吴人之座右铭。东吴办校至今即将达110周年，当遵循校训，继续努力，将母校精神发扬光大，在中华历史上写下光辉灿烂之一页，媲美其他高等学校，共同留芳百世。

许葆钧于2009年，时年93岁

培养中国的近代法律家:东吴法学院

艾莉森·W.康纳 香港大学法学院 王健 译 贺卫方 校

一、导　　论

1912年到1927年中国建立了大量法律学校,在这些新型的法律教育机构中,最具影响的一所就是东吴法学院。东吴法学院专门强调"比较法"的训练,并长期维持着比较法研究在其课程设置上的重要地位。除此之外,它还提供一门"英美法"的正规课程,是采用判例教学法仅有的法学院。

东吴法学院在民国时期为中国近代法律职业的出现做出了贡献,它是中国南方最著名的法学院,在20世纪20—30年代,其毕业生在法律职业和民众生活中发挥了突出的作用,而且上海法律界几乎任何一个有影响的人物都多少与东吴法学院有关。

在当代中国,既然法律教育已在很大程度上得到重建,那么,东吴法学院的经验和做法或许值得再度借鉴。本文的目的是要分析东吴法学院早期辉煌业绩的起因及其在中国法律教育史上的普遍意义。

二、东吴法学院的教育使命

1. 比较法教学

比较法律学院最根本的任务,即是关于中国法律教育特有的目标或宗旨的界定。当东吴法学院在1915年创办之时,中国既没有颁布其主要的法典,也未充分地建立起新型的法律制度。若干年后,即在1923年教务长刘伯穆看到了中国法学院所面临的三个主要问题:极其低劣的学术水准,司法职业道德的欠缺和为法律学生提供一种适当教育的困难。这些问题在整个20年代和30年代都一直成为东吴法学院所关注的问题,而东吴所采取的解决办法对于法学院及其从事法律职业的毕业生都产生了重要影响。

首先,其最基本的问题就是为学生提供一种"适应这个国家需要的法律教育"。东吴法学院的回应是讲授比较法。从一份早期的课程表上看,东吴法学院的目标是要"使学生充分掌握世界主要法律体系的基本问题,以培养可为中国法学创新做出贡献的学生为宏旨"。因此,学习的内容涵盖三种不同法律体系中各种广泛的课目(尤其注重英美法)。学生们选修了大陆法、英美法和中国法的课程,校方的指导思想是:在学习这三种法系之中基本的法律领域知识的同时,他们会自觉地对这些法律做出各种比较。副教务长孙晓楼就指出,如果中国的法律家研究了别国的法律,他们就会改进中国的法律,并由此而免为外人得到借口。

东吴法学院在讲授比较法方面始终保持着深度和广度——30 年代东吴的比较法课目一直占课程体系的三分之一。当时的课程就有(1) 中国法,(2) 近代大陆法,(3) 英美法,(4) 罗马法,(5) 国际公法和国际私法。比较法选修课有各国法制史和各国刑法比较,涉及古今法律,称为“纵横兼有的方法”。1937 年当法学院的教学计划最终由 5 年减为 4 年时,比较法教学仍为法学院所要求,而且后来的学生仍为法学院注重外语和涉外关系所吸引。甚至在 1949 年后,东吴法学院的教授们还保留着他们在法学院讲授比较法使命的信念,因为它“始终是该学院的特色所在”。

直到 1949 年,英美法(如一般性的比较法)始终保留了其在东吴法学院的特殊地位。更重要的是,英美法教授都至少在美国或英国完成过某方面的研究,而且他们是运用美国的判例法而不是讲授法进行教学,即教学用判例教材,让学生不看教材,在课堂上讲述判例内容。因而,这种“比较式的”普通法学习对东吴法学院的毕业生最终有着巨大的实际用途——由于其熟练使用英语及其对普通法制度如同本国法律家一般的通晓而使他们能够娴熟地处理公共租界里的涉外事务。

2. 教育水准

教务长刘伯穆在 1923 年就指出,当时中国的许多法学院教育水准普遍欠缺,教学内容贫乏,教科书不足,以及录取(甚至毕业)的学生不合格,这些问题的解决在于将入学要求提高到至少修满二年大学,才进东吴法学院的做法。

30 年代中期,东吴法学院的预科必修近代史、社会学、政治学、经济学、心理学和伦理学等课程。这种“构想在于一个法律家应该懂得有关各方面的知识”。所以,学生在从事其职业训练之前必须学习各种广泛的课程。当时,东吴法学院仍要求 5 年的学习(大学 2 年加上法学院 3 年),而不执行国立教育机构所规定的 4 年制。

学生一旦被法学院录取,就要保障学习的质量,这对东吴法学院和东吴大学是同等重要的问题。东吴法学院并非文凭作坊,学生的大部分时间都要上课,并要在各门课程中保持着满意的成绩,否则他们会被勒令退学。

有关教育水准的另一个议题就是上课时间的安排,东吴法学院的上课时间是在傍晚前后,这样就可以使上海有抱负的学生一边工作,一边学习。1928 年前后,东吴法学院曾经创办过一个单独的日课部,但因学生太少而放弃,直到 40 年代,东吴法学院才能连贯地开设日课部和夜课部。孙晓楼坚持认为夜校是适应中国社会需要的:国家贫穷,大学不能充分扩大其学生数额,社会经济萧条已使许多学生放弃了全日制教育。事实证明,在东吴法学院同时完成工作和读书的毕业生,其毕业后职业上的成功要比大部分日校的毕业生来得大。

为努力提高法学水准,法学院于 20 年代后期增设了研究生学程。法学院的研究所(中国极少数研究所之一)开设了通向法学硕士学位的两年制课目和研究学程。

3. 道德标准

法学院面临的第三个问题涉及法官和律师的道德品质,在缺乏一种为道德规范所约束的独立的法律职业的悠久传统的社会中,这是一个严峻的问题。刘伯穆认为,解决低劣的道德标准问题,在于伴随着法律教学的同时讲授伦理学,并强调道德的价值。在其他的法学院几乎不讲的情况下，继续开设伦理学课程。孙晓楼主张法律伦理课应作为一年级的一门必修课，他认为，法律学生至少应被赋予他们对社会所负真正使命及其责任的某种观念。

4. 学生的校园活动

东吴法学院组织并鼓励形式多样的学生活动，比较法学习和社会责任在这些活动中得到了反映。例如，法学院要求所有的学生参加模拟法庭。这种课每两周上一次，学生充当代理人、证人和陪审员及律师，法官以及教员则担任开庭的法官。举办这种正式的开庭活动在当时非同寻常，因为多数法学院很少关注实务训练。在40年代，东吴法学院还为学生设立了一个法律救助社。

一项更为持久性的活动就是出版东吴法学院的法律期刊，它是在一个教授组成的编委会监督管理下，由学生编辑的。他们编的这份季刊实际上是两种出版物，一种是英文版《中华法学杂志》，另一种是中文版《法学杂志》。投稿者主要是东吴法学院的学生、教师和毕业生。上海中外律师界的开业律师和法官也向该刊投寄稿件。该刊发表的英文论文关注中国法，而中文论文则重视外国法。该杂志的第二个目的是要“促进有关这些法律原理的比较研究”。这样，探讨法律的比较方法得到了强调，这个方法将是为中国构筑其自身法律的最佳途径。第三个目的是要“在中国广泛地扩展这些法律原理的知识，以为法律改革作准备”。总之，该杂志的编辑方针“不只是复述现行的法律，而且还要表明法律应当是什么”。

除编辑法学杂志和开设模拟法庭外，学生的毕业纪念册还表明东吴的学生参与了丰富多彩的其他活动。20年代初，学生积极参加了上海众多的社团组织以及学生自己的管理机构，学生作为代表定期参加上海学生联合会。

三、法学院的教授

初期，东吴法学院的导师都是从上海的国际律师行列中选取出来的，而且有很多美国人。后来，有更多的华人加入了法学院，教师逐渐“本国化”了。1927年，东吴大学提名盛振为做第一任华人教务长，吴经熊为法学院首任华人院长，他们两位均是东吴法学院的毕业生，并分别毕业于美国西北大学和密歇根大学法学院，都在南京国民政府的法律发展中发挥着积极作用。教务长盛振为与法学院的联系一直保持到法学院关闭。更为闻名的是，他是1946年中国宪法的一位起草人。

东吴法学院有能力吸引（并保留）其他富有才华和出类拔萃的毕业生，如上海律师界的头面人物陈霆锐，他在密执安大学研究生毕业后返回东吴任教。孙晓楼在美国西北大学获得博士学位后回到上海，在30年代，他是一位出色的法律教育家，经常撰写有关法律教育的论著，并担任法学院的法学期刊编辑。

40年代后期，法学院也开始聘用本校的女毕业生。1947年，教师中有5名女性，其中有两人讲授法律，即程秀玲和谭铭德。她们两人在纽约大学法学院取得法学博士学位后于1946年进入法学院任教。

当时，大部分导师都是兼职的，但他们长期在法学院任教，并且主动地参与法学院的事务。很多教师也是很优秀的,受欢迎的兼职教师有刘世芳和张正学,他们两人于20年代后期到法学院任教,并在此从教20多年。

总之,在东吴的毕业生看来,法学院的"教学水平很高,而且教师是严格执教的",东吴的"教师都是非常优秀的"。在访谈中,先前的学生对无论是英美法教授,还是大陆法教授,无论是外国教师,还是中国教师都表达了感激之情。

四、东吴法学院的历史贡献

由于特别注重教育水准、职业道德和比较法教学,东吴法学院对民国时期中国处于形成时期的法律制度建设做出了具有重要意义的贡献。首先而且是最显著的贡献是,东吴法学院培养出了众多的法科毕业生,由此而造就了大批律师、法官和法律教师,仅在法学院最初20年里,就有72名毕业生在高等学校从事教学工作。一些校友作为法律教师和立法起草人更加突出了东吴毕业生的作用,同时还有一些与法学院密切关联的杰出法官。东吴的毕业生展示了多方面的才华,在他们各自的工作中大显身手,而且很多人在法律界占据显赫的位置,就像在当时的名人录中一致证明的那样。

东吴法学院的研究和教学风格对法律学术也做出了同样重要的贡献。例如,东吴办的《法学杂志》发表了高水平的论文,而且它保留了对于那个时期进行研究的重要材料。此外,在许多课目中采用的判例教学法,要比当时的法学院一贯风行的那种照本宣读和死记硬背式的教学更富有创造性。另外,法学院的许多教师除积极参加立法起草活动外,在20年代和30年代对学术的全面促进和对涉及全国性的重大事务的讨论,也起了非常有益的作用。

当时国民政府力图控制法律教育,他们并没有把法律看得比科学和技术更加重要,甚至还把法律视为危险之物而认为有必要加以限制。东吴法学院体现了一种全然不同的而又颇为宏大的法律教育观和法律职业观,即这是一种受到道德和职业约束的职业,而且法学院的教师还通过他们的教学活动和示范作用极力展示其神圣职责和这种高尚特性。在这个过程中,东吴法学院有助于在中国引导并发展一种近代的法律职业观念——私人的并且是独立的,具有较高的任职标准,符合伦理的行为和强烈的社会责任感的法律职业。

东吴法学院的各种档案和毕业纪念册以及对其大量毕业生的访谈都表明,学生和教师们都一致认为他们的法学院独具特色,并且为此感到无限的自豪。

尽管东吴法学院以一种外国模式为基础,并且讲授外国法,但它最终不是外国教育机构的一个仿制品,它为众多胸怀抱负而又充满热情的青年提供了社会活动的坦途。

1989年"东吴比较法进修学院"得到政府的批准,开始为从事涉外经济工作或法律职务的专业干部开设课程,东吴法学院的教育模式又可以得到延续。

(本文为节略文本)

永念系东吴

生物系37届　殷恭毅

我在1928年秋考入东吴大学附属苏州一中,1933年高中毕业后考入东吴大学生物系,1937年获得理学士学位,我是在东吴受业、生活长达十年的老校友。

我就学东吴时,正值杨永清校长掌校时代,正值东吴大学大发展时代,是苏州天赐庄东吴校园建设新旧更替、逐步发展的时代,也是不幸遭逢日寇入侵,抗日战争发生,东吴迁校乃至颠沛流离的时代。

一、杨永清校长治校的功绩

杨永清先生于1927年10月下旬到校就任校长。他立即向国民政府申请立案并制定了中文校训"养天地正气,法古今完人",镌刻在校门内侧,又制定了校徽、校旗,并在三首中文校歌外又补充了四首校歌。这七首校歌彰显了东吴大学的神韵。

杨永清校长治校时期,完备了学校规模并进行了教学改革。

(1) 增收女生,改为男女同校。东吴大学早在1920年就试招收女生,当时社会风气极闭塞,舆论大哗。东吴附中大约从1932年开始招收女生,1929年东吴建造第一栋女生宿舍。

(2) 调整学校规模体系。东吴大学创立后逐步发展为一个庞大完整的教育体系。大学有苏州的文理学院、上海的法学院,附属中学有苏州第一中学、上海第二中学、湖州第三中学、无锡第四中学。

苏州文理学院内文学院设教育、政治、经济、社会、中文、体育等系,理学院设生物、化学、物理三系。生物系内设医预科及护士学预科。生物系是东吴强项,招收硕士研究生,还设有东吴生物材料处,以显微切片著称,享誉国内。

杨永清校长在调整学校体系的同时加强校区建设,原有的建筑主要是三座教学大楼:林堂(纪念当年东吴创办人之一林乐知而命名)、孙堂(纪念第一任校长孙乐文而命名)、葛堂(纪念东吴创办人之一,第二任校长葛赉恩而命名)。另外,当时大操场南端有一座砖木结构铁皮屋顶的男生宿舍。

杨校长于1929年开始着手筹集资金扩大基本建设。他的募捐标语是"人人尽力,个个有份"。首先筹划建造男生宿舍子实堂,1930年开工,1931年秋季开始使用(子实堂的名字是为了纪念教育家曹子实),建造的经费一部分是向教师和学生家长募捐来的。

1930年,杨校长即动用李维格先生设的奖学金一部分和募捐款兴建另一座学生馆舍维格堂,1930年开工,1932年初夏落成。

司马德游泳池建于1929—1930年，位于体育馆后方东南角，以纪念美籍教师司马德在东吴力倡体育的功勋。他推动了东吴大学创办二年制的体育专修科。

体育馆建于1935—1936年，是拆了老健身房和旧房并靠募捐建成的。为了省钱，体育馆的外墙系利用砖瓦厂烧僵的废砖砌垒而成，别具风格。

在兴建体育馆的同时新建了一栋女生宿舍和教员住宅。

由以上所述可见杨永清校长对于东吴大学建设的贡献有多大。但也应该看到，这是全体东吴人，包括各学院院长、各行政部门的负责人和全体老师精诚团结、密切合作的结果。东吴精神令人钦佩。

二、母校变迁

抗日战争爆发，东吴迁校。1932年"八一三"事变，日军进攻上海，战事开始后第三天，日寇飞机轰炸苏州，学校接到政府命令，要求所有学校一律迁到安全地带。苏州文理学院于10月迁到浙江湖州东吴三中复课，苏州一中迁到浙江南浔租用民房复课。但到11月5号，日军偷袭杭州湾登陆，上海抗战失利，杭嘉湖地区危急。1937年11月16号，杨校长宣布学校临时解散。

抗日战争时期的东吴大学。学校解散后师生在惶恐中各奔东西逃难，大多数教师滞留在皖南屯溪、绩溪一带，最后都退回上海。法学院和文理学院及苏州一中、湖州二中租借南京路上慈淑大楼及慕尔堂复课，偏安一时。太平洋战争爆发后，日军占领了租界，东吴大学停止办学，在上海又经历了隐名办学、游击式授课的折腾。1945年抗日战争胜利后才得以回归苏州原址办学。

三、我观东吴大学办学的优特点

(1) 虽属教会学校，但宣传基督教气氛不浓，宗教信仰自由。除了圣诞节放假欢腾一番外，毫无教会学校的形象。

(2) 十分重视体育。体育课训练非常严格，从初一到高三，每项课目都有及格指标。课目内容近20项，可称是全能锻炼，对身体非常有益。

(3) 重视实践，鼓励大、中学生课余组织各类学会、社团活动。

中学有青年修养团契，阅读讨论先哲传记，还有美术学会。大学有各科的学会，每周或隔周有演出、作报告等活动。有时组织外出去实习、采集、参观，得益很多。

(4) 学校事务管理很有特色。学校后勤管理有多方面的工人，他们都勤奋尽责，绝少退换。每位校工都有保证人，工资不高，收益靠节日学校发奖金和学生的谢仪。

(5) 学校各机构精简办事，办事员少，往往一人兼做许多事。如事务处既管全校各种事务，又管学生生活。主任兼管舍监。办事效率极高，各部门配合很好。开学时，各部门都在一个厅内办公，学生走一圈便可完成全部手续。

(6) 寄宿在校内生活安定。学校为每个学生的膳食、供应热水、洗衣服等各方面都有妥善的安排，学生在校生活无后顾之忧。

(7) 普及科学与体育。理学院从1933年开始，每两年举办一次科学展览会，有各学科的标本、模型、图片展览，历时两天，免费接受市民参观。学校健身队每年公开表演一次。

（8）校友情谊深。在东吴读过书的人无不对母校有很深的情感，他们不时返校寻访师友，参观母校，响应母校募捐。也有假母校办个人作品展的。即使在抗战期间流亡四川时，校友们都热衷成立校友会。在当时困难的条件下，校友们还不忘母校，可见他们热爱母校有多深刻。

四、绮丽的东吴本部校园

东吴大学本部绮丽的风光永远是校友们难以忘怀的，多少年后，校部美丽的风光犹历历在目。入大学校门，面对林堂向北的正门和钟楼道路两旁的法国梧桐，春夏时绿荫，暮秋初冬黄叶也美。大道两侧原有太平天国遗留的大炮两尊颇为壮观。林堂后面是一大片校园，东边有假山和仁寿亭构成的石岩花园，花木扶疏，绿草如茵，景色绮丽。沿内城河一条煤屑路，沿河矮围墙围以铁丝网，路西桃柳间栽，春、夏、秋季徜徉在河边，十分怡情。

怀念东吴　感恩母校

——抗战时期的大学生活

经济系44届　魏嵩寿

自1939年秋,我到上海考进东吴大学经济学系至1944年1月在广东曲江东吴毕业,前后四年半。期间在学四年,可以分为两个生活阶段。

第一阶段　自由民主爱国进步的学习生活

抗战到1939年,武汉已失守,投降派公然叫嚣抗战失败论。在上海"孤岛",日伪势力日益嚣张,国共关系也趋紧张,政治形势严峻。

当时东吴文理学院租南京路慈淑大楼上课,学生全部走读,课间可到图书阅览室凭学生证阅览休息,这里是我常去的地方。当时经济学系开设的课程,除少数课可选修外,多为必修课。基础理论知识较为广博深厚,有国文、英语、哲学、逻辑学、经济学原理、政治学、数学、生物学、会计学、统计学、高级经济学、财政学、货币银行学、中外经济思想史等课程。课堂上有的老师要提问、测试,课后指定阅读教材的分量、做作业,形式多样。课余活动更是丰富多彩,包括多种学术报告、论文竞赛、基督教活动,如周日做礼拜或参加基督教团契等。这些活动都是自由参加的。有一次我参加经济论文竞赛,我的论文《试论"孤岛"纺织业发展的前途》,因做了一些纺织业的调研得了二等奖。我参加的一个团契,有同学近20人,其中有丁景唐、汪禅琴、张杏英、汪闻韶、袁铭等,这些同学我至今还记得。每逢团契活动便有契友组织多种文娱节目,唱歌、舞蹈,最后聚餐话别。这些活动生动、活泼、欢乐,饶有兴趣,增进了同学间的了解和友谊,丰富了学生生活。

特别需要提到的,我参加团契活动时还和丁景唐等同学一起编写我们的团契刊物。这些刊物不定期油印出版,在同学们中传阅。我们引用基督教《圣经》的语录、故事,以耶稣基督主的名义,宣传必须支持正义的事业:坚持抗战,反对投降;坚持团结,反对分裂;坚持进步,反对倒退,增强正义事业必胜、光明便在眼前的信心。后来,景唐和他的爱人两位契友都去苏北参加新四军,我们全体契友举行一次欢送会,依依不舍与他俩话别。团契刊物也就停了下来。

1941年12月8日,我照常于早晨7时离开福煦路(今延安中路)模范村住所,急着步行去南京路上课(因那一天公共汽车停开)。走近跑马厅,见马路两边拥挤着许多行人,我定睛一看,有插着"膏药旗"的五辆日本小型坦克载着日军沿马路缓缓驶来,侵华日军进租界了。我急忙赶到慈淑大楼上课,学校告知今天停课。后来学校正式告知因时局关系,被迫停办,复办会再通知。这样,在上海东吴这一段美好的自由民主爱国进步的学习生活就被迫结束了。

第二阶段　家庭亲和式的校园生活

由于停学,我便回到宁波家中。1942 年 3 月,据一位在浙大就学的宁波中学的同学告知,教育部在金华开办一所东南联合大学,招收上海和沦陷区的大学生续学。在父亲和家人的支持下,我便离开宁波到金华东南联合大学报到。这时,联大已从上海等地招收了近百名大学生。他们按军队编制班、排、连、营组织日常生活。我因是高年级学生,便被任命为一个班的班长。5 月间,日本侵略军开始向浙赣铁路沿线侵犯。联大奉命率领学生自金华、衢州、江山越仙霞岭,向福建建阳步行撤退。我在建阳东南联大休整到 8 月初,接获东吴大学复校委员会发自福建南平的电报,通知说东吴已决定到广东曲江复办,盼我前往南平报到。于是我告别联大,前往南平,见到了自己母校的三位恩师,他们是潘慎明教授、沈青来教授和陈晓教授。潘教授是校务长,德高望重。我在上海就曾见过沈教授和陈教授,他们分别是我统计学和政治学的老师,为人很亲切。潘、沈两位老师都带了家眷,随行还有三位东吴的老同学。次日,全体南迁人员乘租来的两辆大卡车经长汀、瑞金、信丰、南雄,径达广东曲江仙人庙。原来,仙人庙是京广铁路线经过的一个小站,岭南大学为避日寇轰炸广州,远迁来此办学。东吴师生的到来受到了岭南大学校长李应林教授和当地政府的欢迎。初到时,我们东吴学生寄居在岭南学生的临时宿舍里,并在岭南寄读听课。我听过岭南教授讲授财政学、西洋经济思想史、中国经济思想史、抗战时经济政策等课程。在岭南听课,当时老师都用广州白话授课。我听了几堂课,才逐渐听懂了,很快也学会讲广东话。岭南同学见我们是东吴大学来的,言语不通、人地生疏,都十分热情相助。接着,学校招考新生,录取 20 多名。几个月后,我们东吴的师生宿舍陆续建成。我们三位东吴老同学张朝林、陈荣惠和我都搬回自己学校的新宿舍,合住一房。比邻的是新招的一年级同学的住房。我们朝夕相处,环境艰苦,但相互关照帮助,感情十分融洽。另外,三位同来的老师都住在附近,老师常来看望我们,我们也常去老师家串门,同他们的小孩(高中生)也很谈得来。校园生活像大家庭一样亲和。有时,我和张朝林学长到仙人庙车站旁的饭店吃河粉当晚餐。餐后,在车站的轨道上漫步,恰巧陈老师来了,我们就一起散步聊天。陈老师讲他在上海教书生活的轶事,非常有趣,发人深省。仙人庙距韶关约 30 华里,有车直达。1942 年春节,我一个人去韶关漫游,倍感节日里客居他乡的孤寂,更加感到校园生活的亲和可贵。

1943 年夏,张朝林学长先我半年在仙人庙毕业,全校师生举行毕业典礼暨欢送会。校务长潘老师在会上致词,对朝林学长嘉许有加,并期望东吴学子都要牢记校训"养天地正气,法古今完人",要"挺着腰杆做人",为社会尽责。潘师此语,我一生牢记,身体力行,受益匪浅。

毕业后心系东吴,感恩母校,与学校保持联系

1944 年 1 月,我在曲江仙人庙毕业,后到重庆中国工矿银行工作。我拜见了那时已在重庆的陈晓老师和盛振为老师,并应邀和两位老师共进早茶,聆听他们对时局的精辟

分析和教诲。1946 年,我为参加全国自费留学生统一考试,函请学校发给我中英文毕业证书。统一考试合格后,我为申请去美国留学深造又函请学校补发我四年学习的成绩单,先后都得到母校的支持,及时自苏州寄来证件。我因此能顺利应考,办理出国手续。

1950 年起,我在厦门大学国际贸易系任教至今。1994 年,我参加中国、澳大利亚主持的第 4 届中国—澳大利亚国际学术研讨会,并到了苏州大学,借此机会拜访了校领导,接受邀请聆听学校近年发展情况介绍,参观校园新貌。2000 年,为母校百年校庆纪念,我参与捐资新建学校设施,获得捐资荣誉证书。同年 11 月,我由侄儿魏嘉谟陪同特赴苏州访谒好友张朝林学长,并由他陪同去校友总会会址,拜见阔别 60 年的张梦白老师。见他年已九旬,仍精神矍铄,话音亲切洪亮,还耐心地听我汇报离开上海之后的工作生活经历,对我在厦门大学工作情况嘉勉有加。张老师把他个人和校友会的工作告我,而后总结性地说,苏大以后会发展得更快更好。这给予我和在座的每一个人莫大的鼓舞。而后张老师不辞年老体衰,亲自陪我一路参观校园。这时巧遇校统战部张雪根部长。张老师给我们作了介绍,于是张老师、张部长、张朝林兄就和我合影留念。张老师还邀请我们一起在学校餐厅宴叙。从张老师身上,我看到了老一辈师长对学生的厚爱与期盼,这与潘慎明老师的嘱咐一样,深深地、永远地铭记我心。

2009 年 6 月 27 日,时年 89 岁

2000 年 11 月 9 日摄于东吴大学校门

左起:张雪根部长 魏嵩寿教授 张梦白教授 张朝林学长

“孤岛”时期的东吴法学院

法学院44届　刘造时

东吴法学院是我国一所著名的法律学院，在旧中国法律界有“北朝阳”、“南东吴”之称。“北朝阳”指北京的朝阳法学院，“南东吴”指上海的东吴法学院。东吴除教中国法外，并兼教英美法，因为她两者兼授，故又有中国比较法学院之称。这在当时适应了上海这个国际城市对懂得英美法人才的特别需要。

一、慕尔堂内济济一堂

1937年“八一三”抗战爆发，虹口为日寇占领区，东吴法学院迁到上海租界内的虞洽卿路(现西藏中路)慕尔堂。我于1940年秋考入东吴，来自四面八方的七十多个青春焕发的新生济济一堂。一年级上学期的课程是基础课，有国文、英文、自然科学、哲学概论、经济学、政治学、中国通史等。一年级下学期，除继续学国文、英文外，开始学习法律专业课，计有中国法制史、刑法总则、民法总则、比较法大纲。1941年秋，升入二年级上学期，课程有英文、罗马法、国际公法、比较刑法、中国宪法、刑法分则、刑事诉讼法、法院组织法等。

当时师资是一流的，有许多有名的专家学者，如：教哲学概论、民法总则、债编总则的是甫自德国归来的学者费青，他把我们引进了法学与哲学融合的园地；教经济学的是会计系主任周仲千，他为我们解读了资本主义经济学的经典著作，亚当·斯密的《国富论》；教自然科学的是生物学家王志稼，他生动概括地传授了遗传学的主要知识，等等。在这样一批优秀名师的谆谆传授下，我们打下了应有的法学基础。

二、颠沛流离，弦歌不断

1941年12月8日太平洋战争爆发后，得到通知，临时到南京路慈淑大楼东吴文理学院迁沪后所借用的教室上课。当时的慈淑大楼嘈杂拥挤，一片混乱，勉强上了几天课被迫仓促结束了。

不久，东吴法学院在盛振为院长率领下，前去内地重庆，留沪师生顿成“孤儿”，惶无所依。值此危难之际，费青教授毅然挺身而出，为了使东吴弦歌不辍，让无法远去内地而留沪的师生“师有所教，生有所学”，他不辞辛苦与张中楹、王遂微等老师一起，多方奔走筹划，以“董法记”名义，暂借法租界南昌路中华职业教育社的地址恢复上课，我们由此进入大二下学期。“董法记”是东吴法学院的谐音，以此隐晦之名，以避日伪的注意与迫害，真是苦心一片。

学校虽然复课，但学生人数因一部分随盛师去了内地和因家庭情况变化不再续学而大减。但我们留者深知此学习条件来之不易,故格外珍惜用功。

在中华职业教育社只上了短时间的课,学校又迁至威海卫路原新寰职业学校旧址。在这“三迁”之地,我们匆匆结束了大二的学程,时为1942年上半年。下半年暑期开学,学校又迁至南阳路爱国女中。我们的“流亡学习”历时十月,四易其址,终于画上了句号。此时,上海的租界形势似稍见松动,学校得以由“董法记”改为以“比较法学院”名义面世。

自此,在相对稳定的环境里,在师生团结一心的共同努力下,学校元气逐渐恢复,东吴影响重现沪上,有志于法的学生纷纷来归,学校呈现盎然生机。我们在此度过了最后的两年大学生涯,学完了大三、大四的全部课程。1944年夏,我们终于毕业了,借震旦大学礼堂举行了在当时条件下相当隆重的毕业典礼,我们戴上了方帽子,拿到了比较法学院的毕业证书。我们就这样跌跌撞撞地在“国破山河在”的“孤岛”度过了这一段艰苦而难忘的学习时光。

三、一个不应有的插曲

1945年抗战胜利后,重庆东吴法学院由盛振为院长率领东返上海,上海的比较法学院完成历史使命并归母校,学校迁回虹口昆山路原址,一切似乎顺理成章。不料不久却发生一个不应有的插曲。南京国民政府教育部颁布了一道命令,不分青红皂白地要对所有沦陷区的大学毕业生进行“甄别”,“甄别”通过才能承认学籍。这一不合理的举措极大地伤害了广大沦陷区师生的感情,激起了强烈的反应,当年留沪各院校纷纷集会上书抗议反对“甄别”。四所教会大学联合举行记者招待会。在会上,鄂森师向记者陈诉比较法学院如何苦苦维持并始终与重庆东吴保持联系的经过。会上群情激昂,喊出了“只有伪政府没有伪学生”的响亮口号。招待会取得了良好的效果,赢得了舆论与社会的普遍同情。在一片反对声中,国民政府教育部最后对“甄别”不了了之。“游子”终于重纳“母亲”的怀抱。

四、不尽的怀念

岁月无情,“孤岛东吴”迄今瞬已70余年,我们都已垂垂老矣,然越老越怀旧。遥想当年,虽然环境艰苦,但我们师生之间在患难中结下的情谊却格外深厚。我们曾尽可能地利用一切有限的条件进行各种课外活动以充实我们的精神生活:我们举办辩论会,辩论“死刑应否废除”;以“模拟法庭”形式搞诉讼实习,原告、被告、辩护人、审判员、书记员一应俱全;在一块小小的体育场上进行热烈的篮球、排球比赛,男女同学啦啦之声惊天动地,还多次举行师生联欢派对。华山路上的周家花园、淮海路上的瑞士领事馆园地、余庆路上的刘世芳宅邸都曾留下我们师生同乐的欢声笑语。

世事沧桑,人事无常,昔日师友星散天涯重聚无日,但魂牵梦萦旧情难忘。趁今虽届耄耋但尚未尽昏的有生之年,就所历、所知、所忆的学校变迁,摭拾若干藉为历史留些痕迹,并一抒我心底的怀念之情。

太平洋战争时期的中国比较法学院

刘哲民

回忆中国比较法学院的创立史，至今已逾60多年了。因为当年参与这一工作，筚路蓝缕，兴味很浓，往事历历如在眼前。1941年冬，日本挑起太平洋战争，上海租界一瞬间就被日寇占领，在上海的高等院校，不论是国立的或外国教会办的，均被迫停课解散。东吴法学院当然并无例外。教务长盛振为先生带领部分师生前往大后方。副教务长费青（字图南）先生因肺气肿，病痛缠身，无法长途跋涉，留在上海。1942年2月，图南委托张中楹（英文教授）来访，传达图南要我去他家，有要事商量。中楹与我是美商《华美晚报》同事，当时中楹为《华美晚报》董事会秘书，负责与美国董事长联系，我负责总管理处。我们两人经常中午在福州路西餐馆午餐。当时东吴法学院已从虹口昆山路迁至虞洽卿路（现西藏中路）慕尔堂上课。我们两人午饭后经常至慕尔堂小憩。因中楹介绍，我和图南相识，一见如故，继而认识了艾国藩、卢于舫、姚启胤等教授。当时图南家在蒲石路（现长乐路）住宅的三层楼上，卧病在床。他刚结婚，夫人叶筠女士原在医院工作，因图南住院治疗而相识，从而结合。我急问图南有什么事，他说："东吴法学院部分师生已随教务长盛振为迁往外地，留在上海还有200余人，这部分师生由于爱国热情，绝对不肯入汪伪学校执教和就读，这是值得敬仰的。但目前不但教师行将失业，其中多数影响日常生活，学生失学，行将分散，一旦抗战胜利，对法学教育将是很大损失。"又说："经过半个多月的考虑，只有在上海就原有师生基础上开办一个法学院，避用东吴字样。但有五个问题需待解决，所以请您来帮忙！"我当时觉得图南问道于盲，因为我对教育完全是门外汉，尤其是高等教育。图南说："我下面说有五个问题，其中有两个问题非你帮忙不可。"他提出的五个问题是：(1) 学校名称问题，(2) 院长，(3) 经费，(4) 教室，(5) 教职员。其中(2)(3)两个问题要我帮忙解决。首先请一位院长，但条件是：一、名义上担任院长，学校不向敌伪登记，如敌伪进行干涉，由院长进行周旋。二、院长不到职，不干预学院用人与行政教课等活动。其次是关于开办费用及教室租赁费、教职员薪酬问题。我和图南、中楹会商了几次，有时候艾国藩也参加。因图南的诚恳迫切，我义不容辞。第一，院长问题，我将当时敌伪时代所谓的名流，排比了几个人，唯有新任第一特区总保甲长吴蕴斋可以请他承担。吴是上海金城银行经理，很可能他因周作民与敌伪有关系，不得不担任总保甲长的职务。吴为镇江人，当时镇江五县旅沪同乡会由吴担任理事长，我担任常务理事。我估计由特区的总保甲长担任院长，至少汪伪机关不会来过问，即使日寇知道学院是吴任院长也可能不干涉。我与吴虽相识，但无深交，因想起东吴校友李文杰也是五县同乡会常务理事，比较熟悉。即由我和张中楹访问了李文杰，李欣然同意。但他认为他一个人去力犹不足，拟约鄂森先生同往。鄂森也是东吴校友，为北四行（中南、金城、盐业、大陆银行）的法律顾问，与吴蕴斋关系较深，由李与鄂去谈，当可有望。商得图南同意，李文杰和中楹去访问了鄂森。鄂森与吴蕴斋一谈，吴慨允担任学院院长职务，但不到职，由鄂森为代表，敌伪如有问题由吴负责解决。但吴申明不负责任何经济上的责任。院长问题既解决后，经费问题由喻友信先生做了一个预算，大约需支付教室租金、文教用具费、教职员薪金等共 9 000 元。在当时情况下，我责无旁贷，也就承担下来。学院名称因英美法的英文名称译为“比较法”，因此定名为中国比较法学院。有一位女同学介绍爱文义路（现北京西路）爱国女子中学每天可下午出租八间教室、一间办公室，于是订了租约，预付了半年租金。最后商定由吴蕴斋、费青、鄂森、吴芷芳、刘世芳、俞承修、曹杰、艾国藩、张正学、李文杰、张中楹、姚启胤，刘哲民等 13 人为院务委员。定了日期，假静安寺路（现南京西路）金城别墅鄂森家举行了第一次院务会议。推吴蕴斋为中国比较法学院院长，不到职，由鄂森代表。费青为教务长，鄂森为秘书长，吴芷芳为副教务长，安绍芸为会计主任，刘哲民为会计系主任。职员方面，喻有信为图书馆主任，杨家声为注册主任，莫树德为书记。

中国比较法学院在 1942 年 3 月间开学，设法学、会计学两系，法学系教授有费青、鄂森、吴芷芳、刘世芳、俞承修、曹杰、姚启胤、张正学、艾国藩、翟晨泽、李文杰、蒋保厘、王遂征、秉格（德国籍）、金兰荪、杨宝晨等。会计系为安绍芸、周正、唐庆增、蒋嘉祥、郑惠益、王成组、周敏之、程克武、莫启欧、唐文瑞、石抗鼎、龚懋德、王宗培、胡宝昌、杨纪琬、卢贻珍、傅统先、张梦白、王佩铮、刘佛楼、张中楹、蒋戴华、刘庄业、盛谷人、张和岑、李耀时。所有两系学科，一仍其旧。为了应付日寇，加设日文课，由芮龙担任教员。

中国比较法学院成立后，安然未受敌伪干扰，图南的朋友不知内情，都很诧异。图南告其所以。一位朋友反而自告奋勇向敌伪教育部长李圣五去打招呼。李说：“只要他们学生不闹风潮，我们绝不去干涉。”正因为中国比较法学院安然成立一周年，原东吴大学文理学院也改名华东文理学院，分别在爱文义路几家中学复课。

比较法学院成立一学期后，消息传到大后方，东吴法学院没有得到上海成立的详细报告，因有不承认上海学生成绩的传说。上海学生闻之不安。经过图南将上海成立比较法学院详细经过，托人带往内地。盛振为先生来信，要上海造“八房子弟”名册（法学院法律、会计两系共八个班级，所以暗称“八房子弟”）寄往内地。所有师生都欢欣鼓舞。

1943 年秋，图南和我谈：中国比较法学院已安定开课，他自己被云南西南联大多次函招，不得不离沪转赴内地。我当时很吃一惊，因为学院情况很安定，图南为什么反要离去？他一再对我声明：联大几次派人和来信促他去云南教学，无法推辞，只得负病前往，他并劝我不要因为他离去而离开学院，希望我维持到底。因为他的谆谆嘱咐，我只能承诺下来。

中国比较法学院的开办，财务方面，预付半年房租，预付教职员一月工资，以及购置文具用品等，当年共支出 8 900 余元，与预算相差无几。在学院财务上，因当时币值日贬，一般学校还是按月支付教职员工资，我认为这将影响教职员生活，因此主张学费收入后，将每人一学期工资全部发清，使教职员可以安排好生活。我垫付的款项，大概从第二年起，分学期偿还。当时通货膨胀，币值上虽有损失，但精神上收获是无可比拟的。我深深感受到：中国比较法学院虽仅仅四年，却感觉大部分师生对我有一定的好感。图南过早谢世，但我同他已成了通家之好，双方儿辈们至今还不时往来。刘世芳先生，当时在学院我和他还是初交。他有一所带花园草地的住宅，他夫人是德国人，他曾两次在家里举行茶话会招待我和刘文华、潘汉典等学生。这不能不说是殊遇。1945 年抗战胜利，东吴法学院全体师生回到上海，我认为应该“功成身退”了。鄂森先生一再要我继续留在东吴法学院。最后恳切地谈了一次，他才同意我引退。解放后，曹士彬先生去北京司法部任职，我每年去北京一两次，经常前去造访。1957 年后即断绝音讯，士彬先生多次打探，后由林我朋先生沟通，告诉他我的情况后，立即和我通信。当时他已 93 岁高龄，频有函件来往。吴芷芳先生更不待言，我每次去访问他，他都热情招待。1981 年，我住院开刀，一种药物需要外汇券，吴先生知道了，立即派人送来给我。这是令人非常感激的。在一次东吴大学校友会中，见到了几十年不见的张梦白先生，欢然道故，热情也是令人难忘的。中国比较法学院初创时，校友如刘造时、过戴青、刘驾潮、黄裳吉以及早逝的刘文华等等，每逢晤见时一股相待的热情，都使我永感不忘。回忆当年协助图南先生成立中国比较法学院，完全出于爱国热忱，万没有想到因此得到这么多的深挚的友情和关爱。我现在已经是桑榆晚景了，每想到过往的情景，是颇为欣慰的！

东吴校训的召唤

法学院49届　宏　枚

东吴学子　桃李满天下

大陆媒体最近刊登了许多有关东吴大学的报道。去年尾，江苏卫视于黄金时间在新闻中播出苏州大学校门两侧树立着金光闪闪的"养天地正气，法古今完人"的校训门对；2003年1月9日，广州发行的《南方周末》用了近两大版篇幅刊载了题为《被遗忘三十年的法律精英》，介绍一群东吴法律英才的坎坷命运及爱国敬业的情操。

"养天地正气，法古今完人"是有着100余年建校史的东吴大学的校训。

东吴大学，是早年西方列强侵略中国的衍生物。辱国丧权的《南京条约》签订后，西方文化随着炮艇侵进中国。美国政府在上海租界内设有驻华按察司署，为推行美国属地阿拉斯加的"领土法律"，需要在中国训练一批为他们服务的英美法专业人士，由教会资助，由美国人葛赉恩、薛伯赉、兰金等加紧筹措建校。

东吴大学设有文、理、法三科，法科于1927年改名为法学院。为聘师之便，法学院设于上海，其他科系在苏州。胡适、林语堂等名师学者都曾受聘于法学院。学子抱着崇实兴华、长我识力、国家兴亡、匹夫有责、自强不息的抱负入学。法学院第一任院长吴经熊是东吴法科1920年毕业生。他留学美国、游学欧洲时，曾在校刊上发表研究中国古代法律的文章。他身在异邦，不忘华夏，传播中华文化不遗余力。盛振为曾任东吴大学法学院教务长和院长等职务，他是东吴文、法双学士，为美国西北大学法学博士。二次大战时，上海沦陷后，他将东吴法学院迁重庆办学。身为东吴前辈的教育理念来自民族传统，以南宋伟大爱国者文天祥的《正气歌》为内涵凝创的校训。

东吴大学在大陆办学半个世纪中，英才辈出。其中有国际知名的中国杰出老外交家顾维钧；蜚声海外的经济学家、研究人口问题见解卓越、上世纪50年代遭极左意识批判和打击却始终未屈的马寅初。东吴法学院培育了一代法学人才，海牙国际法庭大法官多届来自东吴校友，首届如王宠惠，之后是倪征燠，他的同班同学李浩培任此职时已是88岁高龄，离任时已91岁。以后，76岁的史久镛当选主掌国际法院院长。抗日战争胜利后，审判日本战犯的军事法庭成员中的中国代表有好几位是精通英美法的东吴学子。东吴理学院的生物系、化学系培养出来的学生，如今是上海复旦大学和华东化工学院两所国家重点院校的教学骨干班底。上海东吴校友会会长谈家桢是国内外知名的遗传学家，被美国国家科学院推选为外籍院士。此外，中国首位会计学家潘序伦，30—40年代上海有名的大律师江一平，作品备受老少读者喜爱的金庸（查良镛）等都是东吴校友。在美国各大学任教的东吴校友不胜枚举。工作在首都的东吴校友中著名学者、活动家则有孙起孟、费孝通、雷洁琼、赵朴初等。在台湾的校友有蒋纬国和曾任台湾东吴大学校长的端木恺等。

东吴法学士概况

东吴大学法学院以栽培法学人才瞩目社会。东吴法科毕业生在就业、择岗、收入方面也优于其他科系,这是历史条件的定位。新中国成立后,曾有一段特殊时期,东吴学子过往的优势资历成为他们的包袱,一概被视为“旧法统人员”。在“皮之不存,毛将焉附”的思想指导下,凡能获取到一份谋生职业就属大幸。东吴法学士只能安排于教育、金融、商业甚至体育和其他各行各业去工作,以他们的文化知识来服务于社会。就读于1949年至1952年的52级法律系学生属于新中国培养出来的人才,通过培养使用,出现了不少副部长、司局级政府工作人员;正副教授、高级会计师的人数更多。对比1949年前毕业的东吴法学士,尽管其中有人曾是中共地下党员,从校友通讯中得知改革开放前极少人做专业工作。直到80年代后,有人获得了学以致用的机会,有的进了社会科学院研究法学,有的当了律师,有的办起了不被承认学历的比较法进修学院。从1984年被批准成立的东吴大学上海校友会的校友通讯录中得到统计,近1 500名校友中法律系的约占70%,而能在法界学以致用的为数不多,有些是1980年平反以后才得到照顾安排的。

谨守校训　精英传承新秀

英美法是从世界社会发展过程中产生和逐渐形成的人类文化结晶之一,它有着几百年历史,被广泛应用于美英和澳大利亚等英联邦国家以及中国香港地区。目前联合国国际法院运用的司法程序是依据英美法,国际贸易的基本法则也是依照英美法的。

中国在结盟苏联、实行社会主义计划经济时期,受美国等西方国家经济封锁,对英美法教育工作十分冷淡,因之发生过制定宪法错用通用法学词汇,在国际经济交往中付出过沉重的代价。1954年中国第一部宪法就曾将Asylum(政治庇护权)这个世界通用的法律术语错译为“居留权”,直到1985年第三次修宪时才发现并改正。1990年国内某银行给美国方面开出十几张汇票,因具名问题,美方可多领取100亿美元,后由精通英美法和英语的中国律师学会会长出面争辩,才挽回了损失,但办案经费高达九位数字(人民币)。中国入世推延时间甚长,除其他原因外,与双方使用概念说话难沟通有很大关系。

加入国际世贸组织的前前后后,中国深感对英美法的认知太过于薄弱,开始注重这方面的人才培养,中国政法大学已培养出这方面的新秀。1993年正在政法大学攻读研究生的薛波在学习和工作中深感缺少适用的英汉英美法词典,他和十数位专业同学用了两年时间,编撰了一部英汉英美法词典,但是拿到前辈那里,几乎都过不了关。后来薛波了解到上海有一批东吴法学院的老前辈对英美法深有造诣,他们可以成为一部目前中国司法系统内想做而做不成的词典编审。在五年之中,薛波数十次往返于京沪,走访沪地及周边地区30余位法学界老前辈,他们中有的是哈佛大学、印第安那大学、巴黎大学、比利时大学等法学博士。最后决定请14位老人(其中10位是东吴学子)为词典编审,当时他们的平均年龄已有84岁。14位老人是盛振为、周枏、卢峻、王名扬、蔡晋、许之森、卢绳祖、徐开墅、郭念祖、陈忠诚、周承文、高文彬等。

这些老前辈均已风烛残年，却以严谨的治学态度投入审编工作，为审编一个词条（美国法），卢绳祖写下2 000多字、6页注释；他们中有人将审稿酬劳捐给编辑部；几乎没有人要求署名。周枏用颤动的手写下草稿，由老伴誊抄交稿。90岁高龄的卢绳祖因过劳患了脑痉挛住进医院；卢峻则是鞠躬尽瘁，陪葬物是他参加审订的稿件。在参加审编时期辞世的还有几位长者。是什么思想驱使这些老人参加了这项长达460多万字、收集词条45 000多、3倍于日本所出版的英美法词典呢？一位比较法教授说："中国有这样的事，我应当去做。"他们不计寂寥身后事，只求做好传承工作。

老人们一生谨守校训，身体力行《正气歌》中唱出的"天地有正气，杂然赋流形"，在效法古今完人方面也做到了《正气歌》中教导的"时穷节乃见，一一垂丹青"。

校训的召唤

长川自有源泉，愿永将校史绵延，东吴学子对于哺育自己成长成才的母校都怀有深切的眷念。东吴大学自1952年被摘牌归并于苏州大学后，只见台湾东吴崛起。80年代东吴大学上海校友会宣告成立，与台湾校友相互联系交往。老年同窗是旧雨互酬，相见倍亲，台湾年轻的一代和彼岸先辈互访时，也敬慕有加，热情接待。两岸校友会为上海法学院复校作了努力，诚盼东吴法学院重立于世界名校之林，为传承英美法新人开辟园圃。在如今世界经济一体化时期，英美法实施范围之日益扩展，学习研究越见迫切。

1989年东吴大学上海校友会的主要工作是筹建东吴比较法学院，上海有关领导在一次会上也表示可以考虑，从先筹建东吴比较法进修学院着手，同年上海高教局还发出批文。上海东吴比较法进修学院毕业生骆家琪首先在浙江办起了振兴比较法进修学院。

祖国统一是大势所趋，人心所向。台湾东吴校友会亦期盼上海东吴法学院能早日复校，并告知台湾东吴最初之建校情况，由8人补习班开始，未受何方控制。随着对大陆"科教兴国"方针的加深认识，各项改革政策的更加松动，台湾东吴表示愿出资在上海复校，经费开支由台湾负责，上海方面提供建校场地。两岸校友会据传均有初步方案，静待发展施行。

2002年12月23日南京《扬子晚报》报道：江苏省已通过吸收民资办高校的决定，苏州大学据此已成立董事会，有40位企业老总进入苏州大学董事会，苏州大学还欢迎外资投入办校。2003年2月28日，江苏媒体又报道苏州与外国在筹措合办高校。东吴校友中外籍人士颇多，他们对于东吴复校也很关注。

改革开放进一步深化，且东吴校训已树立成为苏州大学校训，湖南湘雅医学院从未被摘牌，北京协和医院也保留原名，援例萧规，有何不可？

乡情、亲情之外，再加校缘，都是两岸统一的促媒剂，恢复东吴校名又何虑负面影响？海内外千名东吴学子正热切地期待母校"复名"和法学院在上海复建的大喜日子早日到来。

忆吾东吴

法律系48届　马裕民

我考进东吴大学下属的比较法学院时，总校已迁重庆。当时上海为沦陷区，校舍难找，不得不三迁其校。我进去时临时校舍在南阳路爱国女中内，再迁西藏中路慕尔堂，毕业时在昆山路原校址。我的学号为1025，即在我之前已有1024位学长。

我第一位接触的是吴芷芳先生。他以教务长身份对我面试。附中出来的，几句英语当然不难对付。吴先生即以教务处名义当场录取了我。这时院长为鄂森先生。可他们上面还有"太上皇"。此人受美国教会指派管钱管人的，教会拨款(一笔不小的款子)由这位周泽辅先生经手并控制使用。平时不知道他在干些什么。原来东吴大学、圣约翰大学、沪江大学、之江大学是美国基督教属下的姐妹学校。法律系自然以法律为主，而法律中又着重英美法系。比较法必须总揽其他国家的法律。四年内的课程用英文上课的有"民法"、"刑法"、"宪法"、"政治学"、"证据学"、"合同法"等，用中文上课的有"海商法"、"犯罪侦查法"、"心理学"、"伦理学"、"社会学"、"逻辑学"、"继承法"等。"法律英语"、"中国文学"也学了几学期。

吴芷芳先生教"政治学"。他念治外法权"Extraterritoriality"这样长的字，一口气读得又快又好听，至今宛在耳际。他留学时求学于范纳弼大学及哥伦比亚大学，且非常佩服艾森豪威尔将军，他认为这位将军一出马，胜券在握。这么多教师中，吴先生确有真才实学，钻研心很强，上课一本正经。有一次我到他家里，老先生精神矍铄，正忙着把《诗经》翻成英语。他拿出一叠翻译成品给我看。我的古文尚算不赖，那天却遭遇了滑铁卢。原文也不知所云，有何资格对译稿说短道长。但是一个"好"字吃遍天下，没有人听到赞扬而火冒三丈的。90岁那年，东吴大学校友会为吴芷芳先生做寿。

第二位深深埋在我脑海里的是鄂森先生了。他是上海滩的名牌律师，和江一平、马君硕(在东吴任课)齐名。鄂先生在金城别墅有一所金屋，里面主持人是他最宠的一位夫人，据说是老三，京戏唱得绝好。其他道听途说，不必赘述。有事相求，最好挑鄂先生不在家(事实上他非常忙，不到深晚不回家的)，她一口苏白来接待，几声师母，话就越来越多。这时候你的要求，十拿九稳。咳，这位师母，晚景很惨，甚至年货都买不起。当年鄂先生是赫赫有名的东华足球队队员，杜月笙办的票房里的票友(传说他是杜月笙的徒弟，不知确否)，加上本身律师业务繁忙，又兼学校行政，且需面面顾到，当然他有汽车代步。鄂先生支票簿随身携带。学校团契凡有经济需求，小事一件，他不问政治背景。每当团契经济上出现危机提出请求，理应由学校帮助解决，但吴先生眉头紧皱，周先生面孔铁板，这场合往往由鄂先生私人掏腰包解围。鄂先生教刑法课，全用英语。上课的评价是

"so－so",他虽布置预习,但从不检查。每次上课,反过来问学生前次讲到的地方。考卷没时间批改,每人80分(60分为及格)。他和吴先生性格、风度不一样。鄂先生大处着眼,吴先生小处用心。如民意测验,拥护鄂先生的学生为压倒多数。他处事八面玲珑,常教诲同学"气莫盛,才莫露",才华横溢,光芒四射,往往是招祸之根,这样的人必然目空一切,而周围对他是嫉之,上级对他是忌之。讲得多好哇!鄂先生不愧还是教我们如何做人的老师。

胜利后,盛振为先生从重庆回来当院长,鄂先生卸任。内地办学虽然艰苦,但鄂先生在敌人的铁蹄下把学校坚持下来照常上课,其功绩在东吴法学院的校史里是光彩熠熠,足以大书特书的,自然也应有吴芷芳先生及所有老师的一份。

艾国藩先生教"国际公法",上课并不认真,外语一般。他在瑞士驻沪领事馆担任法律顾问,兼任律师。艾先生和女同学很合得来,他的汽车里总是坐满女学生。他在领事馆的报酬高得惊人,教书仅是消遣而已。当时好像听说这位老师中馈乏人,所以有些女同学喜欢靠近。解放初期,艾先生以间谍罪被关押,死于狱中。

教国内法律的有曹杰、俞承修、张正学、查良鉴等几位先生,他们都是法官,查先生还是法院院长。他们上课的态度很严谨,和几位大律师确有不同之处。吴芷芳先生还教"中国宪法",印象实在不深了。"社会学"、"心理学"、"逻辑学"由圣约翰大学的傅统先生教。傅先生实在和气,我去圣约翰大学的教工宿舍去找过他,谈得很合契。

当时战争已近决定性阶段。一次张梦白先生来我班上课,他在上课时大家非常安静,倾听张先生谈欧洲战况,谈到德军从敦克尔克溃退的情景,绘声绘色,一如前方回来的记者。他苏州腔的普通话,有点像评弹。他一上课大家关心听最新消息,现在连他教什么课都没有什么印象了。

此外,教"罗马法"的王遂征先生连模样也想不起来了。这种课,教学双方都不重视。还有一位教"海商法"的魏文达先生,是船老板,开了一家运输公司。来上课已经卖足面子,从不点名,也没有什么教学方法。上完课,坐上汽车走了。他的车上有司机。学生和他交往很少,所以了解不多。解放后他在海运学院当教授。1985年我所在的振兴经济法律咨询公司请他当顾问,我们师生又见了面。有这样一段新闻,姑妄志之。

解放后,魏先生的公司被依法接收,老板变成职工,自然流露出不满情绪,漏出点牢骚。在"反右"中被扣上"右派"帽子,从此一落千丈。中国初次和外国做生意,需要谈判。谈判人选要求政治过硬。洋人说的写的一点都不懂,全靠翻译,而翻译也需政治第一,语言水平次之。毕业于教会学校或曾供职于洋行之流,绝对落选。所谓翻译者辗转于"哈罗"、"也司"之间。密密麻麻一大本合同书,内容稀里糊涂看不懂,居然大笔一挥,官名上去了。有一回,魏先生在做例行公事——扫地、倒痰盂时,暗暗在听干部讨论谈判内容,中方需赔外商几千万人民币。休会后,他大胆和一位平时较和气的干部说中方有反败为胜的可能。这位干部给了他一次立功机会,魏先生又以西装领带包装起来了。外商见他轩昂自若,英语流利,先有几分心寒,翻译也是侧目相看。谈判结果,中方不但不赔,反拿进几十万。但魏先生依旧故我,那时"右派"帽子不是任何人轻易动得了的。

王佩诤老夫子主讲"中国文学"。时已60岁左右,讲起课来铮铮其声,两堂课下来,毫无倦色。他同时在震旦大学、沪江大学及其他大学上课，足登布履，步行来回，更属难得。他是章太炎的学生，讲究朴学。满满几黑板的板书又快又挺秀，和许天福先生堪称得上中、西板书双绝了。他选用《古文辞类纂》，两个学期讲了书中序言里的头两句话。他肚子里东西实在太多，一个字要从甲骨文、钟鼎文谈起，各种引义、典故、出处都要讲到。他的课实在枯燥，而且是树枝式，一路出去就收不回来了。譬如某个字的出处，讲法往往从"甲"分出(一)，然后1，(1)，"1"，《1》——，学期结束还没有出现"乙"呢。他对时局和社会是看不惯的。有些同学逃课，他总讲美国有耶鲁大学，我们这里有耶奇大学(影射野鸡大学)。几年前在书店见到王老夫子著的《盐铁论》，并知道他在文史馆呆过。解放后情况还算不错。

东吴大学教师中情况良好的，据我所知尚有如下几位：

教我们"合同法"(Contract)的姚启胤先生，他的"con"读出高八度。十多年前还听到他在美国教"合同法"的消息，使我辈感到宽慰又骄傲。第一说明他还有精力上课。国外的教师、律师没有以年龄卡人的一套，明里算照顾，让你乐享天年，其实是赶你下台。令人高兴的是，同样的"合同法"分几个班级不同教师上，其中只有姚先生一位中国老师。更让人扬眉吐气的是姚先生的课堂内外坐得满满，而洋教师那边知音寥寥。这才叫名副其实的发挥余热呢。过去从姚先生的辛勤教学中我们得益匪浅。

尚有教"法律英语"的张中楹先生。他当时是《字林西报》的编辑。该报为外国人办的英文报纸。张先生出口成章，音调琅琅中含标点符号。我从初中到大学，除本国语文外，一律被要求用英文做作业、答考卷，只有在张先生手里，逃不过丝毫差错，且叫你心服口服。解放后他去上海外国语学院当教授。我不敢设想张先生和许天福先生在一个教研组会怎样。两个人都有不买账的脾气。

张梦白先生已90出头，为苏州大学的第一任校友会会长。东吴大学百年校庆，张先生来上海出席大会，依然当年大谈敦克尔克的风度。

上课中最妙的莫过于俞叔平先生了。那时他是上海市警察局局长，少将军衔。俞先生留学奥地利，专攻警察学。他来教"犯罪侦查学"确是"门当户对"。第一次上课，一个副官捧着一大堆书先进教室，每人一本。书名是《侦查学》，俞叔平编著。厚厚一大本，图文并茂，是老师的见面礼，作课本用。俞先生矮矮胖胖的身材，满步跨进了教室。大家都坐着，只有他的副官站起来。俞先生一口绍兴官话，对学生非常和气，可在局里又是一副神气。讲的内容和书对不起来。当然刑事犯罪侦破的故事对他说来俯拾即是，哪里需要备课。听故事，谁不愿意？下课他就走，并没有什么布置。据副官讲，俞先生还在复旦大学、同济大学和其他法律学校上课。

第二次上课，等了好久，说俞先生没空，由一位刑事处的孙处长代课。不料他的故事更生动，更离奇，更身历其境。对他，我们很寄以厚望。放课，放课，又是放课。来了一位姓谭的科长。他为我们讲血迹、指印的检验及法医知识，非常实惠。可是很长时间不见俞先生人影，直到放假前的最后一堂课，俞先生才再次露面了。提前下课。校工递给他一大叠钞票和一本签收簿，俞先生在簿子上签名后，用手一挥，意思是"拿去吧"。恐怕这不是第一次了。

教过我课的老师多着呢，以上这些是一直荡漾在我脑海的扁舟轻舸，时隐时现。打我手心决不是因为我的手心厚实好玩，而是要我用功上进。有人把教师比作蜡烛，真是最好不过。烛在蜡尽之前，总是不停地照着你前进，授人以业，导人向善，让人类不断进步，让世界更加美好！

东吴摇篮曲

法学院司法组50届　傅大成

人的一生，按正常的规律来说，要经过三个摇篮：一是母亲（Mother）养育的摇篮；二是母校（Mother School）小学、中学、大学教育的摇篮；三是祖国（Mother Land）赋予的社会实践的摇篮。我庆幸自己经过抗日战争胜利、解放战争胜利和解放后各次运动的洗礼，磕磕绊绊、平平安安、平平凡凡地活到耄耋之年，说句笑话："今年八十，明年十八。"

1946年秋，慕"北朝阳，南东吴"之名，我考入东吴大学法学院司法组，到1950年夏毕业。大学四年中，跨越了从没落的四大家族统治的旧王朝，到无产阶级领导的人民民主专政政权的巨大变迁。历史原因使我同窗学友大多学非所用，但我看来，正是这四年奠定了我辈人生道路的重要基石。在迎接母校110周年校庆之际，"别梦依稀话当年，母校六十余年前"，往事虽如烟，浮想却联翩，我欣然落笔，学写电影剧本那样，拼凑一点小故事，算是抛砖引玉吧！

镜头之一：一辆道奇牌敞篷的可坐可立约30余人的"校车"，上面坐的是东吴法学院的学生，间或坐上国立音专的学生，从静安寺出发，沿闹市南京路、四川北路到昆山路下车；有的是坐1路有轨电车，有的骑自行车、摩托车，这是我们走读生每天课前的"必修一课"。还有住在教学楼后面校舍的外省市到上海求学的同学，反正是条条道路通罗马，上课铃响起，各就各位，秩序井然。此时无声胜有声，一心只读法律书。

镜头之二：昆山路校园。大门边侧有小门，设有传达室，进门后，可见教学楼前有两亩左右的空地，一个不太符合标准的篮球场占地约一半，可以说简简单单、清清爽爽（画外音：在当时寸土如金的上海，办学之难，可想而知）。而"东吴"名声在外，说是"北朝阳，南东吴"，但我知"朝阳"情况不多，而说起"东吴"，齐名者必联系到之江、沪江、震旦、圣约翰，这也许是我虚荣心的一种表现吧，说实在的，东吴师资不乏名流，教授多是法界先驱，用现在的话来形容是软件超过硬件。看！院长盛振为教授与胸持平的左手拿着厚厚的法律书本，正朝课前还在教学楼前活动的同学们走来，他频频点头，阔步行走的姿势，步步生风，气宇轩昂，使人肃然起敬。有的同学在他走过以后学他走路姿势，我就是一个……教务长大律师鄂森教授，同学在背后亲热地称他"鄂老爷"（Lawyer谐音）……副教务长陈晓教授一口带着两广口音的国语，讲起英语来很动听。噢！千万别忘了有板有眼的民法权威曹杰教授，讲起刑事案件深入浅出、说得又风趣又透彻的刑法权威俞承修教授，还有张梦白、姚启胤、靳文翰、黎宝森等教授，老教授们现多已与世长辞，但音容却深深刻在记忆之中。

镜头之三：参观号称远东第一的提篮桥监狱。读法懂法，贵于实践。1950届是唯一用司法组之名的一届(前几届叫法律系,后届叫国际司法组)。记得去参观前交待了注意事项,进去后参观了“忠”字监(据介绍说关押的是政治犯陈璧君和一些大汉奸)和“孝”字监(关押的是刑事犯),还有预防自杀的单独监房及用刑刑具(如执行死刑的绞刑架),丰富了我们学法律者的感性认识和知识。

镜头之四:旁听审判日本战犯。抗日战争胜利后,在上海天潼路乍浦路一幢大楼内搞了一次公开审判,法学院组织同学到审判地点旁听石美瑜大法官审判战犯冈村宁次。现在看来这是一次国民党欺骗老百姓、欺骗舆论的行为,从积极意义来看,这是一篇很好的反面教材,正好是暴露了反动派所谓“曲线救国”的丑恶面目。

镜头之五:“鄂老爷”与东吴法学院篮球队。他作为领队,曾亲自率队到圣约翰大学去比赛。在他的主持下,取得院方和学生会支持,为校队做了一套紫红色的绒布运动外衣,背后有“东吴法学院”字样。还有一套浅绿色的印有“SUSA”字样的背心和黑色平脚裤,穿上以后,脱出脱进,着实风光了一番。这里,我记起了两件小事:一件是鄂先生庆贺院队成立,在海宁路口凯福饭店请吃西餐,在当时,我们这些穷学生真有点受宠若惊。从这里可以看到鄂先生非常平易近人,宽厚大度。我就业后,和原上海东华足球队元老“铁腿”孙锦顺同在上海运动队做教练,一次谈起鄂先生曾做过东华足球队法律顾问时,孙说他在东华口碑很好。另一件事是关于印有“SUSA”的背心的情况,在“文革”期间,有人做调查向我问起:“你们的校队服装有否“USA”字样?”我笑了起来,来人说你严肃一点,我据实以告,“SUSA”是东吴大学学生会(Soochow University Student Association)取其英文第一个字母的缩写,调查者也笑了起来,我知道提供者可以解脱了。为了以正视听,在这里再啰嗦一次。

镜头之六:司法组同学课外文体活动比较活跃,友谊交往较多。可以想到的是参加校方组织的一次文艺活动,由各年级参加演出。班级自行组织去杭州旅游一次,先后在孙以祁学长、端木俊民学长家开舞会各一次,增进了同窗情谊。毕业后同班同学也多有来往。上世纪80年代上海校友会成立后,每年除参加年会或聚餐会外,也常借各种机会旅游或相聚。

镜头之七:大江东流,涛声依旧。小故事讲了一点点,大故事还在后头。眼见2010年即将来到,想到东吴教育事业大发展,从文、理、法三个学院加上附中,发展到今天成为全国综合性重点大学之一的苏州大学。想到东吴后继有人,从数百数千人的大学,发展到今天有五万学子万余教职工的苏州大学。每个东吴人,躬逢其盛,都会欢欣鼓舞。我为校庆110周年唱歌一曲为证:

东吴摇篮之歌

伟哉东吴,美哉东吴。天开图画,地秀山河。
茫茫禹域,同心匡扶。莘莘学子,情系东吴。
浩然正气,育我完人。树大根深,枝繁叶苏。
春风感被,化雨沾濡。普天同庆,重归东吴。

2009年4月

2008 年 4 月 18 日 1946 级(50 届)司法组部分同学在傅大成家举行联谊活动
前排:楼恩纳　周子豪　邵学优　叶履中　盛惠英　孙以祁　钱耀良
后排:刘士箴　胡惠峰　傅大成　耿德明　蒋一平　潘和德

东吴大学苏州附中校史

苏州大学　瞿冕良

在回顾东吴大学校史的同时，不能不将与之不可分割的“东吴大学苏州附属中学”简明地并述一下。

东吴大学建立于现在十梓街一号（原天赐庄）苏州大学南半部校址，开始于20世纪初——1901年（在此以前，1871年十全街的“存养书院”、1879年迁入天赐庄的“博习书院”、1884年宫巷的“中西书院”姑不计），根据1926年《东吴大学二十五周年纪念·东吴一中之缘起》提到：

“盖大学未产生，先有中学，东吴大学之名，虽发现于二十五年之前，实则始初四年并非大学，纯系中学，所授之课，完全中学程度；所招之生，完全中学学生。1905年（光绪三十一年）方始教授大学课程，招收大学学生。然则谓为此系东吴第一中学之纪念，孰得谓谬？考第一中学，始创于1901年，即清光绪二十七年二月初一日，为真正诞生之辰，阅四周，至1904年，中学修业期满，核给证书后，从此始有大学之设置。”

这段记载很明显：中学部开始于创建的1901年，正式成立大学部是在1904年后。不过1901年创建时的校名，却就称“东吴大学堂”，孙乐文就任第一任校长。他手订的《东吴大学堂试办章程》明确指出，该学堂设初等课程四年，高等课程四年，专门课程二年，读完初、高等课程，成绩合格，发专门证书，《东吴一中之缘起》所谓“所授之课完全中学程度，所招之生完全中学学生”者，和实际情况基本相符，“东吴大学堂”学制中“专门课程”者，乃中学毕业后，成绩优异，给予继续深造二年，盖略等于今天的大学专科性质，以中学为主体而称之为“大学堂”者，即在于此。

中学部分，既在大学堂之内，所以当时也没有中学之名。1905年起，正式成立大学部，中学部就倒过来变成它的附庸。与此同时，上海（二中）、吴兴（三中）、无锡（四中）相继建立东吴大学附中（吴兴、无锡于1934年合并，称吴兴附中），这样，苏州的中学部就理所当然地始则被称为东吴一中，后又改称为“私立东吴大学苏州附属中学”了。

中学部分既开创于1901年，四年读完高中，所以从1904年起，每年都有毕业的学生。从历届毕业人数看，它的规模也是在逐步发展的，最初几年不过十多名，甚至只有几名，30多年里最多的也只在50名左右。1949年前后一直到1952年跟大学部一起院系调整，并入各市立中学前，它已发展为高初中各七个班的完全中学了。

由于附中和大学在一起，因此，从形式上和实际上都是一个整体，中学的校长也就是大学校长。为了便于管理，中学部设立主任，好像作为大学各系的一个系主任似的，这是1905年正式成立大学部之后才设置的。第一届中学部主任是平客楼，第二届是史襄哉，第三届是孙蕴璞。

开始时，只招收男生，这个风气持续了30多年。1935年起才同时招收女生，以后一直到1952年并入市立各校前，都是男女统招。早期招生人数很少，因为东吴是私立的，学费、食用费很高，还要保证人和押金，一般中产以下人家的子女，是不得其门而入的。1934、1935

年间在校生不过三四百人，而解放以后三年间，革除了不少陋规，学生人数达六七百人。

1930年秋，中学部经江苏省教育厅立案，在教学上要求比较严格，执行规章制度也比较认真（见1936年7月《东吴校刊》中《弁言》），但在同时，也能考虑发挥中学生的求知欲和正常的文娱体育活动，所以学生的课余爱好及其组织，也得到校领导的支持和发扬。东吴是教会学校，学生所以除了可以自愿信仰基督教而参加一些颂祷活动外，还可参加“书画研究会”、“文艺研究会”、“口琴队”、“乒乓队”、“摄影研究队”等。同时，在校教职员中也有不少人能积极支持和协助组织学生活动，有些知名人士，如薛灌英、范烟桥、程小青、顾仲华等都是名誉上的顾问，实际上也是积极的推动者。

学生运动，由于中学部比大学部控制较严，所以表面看来，不及大学部活跃，但革命思潮毕竟还是在不断萌芽和增长。1925年，五卅运动爆发，附中学生冲破束缚，单独成立学生自治会（过去与大学部合作，未曾独立过），曾任中国佛教协会主席的赵朴初同志当时实主持其事，他当时是高中二年级学生，积极参加了这一活动，据当时《纪念特刊》记载，他“办事优良，热力过人，删定章程，扩充会务”，得到同学的推许和拥护；而且当时中学主任史襄哉也对此极为支持，所以这一自治会“骎骎乎凌驾于大学之上”，是办得有声有色的。

1937年秋，日寇入侵，苏州沦陷，学校开始了颠沛流离的教学生涯，几经周折，最后绕道偏安于上海租界中，继续授课。1942—1945年曾隐名改称正养中学，弦歌不辍，1945年抗战胜利后才返苏州复校。

大、中学在一个校园里，学生运动的信息也传递灵活，革命影响在附中日益增长。解放前，中学部已出现了中国共产党领导下的青年地下组织，以陈阊禄、郑敏、朱家灏（上海交大分校，中共党史教研室）、陈一勤（女，苏州丝绸工学院任教）为首的一批进步青年，先后组织过“大众执掌读书小组”、“灯塔社”、“墙报社”等活动，并不定期出版油印物，宣传进步思想，与当时同学中的反对派进行了针锋相对的反复斗争。据陈一勤同志回忆，当时活动的方式有秘密的，有半公开的，有公开的，有时借游览为名进行一些谈心串联活动，深夜回校，还曾受到当时“舍监”、“训育主任”的“教育”和“警告”。解放前夕，他们又积极组织参加全校的护校活动和全市性的营火晚会，随后就大规模地组织欢迎解放军进城的庆祝活动。解放后，虽然东吴附中存在时间不长，但是解放大军南下时，附中学生会自动组织了南下服务团十多人，随军南下，在革命大熔炉里更好地锻炼成长。其他如治螟活动、土地改革运动，附中学生也纷纷积极参加。抗美援朝开始，志愿参军的在附中也掀起了热潮，“雄赳赳，气昂昂，跨过鸭绿江”的歌声，同样激昂地响遍这所教会学校的每一角落。所以，从1901年“东吴大学堂”到1952年并校前的东吴大学苏州附中，52年校史，特别是解放后三年中，在党和人民政府接管和直接领导下，革命浪潮在这里也同样有它光辉的一页！

东吴附中，在当时几所教会中学中，师资力量也比较雄厚，例如前面提到的范烟桥、程小青、凌景埏、张梦白、金立藩、顾仲华等，这些著名文学家、史学家、科学家、艺术家，不仅精通业务，而且具有丰富的教学经验，在他们熏陶下，50多年来的毕业同学，也同样是桃李满天下，很多人在不同岗位上已经作出了卓越的贡献，除前所提到的赵朴初、张梦白、凌景埏外，尚有费孝通、顾翼东、许国璋、杨永清、陈明斋、陈务民、金圣一、孙起孟、尤大寿、汪葆浚、沈体兰、陈霆锐、费青，徐荫祺、陆志韦，宋鸿钊、俞子才、沈青来、李庆贤、俞调梅、贝祖武、姚莘农、赵紫辰、陆埮、蒋纬国等以及顾可权（原华东师大有机化学教研室主任)、李政道(物理学家)……实不胜枚举。

解放以来,虽然东吴附中持续到1952年为止,但三年多时间里,也为祖国各地输送了200名高中毕业同学,现在仍有很多人在各个教学科研机构、生产建设岗位上发挥自己的光和热。

(瞿冕良系原苏州大学图书馆副研究馆员,原东吴附中教务处老师)

七十一年前的往事——东吴附中黟县办学记

东吴附中41届　汪祖馨

1937年冬至1938年夏,东吴大学苏州附属中学在安徽黟县开了两个学期,设初中一、二、三年级三个班,共招学生46名。我是学校初中三年级毕业生,现在还保存民国27年(1938年)6月附中颁发的“初中毕业证明书”。证书是一张当地制作的八行土纸,已经泛黄,略有破碎,是由苏州附中主任孙蕴璞签名盖章,加盖“江苏私立东吴大学苏州附属中学钤记”方印。附中于1938年8月迁到上海租界内继续办学。该处由复旦附中皖校接办,1945年抗日战争胜利后,改名为安徽黟县中学,是当地唯一一所完全中学,现在安徽黟县中学档案中还保存有东吴大学附属中学黟校校友录(1938)。

黟县在明清时期属徽州府,地处黄山南麓,群山环抱,交通不便,文化落后,信息闭塞,封建思想严重,男子外出经商,妇女在乡务农。徽州一府六县,峰峦相隔,言语各异,互不相通,黟县是徽州府中最荒僻的一个小县。正是这种地理环境使黟县避免遭受战乱。我1924年出生于黟县碧山,从小和妹妹跟随父母在上海生活、读书。1937年“八一三”上海战事爆发后不久,即和妹妹随祖母逃难回黟县,父母留在上海谋生。是年冬季,东吴大学苏州附中主任孙蕴璞和部分教师从苏州转道屯溪进黟。不少战区知青也避难返黟,全县却没有一所初级中学,避难来的学生都遭遇失学。孙主任利用离县城一公里的碧阳书院旧址开设初中三个班。当时全县没有任何交通工具,只有人抬轿子,全靠步行,学生全部住读。几十个十几岁的小青年在一个不大的书院内共同生活,朝夕相处。同学们来自四面八方,语言不一,当地黟县方言属客家话系统,极难听懂,但沪苏口语相通,交流倍感亲切。我在班中年龄最小,生性活泼,

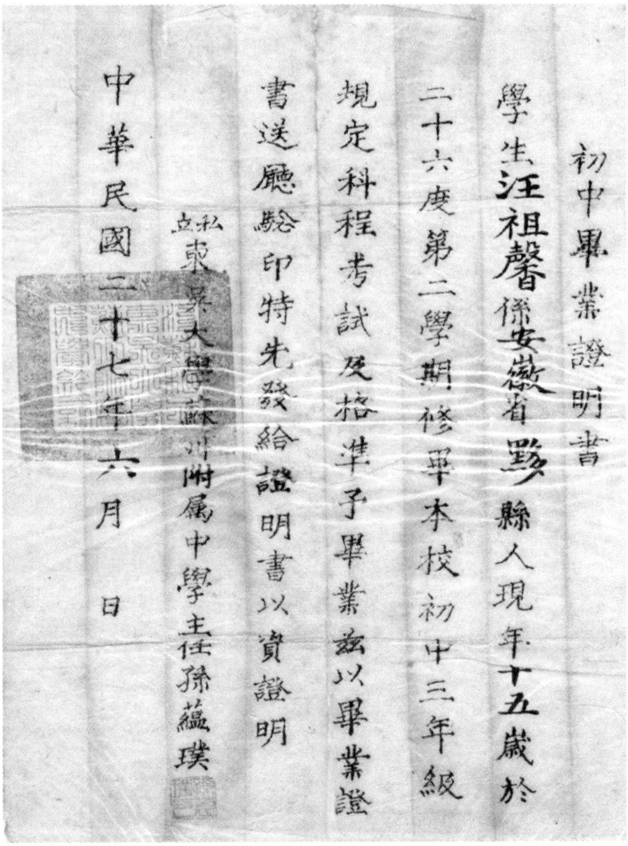
初中畢業證明書
學生汪祖馨係安徽省黟縣人現年十五歲於
二十六度第二學期修畢本校初中三年級
規定科程考試及格準予畢業茲以畢業證
書送廳驗印特先發給證明書以資證明
私立東吳大學蘇州附屬中學主任孫蘊璞
中華民國二十七年六月日

汪祖馨的初中毕业证明书

记忆很深的同班学生有二位苏州来的女生。一位是孙蕴璞的女儿孙美成,另一位是著名的侦探小说作家程小青的女儿程育真(黟县中学档案中东吴大学附属中学黟校校友录误为“程育英”),她们都是我的学姐。初中毕业分别时,育真送我一张避难时随身带的原苏州家中书房照片,背后留言:“祖馨:这是我的书室,现在在日本人的手中,真气死人,别忘了……育真赠。”这张照片我一直保留着,有时翻阅,就会引起我在少年时战乱动荡中美好的回忆。因为战争影响,同学们都已失学数月,所以附中除在春节放几天假外,连续开课,办了两个学期,补足失去的学时。1938 年夏,战火西移,上海已成孤岛,苏州的东吴大学就在上海租界内招生开课,附中也迁到上海。复旦在黟的校友征得复旦大学同意,在东吴附中原址和原有学生基础上,增设高中一年级班,并扩大招生,开设复旦大学附属中学皖南分校。我在该校读完高中一年级,和妹妹返回上海后,又共同进入东吴附中。我在大陆商场(九江路慈淑大楼)和慕尔堂读完高中,于 1941 年毕业。

黟县过去是不为人知的一个小县、穷县、落后县,甚至认识“黟”字的知识分子也很少。改革开放以来,随着全国政治、经济、文化的发展,黟县的山水自然环境、明清的古建筑和传统的民俗逐步被开发,它的知名度也逐步地提高。张艺谋导演的电影《菊豆》就在黟县南屏村拍摄。有人考证陶渊明笔下的桃花源就是黄山、白岳之间的黟县,1993 年中央电视台为此播出《桃花源新考》。2000 年 11 月 30 日在澳大利亚举行的联合国教科文组织第 24 届世界遗产大会将黟县的西递村和宏村作为安徽古村落列入“世界遗产名录”。

这些成就取得的内在因素是全县人民文化意识的提高,逐渐摆脱落后和自闭,要求融入时代的洪流。这与当初东吴附中在碧阳书院创办全县首个中学而播下现代文化的种子,之后复旦附中皖校、黟县中学接办,为当地开通现代文化之路密不可分。

我上世纪 90 年代初参加上海校友会以来,从未听见或看到附中曾在安徽黟县办校讯息,只有附中(包括张梦白老师)转辗浙皖到屯溪的报道(屯溪即今黄山市,距黟县 30 余公里)。值此东吴大学 110 年校庆之际,留下这段事实,以补附中校史之缺并纪念孙蕴璞主任。

往事历历在目

东吴附中45届　郑　鹏

抗战时期的东吴附中乙酉级

1937年,日本军国主义变本加厉入侵祖国领土。8月13日开始,日寇侵袭上海。不久,苏州沦陷,东吴大学与附中亦开始了颠沛流离的教学生涯。几经周折,最后绕道到了上海,偏安于“孤岛”租界中,弦歌不辍。校舍借用基督教慕尔堂及慈淑大楼。大学及附中混居于此局促的建筑中。附中课程,大部分集中在上午传授,体育、歌咏和理化实验安排在下午。

出于污泥而不染

我们是在1939年进东吴附中(毕业时命名为乙酉级)的,当时的学校偏安于上海的慕尔堂,该处位于虞洽卿路(现西藏中路),是旧上海的藏垢纳污的主要地区,九流三教、赌场烟窟、粉白黛绿者相杂其间,耳闻目睹到处都是与教书育人不相协调的气氛。但是我们丝毫未受其毒害和感染,说明当时教育以德智育人,学生未因周围环境恶劣而误入歧途的事例很多。亦有不幸者如孔庆繁同学,在放学回家时,在校门口巧遇“官兵捉强盗”,警匪格斗,枉死于无情的枪弹之下。

耳口练习(Oral English)

提到耳口练习(Oral English),便想到许安之先生(D. L. Sherertz),这位体态微胖、慈祥和善的美国老师,从初一开始便教导英语的听闻与发音的基础训练,以增强学习英语与开发耳听口说的能力,教我们注重于音节(Syllable)与重音(Accent)的正确运用。他太太是博习医院美籍院长柏乐文的女儿,出生于苏州,满口苏州方言。所以许先生本人亦能说满口吴侬软语,便觉特别亲切。还记得课程有一句“From two to two to two two is four”,听起来有点像绕口令,实际上是在训练你的辅音与重音的侧重。这课程在当时的其他学校是没有的。许安之先生对中国的友好情结延伸到了下一代,他的女婿杰克逊,是解放后较早访问中国的友好人士之一,曾专程到苏州寻根访旧。今天赐庄老校区,原校门口东边第一幢房屋即许先生故居。

流离失所的东吴附中

偏安到“孤岛”上海后,局促在慕尔堂授课,亦相安无事,直到1941年12月8日太平洋战争爆发。那天凌晨日军便炮击了泊在黄浦江中的美国军舰,而我们却毫不知悉。早晨依旧赴校上课,才得知日美间战争爆发,并不知道大祸即将临头矣。我们教室在三楼,面临西藏路。我们目睹穷兵黩武的日本侵略军由北面入侵,停在学校门口,被告知慕尔堂为占领目标,要学校立即撤离。所有师生只得在敌军排列成行与交叉的血腥刺刀下,无奈黯然撤离。当年的英语教科书,曾经讲授过法国作家都德的著作《最后一课》。此情此景,更为神伤。

自此以后,“东吴”校名,便不复存在,代之以“正养中学”为校名,是撷取了校训中“养天地正气”的内涵而立名。没有正规合适的校舍,只能随遇而安,游击式地在东租西赁的校舍中,不失时机,按时上课。学校与老师,实在费了不少苦心。回忆起租借的校址有:(1) 愚园路锡珍女中,(2) 江阴路的民宅,(3) 南阳路的滨海中学,(4) 北京西路(面对南汇路)乐群中学三楼,有六七间教室与化学实验室,此处停留最久,直到 1945 年抗战胜利。以上的历史陈迹,随城市建设均荡然无存矣。

尊师与亲切并存

同学之间,有绰号相称,而对老师则以尊敬为先,不敢放肆,个别亦有在背后起绰号的,这说明爱戴与亲切兼有之。当时正值全面抗战时期,东北三省早已被日寇入侵多年,师生同仇敌忾,誓要收复东北。结合学校本身,亦被日军占领,颠沛流离,漂泊于上海“孤岛”之间,周锡恩老师竭力宣扬爱国抗日思想。他在讲授地理时,反复讲解东北的地理环境、人文概况、资源分布等,以激励同学们要树立还我河山、收复失地、坚持抗战的决心与信心。同学们对他倍加爱戴与亲切。当时,他戴了一副玳瑁边框的圆形眼镜,形同常吃的食品“蟹壳黄”,这就成了老师的绰号,亦是公开的秘密。

光阴荏苒,2005 年秋季,离中学毕业已历一甲子,我们造访周老师于陋室之中,老师语言铿锵,通达开怀,亦不减其乐。老师虽双耳失聪,犹能道出当时顽童上课时情景,如点名读音不准,参加在中西女中举办的夏令营情况,犹历历在目。往事依稀逐波逝,祝老师一路春风向百龄。

师生团结,共赴国难

在“孤岛”上海,艰苦办学,始终不渝,老师们远离故乡家园,生活每况愈下,勉度黎明前的黑暗。生物老师顾鸿藻之长子,是我同班同学,因贫病而早逝。程小青先生,兼写侦探小说,记得要我们几个同学协助他,校对所作小说的印刷清样。完事之后,关起门来,就告诉我们,他偷听了短波的好消息,“日本鬼子连吃败仗,快要垮台了”。当时日寇禁短波,偷听者有杀身之祸,此举足见师生感情之笃厚。敌伪时期规定,要强制学日文,事实上,我们学了三年整,还不识几个日文字母,老师亦明知真相,应付了事。今日反思,为了反抗日寇,同仇敌忾,拒绝奴化教育是正确的。而从另一个角度看,年青时代,少学一种外语,也是一种损失。权衡之下,保持了民族气节与尊严,是值得也是应该的。

张梦白老师 1942 年刚结婚,借寓于他同学俞国尧家中。我们曾去祝贺,凑热闹。地址在康定路康村(今静安老年医院所在地)。十年前造访张先生,还说起此事,也谈到与台湾东吴及蒋纬国沟通的途径。因俞与小蒋过从甚密,40 年代俞亦去了台湾,随后东吴校友会与蒋氏沟通来往,邀蒋氏重游母校,都经张先生通过俞转达。惜蒋遽然离去,未及重游青年时代求学旧地。

甚多老师,原在大学授课,亦来附中兼职,师资极为雄厚。如陈宝珊(物理)、孙蕴璞(数学)、徐景韩(化学)、缪廷辅(英语)、沈安石(解析几何)、蒋吟秋和范烟桥(语文)等老师。教育质量是得天独厚,虽然校舍零落破残,并不妨碍授课的质量。理科实验毫不减缺，其中物理实验室就是由新闻报馆募集助学基金而建立的，供市内许多学校轮流使用，充分利用了教育资源，而不是首先竭力于扩建校舍等硬件的建设。学校尽心力于教育质量内涵（软件）的提高。1945 年参加大学入学考试，一班中就有十人被上海交大录取，被其他院校录取者更多。

同学们还同舟共济，多次参加向社会募集助学金活动与征集物资，响应基督教青年会组织的助学义卖活动。义卖市场就设在八仙桥青年会的健身房内，以后才知道，当时的主办人员，多为倾向进步的青年与地下共产党员，结果是既筹得了助学金，支持清寒同学，又为锻炼自身的社会活动能力多添了一份经验。

“乙酉级”的由来与六十年后又相聚

孤岛中的正养中学，忍声吞气中弦歌不辍。当时语文老师蒋吟秋、范烟桥诸师策划将我级命名为“乙酉级”，师生一致同意。这是由于当时日寇占领国土，而汪精卫叛国后，亦僭称“中华民国”。老师们潜心创意，予以回避，采用古代干支纪年法，命名为“乙酉级”。实际上含有反抗敌伪，保持中华民族尊严的深刻意义。

乙酉级于抗日战争胜利的 1945 年毕业。自 1949 年以后，由于各种原因，同学们往来稀少，偶而相见，亦似不相识。直到 80 年代，才逐渐有了走动。在沪的“乙酉”同学基本上每年都有聚晤。

2005 年秋，欣逢高中毕业后的 60 年，我们相约在上海聚晤，从五湖四海赶来的同学集会于上海鸿瑞兴酒家。如美国来的高锦泉，西安的陈道明、黄诒焯、竺全恩，南京的吴国沛、邱国瑞与杭州的郑颂文，共 21 人。多年不见，问长话短，说不完，道不尽，倍觉亲热，60 年前光景犹历历在目。

回首 60 多年，我辈已是八旬的翁妪，往事依稀如烟，自中学毕业以后，又各奔前程，分别在祖国大地上开花结果。迄今还有同学在发挥余热，“老骥伏枥，壮心不已”。如黄诒焯仍致力于生命科学的研究与装备的应用，张为杰犹在为核电站运行解决难题，许步曾研究犹太文化对中国的影响，不时发表有关史实的考证与著作，侯镇冰远在大洋彼岸大学中执教。多年来我辈踏实工作，为人类为国家作出了一定的贡献，考其原因之一，是由于基础课程、人生观、品德修养在东吴附中已奠定了扎实的基础，皆众师长循循教导的成果。

此次活动共历时四天，曾去慕尔堂忆旧参观，去苏州母校天赐庄校区重游，承母校热忱接待。返途中交流了此行感观，八旬老人，不远千里来相会，回忆过去，岗位有不同，成就有大小，但刚正不阿、忠诚为人民大众、尽心力为国家振兴的气概始终不渝。我们所取得的成功皆得益于良师的教诲与东吴精神的熏陶，是鱼水关系，没世不能忘怀。

2007 年 3 月 12 日

鲜为人知的东吴药专

药专51届　陆克平执笔

东吴大学理学院药学专修科(简称东吴药专)是1949年秋由本校黄兰荪教授根据解放初期社会急需医药专业人才而倡议并亲自领衔组建的。黄教授本着“养天地正气,法古今完人”的校训,着力于“正气”与“完人”,确定学制为两年,精选课程;两年内必须修毕普通化学、定性分析、定量分析、药物分析、有机化学、生物学、药用植物学、生药学、药物学、调制剂学、生理学、药理学等。课时排满了星期一至星期六的所有上课时间,每天上午授课下午实验,把生产实习的时间安排在寒假进行,因此第一学年暑假就在医院药房、生产药厂见习与实习。系主任黄兰荪教授要求学生基础扎实、理论必须紧密联系实践。

师资问题则发挥了母校生物、化学与化工的强项,由资深教师汪葆浚、徐荫祺、黄兰荪、张昌绍兼任,并外聘吴行芳、曹项、徐择邻等教授任教调制剂学、生药学。东吴药专第一届(51届)学生经考试合格毕业者共26名,是解放后第一次全国大专院校毕业生由政府组织统一分配。“药专”应届毕业生正气昂扬,放弃个人利益,背井离乡,无条件服从统一分配,到祖国最需要的地方去为人民服务。当时正值轰轰烈烈全国抗美援朝时期,有6人还光荣分配至部队,其中江家骅光荣地参加了抗美援朝。

51届分配工作情况:

51届分配工作主要服务于医药事业(如下表),每一个同学在不同的岗位上基本都成长为单位的培养对象或业务骨干。他们在平凡的工作岗位上作出了不平凡的成绩。在90年代前该届毕业生中有17名同学先后被所在单位行政部门批准授予主任、教授、高工等高级职称。

分配工作	人数
大专院校任教	3
药品检验所	3
研究院所	4
医院药房	11
生产药厂	5
合计	26

现将该班同学有突出成就的简述如下:

周海钧:分配到东北军区卫生部后,至北京中国药品生物制品检定所工作。历任主任、所长等职,受聘为世界卫生组织(WHO)生物标准化专家委员会委员、卫生部药典委员会副主任委员。另任中国药学会秘书长、理事长,《中国药学杂志》主编、《药物分析杂志》主编、《中国药理学报》编委等要职。1975—2004年连续受聘为世界卫生组织委员。

起草 WHO 组织制定的基本药物临床应用说明。著作有《生物检定统计方法》、《药品生物检定》、《药品注册的国际技术要求》等。

俞惠琴:中国人民解放军济南军区第八十八医院药剂科主任,中国人民解放军文职将军。1979—2000 年三届连任中国人民解放军医科委员会、药学委员会副主任委员。获全国三八红旗手、巾帼建功标兵称号。研究的中药肌松剂"汉肌松"被载入 1977 年版国家药典;2000 年研究治疗中耳炎新药"沃泰欣"获国家新药证书及军队科技进步二等奖;2005 年研究新药"舒脑欣"获国家新药证书及生产批准文号,获国家发明专利三项。2001 年获国家学会荣誉贡献奖,享受国务院特殊津贴,列入中央电视台"东方之子"受访人。

包雪声:上海市药品检验所中药室主任,从事中药材、中成药、中药饮片质量标准化研究。研究石斛、合欢、淫羊藿等药材的标化有成就。主编《中国石斛图志》。国家药典委员会第五届委员,享受国务院特殊津贴,上海中医药大学客座教授。

叶德华:上海第六人民医院核医科主任药师,我国第一代放射性药物研究的奠基人之一。首先研究放射性磷酸铬治疗因恶性肿瘤发生的胸腹水肿,研究成功 131 - I 标记物,在国内领先,开展了质量肾图检查。1956 年获得上海市劳动模范称号。

汤启新:江西省药物研究所研究员,1991 年获中国药学会"为药化学科的发展做出贡献"奖;1993 年研究成功"解热镇痛新药萘普酮及其片剂",协助上海集成药厂及江西黎明药厂生产该药。

管元美:清华大学教授,我国第一代同位素标记物研究奠基人之一。

东吴药专自创办以来共办 51 届、52 届及 53 届三届,53 届学生在 1952 年全国大专院校大调整时,合并入南京药科大学,故该届学生毕业于南京药科大学。因此,东吴药专是母校办系历史最短、学制最短、毕业学生最少的一个系科,少为人知。值此母校 110 周年校庆前夕,我们饮水思源,若当年没有黄兰荪教授高瞻远瞩的倡议,就没有东吴药专,没有老师们的谆谆教导,就没有我们的今天,让我们大家携手为继续发扬母校"完人""正气"的精神而奋斗。

(本文由东吴药专 51 届毕业生陆克平、杨天恩、丁伟芳和 52 届毕业生王蕴珍共同撰写)

回顾解放战争时期苏州东吴大学学生运动

黄履中　王龙(向务)

一、1945 年秋—1946 年夏

1945 年 8 月 15 日,日本宣布无条件投降。东吴大学在苏州复校,于 1945 年 10 月、1946 年 2 月分别招收文理学院新生共四个班级 150 多人。学生大多来自苏州和附近的常熟、常州、湖州等地。当时东吴是苏州唯一的大学,又是私立教会大学,学费较贵,学生大都来自中上层家庭,他们饱受敌伪统治之苦,希望祖国强盛,要求民主。也有少数同学受到进步思想的影响,中共地下党员只有 2 名,顾孟琴和徐懋义。另一方面,不少同学存在正统思想,对国民党、美国抱有幻想,三青团力量较强,学生中有三青团的大队骨干。

入学不久,就发生三青团发动的反苏游行。当时的政治背景是,历经八年抗战,全国人民生命财产遭受惨重伤亡损失,满目疮痍,百废待兴。国民党政府攫取胜利果实,蓄意挑起内战,武装进攻解放区,遭到全国人民的反对。经过国共谈判,国民党被迫在和平协议上签字,但墨迹未干,仍坚持内战政策。在陪都重庆,各界人民举行大会,反对内战,要求和平,遭到特务破坏,多次酿成血案。在昆明,反动当局对西南联大学生的爱国民主运动进行镇压,李公朴、闻一多教授遭特务暗杀,全国舆论哗然,予以痛斥。国民党为转移国人视线,借口苏联红军在消灭日寇、解放我国东三省后驻军,制造谣言,煽动民族情绪。不明真相的群众受其迷惑,许多大中城市在三青团的煽动下,相继发生反苏游行。苏州东吴大学的情况也是这样。以顾孟琴为首的进步同学提出了当前最大的危险是破坏和平打内战,于是在班级宿舍展开激烈的辩论。三青团一方声称反对游行就是"共产党",结果还是有部分同学没有参加游行。这样一来,双方阵营鲜明。1946 年春天,顾孟琴等组织进步同学秘密集会,每周碰头,议论时政,关注形势,后定名为"今天社",至 1947 年扩大组织,更名为"明社",并在校内组织了多个学生社团进行活动。

1947 年春,由于学生运动形势发展很快,上级党组织决定上海、苏州两地地下党合并成立统一支部,先由朱承烈担任支部书记,后由路尔铭任书记,董为焜为组织委员,诸葛淳为宣传委员。

另一方面,上海转来的同学中也有青年军、三青团员,原来附中正养中学就是他们力量较强的据点之一,以他们为主,还成立以爱好体育为名的组织。此外,还有基督徒团契、新生社、附中联谊会等。东吴学生运动主要是从组织社团打开局面的,通过社团活动团结了一批进步和中间同学,争取改善生活的斗争和要求民主权利的政治斗争交叉进

行。当时地下党领导的进步社团主要有三个：

(1) 文学研究会。成立于1946年上半年，是一批爱好文学的同学发起组织的。会员有30—40人，会长季左英，骨干有王龙、唐崇侃、施承绪、沈立人、徐忠炳、吴文治等人，经范烟桥老师介绍，在苏州《明报》办的《葑菲》文学双周刊上发表文章，有一定的影响。1947年政治色彩日益明朗化，在学生自治会竞选中起了很大作用。

(2) 旗帜鲜明的东吴新闻社。1946年秋，文学研究会中顾戢、季左英、王龙筹备出一份校园报纸，开始为油印，八开二版，受到同学欢迎。至1947年上半年，学生自治会竞选中由董为焜、黄履中、黄厥明、李济同等接办，发行量增加，油印已不能适应需要，酝酿改为铅印。经费采取招股办法，全校有97人认股，董为焜出资最多为董事长，黄履中为社长，李济同为编辑。铅印场所由顾戢、汪家学接洽到苏州模范监狱印刷所，由关押在内的犯人排字印刷，不仅价钱便宜，还可负责校对。《东吴新闻》每期以三分之二篇幅报道全国各地学生运动，训导长黄式金指责不该报道外地新闻，对立派学生污蔑经费来源不明，我们则发表社论"我们的声明"予以驳斥。应该说《东吴新闻》在学生运动中起了号角作用。

(3) 团结同学最广、影响最大的S. B. Club。1947年2月，地下党针对教会学校特点，借鉴上海圣约翰大学做法，成立以文娱活动为主的团契。S. B. Club即兄弟姐妹团契，由地下党员诸葛淳、徐也鲁负责。会员主要为爱好文娱活动的进步和中间同学，有基督教徒，也有个别三青团员。下设歌咏、舞蹈、戏剧、文学、交谊等组。至1948年7月，会员已发展到70人，是进步社团中人数最多、影响最大、最为活跃的团体。歌咏组从《康定情歌》唱到《茶馆小调》，舞蹈组从《垦春泥》跳到扭秧歌，戏曲组从曹禺的《正在想》演到揭露反动统治的《查户口》。兄弟姐妹团契还组织同学到天平、灵岩旅游，1948年暑假，利用假期到社会上办义务教育。

二、春雷第一声

1947年，由"配米事件"而引发了成立学生自治会的斗争。

1947年春天，国民党反动派发动全面内战，物价飞涨，国立大专公费生每天的菜钱只能买两根半油条，学生连饭都吃不饱。上海、北京、天津等地学生先后举行罢课和上街游行，苏州学生的反饥饿反内战运动也很快开展起来，同学们纷纷上街、赴京请愿，遭到国民党军警宪特的残酷镇压，造成震惊全国的"五二〇"血案。就在这时，东吴大学学生在地下党的领导下，发生了要求配给平价米和争取成立学生自治会的斗争。

东吴学生伙食最初包给私人经办，由于物价飞涨，办得很糟。同学们意见纷纷，乃改由学生自办，成立膳食委员会。开始主席是程宗英，1947年春改选，由路尔铭接手。正在这时，东吴分配到100担平价米，校方准备私分。路尔铭得知后把消息捅了出来。事关学生切身利益，一夜间校园内贴出标语漫画，党组织抓住时机开展了维权斗争，与学校交涉，学校怕事态扩大，被迫取消，把配给米分给学生膳委会。此时，党组织及时提出把争取学生生活福利转变为争取民主权利的斗争，提出了建立学生自治会的要求，得到大多数同学的赞同和支持。校方规劝不听，监督不成，被迫答应。这样，一场争夺学生自治会领导权的斗争在两派学生中展开了。选举帷幕拉开后,进步同学以文学研究会名义提出了候选人名单,东吴新闻社全力支持,派记者采访并出号外,发表候选人的施政纲领。受反对势力影响和控制的一方则提出另外候选人名单,竞争非常激烈。最后由全体同学直接投票选举。结果,路尔铭以 249 票当选为学生会主席,刘庆曾、朱承烈为副主席。这样,苏州东吴大学战后第一届学生自治会正式成立了,广大同学受到一次实际的民主锻炼和教育。

学生自治会成立于 1947 年春,与南京、上海大学的学生一样开展助学金运动和教学救助饥寒运动,以进一步揭露国民党的腐败和解决贫困学生的实际困难,在运动中涌现出一批热心为群众的积极分子,进一步壮大了进步力量。对立面的同学,千方百计挑起事端打击进步力量。他们对膳委会搞突然袭击,抢去账本,散布谣言,污蔑路尔铭贪污伙食费津贴,污蔑东吴新闻社,企图搞垮进步力量。他们召开大会,要路尔铭交代。面对打手围攻,董为焜挺身而出,遭到殴打。朱承烈奋起疾呼,指出膳委会是民主选举的,吃辛吃苦为同学谋福利反而受到打击,公理何在? 全校震动。后由教务长徐景韩出面排解,请会计老师王涵清查账。查账期间,打手们草拟意见书要求校方开除路尔铭,胁迫同学签名,刚从沪江大学转到东吴的祝祖耀同学不畏强暴地说“为同学谋福利是好事”,坚决不肯签名。查账结果,王涵清老师以会计师身份公布账目,没有缺一分钱,绝大多数同学对膳食委员会投了信任票,以后这批人灰溜溜地不再在学校食堂吃饭了。

三、1948 年五四晚会盛况空前

1948 年春天,国民党在战场上到处打败仗,蒋管区物价飞涨,民不聊生,当局还疯狂镇压工人学生运动。美国除支持蒋政权打内战外,还扶助日本军国主义复活,蒋管区学生展开了反迫害斗争和“反美扶日”运动。东吴 S. B. Club 主办的歌咏戏剧旅游活动发展到 200 多人。1947 年秋进校新生中,康少杰、何福源、王瑞莲、李亦发、沈剑涵、沈延富成为活动的骨干。1948 年的五四青年节,S. B. Club 和东吴新闻社、经济科学研究会联合举办了“五四晚会”,这是一次进步力量的大检阅,到会有 600 多名同学,请社教学院进步教授赵越作“五四运动”意义报告。会上演出了《茶馆小调》、《王大娘补缸》、《八根火柴》、《查户口》等揭露国民党反动派迫害人民的节目,晚会气氛热烈,进一步教育了广大同学。

接着,全运会在上海举行。地下党组织了 200 多名同学到沪参观,部分同学借住有“民主堡垒”之称的交通大学体育馆,与交大同学联欢,学习他们组织发动同学参加学生运动的做法和经验,使大家深受教育。

1948 年暑假,国民党太湖卫戍区分区指挥部下达“黑名单”,要求处理 17 名“职业学生”①,后苏州城防指挥部又补充 1 名,他们是路尔铭、董为焜、黄履中、王龙、季左英、徐懋义、陈育三、朱承烈、顾孟琴、冯培先、康少杰、祝祖耀、施承绪、张耀瀛、徐也鲁、张横云、沈立人,后又补充张振民,共 18 人。地下党指示要通过本人、家长、亲友与校方进行合法斗争,要求复学。徐也鲁、祝祖耀、陈育三经亲友疏通说情,得以复学,但保证不得进行政治活动。“黑名单”上其余的人都受到开除退学处分。还有一批同学受严重警告处分,在新学年开学时,要求作出不参加政治活动保证后才得入学,他们是陆荣尧(沈小平)、沈惟友、王瑞莲、周志秀、诸葛淳、许兆祥和管道一，这使得东吴学生运动暂时受到了压制。

四、1948 年—1949 年 4 月苏州解放

1948 年秋，反动政府迫害了大批进步同学，一时政治空气比较压抑沉闷，但进步力量并未被斩尽杀绝。是时，辽沈战役已打响，解放战争进入决战阶段，人民解放军取得节节胜利，国民党反动统治摇摇欲坠，更加疯狂镇压工人学生运动。中共上海市委学委及时调整东吴地下党组织，由上海撤退考入东吴中文系的陆亨俊担任支部书记，黄厥明、汪家学任支委，1949 年 2 月又增补王瑞莲为支委，共有党员 17 人。工作上借鉴“明社”做法，成立党的外围组织“地下学联”，发展吸收了陶剑琴、胡思达（胡均）、陈育三、朱其明等 20 余人。

当时还有另一茅山系统地下党伸入东吴，康少杰为支书，至 1948 年 7 月已发展党员 5 人。康被开除后，何福源任支书，沈剑涵、章腾文为支委。他们积极参加 S. B. Club 活动，发展组织，选送积极分子去解放区。1949 年 3 月，何福源、章腾文奉命去丹阳农村从事游击活动，由沈延富（女）接任书记。两个支部活动密切配合，直到 1949 年 4 月苏州解放才公开合并。

S. B. Club 在后期学运中重新活跃成为中坚力量

1948 年秋，新学年一开始，S. B. Club 便组织迎新会、新生联欢会，发起秋游，组织到天平、灵岩野餐，去黄天荡游湖划船，吸引不少新老同学参加。空气又重新活跃起来，于是趁机吸收新会员，进行改选。沈惟友仍为会长，张崇高、王瑞莲为副会长。12 月 25 日

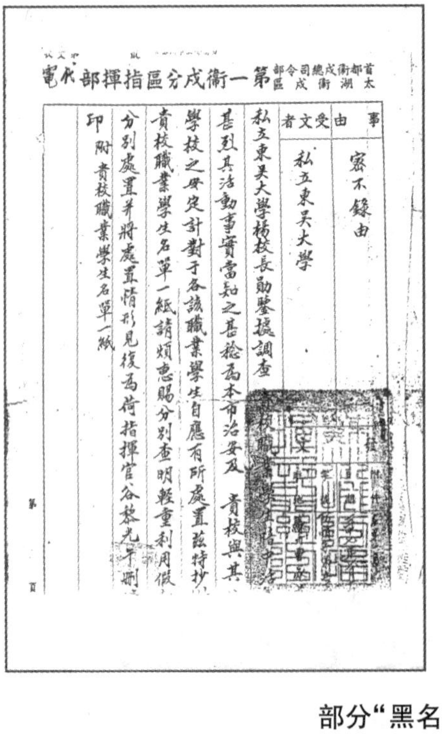
首都衛戍總司令部 太湖衛戍區 第一衛戍分區指揮部代電

事由：密不錄由

受文者：私立東吳大學

私立東吳大學楊校長勛鑒據調查[illegible]甚烈其活動事實當知之甚稔為本市治安及貴校與其學校之安定計對于各該職業學生自應有所處置茲特抄貴校職業學生名單一紙請煩惠賜分別查明輕重利用假分別處置并將處置情形見復為荷指揮官谷[illegible]

附 貴校職業學生名單一紙

印

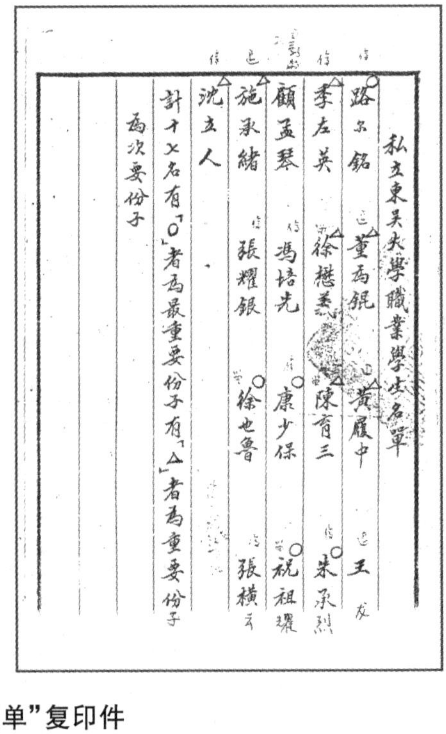
私立東吳大學職業學生名單

路尔銘 董為鋭 黄履中 王[illegible]

李左英 徐懋[illegible] 陳育三 朱承烈

顧孟琴 馮培光 康少保 祝祖環

施承緒 張耀銀 徐也魯 張横[illegible]

沈立人

計十七名有「○」者為最重要份子有「△」者為重要份子

為次要份子

部分“黑名单”复印件

举行圣诞晚会,会上揭露抨击国民党迫害学生罪行。训导长黄式金把沈惟友叫去,说晚会不合法,要停下来。沈答:这是学生自由民主,难以停止。第二天黄又叫沈到办公室,指着苏州城防指挥部信笺,说要抓人。后得知其他学校已抓人,沈就通过地下党的关系进了解放区。

新学期开始,没有全校性组织,伙食办得一团糟。广大同学很不满意学生膳食会,一下子就轰走原来的负责人,由各桌长选举。诸汉文曾讲过"办好伙食要集思广益"。大家就选他为男生主席。女同学选热心为大家办事的陈育三为主席。这样一来,男女膳食会都掌握在进步同学手中,实际上起了学生自治会的作用。

1949 年 2 月开学时,辽沈、淮海、平津三大战役取得决定性胜利,形势急转直下。在上级党组织布置下,东吴的两个地下支部印发了一大批油印信和传单,宣传和谈精神、八项条件,寄给苏州各界知名人士和校内重要人物杨永清、黄式金、徐景韩、潘慎明等。徐佩芳的父亲当时是吴县邮电局长,徐从他办公室拿出邮电地图,分散投寄以保安全。

声援南京"四一血案"受害学生,第二次成立学生自治会,进步同学取得胜利

1949 年 4 月 1 日,南京学生 6 000 多人示威游行,遭到血腥镇压。消息传来,苏州地下学联号召开展声援。东吴膳委会代表张崇高、钮颉英参加全市会议。一夜间,在全校张贴声援"四一"受害学生传单、标语。何福源、何祚永等同学在学校大门口"养天地正气,法古今完人"校训上贴上"一个人倒下去,千万人站起来"的巨幅标语。第二天晚上,举行营火追悼会。这边含泪沉痛讲"四一"惨案经过,那边对立面的学生竟在教学大楼上吹奏《结婚进行曲》唱对台戏。

4 月 4 日中午,在食堂召开桌长会议,讨论声援"四一"受害学生行动。全场热烈鼓掌。校方开始百般阻饶,宣布提前举行期中考试,提早放假。学生则斗志高昂,围坐草坪,不成立学生会不回家。校方被迫答应。

鉴于上次教训,这次采取组阁竞选办法。进步学生提出诸汉文为学生会主席,秦于生为副主席,徐佩芳为秘书长。对方也组团,但拿不出像样名单,于是采取破坏办法,企图围打诸汉文,抢票箱。结果请出教务长徐景韩监票。开票结果,诸汉文以 429 票对 19 票当选。欢呼的同学把诸汉文抛向空中,大家非常激动。民主进步力量得到广大同学的信任支持,以压倒多数票取得了胜利。

解放前夕的护校斗争

临近解放,国民党政府指示机关、工厂、学校组织"应变委员会"。校方杨永清、黄式金拟将学校南迁。学生自治会参加应变委员会的诸汉文、张崇高、何祚永、徐佩芳、黄绪德,教师代表周孝谦、徐荫祺等竭力反对迁校,结果迁校遭否决。为了保护学校安全,防止破坏、盗窃,"应变会"决定成立护校纠察队,由学生自治会负责。张崇高为纠察队长,黄绪德为指导员,并与周围晏成、慧灵、景海、振华等成立校际联防,以壮大声势。

1949 年 4 月 27 日,苏州解放。东吴大学师生纷纷上街敲锣打鼓,欢迎人民解放军进城。接着,在校内大草场举行军民联欢大会,高唱《我们的队伍来了》、《解放区的天是明

朗的天》,一片热烈欢腾气氛。不少同学情绪高涨,纷纷要求参加解放军。有的被编入青年工作队,如管道一、徐忠炳、应启兆、朱其明、徐佩芳、诸葛淳、王瑞莲、徐也鲁、胡思达、张崇高等同学;有的参加西南服务团,如陈育三、汪家学、金炎弘、缪鼎、李亦发、徐汉明、丁啸虎等同学,随大军南下。不久,东北招聘团来苏州招聘技术人员,应聘而去的有徐忠炳、管道一、朱其明、应启兆、吴元瑜和陈华德。陈是鞍钢的第一位女高炉长。东吴学生运动中的积极分子以后大多入了党,成为社会主义建设的有用人才。

结 束 语

我们这些同学分赴各地时,正值共和国诞生前后。近 60 年的风风雨雨,我们毕竟都过来了,且在不同的岗位上为祖国的社会主义建设贡献了自己的力量,无愧于青年时代的理想、信念和追求;即使是当时与我们有政见分歧的同学,历经几番风雨,大多数亦因祖国欣欣向荣而改变原来的观点,在不同岗位做出了贡献。现在都是两鬓斑白的老人了,回首当年,感慨万千。让我们继续发挥余热,为我们的子孙后代做表率吧!

说明:苏州解放后,王瑞莲同志一直留在东吴大学、江苏师范学院、苏州大学任外办副主任。她负责收集学生运动资料,还到北京、上海访问老同学、老战友,座谈了解,征求意见,直到 1990 年夏,她把这工作交给我,由我和王龙(向务)继续下去。在此基础上,我们拟了提纲向全国各地征稿,历时一年写成草稿,并在苏州大学党委书记程肖彭、副书记顾佩兰的大力支持下,于 1991 年 6 月 5 日至 7 日邀请了全国各地(北京、天津、福州、湖州、南京、镇江、昆山、苏州、上海)34 位同学参加座谈,征求意见,修改补充。会议结束后,大家还到横山烈士陵园向何福源烈士墓默哀、献花圈。后茅山支部的章腾文根据他们的活动情况写来一稿,一并记录在此。

2005 年 10 月 31 日初稿,2008 年 11 月 14 日改

注释:

①“职业学生”是国民党当局对参加革命活动的进步学生的称谓。

原东吴大学地下党部分活动情况概述

章腾文

解放前，苏州东吴大学有三个中共党支部：一是从上海地下党伸入该校的支部；二是从苏州地下党伸入该校的支部，尔后，上述两支部合并为一个支部；再一个是中共茅山工委——秦和鸣一线伸入该校的党支部。因而解放前夕，东吴大学有两个地下党支部。当时，这些党支部都处于极端秘密的地下状态，彼此间互不知情，互不来往。但是由于立场一致，目标相同，在从事学生运动及其他革命活动中，则常常是互相呼应、互相支持的。

下面记述的是中共茅山工委——秦和鸣一线伸入该校的党支部（以下简称茅山东吴支部）建立、发展和从事革命活动的若干情况。

（一）

茅山东吴支部建立于中国人民解放军从战略防御转入战略进攻之际。

这个支部的第一个党员是生物系同学康少杰。他自1948年春开始在同学中发展党员，为建立地下党组织做准备。

至7月，经他发展和联系的党员共有6人左右（康少杰、何福源、沈剑涵、章腾文、沈延富、胡乃等）。这年暑假，秦和鸣在上海召开会议，参加的有康少杰、何福源、沈剑涵、章腾文以及大夏大学的学生廖素青（女）等人。秦在会上作了简短而又极其重要的讲话，主要讲了党在白区工作的方针、学生运动的指导思想、斗争的策略及革命气节等问题。会议前后不到20分钟即告结束，参加会议的人随即分成两批，分别从前后门匆匆撤离。这次会议以后，廖素青遂成了秦和鸣与茅山东吴支部联系的桥梁。她以“表姐”的身份与何福源单线联系，从中传递指示，了解情况，指导工作。

茅山东吴支部成立于1948年9月。支部领导成员是上级指定的，由何福源、沈剑涵、章腾文3人组成。何任书记，沈、章为委员。当时的活动方式十分秘密。

上面由廖素青负责联系，下面党员也只有纵的单线联系而无横的交叉联系。

工作通过上面一条线，下面数条线传达下去；情况通过下面数条线，上面一条线集中上来，是一个顶尖底大的宝塔型活动结构。

1949年3月，何福源及章腾文奉命去丹阳农村——中共茅山工委书记康迪处，从事游击活动。沈剑涵因病住苏州近郊枫桥疗养。茅山东吴支部由沈延富（女）接任书记。

（二）

茅山东吴支部的党员在支部成立前后，根据上级的指示，主要从事以下几个方面的工作：

1. 积极参与进步的学生运动

这个支部与校内其他支部在发动进步的学生运动方面是互相促进、默契配合的。该支部的党员前后参与的学生运动主要有:反对美帝扶植日本的活动,声援上海交大等高校发起的“反饥饿、反迫害、反内战”活动和声援南京“四一”惨案活动,以及为贫苦学生发起的募捐、为成立学生自治会罢课等活动。

为了在同学中团结和发展进步力量,该支部积极参与了由另一支部发起组织的 S. B. Club——兄弟姐妹团契的工作。

这是一个跨年级、跨系科的进步的同学联谊团体,成立于 1947 年秋。1948 年秋改选,曾发展至 70 余人,是学校进步社团中人数最多、影响最大、最为活跃的团体。茅山东吴支部的全体党员和新民社成员全部参加了这个团契的活动,并在其中发挥积极的骨干作用。该支部的康少杰负责歌咏组工作,他积极组织进步同学成立歌咏队,演唱《黄河大合唱》、《垦春泥》、《山那边呀好地方》等进步歌曲,教唱、领唱与指挥均由他一人担任。一时间校园内外、寝室内外,歌声缭绕,此起彼伏,激情奔放,生机盎然。李亦发负责总务组工作,承担着为来往于上海、苏州的团契成员购买车票等项服务工作。胡乃也积极参与团契活动的安排。后康少杰因“政治上过分活跃”,于 1948 年夏被国民党太湖卫戍区第一卫戍分区指挥部列入黑名单,与其他 17 名同学一起,被学校开除,离开了学校。

这个团契除在同学中开展联谊活动外,还组织和引导同学从事各项进步的政治活动。如为纪念“五四”运动,它在校内举办过文艺演出,并与校外的社教学院联合举办过营火晚会。1948 年夏,茅山东吴支部与另一支部在上海的部分成员利用暑假在上海举办东吴义务学校,吸收中、小学生参加,教唱进步歌曲和民族舞蹈,扩大它在社会上的影响。

为了摆脱反动当局日益严重的迫害,保护处在危险中的团契骨干,茅山东吴支部又于 1949 年春及时将该团契的主席沈惟友和另一积极分子王永琳(女)分别送往苏北解放区,参加革命。

2. 在同学中及社会上发展党员,壮大党的力量

茅山东吴支部的党员,自 1948 年 7 月的 6 人左右,至 1949 年 4 月 27 日苏州解放发展至 14 人。其中大学部 11 人,中学部 1 人,校外枫桥小学 2 人。

大学部 11 人是:康少杰、何福源、沈剑涵、章腾文、沈延富(女,又名沈蔚)、胡乃(又名胡建同)、胡钦贤(又名胡涛)、李亦发(又名李干)、杨绍尧、任家德、舒志明(又名舒小舍)。

中学部 1 人是:章腾青(又名章澄清)。

枫桥小学 2 人是:盛念祖(女)、文宽夫(又名文盛堂)。

该支部由于在大学部、中学部、校内校外都有党员,因而可以在多点上开展工作,使各点互相配合,且回旋余地也更大。

早在 1948 年秋,该支部就积极开展中学部的工作,通过各种渠道,发动中学部的同学参与和配合大学部的斗争,从而在中学部涌现出一批积极分子,其中有徐白仑、章腾青、陈闾禄、钱公达、倪文均等人。在大学部成立学生自治会的前后,中学部也成立了学生自治会。该支部又适时吸收章腾青入党,建立了党在中学部的工作。从此以后,中学

部与大学部的学生运动配合更为紧密，并逐渐融为一体。

1948 年 12 月，杨绍尧、任家德两人因与昆明家中的经济联系中断，缴不出学费而辍学，处境十分困难。后经支部安排在枫桥小学，与在枫桥疗养的沈剑涵以及盛念祖、文宽夫合一党小组，既解决了他俩的生活困难，又增强了枫桥小组的力量。

3. 建立党的外围组织——新民社

1948 年 10—11 月间，茅山东吴支部接上级指示，要在同学中发展新民主主义青年团员，建立团的组织。经支部研究决定，秘密成立新民主主义研究社（对外称“新民社”），吸收进步同学参加，为正式成立团的组织做准备。

当时参加新民社的有以下 6 人：杨绍尧、章腾青、任家德、舒志明、胡德中、张宗元。其中 4 人已先后被吸收为中共党员，团的组织没有正式建立。

4. 选送积极分子去解放区

1948 年 12 月，随着辽沈、淮海、平津三大战役的行将结束，南京国民党政府放出了“和谈”空气。是月，廖素青来东吴大学。她身穿黑色呢大衣，颈系红色围巾，迎着凛冽的寒风，在葑门东城墙上召开支委扩大会。参加会议的有何福源、沈剑涵、章腾文、沈延富等人。她分析了当时的形势，指出：国民党政府改念“和平”经，完全是为了遮人耳目，是不可能实现的呓语。我们要抓紧做好党员教育、情报搜集、策反、团结教育群众以及护校等项工作，把立足点放在迎接大军渡江的准备工作上。同时，她提出为适应形势发展的需要，要选送一些进步青年去苏北解放区学习的任务，并向何福源交待了选人去解放区的路线及联络暗号。

会后，自 1948 年底至 1949 年初，经茅山东吴支部选送去苏北解放区的同学及社会青年共有 4 人，其中大学部同学 2 人：王永琳（女）、沈惟友；社会青年 2 人：顾治德、严惠黎（女）。

以上 4 位同志到达解放区以后，有的被分配到苏中二地委党校或华东革命大学等学校学习，有的就地分配工作。大军南下时，他们又随军分别进入苏州、镇江、丹阳等城市，参加了对各该城市有关单位的接管工作。

5. 加强对党员及新民社成员的教育，使之适应白区秘密工作的需要

为了加强对党员及新民社成员的教育，茅山东吴支部秘密刻印党章，给部分党员传阅学习；刻印《新民主主义论》及《论联合政府》等文章的有关章节，供部分党员及部分新民社成员传阅学习，使他们了解中国革命的过去和未来、党在中国革命中的任务和政策，以提高他们的觉悟程度。同时教育他们加强党的观念，遵守党的纪律，严守党的秘密，注意斗争策略，讲究工作方法，坚守革命气节，以适应白区秘密工作的需要。

6. 搜集敌党政军警特的情报，绘制地形图，为大军解放苏州作准备

茅山东吴支部根据上级指示，曾组织党员及部分新民社成员按照各人的社会活动范围，采用各种办法，运用各种渠道，或通过亲友，或走街串巷，搜集了解苏州市区及枫桥地区国民党党政军警特机关的驻地、人员名单、驻军番号、兵力、装备、地堡等情报，将点滴资料及时汇总并绘制地形图，转交上级领导，为大军解放苏州作准备。

7. 收听、记录新华社电讯,刻印、散发传单,宣传我党我军胜利消息及有关政策,以安定人心,扩大影响

茅山东吴支部曾设法弄到一部能收到短波的收音机,组织部分党员秘密收听、记录新华社广播的我军胜利消息,分别在上海、枫桥及校内秘密刻印、散发,以扩大我党我军的影响。在枫桥是利用枫桥小学的刻印工具秘密刻印的,在校内则是在一间全是自己同志居住的宿舍里秘密进行。当时校内的刻印工具十分简陋,刻印条件十分困难,只有一块没有木框的钢板条、一枝铁笔,几张蜡纸、几块药棉、一盒墨油,常常是在夜深人静时,关上门窗,用被单捂住窗子,然后熄掉电灯,点亮油灯,做一只灯罩,罩在灯上,不让灯光外泄;或者用被子做顶盖,把电灯拉在被子里,趴着刻蜡纸。一人刻印,一人用绸巾包着药棉沾上油墨轻轻揩印,一人整理折叠。刻印完毕还须将所有工具立即包扎收藏并经常转移存放地点。

1949 年春,针对蒋管区人民因受国民党反动派的欺骗宣传而存在的忧虑、惶惑心态,该支部又及时将我党我军告工商界及各界人民书(包括城市政策)的主要内容,加以汇集,分别在校内及枫桥两地刻印,部分传单上还写上总标题《中国人民解放军的若干基本政策》,署名“中国人民解放军总部”,采用邮寄及安排部分党员、新民社成员夜间上街秘密塞入住户门内等办法,将宣传材料送往枫桥及苏州闹市观前街各大商店、学校和其他企事业单位,宣传党的政策。第二天,苏州国民党报纸刊出一条新闻称:昨晚有共党分子潜入市区活动云云。

8. 选送党员干部去新四军茅山留守处工作,为解放大江南充实干部力量

1949 年 3 月 12 日,茅山东吴支部的何福源及章腾文奉命撤离学校,去丹阳农村向中共茅山工委书记康迪报到,参加地下游击活动。3 月 21 日发生“河阳事件”,同一游击小组的耿龙富、蒋成林两人壮烈牺牲,何福源负伤被捕。他在狱中屡遭国民党军严刑拷打,始终坚贞不屈,后经营救出狱,于 1949 年秋重返东吴大学学习及工作。1963 年 2 月,因内伤复发,医治无效,不幸去世,经江苏省民政厅批准为烈士,安葬于苏州横山烈士陵园。

“河阳事件”发生后,为防止突然事变的发生,廖素青从常州发信一封给当时的茅山东吴支部书记沈延富。内称:“延富妹:得知大哥患病,望诸弟妹各自保重。千万注意,防止传染。”落款为“表姐苏青”。随后,枫桥党小组也收到了内容相仿的信件。于是校内及枫桥小组的党员,都立即采取应变措施,在极端困难、险恶的情况下,继续坚持为党工作。

章腾文则在丹阳延凌一带农村,随茅山留守处的周忠等同志,身佩短枪,白天隐蔽,夜晚行动,在基本群众中宣传我军胜利消息和我党政策,揭露国民党政府的腐败、黑暗及其末日的来临,动员群众“抗粮”、“抗丁”,为大军渡江筹集粮草,直至丹阳解放。

9. 创办东吴夜校及开展护校斗争

1949 年春,茅山东吴支部的沈延富、李亦发、杨绍尧、舒志明等人还积极创办东吴夜校,吸收校外的工人、店员以及个别国民党军队中的下级官佐参加学习。

在文化课中,结合进行形势教育及其他可能的政策宣传,并通过比较进步的国民党下级官佐了解国民党驻军的布防及装备等情况,试图进行策反工作。苏州解放前夕,为防止国民党破坏,该支部的党员又在沈延富的领导下,与另一地下党支部配合,开展护校

斗争。他们积极组织大学部及中学部的同学，昼夜看守巡逻，使东吴校园完整地回到了人民的手中。

10. 发动党员及进步同学参加人民解放军，为解放全中国作贡献

1949年4月27日苏州解放，为响应解放全中国的号召，茅山东吴支部发动党员及进步同学参加中国人民解放军，随十兵团南下，执行解放福建的任务。当时在校的党员除沈延富、胡乃等人留下外，其余8人全部参军。他们是：沈剑涵、李亦发、杨绍尧、任家德、舒志明、章腾青、盛念祖、文宽夫。当时未入党的2名新民社社员胡德中、张宗元也随同参军南下。在他们影响下，参军的同学还有丁啸虎、何明（女）、盛今仪、董惠良、倪文均、姚抚城、赵士炘、吴有义、严钟杰等9人，合计19人参加十兵团。他们一边行军，一边打仗，很好地完成了进军福建的任务。全国解放以后，他们有的留部队工作，有的转业地方工作，有的进入各种学校继续学习、深造，学成后或留校或被分配至其他单位工作，在各个不同的岗位上为社会主义革命和社会主义建设继续作出应有的贡献。只丁啸虎不幸在进军福建的途中遇难，被追认为烈士，壮志未酬。

40余年过去了，弹指一挥间。如上所述，当时茅山东吴支部有党员14人，尚未入党的新民社成员2人以及经该支部送往苏北解放区的同学和社会青年4人，合计20人。

至今除已知3人因病及内伤复发先后去世，另2人未联系上外，其余的人都还健在。当年他们都是20岁上下的小青年，如今大都白发苍苍，已逾“耳顺”之年。不过，在他们身上唯有一样东西没有变，那就是他们的共产主义信念没有变，对党对社会主义的执着追求没有变。原来是共产党员的，至今仍保持着共产党员的一身正气；原来不是共产党员的，许多人也已先后加入了光荣的中国共产党。在这漫长的岁月中，许多人都经历过血与火、生与死以及各种顺境与逆境的严峻考验。由于种种原因，有的人还摔过跟斗跌过跤，甚至受到过极不公正的对待，但是都倔强地站起来了，没有一个人倒下去，没有一个人颓唐，没有一个人落荒而走。现在未离休的仍在各自的工作岗位上勤奋地为党、为人民工作；不少已离休的还采用各种方式，从各个方面继续发挥“余热”，要将“蜡炬”燃尽。历史是自己写的。在今后的岁月里，他们将把自己的历史继续写下去。

1991年9月于镇江

附件（一）

茅山东吴支部14名党员入党年月和当时的社会身份

大学部党员11名：

康少杰，男，生物系同学，1947年底入党。1948年夏被迫离校。

何福源，男，物理系同学，1948年5月入党。1949年3月奉命撤离学校。

沈剑涵，男，化工系同学，1948年5月入党。

章腾文，男，物理系同学，1948年6月入党。1949年3月奉命撤离学校。

沈延富（又名沈蔚），女，生物系同学，1948年5月入党。

胡乃（又名胡建同），男，生物系同学，1948年5月入党。

胡钦贤（又名胡涛），男，生物系同学，1948年夏入党。

李亦发(又名李干),男,生物系同学,1949年1月入党。

杨绍尧,男,物理系同学,1949年春入党。

任家德,男,物理系同学,1949年春入党。

舒志明(又名舒小舍),男,经济系同学,1949年4月入党。

中学部党员1名:

章腾青(又名章澄青),男,高中同学,1949年4月入党。

枫桥小学党员2名:

盛念祖,女,小学教师,1948年6月入党。

文宽夫(又名文盛堂),男,小学教师,1948年7月入党。

附件(二)

茅山东吴支部14名党员现在工作单位及通讯处

康少杰,曾任天津音乐学院作曲系主任兼党总支书记,已于1986年1月病逝。

何福源,曾任江苏师范学院校务委员、组织科副科长、物理系讲师等职,已于1963年病逝,定为烈士,安葬于苏州横山烈士陵园。

沈剑涵,曾任上海市华东化工学院科技外语系副教授,已离休。通讯处:上海市华东化工学院化工一村153号2户。

章腾文,原任江苏镇江市委党校副校长,现任该校副教授。通讯处:中共镇江市委党校。

沈延富,曾任河南省外贸局党委书记,已病逝。

胡乃,曾在江苏省昆山县第一中学工作,已离休。通讯处:江苏省昆山市小西门第一中学职工大楼204室。

胡钦贤,现在湖南省衡阳医院工作。通讯处:湖南省衡阳医院15栋405室。

李亦发,曾任上海市纺织建筑工程公司机关党总支书记,已离休。通讯处:上海市延长西路12号402室。

李绍尧,据说在北京七机部某厂工作,通讯处不详。

任家德,曾在十兵团工兵团工作,现不详。

章腾青,原任江苏昆山市老干部局副局长,已离休。通讯处:江苏昆山市老干部局。

舒志明,曾任武汉军区宣传部副部长,已离休。现住武汉市武昌小龟山干休所二幢一层东。

盛念祖,曾在上海市华东化工学院院务处工作。通讯处:上海市华东化工学院化工一村153号2户。

文宽夫,曾任福州部队某炮兵营教导员,后转业到成都市工作。通讯处:四川省成都市张家巷54号省建设厅幼儿园24幢37号陈珠英同志转。

附件(三)

当时尚未入党的2名新民社成员现在工作单位及通讯处

胡德中,男,曾任苏州轻工技校校长,已离休。通讯处:苏州市人民路605号601室。

张宗元,男,现在江苏省徐州市郊区文教局工作。

附件(四)

送往苏北解放区的4名积极分子当时的社会身份以及现在的工作单位和通讯处

王永琳,女,原东吴大学生物系同学。全国解放后,曾在丹阳县团委工作,后在上海市建筑工程局任教,已离休。通讯处:上海市商业一村3号203室。

沈惟友,男,原东吴大学化学系同学。全国解放后,曾在包头钢铁公司搞情报工作,已离休。通讯处:江苏省苏州市十梓街张家巷5号。

顾治德,男,原上海八达轮船公司工作人员。曾任上海市杨浦区财政局副局长,经济师,已离休。

严惠黎,女,原上海惠旅医院护士。全国解放后,曾在济南军区后勤部医院任军医,现已离休。通讯处:山东省济南市天地坦街48号。

峥嵘岁月之追思

——记解放战争时期东吴法学院中共地下党的斗争

张瑞芸　孙廷珍

东吴大学共有文、理、法三个学院。文、理学院校址在苏州，法学院(简称东吴法学院)在上海虹口区昆山路。解放前，东吴大学是美国基督教教会兴办的学校，其法学院也是一所为我国培养法官、律师和会计师的高等学府。在法学教育中以"英美法"传授著称，法学院规模不大，但颇有声望。1952 年院系调整时全校师生员工仅 700 多人，设法律与会计两个系，教师大多为当时知名法学家(如曹杰)、律师(如鄂森)、会计师(如潘序伦、李文杰)。专职教工仅十多人。在全国法律教育界中人称"北朝阳南东吴"。二次大战结束后，盟军设立远东国际军事法庭审判日本战犯，因法庭适用英美法程序，需要中国选派熟谙英美法的法官、检察官等参加，在东吴法学院毕业的倪征日奥先生即被选任为参加东京审判的中国检察官首席顾问。

抗日战争胜利后，1945 年 9 月，中共东吴大学支部重新建立起来。那时法学院尚无中共地下党员。党组织即派张瑞芸、查鸿宝(后改名金铮)、屈元到法学院开展工作。后又调入金明远、徐惠如等。党支委由张和谋(支书)、张瑞芸(后又接任为支书)、陈韫秀组成。经支部积极发展党员，到 1947 年下半年，法学院已有党员 13 人。

东吴大学法学院在中共上海学委教会大学区委的领导下，自始至终扎根于群众之中，团结教育和发动群众积极参加反蒋爱国民主运动。有些同志如屈元等还是全市学生运动的领袖，可以说东吴法学院的学生运动在全市学生运动中占有一席之地。在庆祝我校 110 年诞辰之际，由母校哺育成长的莘莘学子们不由得怀念当日在法学院学习与战斗的日日夜夜，因此，我俩合作此文以表缅怀之情。

法学院中共支部成立后直至解放，主要有下列活动：

1. 积极发展党员，培养、组织积极分子，广泛联系群众

支部成立后，在法学院发展新党员 5 名，加上外校调入，法学院党员共增至 13 人，这使法学院在以后的斗争中能牢牢掌握主动权。

在联系群众方面，法学院支部充分利用群众组织的作用。在教会大学中有组织"团契"的传统，党即利用这一形式联络广大同学，如"圣约翰"有"烛光团契"，"之江"有"民主团契"。东吴法学院也组织"民光团契"，另外会计系陈芝兰(党员)组织"晨星团契"，法律系徐意如(党员)负责"三一团契"，马云镜(党员)负责"新生团契"，由朱培根、姚云、胡文治等组织群众联谊性质的"友会"。学生自治会下又建立了 S. U. 合唱团，经常练习演唱进步歌曲，它成为一个团结广大同学的活跃的群众团体。学生自治会还出版了铅印

刊物《东吴生活》，这在同学中也产生了较大的影响。

2. 抗议美军暴行运动

全面内战爆发后，国民党为维持其独裁统治，不惜与美国订立出卖国家主权的条约，让美国人在中国享有种种特权。其间，美军残害、欺凌中国百姓的暴行频发。1946年圣诞之夜，发生了北京大学女生沈崇被美军强暴事件，激起全国广大学生的民族义愤，东吴法学院司法组佘贵林等同学连夜撰写并刻印《告同学书》。1947年元旦，法学院和当时还在上海的教育系同学七八十人参加了“上海市学生抗议驻华美军暴行联合会”（简称“抗暴联”）组织全市学生抗议美军暴行的大示威，表达了对北京学生的有力支援。

3. 参加“六二三”反内战大示威

1946年，为配合党中央提出的争取长期全面停战的呼吁，党组织群众进行“反内战、要和平”的游行示威活动。上海还推选11位代表组成“上海人民和平请愿团”赴南京请愿，东吴大学教授雷洁琼和学生自治会主席陈立复均是代表团成员。6月23日是请愿团赴京请愿的日子，法学院同学与全校同学一起到车站欢送，并同时举行大示威。学生自治会为此还作了充分准备，事前即请民主人士来校演讲，并为示威做好旗帜、标语等准备。24日，请愿团在南京下关被打的消息传到上海，被打受伤的陈立复返校揭发国民党制造下关惨案经过，同学们无比愤怒，纷纷表示抗议，学生自治会出面提出政府惩办凶手的要求。经过这次运动，同学们接受了一次深刻的教育，认清了发动内战的罪人是国民党反动派。

4. 参加1947年“五二〇”反饥饿、反内战、反迫害的总罢课斗争

由于国民党实行内战政策，军费支出浩繁，民生凋敝，广大人民和学生生活学习发生困难。党组织领导学生开展了“反饥饿、反内战、反迫害”运动，提出“向炮口要饭吃”的口号。5月20日，上海各校学生共6 000多人到南京参加“京沪苏杭专科以上16校学生抢救教育危机联合大游行”，遭到国民党军警特残酷镇压，100多人受伤，这就是震惊中外的“五二〇”惨案。为抗议国民党暴行，上海成立“学生抗议五二〇惨案后援会”。东吴法学院学生成立“保障人权会”，会长是会计系张世荣同学（党员），全校共有百余人报名参加。“人权会”举行座谈活动，发表了“人权公报”，并派徐意如同学（党员）为代表，和其他教会大学学生一起赴南京向美特使魏德迈提交“反内战要和平”请愿书。“五二〇惨案后援会”根据群众要求，定于5月23、24两日为全市总罢课日，以示抗议。东吴法学院同学与全校一起参加罢课。这是东吴大学同学在解放战争时期第一次参加罢课斗争。

5. 救饥救寒活动

1947年冬，上海气温突然下降，穷人冻死街头。上海同济大学12月18日首先在校内成立“同济大学学生劝募寒衣运动委员会”。之后，市区80多所大、中学学生迅速发动起来。12月22日，东吴、之江、约大三所教会大学成立了“联合劝募寒衣运动委员会”，发表“告同胞书”，呼吁各界人士赞助。同年暑假，三校又响应上海市学生联合会（简称“学联”，东吴大学是主席团之一）号召举办的助学义卖活动。法学院成立了募捐助学金委员会，会长是法律系毕世明（党员），成员由各班级推选产生。同学们分头到工厂、商店募捐，在宁波同乡会举行义卖，著名演员白杨到场剪彩，表示支援，又在兰心大戏院举行义

演。这些活动不仅为部分同学解决了学费困难，同时提高同学的觉悟，大大加强了党与群众的联系。

6. 争取法学院学生自治会改选胜利

1947 年 7 月，法学院学生自治会会长胡承淼（党员）毕业。反动党团力量企图趁机夺取学生会领导权，在竞选过程中斗争激烈。在张和谋同志领导下，同学们积极开展争取群众的工作，终于使毕世明（党员）以压倒优势当选学生自治会会长。

新一届学生自治会成立后，积极开展活动。如在圣诞节开展全校性联欢大会，组织同学排练节目，又出版《东吴校讯》，刊登有关抗暴、反蒋等文章。学生自治会还不时举办座谈会，如讨论"宪法与人权保障"，邀请著名律师史良（解放后任第一任司法部部长）出席。又如举办"美国世界政策及对日本问题"座谈会，名教授张志让（解放后任最高人民法院副院长）出席。这些活动都有助于提高同学们的政治觉悟。

在这期间还发生了邓英同学被捕事件。1947 年圣诞节时，会计系同学邓英（党员）代替编辑佘贵林（党员）去印刷厂取报时，被等在那里的特务逮捕。后来特务发现抓错了人，当晚派一批打手冲进学校宿舍搜查，幸亏区委领导张耀祥同志警惕性高，已让佘贵林离校躲藏，特务扑了个空。邓英同学被捕后，学生自治会召开全校同学大会，讨论如何营救问题。最后会议通过谴责特务机关的决议，并由同学分工负责把决议送到各教授家，取得广泛同情。当局知道抓错了对象，即在第四天释放邓英。其后，邓英和佘贵林都被党组织送到解放区。

7. 参加九龙事件示威

1948 年新年刚过，就传来了九龙英军为巩固机场阵地，准备拆除九龙城中中国居民住房的消息。1 月 14 日，上海市学生联合会提出"抗议英美帝国主义暴行，挽救民族危机"口号。74 所大、中学校代表号召 17 日举行示威，并罢课一天。其时，法学院等 40 人参加游行，步行到外滩公园门前，在围墙、电线杆上张贴漫画标语，抗议英军九龙暴行。队伍经过美军指挥所时，同学们用柏油在墙上写了"美国兵滚回去"的大字。

8. 支援同济大学"一二九"事件的斗争

1948 年 1 月 19 日，同济大学校方禁止学生民主选举自治会，宣布停止自治会一切活动，并先后开除 11 名同学，限三天内离校。同济同学为抗议当局不民主行为，组织同学赴南京请愿。"学联"通知各学校支援。1 月 29 日晨，请愿团出发，国民党当局派出"飞行堡垒"（装甲车）和马队前来包围，阻止学生出校门。市长吴国桢、警察局局长余叔平前来，表面上为谈判，实为指挥镇压。法学院查鸿宝、毕世明、马云镜、项克涵、沈关生和孙廷珍等十多人也前去支援，他们与其他大、中学校学生一起手挽手排成队伍，协助同济同学冲出校门。但在所谓"谈判"失败后，马队即向学生队伍发起冲击，学生队伍被冲散，受伤同学多达数十人，法学院学生项克涵头部也受了伤。这就是震惊中外的同济大学"一二九"血案。后军警将学生赶至学校大礼堂。学生们即在台上拉出"血债要用血来还"的大幅标语，纷纷上台指责国民党暴行。其时，国民党特务带着黑眼镜在找寻所谓"共匪学生"。之后又将学生赶到广场，并按学校分别关在教室中，通知各校校长来领。各校负责人要求同学报出班级、学号、姓名，而法学院同学均报了本校三青团学生的名字。到夜半三更时，学生即被驱赶出同济大学（四平路校址）大门。在黑夜中，法学院的同学们徒步穿过一道道乡间小道，回到市区。

9. 营救1948年8月26日大逮捕中被捕的东吴法学院同学

上海市反蒋斗争日益发展，国民党政府为迫害革命人民，于1948年2月成立了“特种刑事法庭”，矛头直指所谓“共匪”。他们经过阴谋策划，决定在1948年8月26日对全市进步学生来一次大规模逮捕，拟定了全市28所大、中学校130余人的黑名单，其中东吴大学有18人，基本上都是法学院学生自治会理事。由于地下党组织事先得到情报，已设法通知这些同学隐蔽、转移，所以大多数名单中的同学得以幸免，但仍有查鸿宝（党员）、陈定平（党员）、朱培根、陈馥衡、张世荣、骆家琪等6人被捕。

“八二六”逮捕事件后，由上级教会大学区委领导人毕玲直接布置，指定由陈韫秀联络东吴被捕同学。因为陈韫秀是陈定平的同乡又是同姓，于是她就和陈定平的母亲取得密切联系，并以陈定平的亲戚的名义联络查鸿宝等被捕同学的家长，向政府提出释放无辜被捕学生的要求。被捕同学在狱中表现良好，查鸿宝带头发起绝食斗争。朱培根等人提起法律诉讼。东吴法学院曾由被捕同学的家长出面，在东亚酒店召开记者招待会。主持会议的是查鸿宝的哥哥，不少记者前来参加，第二天即在《文汇报》上公开发表声援文章。在全市学生、社会团体和被捕学生的坚决斗争下，过了一个月，反动派不得不释放被捕同学。为了保存力量，迎接即将到来的解放，党组织将已营救出来的同志以及黑名单上的同志均撤离上海或隐蔽起来，东吴法学院的毕世明、马云镜、徐意如、陈芝兰、蒋式棻、王宏声、张瑞芸、查鸿宝等也于1948年10月至12月撤至解放区。

10. 整顿组织，重新组织积极分子迎接解放

由于大批党员的撤离，东吴法学院党的力量有所削弱，同时美国教会又从沪江大学调来刘朗泉教授到东吴法学院担任训育长，加强对东吴法学院的控制。他乍到学校即宣布解散S. U. 合唱团，勒令所有团契组织均要登记，未经批准不许开展活动。《东吴生活》早在1948年8月22日就被勒令停刊，刘朗泉则另办一官方刊物《东吴法学院校刊》，企图代替民主喉舌。

上级领导根据形势的变化重新整顿组织，明确新的斗争方针与策略。

当时留校的党员还有7人：张和谋、冯鼎芬、孙廷珍、陈韫秀、周惠珍、王振道、胡建夫；又发展了4名新党员：朱国仁、姚云、裘宗杰、陈达夫；从外校也转来一批党员（大多数是一年级新生）：曹锦孚、王敏琴、张婉如、庄咏文、顾念祖、殷元良、柳小培等七人。其时，法学院共有18名党员，重新成立新支部，孙廷珍任支书，支委有冯鼎芬、陈韫秀、曹锦孚、王敏琴等。

与此同时，重新整顿党的外围组织。因过去曾组建成过一个积极分子组织叫“民光团契”，1948年大逮捕后一度停止活动，现在重建并发展“民光”组织。基于当时的形势，“民光”分成两部分：核心成员和一般成员。“民光”核心成员的特点是党员单独发展，经支部讨论通过，个人秘密参加，是正式的党的秘密外围组织，重要事项都在这些成员中研究贯彻。党员分工直线联系“民光”核心成员，又由他们分工联系积极分子，再由积极分子负责做群众工作，这样构成法学院党领导下的一个网络。

由于法学院有一个坚强的党组织和积极进步并且纪律良好的外围组织，所以在解放前后均能较好地完成党组织交给的各项任务，为上海的顺利接管和恢复秩序起到了一定的作用。

半个多世纪前在东吴法学院校内校外的斗争往事尚历历在目，如今不少同志包括马云镜、冯鼎芬、查鸿宝、佘贵林、侯景林、朱国仁、胡承淼、张和谋、陈定平等同志已相继作古，但他们的奋斗事迹永远铭记在我们心中，铭刻在东吴史册上。

2009 年 1 月 15 日

追忆上海解放前后
东吴法学院地下党的活动点滴

曹锦孚

我于1948年夏考入地处上海市昆山路的东吴法学院。那年夏天,国民党疯狂镇压民主运动,东吴法学院有六位学生被捕,大批党员同志及积极分子撤离学校,原先东吴法学院党支部的支委也全部撤退。因此重新成立党支部,支部委员有孙廷珍、冯鼎芬、陈韫秀和我。是年冬,王敏琴从震旦大学转入东吴支部,也参加了支委会。孙廷珍任支部书记。

1949年初,辽沈、平津、淮海三大战役胜利结束,“打倒蒋介石,解放全中国”已成定局。党中央要求上海党组织积极配合解放军里应外合,为解放上海、接管上海做好准备。当时,我们的心情是非常激动的,“天快亮了”! 但国民党为了做垂死挣扎,叫嚣要死守上海,加紧对地下党员和一切进步力量进行迫害,4月份在全市进行一次大逮捕,党组织通知党员尽量变更常住地隐蔽起来。同时,我们的工作方式也必须由大规模集中的活动方式改变为分散隐蔽、灵活深入的活动方式,以积累力量、保存力量,配合解放上海的工作。

我的记忆中,印象较深的是在上级党组织领导下做了以下几件事:

一、向国民党军警机构投掷宣传品

1949年4月,上海党组织要求针对敌人的分崩离析(猜疑、恐惧、动摇、混乱)等弱点,予以重重的打击,不断扩大敌人的失败情绪,削弱其抵抗意志,使其进一步瓦解。为此,印刷了大量宣传材料和警告信,内容是要求国民党军、警、特及地方官员“放下武器,停止抵抗,向人民投降,改邪归正,将功赎罪”,并组织向国民党军、警所在地投掷。

当时东吴法学院党支部担负了向虹口地区军警机构投掷宣传品的任务。1949年4月的一个傍晚,支部书记孙廷珍从上级领导张和谋同志处领来了一批宣传资料,借用南京路附近一家工厂的办公地点,秘密将宣传资料逐份用牛皮纸卷成长棍状,组织地下党员进行分散投掷。这次任务危险性较大,故必须由党员来完成,并要严格保密。孙廷珍同志将支部十多位党员组成若干个两人小组,每个小组负责投掷一份。一人投掷,一人望风。孙廷珍与裘忠杰分在一个小组,庄咏文和张婉如一个小组,我和谁是一个小组已想不起来了。我们小组的目标是虹口区的一个警察大院。当天,待各小组将宣传资料领到手时,天已黑了,还下了蒙蒙细雨。我穿了斗篷雨衣,正好将宣传品遮盖住。到了警察大院附近，我们先观察了一下前面，见门口有两个门卫站岗，不敢动手，即转到该院侧面转弯角上，在审视周围没有来往行人后，即由我望风，另一同志将纸卷往墙内掷去。投掷时，我们有意拉开数十米距离。看到她顺利地将宣传资料扔了进去，后面也无跟踪的“尾巴”，我们两人即迅速离开。支部约定：各小组完成任务后必须点名。由孙廷珍装成夜场电影的观众等候在民光电影院（乍浦路上）附近，各小组同志完成任务后，均到“民光”附近与孙打个照面。孙一直等到各小组均来报到后才放心回家。

解放后，我参加上海市委党校学习，正巧和警察局的一个地下党员分在一个学习小组。他说他们早就接到上级党通知，投掷宣传品的第二天早晨，有意带动警员去院内散步，让他们拾到宣传品并给大家传阅。这些宣传资料确实起到动摇国民党军心的作用。国民党上海市警察局长毛森得知后，大发雷霆，集中训话，勒令把宣传品交出，但谁也不吱声。他虽一再下令迅速破案，但始终未能得逞。

二、为配合解放上海绘制详细的上海地图

1949年初，为了做好解放上海和接管城市的准备工作，党组织要求全市党员带领外围组织积极分子，一起对上海的情况进行系统的调查摸底工作，包括绘制详细的上海地图。

东吴法学院党支部分工调查昆山路校区附近的情况并绘制详细地图。记得我是分工绘制从昆山路到塘沽路一段的四川北路沿街地图。我在放学后，数次装着逛马路的样子，仔细观察该地段情况，哪里有驻兵营房、警署、行政机构、工厂等。我还挨家挨户将这个地段的门牌号码、店名、弄堂名用心记下，逐个实地查看店门面有何特点、前后门情况。遇到弄堂，也要进去看看，是死胡同还是有出口，通向什么马路，里面有几条横弄堂等等，都一一摸清，然后绘成地图，上交支部。据关于刘晓同志纪念文中记载：把对上海全市的调研任务布置到地下党的每一支部、每一党员和积极分子，这是刘晓同志的主意。后将全市各方面的资料和动态汇合到地下市委，并送到解放区，编入《上海概况》、《上海调查资料》两份内刊中。解放后，在国家公安部工作的曹奇辰同志曾在绝密的库存档案中看到过当年东吴法学院党支部上交的资料。这次全面的大规模的周密调查，正是顺利接管上海的重要保证。

三、上海市区解放后立即上街宣传群众，动员工厂开工、商铺开门营业

解放前夕，为防止国民党垂死挣扎，屠杀我党人士，党组织要求党员及积极分子尽量离开原来居所，转移他处，但同时要尽量靠近本单位，以便一解放即可返单位工作。那时还建立了每天点名制度，每个党员每日要在约定时间、约定地点露面，使负责点名的同志知道你的安全情况，万一有人不来点名，即可能出事，组织要立即采取相应措施。

东吴法学院党支部的同志则尽量住在昆山路学校附近。有一东吴积极分子就在四川路桥边上海市邮政总局工作，在她的办公室里有油印机，解放前夕孙廷珍就睡在她的办公室里，晚上和她一起偷偷地油印宣传资料。

我家原住苏州河以南，我借口为上学方便，特地借住到苏州河以北亲戚家。1949年

5 月 25 日，上海苏州河以南地区先解放，我在住处一面收听电台广播的《解放军宣言》和《约法八章》，一面从阳台上观看马路动静。解放军攻打四川路桥时，我还听到零星的枪声。5 月 27 日清晨，苏州河以北地区也解放了，我立即奔赴学校，住读的朱国仁、王振道等同志已自发向驻扎在东吴法学院校区的国民党官兵做工作，叫他们放下枪，撤出学校。同时，他们将自己的宿舍变成临时集合点，其时孙廷珍、庄咏文等同志均已赶到学校。我们高兴极了，终于可以放声歌唱《解放区的天是明朗的天》、《团结就是力量》、《打得好》等革命歌曲了。大家赶印传单和歌谱，一直忙到深夜也不觉得疲劳，饿了就买块山东大羌饼充饥。由于反动派诬蔑我党的谣言到处散播，有些老百姓不了解党的政策，尤其是工商业者，造成上海市大多数工厂停工、店铺紧闭，这使百姓生活不便，也影响经济复苏。为此，党组织要求党员尽快组织起来上街进行宣传。这样，我和大家一起背起锣鼓，拿了宣传品就上街了。锣鼓一敲，老百姓都围上来，我们一面分发《解放军宣言》和入城的《约法八章》等宣传资料，一面解释党的政策，安定民心，劝说大家尽早开工、开市、开学，恢复生产，支援前线。对未开门的商店，我们就找店主老板面对面地劝说、解释。四川路上不少商店听到我们的宣传，又看到解放军确实是一支纪律良好、不扰民的部队，打消顾虑，纷纷卸下门板，开张营业。在上海地下党组织领导下，经过广大党员和积极分子的努力，上海市面很快就恢复起来。上海的工厂企业开工、开店的越来越多，这些为解放全中国都起到了积极作用。

值东吴大学成立 110 周年纪念，回忆起我在上海东吴法学院解放前后一年多的地下斗争，不胜感慨，特此记录其中点滴以为祝贺。

2009 年 1 月 5 日

（文中不少资料由孙廷珍、庄咏文两同志提供，特此致谢）

解放前夜东吴法学院“小民光”团契的建立和发展

庄咏文

东吴大学是美国教会创办、地处苏州的一家综合性大学。教会举办大学当然主要以宣传教义及本国政策为宗旨,但客观上它也是中西文化交融的平台。在教会大学学习的学生更易从世界角度来观察本国的命运,因而在历次反帝爱国与民主运动中,都有大批教会大学师生积极分子参加。如沪江大学的蔡尚思、东吴法学院的曹杰等教授,即是其中典范。东吴法学院是东吴大学的一个学院,却地处上海昆山路,因此东吴法学院的学生运动是在白区中共上海学委教会大学区委领导下进行的。由于上海是解放战争第二战线中革命力量集中的据点之一,因此东吴法学院师生也积极参加反蒋反美斗争,在上海学生运动中有一定影响。

我是1948年夏天被沪江大学以参加“反美扶日”斗争为由除名后考入东吴法学院法律系行政组一年级的。同时考入该班的党员还有启秀女中毕业的张婉如、清心女中毕业的曹锦孚。在东吴法学院的反蒋斗争中,任何成绩都离不开革命组织包括积极分子组织的力量,因此值东吴大学110年诞辰,追思一下我班“小民光团契”的建立和发展是一件很有意义的事。

先讲一下什么是“团契”。团契是教会用来向非教徒宣传教义的组织,组织松散,参加自由,不需办任何入团手续。团契进行的宗教内容有查经比赛、烛光礼拜、唱诗班等活动,也组织各种联谊活动,如郊游、派对、夏令营等。因此,上海教会大、中学地下党党员多参加团契活动,便于联系群众。在我进入东吴前,东吴已有在党领导下组成的“民光”团契。

1948年8月26日,国民党在全市进行大逮捕,严厉镇压革命力量,东吴法学院也有6位同学被捕。上海整个形势显得严峻起来,东吴法学院大部分党员撤离,党的力量受到严重削弱。针对当时形势,上级指示,改变前一时期或全市或全校开展大规模政治斗争的做法,不成立全校性、全市性统一组织,由各单位党组织用各种名称组织积极分子组织,以免一处出事,即牵连全局,被敌人一网打尽。东吴支部根据上级指示,重新组织“民光”团契,作为党的秘密外围组织。为适应形势需要,将“民光”团契分成两个部分:核心成员和一般成员。为方便起见,我们即将核心成员组织称为“小民光”,而原“民光组织”则称为“大民光”。

我们班因有张婉如、我,以后又有将关系转至东吴支部的曹锦孚三人,即成立甲法一(行政组)的“小民光”小组。所以在1947年冬,我们这个组织就开始活动起来了。

“小民光”与“大民光”是性质不完全相同的组织，它是我党正式的秘密外围组织。参加“小民光”的成员都是经本班级党小组（或党员）研究决定，向上级党支部汇报，得到同意后才吸收进来，这是一；第二，它是秘密地个别发展的，发展的对象均是历次斗争中表现优秀的同学，大多数是从原“民光”团契中遴选出来的，有些本来就是党的发展对象；第三，各班级“小民光”组织之间不发生横向联系，活动大多扩大到全年级。党支部通过各班级党员积极向“小民光”下达指示和布置任务。

从 1948 年夏入学至 1949 年 5 月上海解放不到一年的时间，我们甲法一的“小民光”组织发展很快。除张婉如、曹锦孚和我是党员外，“小民光”成员还有程志善、徐圣庆、王厚立、王祖敬、邱惜辰、宫燕侠、范关坤。后来入党的顾念祖也参加进来，一共 11 人。这是当时东吴法学院党支部领导下最大的一个“小民光”组织。

“小民光”发展快，主要有下列因素：

（1）党组织注重组织“小民光”成员学习。我们的学习基本是定期的。这种学习会既是党的政策、革命理论的学习会，也是集中交流情况、研究工作、布置工作的会议。程志善同志和我的家是“小民光”活动的经常地点。宫燕侠、徐圣庆等同志回忆到“小民光”秘密活动时，还记得在会上曾学习过毛泽东同志的《论联合政府》、《新民主主义论》、《实践论》、《矛盾论》，有时还传阅当时反映解放战争战况的战报。大家深感毛主席的著作以深入浅出、通俗易懂的文笔，阐明深奥的马列主义理论，非常令人信服。解放战场的战绩又激励我们决心推翻压在我们头上的三座大山。那时“小民光”成员最向往的是毛泽东所描绘的民主、自由、富强、独立的新中国早日到来。每次“小民光”活动都给我们增强战斗的意志，加强胜利的信心。对组织安排的任务，大家都能不畏风险，严格执行。

（2）以党员为核心，通过“小民光”组成一支积极分子队伍。我们党员分工联系“小民光”成员，每个“小民光”成员又有自己的联系对象。如张婉如负责“小民光”成员邱惜辰、宫燕侠，我负责王厚立、程志善、王祖敬等。因此支部能掌握住“小民光”情况以及周围群众的动态。那时党员及党的积极分子的基本任务是联系群众，听取他们的心声，及时解决他们存在的问题。后来不少“小民光”成员入了党，而“小民光”成员联系的积极分子也有不少人参加了“小民光”组织，如范关坤（解放后范关坤同志也入了党）。

（3）经常布置“小民光”成员具体任务，使他们感到自己的力量，看到自己的成就，增强革命热情。由于上级组织指示不进行跨班跨系的活动（避免惊动敌人），所以我们就在自己班级的黑板边上办壁报，名字叫“东吴广场”，用毛笔端正地抄写在八开的白报纸上，再贴在硬纸板上，放在教室内。快解放时，我们干脆竖立到校园和教学楼里，其内容主要反映当时政治形势及群众关心的物价、学费等问题。我记得我还写过一篇题为《变》的稿子，其中反映我们盼望改变旧中国面貌、早日解放的心情，当然文字是比较隐晦的。有一次还刊登苏北解放区的来鸿，在学校引起极大震动。时任训导长的刘朗泉还专门找程志善和徐圣庆到他办公室训诫，严厉警告。为了搞“壁板”宣传，“小民光”经常在下课后不回家，集中到程志善家写稿子、抄稿子，常常干到半夜三更才罢。

对当时表现普通的同学，我们也不忽视他们，经常安排“小民光”同志到同学家家访。邱惜辰曾对同班女同学刘××做思想工作，内容是澄清国民党造的谣言，驳斥当时社会上广泛传播的国民党污蔑共产党、解放军的所谓“人海战术”，即“在双方战斗时把老百姓推到第一防线当炮灰”等等。对经济困难的同学，我们也经常加以帮助。对用功学习的同学，“小民光”同志则与他们一起复习功课，解决疑难，还经常与他们谈心交流思想。那时我们党支部没有权，也没有钱，只有一颗心，用诚恳、耐心、勤奋的工作，和群众打成一片，才使地下党同志周围形成一股进步力量。

1949年初，国民党勒令各大专院校要重新组织学生会(因1948年大逮捕，学生会被中止活动)，当时党组织要求成立“学生自治会”，以摆脱国民党官方控制，同时要在竞选中争取学生会的领导权。这时我班“小民光”即商议推出程志善、徐圣庆和我为学生自治会候选人，其他同志则做广大同学工作，拉选票。但国民党、三青团方面的学生也不示弱，有一候选人陈××贴出大字报说“在学校大礼堂摆下十多桌大排面请大家吃”，但吃过面的人要投陈××的票。陈××为了检查吃面人数与投他票的人数是否一致，要求用红色笔投票画勾。党组织与“小民光”同志共同商量对策，召开学生会选举筹委会，决定“凡不用蓝、黑钢笔投票的票均无效”。结果陈××落选，排骨面也白请了。后来党组织通过各班级的“小民光”同志的努力工作，进步同学均选上学生自治会委员，胜利地成立了自己的学生自治组织。直到解放，学生自治会一直由党领导。“小民光”成员徐圣庆因工作积极努力，多次担任学生会主席，直到1951年底。通过学生会改选的斗争，“小民光”团结的群众面更广泛了，这为我们迎接下一阶段解放和接管上海工作打下了良好的群众基础。在解放前夕，党支部组织一系列社会调查工作和投掷宣传资料，对敌人进行策反、攻心工作，以及成立护校、护厂的人民保安队、宣传队等，“小民光”成员与党员并肩战斗，漂亮地完成任务，为胜利接管上海做出了自己的贡献。解放后，绝大多数“小民光”成员都入了党，并成为各行各业的骨干。

还谈一个“文革”后的小插曲。“文革”结束后，胡耀邦同志作出指示，不仅脱产的党员干部可以享受离休待遇，白区地下普通党员也可以享受，而且解放前夕建立的秘密的党的外围组织成员也可以享受。当时我们在东吴法学院老支书张瑞云同志领头下，整理“民光”团契成员名单。但有人认为“团契”是宗教组织，不是党的外围组织，这可把大家急坏了。好在毕玲同志领导过上海教会大、中学地下党工作，她知道利用“团契”之名，仅为了掩护我们的活动，符合党的“隐蔽、埋伏、积累力量”的方针。事物不在于名称，而在于实质(非教会大、中学一般用××社、××团等)，明确表示“民光”团契是党的秘密外围组织，终于得到中央组织部的批准。

党是伟大的，它不会忘记为革命作过贡献的人。作为当时参加战斗的同志们，旨在为中国赢得美好的未来，也从未考虑过什么待遇之类的问题。

今天在庆祝东吴大学成立110周年纪念时，不由想到艰苦斗争岁月中我们法学院的一支小小战斗队。特此记述其中点滴，作为给母校的一份小小的礼物。

2009年1月15日

(宫燕侠、邱惜辰、徐圣庆三同志为此文提供不少资料，特此致谢)

似火青春　如烟往事

——东吴附中部分同学与笔谈会和《青年灯塔》

东吴附中46级　施　用

从埋头读书到关心国事

1946年初，我进东吴附中读书，因受范烟桥和程小青等名师影响，开始爱好文科。后又接触一些进步书刊，思想更得到启发。1947年秋，我怀着工业救国的理想，考入苏州工专。前者是教会学校，后者是省立学校，虽各有特点，却也有相似之处，即大多数学生都是埋头读书，两耳不闻窗外事。但下半年，全国掀起声势浩大的反饥饿、反内战的学生运动，打破了这两所学校的沉寂，不少同学从不问政治转而开始关心国事，纷纷走上街头，积极参加全市学生反饥饿助学运动的宣传和募捐活动。1948年后，两校又相继开展了争取成立学生自治会等各种斗争，从而得到锻炼和提高。

1948年冬，解放战争已取得决定性胜利，国民党反动政权摇摇欲坠，学校奉令提前放寒假。仍在校坚持斗争的地下党员孙建南同学找我谈话，希望我动员本班住读生留校，但此时绝大多数同学都已回家。后来，我就同平时比较接近，又要求进步的宋林章、朱墨、徐近舜、徐希平等同学商议，打算成立一个组织，以便能与分散各地的同学保持联系，并用笔谈方式探讨学问，"青年笔谈会"就这样在风雨声中诞生了。

当时我虽已离开东吴附中，但与郑敏、潘家骥等同学仍有联系，他们两人对此事也很积极，愿参与发起，并由他们负责联络东吴附中同学，于是50届的沈雷洪、杨永德、茅于杭、顾澄志、王无忌、席溥泉、席兴荣以及程德萱、彭望信等同学也先后加入了这个组织。

从跨学校又走向社会的"笔谈会"

青年笔谈会成立之初，是以苏州工专机械科二年级（即机52届）与东吴附中高二年级（即附中50届）为主体的。后又如何从跨学校的在校生发展到社会青年（包括在职与失学失业青年）的呢？一是由老会员介绍，二是我们当时曾把油印刊物偷偷地陈放到公园路图书馆阅览室，不少有心青年看到刊物后慕名而来，笔谈会在短短几个月内就发展到60多人。至今确知姓名的就有55人，其中苏州工专19人，东吴附中11人，其他社会青年25人，绝大多数成员都是积极要求进步的热血青年，其中如朱墨、史欣耕、殷忠一和张剑锋等当时已是中共地下党员或团员。李炜宸就在这时随朱墨参加上海浦东人民解放总队，不久史欣耕也回黄埭参加地下工作。还有一位吕长发，原是国民党的伞兵，负伤后在苏州工专借读，因目睹反动统治日趋腐败，觉悟不断提高，也毅然参加我会，在有几所学校代表参加的追悼“四一”死难烈士大会上，他用鲜血写下“死者，让我们的血流在一起吧”为誓言，顿使会场激愤气氛达到了高潮。在抗美援朝时，他同费志远等又参加了志愿军。

社会青年中也有不少积极分子，表现最为突出的是刘夷仁、刘吴仁兄弟。当时他们都失学失业在家，兄患白化病，弟则肢体残疾，却非常热心参与各种活动，后来还以自己的住房作为会址和活动场所，刘吴仁还用已经残疾的左手刻写蜡纸，负责编印了一期刊物，更是令人感动。

在这期间，我还得到其他中共地下党员的支持和帮助，如孙建南曾把高尔基的《母亲》等苏联小说送到我家。还有一位已被校方勒令退学，但仍坚持在苏沪做交通员工作的徐伯铭（曾改名赵建平）来我家投宿时，给我看了不少宣传材料，并介绍了解放大军即将渡江南下的大好形势。

苏州解放后，笔谈会大部分成员都先后入团入党，高正民、席溥泉、席兴荣和刘夷仁等在建国前就参军南下，沙临普与郑敏两人还分别当选苏州工专和东吴附中两校学生会主席。

用青春之火点亮的灯塔

在创办青年笔谈会的同时，还创办了《青年灯塔》油印刊，其刊名则是来源于《你是灯塔》一歌，其中有一句歌词，在国统区流行时，曾将“年青的中国共产党”改为“年青的中国学生们”，故用此名。从这刊名也充分反映出笔谈会追求真理和向往光明的宗旨及愿望，从此大家就用自己的青春之火，点亮了这座心目中的灯塔。

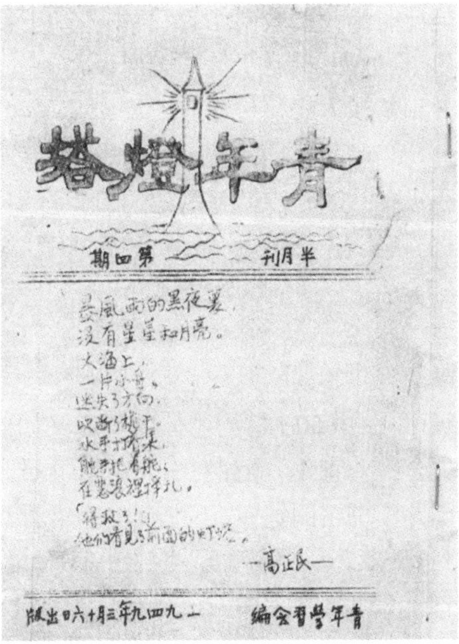

《青年灯塔》油印刊封面

《青年灯塔》的稿件，都由大家撰写，出版费用由大家自愿捐助，并定期公布账目。自1949年元月创刊起，先后共出版五期，第一、二期由我主编，第三期由李炜宸主编，第四期由刘吴仁主编。主编的任务是集稿、编辑、刻写蜡纸、油印装订直到邮寄分发，这一切都由他为主包干到底。由于印刷条件十分简陋，仅有一块钢板、一支铁笔和一把油刷等简单工具，自然印刷质量很差，但由于内容切合实际，又能及时反映大家愿望，除探讨学术问题和交流心得外，又常有针砭时弊、抨击黑暗、催人觉醒和发人深思的政论文章，因而深受大家欢迎。每期还根据当时青年学生中的热点问题，如考试制度的利弊、资本主义和社会主义等问题开展讨论。第五期上，还全文刊载“知识分子如何应对现实”座谈会的发言，对大家进一步认清形势、提高觉悟和迎接解放起到了推动作用。在该期封面上，还套红印上邹韬奋的头像，刊内并插入毛泽东对他的下列评价:“热爱人民,真诚地为人民服务,鞠躬尽瘁,死而后已,这就是韬奋先生的精神,这就是他所以感人的地方”,更加引人瞩目。

东吴附中虽仅有50届11名同学参加,但他们都有不凡的表现,郑敏、沈雷洪、顾澄志和王无忌等都写了自我介绍,潘家骥等人还经常参加各种座谈会和讨论会。郑敏又在第四期《青年灯塔》上发表《青年徘徊在十字路口》一文,他在分析当时青年矛盾、苦闷、彷徨的思想后,矛头直指蒋家王朝,最后大声疾呼“明辨是非,不要怕枪杆、监狱,勇敢地冲出来”,今天读来,依旧热血沸腾。

当时我家还住在靠近天赐庄的迎枫桥弄,因地址偏僻,笔谈会有些活动曾在我家举行。除了郑敏与潘家骥常来常往外,记得沈雷洪、王无忌等不少同学也到过我家。

我写给顾澄志一段鲁迅语录,也是在这时写的。我们没有辜负鲁迅先生对青年的期望,努力做到了“能做事的做事,能发声的发声,有一分热,发一分光,像黑暗中的萤火虫那样,没有等待炬火”。

蓦回首,已是60年

1949年4月27日苏州解放,已完成历史使命的青年笔谈会及其《青年灯塔》油印刊同时停办。应该感到欣慰的是,在60多年前白色恐怖年代中,我们不顾个人安危,敢冒极大风险,所追求的理想,60年来已经逐步得到实现。当时我们所做的一切,也得到了应有的肯定,并已载入由苏州大学历史系陆振岳先生于1991年撰写的《苏工简史》中,他明确肯定了青年笔谈会及其出版的《青年灯塔》油印刊物对宣传革命形势、迎接解放的作用。

青年笔谈会及《青年灯塔》油印刊物,虽然仅仅存在四个多月,它在我们漫长的一生中,只是短短一瞬间,但留给我们的印象却十分深刻。如在阔别40多年后,我因事造访过时任苏州大学副校长的沈雷洪,他一眼就认出了我,并深情地回忆起这段往事。同样,这短短的四个多月,对我们的一生也有非常重要的意义。如后来在中共中央党史研究室长期从事党史研究的张培森,年轻时也是笔谈会的积极分子,并把刚出版的《青年灯塔》油印刊物看做是“人生途上第一盏灯光”。

蓦回首,60年已经过去了,当年我们都是风华正茂、血气方刚的小伙子,如今已是白发苍苍的老人。回眸一生,我们这些人都是从这时起步,迎着阳光,风尘仆仆地踏上各自的征程,为人民共和国的千秋大业,无私地奉献出毕生的光和热!

回忆解放前夕东吴校园内的“应变会”

东吴附中50届　席兴荣

我第一次听到“应变会”是在日本鬼子将进入上海租界之际，那时我只有十多岁，根本不知其义。1949年4月苏州解放前夕，我也亲历过东吴校园内应变会的一些活动，那时我正念高中二年级。虽然已时隔近60年，我还能想起一些当时的细节。为了说明那时我亲身经历的应变会的性质，我想先从那时的附中学生运动说起，因为记得我们附中（住宿生）参加学生运动的积极分子都参加了母校的应变会活动。

一、回忆解放前东吴附中的学生运动

1945年日本投降后，东吴大学及附中在天赐庄复校，校园内洋溢出一派宁静祥和、欣欣向荣的气氛。为避战乱在家乡失学一年的我，来到美丽的东吴校园感到无比幸福。可是好景不长，在国民党的独裁统治下，内战爆发了，社会混乱、经济崩溃、物价飞涨、民不聊生，加上美军横行不法，奸污北京女大学生，全国爱国青年纷纷上街游行示威，掀起了轰轰烈烈的反帝、反蒋、反内战、反迫害、反饥饿的学生运动。原本世外桃源般的东吴校园内也很快掀起了争取民主自由的爱国学生运动。在大学部组织学生自治会的影响下，以及我班陈闿禄等进步同学的带动下，我们高二甲班同学也行动起来，通过竞选组成班级的自治会（亦称班会）。我的胞兄席溥泉被选为班会主席，我生性好动担任文娱委员，组织同学们学唱进步歌曲，跳集体舞蹈和演话剧等。以施用（已转学苏工专，但仍有联系）、郑敏等同学为首组成跨校的“青年笔谈会”，我们50届就有十多人参加，秘密出版《青年灯塔》油印刊物。陈闿禄从在苏州社教学院上学的哥哥处拿来油印的《新民主主义论》、以言情小说封面伪装的禁书《红漆马桶》（讽刺国民党反动政府的小说）及红色作家艾思奇所著的《大众哲学》等进步书刊秘密传阅。以向老师提意见为名，集中火力批判国民党派驻附中的少校军训教官（绰号叫“三毛”），并在孙堂公布栏内痛陈其十大罪状。当我们把会议记录交给班主任戎更生老师时，他说：“我任教以来第一次看到同学们能如此勇敢和有组织地向老师提意见，你们的民主精神十分可嘉。”为了加强同学们的团结和友谊，于1949年春假组织20余位同学共赴洞庭东山、西山春游，都住在我家乡老宅，泛舟于太湖，登峰于山野，共唱《你是灯塔》、《茶馆小调》、《垦春泥》等进步民歌小调。我们还组织同学去拙政园社教学院参加青年营火晚会。在上述种种活动中，同学们接受了革命教育，加强了革命友谊和凝聚力，振奋和鼓舞了向反动派斗争的革命意志。我班当时在附中就有“红色高二甲之称”，解放后我班先后有十三四位同学毅然参加了中国人民解放军。

二、参与“应变会”活动时的见闻

解放前虽然我积极参加学生运动，但政治上还比较幼稚。在解放大军兵临城下时，看到许多住校同学都参加应变会活动，我也不假思索地参加了。60年后的今天回忆那一段时间的所见所闻，我感到很幸运，因为东吴校园内的应变会是由进步学生所掌控的，所开展的活动也是有益于母校，有助于我国解放事业的。我记得东吴校园的应变会存在的日子可能不满10天，随着解放军进城和军管会成立，应变会也就自动消失了。当解放大军横渡长江解放南京，战火离苏州越来越近之时，社会上十分混乱，校园内也开始紧张起来，有些同学停学返家了。就在校园内开始人心恐慌之际，出现了“应变委员会”组织。可能是校方与学生自治会一起组成的。应变会的任务似乎主要有两个，一是保护学生和校产的安全；二是为迎接苏州解放做好准备。具体活动是安排同学们分头在校内各区域值岗巡夜。为了准备欢迎解放，我参与的活动有二：一是练习欢迎解放军的歌曲，如《我们的队伍来了》、《解放区的天》、《你是灯塔》及其他民歌舞蹈；二是准备欢迎标语。

写欢迎标语大约是在4月26或27日那天，地点是在林堂楼上一间大教室内，中间用课桌、乒乓桌拼成一个大桌子，桌上堆了许多彩色标语纸和细竹棒及浆糊等。标语内容是边议边写的。那天程小青老师在场，当同学们不知写什么合适时，程老师站在一旁用建议的口吻说：是否写这几条标语？如，“中国共产党万岁！”“热烈欢迎中国人民解放军！”“解放全国人民，建设新中国！”以及“毛泽东主席万岁！”等等。其实那时很少看报的我竟然还不知毛泽东何许人也。那天搞得很晚，次日上午我们约有二三十位同学手持标语步行至苏州火车站列队扭秧歌，唱《解放区的天》、《我们的队伍来了》等歌曲，目送一队队全副武装的解放军沿着火车轨道向上海方向急速前进。

三、摘录五位校友笔下的“应变会”

（1）黄履中学长在《东吴上海会讯》总第40期《回顾解放战争时期东吴大学学生运动》一文中写道：“临近解放，国民党政府指示机关、工厂、学校组织‘应变委员会’。校方杨永清、黄式金拟将学校南迁，学生自治会参加应变委员会的诸汉文、张崇高、何祚永、徐佩芳、黄绪德，教师代表周孝谦、徐荫祺等竭力反对迁校，结果迁校遭否决。为了保护学校安全，防止破坏和盗窃，应变会决定成立护校纠察队，由学生自治会负责。张崇高为纠察队长，黄绪德为指导员，并与周围晏成、慧灵、景海、振华等成立校际联防队以壮大声势。”

（2）徐白仑学长在《情系东吴》第86页《天赐东吴》一文中写道：“国民党的苏州城防司令一再宣称，要和共匪血战到底，誓死保卫苏州。城里不仅伤兵越来越多，还有溃散下来的散兵游勇，社会秩序更乱了。为了保护女同学的安全，我带头成立了‘应变委员会’，将男宿舍的四楼腾给女同学住，男同学挤在三楼，二楼存粮食，一楼由‘应变会’的男同学守卫。我们找来了一批铁锹木把，把它锯成一截一截，发给高中的男生使用。我还特地买了一把美军遗留下来的匕首挂在腰间，每天晚上我都要带着应变会的积极分子绕着宿舍巡夜。”

（3）倪文钧学长在《情系东吴》第97页《我跟着章腾青同志送情报和护校》一文中写

道："临近解放，钱公达买了几包白糖松子仁，准备去上海他义父家，章腾青劝他留在苏州护校，他同意了。钱出面向当局申请以附中学生自治会为主成立'应变会'，实际上是章腾青和地下党进行活动……章交给我的任务是和陈闾禄、胡德中（大学生）三人守电话机，把从电话里了解到的情况及时汇报。那夜通宵达旦，到了凌晨，大学部的学姐把全校参加护校的人召集在一起，宣布苏州已解放，护校任务完成，并宣布迎接解放军的任务……"《章腾青补记》中写道："应变委员会的主要任务是：阻止学校南迁，防止有人趁机破坏，保证学校财产设施完整地回到人民手中。"

（4）陈诗亭学长在《情系东吴》一书135页的《东吴旧事二则》中写道："应变委员会组织高中部同学参加护校，以防散兵游勇、地痞流氓乘机骚乱，备有一些短木棍自卫。4月26日下半夜我和王永铭同学值岗，负责子实堂后面及体育馆一带，但闻西北方向（虎丘一带）不时有断断续续的炮声。天将黎明，突然发现河对面城墙上有人，不久又有人来叫'快撤'！见有国民党守军约八九名，匆匆向葑门跑去……"

以上五位学长在各自的回忆文章中不约而同地叙述的苏州解放前夕东吴校园内的应变会情景是多么具有一致性，因此我认为可依据上述多位当事人的回忆内容来印证以下各点结论：

①"应变委员会"通常是由"变"之前的执政者下达指令组织的，苏州市解放前各机关、工厂、学校亦不例外。但东吴大学校园内的应变会是由学生自治会起到了主导作用。

② 东吴校园内的应变会的指导思想和实际作用是：保护在校学生和学校财产设施；阻止学校南迁；欢迎人民解放军进驻苏州。

③ 应变会的持续时间虽然短暂，但东吴校园内的应变会出色地完成了它的使命。年轻学生们在如此紧急而又充满危险的时刻，团结一致，挺身而出，他们的功绩应该在东吴校史上大书一笔。

④ 东吴青年所以能在紧急关头沉着应对，是与他们在解放战争时期的学生运动中得到的锻炼分不开的，也是与东吴长期培养教育的"养天地正气"的人格底蕴分不开的。

孙堂春潮

——忆解放前夕东吴附中“学运”片断

东吴附中49届　章腾青

一

这是1949年春天。大学部的战斗号角、铜鼓声声震撼了东吴校园。

“大学部罢课游行，要求成立学生自治会啦！”“我们中学部也要求成立学生自治会！”孙堂春潮涌动，群情激愤。同学们纷纷以各种方式（贴海报、发声明、召开座谈会），表达要民主、要自治的诉求和愿望。

正在这时，我的联系人向我传达了党支部的指示①，要我发动中学部同学声援、配合大学部的斗争。如何声援？如何配合？难道动员同学们也加入罢课、游行的行列？我正苦苦思索时，高二同学陈闿禄来找我。我俩不谋而合，认为慎重跨出这一步很重要，最好先摸清校方的态度。于是，我利用一个偶然的机会，和程小青老师进行了一次对话。我问：“当前同学们要求民主、要求成立学生自治会的呼声很高，愿望很强烈，校方持何态度？”程老师说（大意）：“同学们要求民主，要求自己管理自己事务的心情和愿望是可以理解的，但我不赞成搞什么罢课游行……”我一听，有门。于是建议道：“既然如此，校方何不顺势而为，立即宣布成立中学部学生自治会筹备组织，这样，既体现了校方的明智和民主精神，又不至于使事态失控。”程老师听后沉思片刻，说：“此事我们再做商议。”

大学部的斗争烈火继续燃烧，中学部的情绪也日益高昂，高二同学尤甚。迫于形势，校方终于宣布成立中学部学生自治会筹备小组。消息传开，孙堂欢欣雀跃。我记得筹备小组5人，其中有徐白仑、钱公达和我（徐白仑为小组召集人）。筹备小组由程小青老师领导。筹备小组经过几次会议讨论后，拟定了中学部学生自治会章程（草稿）。在征得广大同学认可、通过之后，随即展开了竞选活动。两大竞选团队，各显神通，大力宣传自己的纲领主张，气氛热烈活跃。有几位老师也或明或暗地进行了助选活动。我的联系人看了两大竞选团队名单后，对我说：“中学部学生自治会就要成立了，这是斗争的结果。对于普通学校来说，此事平常；但对教会学校来说，并非易事。当前国内形势发展很快，你要注意工作方法，审时度势，积极展开工作。”

按照规定，如期在林堂召开中学部全体学生大会，以无记名投票方式，选举产生了学生自治会主席，宣告中学部第一届、也是最后一届学生自治会的诞生。②

二

随着淮海战役的胜利结束,国共和谈破裂,解放大军集结长江北岸,渡江战役箭在弦上。国民党统治集团惶惶不可终日,南京国民政府宣布南迁广州。“山雨欲来风满楼”,学校高层内部也传出准备“南迁”的信息。在这紧急关头,大学党支部迅速作出反应,及时而鲜明地提出“坚决反对学校南迁,防止有人乘机破坏,保障师生人身安全”的战斗号召,同时宣布成立“应变委员会”。严峻的形势迫使每个同学思考,并作出抉择:何去何从?一天午后,钱公达同学拎着大包小包物品,走进寝室③说:“我准备去上海义父家住一段时间。”我听后,感到突然和诧异。我仔细权衡,觉得说服他留下,有利于当前的“应变”,有利于护校。于是,我约他进行了一次深入的交谈。我向他指明三点:(1) 你身为学生自治会主席,此时此刻离开学校,是逃避责任,辜负了广大同学对你的支持与信任。(2) 如果南京、苏州失守,上海保得住吗?不可能呀!(3) 依我看来,你最好的选择是留校。当务之急,是挺身而出,以学生自治会的名义宣布成立中学部应变委员会,并主动与大学部联系,接受他们的领导,听从他们的调遣。你这样做了,尽力而为了,同学们会记住这一刻,东吴附中史册上也会留下这一页。钱听后颇为感动,当即表示:“好,我不去上海了。明天我就召开会议,宣布成立应变会。”他要求我支持他工作,我点头同意了。

钱公达同学兑现了自己的诺言。第二天,他召开了有关会议,宣布成立中学部应变委员会,并主动与大学部联系,共同建立了电话值班室,明确划分了护校区域,组织了护校队伍,制定了巡查制度。应该说,在大学部的统一领导和部署下,经过广大同学的努力,中学部“应变会”的工作也是有成效的。

4 月 27 日,苏州解放,全城一片欢腾。东吴校园完整地回到人民手中。

2009 年 2 月 10 日于昆山

注释:

① 解放前,东吴大学有两个地下党支部。一个属苏州党组织领导;我们党支部属茅山工委领导,主要从事“职工运动”,对“学生运动”是积极参与、紧密配合。

② 关于学生组织名称,解放前叫“学生自治会”,解放后叫“学生会”。称谓不同,性质、功能也有区别。

③ 从 1948 年秋新学期开始,至 1949 年 5 月,钱公达、倪文钧、华叔平和我同住一寝室(子实堂三楼)。

秧歌剧出演在林堂前

——60 年前校园一景

东吴附中 50 届　朱家灏

1949 年初夏，苏州解放不久的一个夜晚，东吴大学大操场搞了一个别开生面的大型庆祝活动。主办者是学生会。而刚从地下转向公开真实身份的东吴大学中共党员，则是最认真、最积极的组织者和全力以赴的参与者。

我的附中同班、学长陈闾禄对我说，晚会有一个秧歌剧，要唱，还要表演，希望你能参加。我第一次听到秧歌剧这个名称，只知道解放后时兴扭秧歌，游行时我也跟着大家扭过，少年贪玩，又喜新鲜，也就不知深浅地允承了。

进入排练时，才感到这活并不轻松，导演是大学部陆亨俊学长，一位精干机灵、精力充沛的党支部书记。此时我才知道这个秧歌剧叫做《兄妹开荒》，角色只有兄妹二人。而演“妹妹”的竟是英语系四年级的高材生王 × × 学长，如果按学历推算，她要比我这个读高二的“哥哥”年长四五岁。不过我那“妹妹”长得娇小玲珑，在我这个 1.74 米又有些木讷拘谨的“哥哥”面前，显得活泼开朗，煞是可爱。

陆亨俊岂止是“导演”，甚至还是“教练”。一句句唱词做引领，一个个动作做示范，我看他累得满头大汗，但始终不变的是耐心，令人肃然起敬。我“妹妹”虽然也是初次接触秧歌剧，但悟性强得多了，一点就明，一拨就通，不使导演多费心思。可见文化的积淀和阅历的丰富，对接受新鲜事物是多么的重要！演出中我们是“兄妹”，生活里我们是学姊与学弟。天热喝水多，每次她都要为老弟捎上一杯；演出前要更衣，她也并不刻意避开我。

在林堂前广场正式演出时，我们都穿上了陕北农民的服装，我头上还缠了一方白毛巾，随着民乐的伴奏，我们一板一眼地又扭又唱。我逗她，故意激怒她，让她嗔怪我贪懒、消极、不长进，根本忘了她是一位即将大学毕业的英语高材生。我完全进戏了，并不在意观众的反应，只相信自己就是陕北农村的一名劳动能手……不知是对秧歌剧这玩意儿感到新鲜，还是对校园中难得一见的“陕北农民”发生了兴趣，观众很活跃，最后是满场掌声。第二天到校，陈宝珊老师主动招呼我：“农夫，好啊！装扮农夫有点像，唱什么都能听清，好听，也好看。”他这是在鼓励我。

60 年过去了，我再也没见过我“妹”。陆导去了欧洲，偶而也能看到他以新华社记者身份写的文章。今年从《炎黄春秋》上，又读到老学长的大作了。令人心酸的是：在作者陆亨俊后面，加上了“遗稿”两字，这是我所不愿见到的。那次演出付出了劳动，但得到的更多。三年后，我在部队的专业文工队参演了多幕民族歌剧《赤叶河》，担任一个唱工很重的角色，却没有像在东吴时那样的吃力、被动，这可能是提前得到了心理疏导，化解了压力的缘故。难忘东吴，主要还是东吴的人。

1949年东吴大学21名学生参加南下服务团

法学院51届　裘宗杰
法学院52届　张婉如

1949年是极不平凡的一年。4月25日，解放军占领南京，宣告蒋家王朝土崩瓦解。5月27日，上海相继解放。当时我们都沉浸在一片胜利的喜悦中。但是中国南方的大片土地尚未解放，东南与西南各省的劳苦大众仍然处在水深火热之中，因此，中共中央毛主席发出了进军号令："解放全中国，将革命进行到底。"华东局根据中央指示，抽调老解放区干部配合部队解放福建，接管政权。由于调来的干部远远不能适应需要，于是从上海招收3 000名知识青年组成服务团，随军南下。团长由福建省委书记张鼎丞兼任，省委宣传部长陈幸仁和伍洪祥为副团长。当时东吴地下党接到通知后，立即在党内传达，我们党员同志都挺身而出，为了革命，放弃学业，争先恐后报名南下。党组织考虑各方面都需要干部，只批准4名党员参加南下服务团，并和党外17名大学生共21人一起走上南下的征途。

1949年6月30日，东吴大学21名大学生到沪江大学报到，编入二大队六中队。带队的是南下干部，地下党员配合老干部担任副职，裘宗杰担任中队副，张婉如担任团支部书记，殷元良担任分队长，成了二队六中队的骨干。不久，每人都穿上军装，戴上军帽，打上绑腿，从学生变成了军人，人人兴高采烈，个个精神振奋，感到无比光荣和自豪。在沪江大学进行了抗大式的教育和训练，政治教育第一课是坚定革命的信念，认清形势，明确新区各项政策和肩负的任务。由首长作报告，有粟裕的《目前形势与任务》，李昌的《新民主主义青年团的性质任务》，伍洪祥的《革命青年的人生观》。听报告后小组讨论，互相启发帮助，自我教育，思想上有了个飞跃。政治教育告一段落，接着进行了军事训练，主要讲军事基础知识，进行了适应性行军训练，讲解军中警戒、宿营、防病、急救等常识，还介绍了福建的风土人情和入闽需要注意的问题。

1949年7月17日4时，队伍乘火车从上海出发进军福建，7时许车抵莘庄时突遭国民党飞机扫射，机车和前4节车厢中弹，牺牲4人，负伤14人。不幸消息传遍整个列车，同志们无不为死难的战友感到悲痛，对万恶的国民党无比仇恨。大家化悲痛为力量，迈着坚定的步伐，又继续前进了。

从上海经浙江到江西上饶主要坐火车，过上饶后向福建进发完全靠步行了。南下服务团的大多数同志没有离开过上海，平时出门乘公交车，现在要背上背包、水壶、干粮袋，有的还要扛上步枪，背上手榴弹。天天跋山涉水，走上四五十里路，确实是不小的磨练。许多同志脚上起了血泡，仍然咬紧牙关坚持前进。

南下服务团领导同志把抗大式教育训练贯穿于行军全过程，不放过一切机会对队员进行思想教育、作风纪律教育，使服务团的政治思想工作形成一个鲜明的特点，那就是思想上关心，生活上体贴，方法上得当，纪律上严格。做法是边走边学，把树立革命人生观作为思想教育的主要内容。一是配合行军的实际情况讲解革命形势和任务，鼓励大家学毛主席《新民主主义论》、《论人民民主专政》等著作，组织大家进行社会调查与访贫问苦，看到农村贫困落后的状况和农民穷苦的生活，更增强为劳苦大众翻身谋幸福的责任感。二是生活上关心，团结互助，男同志帮女同志，体强的帮体弱的，年长的牵着年幼的，谁也不甘心掉队。到了宿营地，炊事班烧好了热水让大家烫脚，老干部帮大家挑水泡，并传授走路的经验。生活虽然艰苦，但大家感到自己生活在温暖的大家庭中。三是充分运用适应青年特点的工作方法，可以说一路行军一路歌，《中国人民解放军进行曲》等歌声不断，歌声此起彼落，回荡于山谷，撼山动地，表现出一股团结奋进的宏伟力量。四是重视纪律教育，使之成为一个团结战斗的集体。

经过艰难的长途跋涉，攀过闽地的雄关险道，南下服务团于9月25日胜利到达福州。10月18日开始分配工作，分配情况如下：

一、福建人民革命大学：裘宗杰、程玄昆、张婉如、陈达夫。“革大”结束后陈达夫、程玄昆去福安地委，裘宗杰去民政厅，张婉如去省委党校，后又分配去省委宣传部。

二、民政厅：邱惜辰。

三、报社：杨志毅（福建日报）、孙永原（闽北日报）。

四、福州市：周政（公安局）、廖建聪（法院）、廖耀。

五、福安地区：刘翊、何开珊、宋立，后又有陈达夫、程玄昆。

六、厦门市：殷元良（公安局）。

七、晋江地区南安：杨思正。

八、建阳地区：左天瑞。

还有5人缺乏联系，至今情况不明。他们是：陈维君、凌科、钟旭升、陈新范、廖跃。

东吴大学21位同志接受分配后，像种子一样撒到福建各个角落。国民党统治下的福建，工业落后，农业破败，交通不便，老百姓穷困，解放后百废待兴，各条战线都需要振兴，需要人才。21位同志满怀激情地奔赴各条战线，走上工作岗位，参加剿匪、反霸、土改、“三反”、“五反”等斗争，他们没有辜负上海人民的希望，在各自岗位上勤奋地工作。

50年代初，为了“向科学进军”，派一些同志在高等学校学习理工专业，何开珊同志被送至上海交通大学电机系学习，毕业后在北京地质学校任教，后又调至地质矿产部工作，他参与研究的三项地质技术方法研究都得到地矿部三等奖。又如张婉如同志1959年被华东局宣传部调至上海华东师大任物理系总支书记。杨思正调至上海华东纺织工学院任教。

由于1957年以后党在执行知识分子政策方面受到“左”的干扰，在那样的政治环境下，南下服务团都是知识分子干部，不被重用，在各项政治运动中首当其冲，有的被划为“右派分子”、“右倾机会主义分子”，受到开除厂籍、开除公职处分。他们虽然蒙受冤屈、侮辱，但没有沉沦、沮丧，对党的社会主义事业依然忠贞不渝。如廖建聪同志南下时分配至福州市法院工作，后被错划为反革命分子而判刑，释放后去香港开办华永兴贸易有限公司。但他爱国之心不变，多次利用海外关系，为我国从国外获得有关技术资料立了功。刘翊因历史问题被劳改。杨志毅因读过托派的书受审查，后调至浙江桐乡。殷元良在厦门市公安局工作，1959 年被扣上“右倾机会主义分子”的帽子，留党察看两年。1961 年，他向组织提出由于身体不好，要求回上海工作，组织批准他调至上海南市担任中学教师。党的十一届三中全会后，他的问题得到平反，努力钻研业务，申请律师执照，担任了南市律师事务所主任的职务。又如经济系毕业生杨思正，由于工作调动至上海华东纺织工学院任教，他在一次内部会议上对西方经济以及南斯拉夫经济改革问题提出过自己的见解，但在 1957 年整风反右时被扣上“右派分子”的帽子，从此被剥夺了工作的权利去劳动改造。他坚持在劳动之余努力读书，还努力钻研外语。党的十一届三中全会后，他的“右派”问题得到了纠正，正因为他有较高的理论水平和外语能力，被安排进了上海社会科学院的世界经济研究所，从事美国经济的研究，并担任北美经济研究室主任、上海市政协常委。他参与编写的《世界经济概论》（钱俊瑞主编）曾获孙冶方经济学奖；他主编的《当代美国经济新编》曾获优秀著作奖；他主编的社会科学争鸣文集——《世界经济国际关系》卷获 1988—1989 年优秀学术成果奖。

党的十一届三中全会纠正了“文化大革命”以及以前的“左”的错误，作出了全党工作重点转移到社会主义现代化建设上来的战略决策。南下服务团的成员当时处于中年时期，他们经历了 30 年的工作、学习和锻炼，无论在政治上、文化上、业务上都得到了提高，党的十一届三中全会后又得到了组织上和社会上的重视，他们中涌现出学有专长的专家、学者、教授、研究员、高级工程师、律师和领导干部等。

裘宗杰，南下福州市在“革大”工作，结束后在福建省民政厅、人事厅等单位工作。1954 年任省委组织部政法二处秘书。1958 年“大跃进”时任三明化工机械厂副厂长，1972 年筹建起重运输机械厂，任党委副书记、厂长。1979 年，全国法院为适应改革开放的需要，普遍设立经济审判庭，需要调进干部。他是学法律的，于是毛遂自荐要求归队，得到省委组织部同意，调任福建高级法院经济庭副庭长，30 年的理想终于如愿以偿。1983 年调到福建省机械厂干部学校任党委书记、副厂长。除完成行政工作外，主讲法律课并编写讲义。1985 年退居二线，后向司法厅申请兼职律师资格得到批准。在他最后 25 个春秋中，以法官的身份打击经济犯罪，以教师身份培养法律工作者，以律师身份维护法律的正确实施和当事人的合法权益，执着地实现了他青年时代憧憬的价值观。1992 年他被编入《中华 1 000 名律师》辞典。

陈达夫，在“革大”工作结束后分配至福安地委，22 年中先后担任中学教导主任、副校长等行政工作，兼教政治课达十年以上，1975 年后任宁德地区教师进修学院副院长，深受学生爱戴。

左天瑞，南下时分配在建阳地区，曾任教育局长、建阳县政协秘书长。离休后他积极关心下一代的工作，被评为全国关心下一代优秀工作者的称号。

宋立，南下时分配在福安地委，任周宁中学校长、省重点福安一中副校长，1979 年任物资学校校长直至离休。

陈推，南下后分配在平潭司法科工作，1952 年任区长、县农业科长、建设局长、闽清县政协副主席，抓县志编写工作。

周政，南下后一直在福州市公安局工作，先后担任人保科长、出入境管理科科长，离休后因子女在美国，他去了美国。

总之，我校参加南下服务团的大部分同志为福建社会主义建设事业贡献了毕生精力，在那里生根、开花、结果。在纪念南下服务团成立 45 周年纪念大会上，时任省委书记的贾庆林同志说："你们无愧为团结战斗的一代，无私奉献的一代，自我牺牲的一代，你们为福建人民留下了一笔宝贵的精神财富。"当我们南下服务团的事迹向青年一代传播后，有的青年说："你们南下福建，为了福建革命和建设，真的是献出了青春献儿孙，献出了儿孙献终生啊！确确实实感动了年青的一代。"

今年是南下服务团成立 60 周年，当年风华正茂的青春少年如今已鬓发如霜，年逾花甲，全已离休。回顾一生的历程，我们绝不会忘记在东吴大学地下党组织领导的如火如荼的学生运动，鼓舞了斗争勇气，激励了奋身南下的决心，决不会忘记是南下服务团的战斗集体，锻炼了我们的革命意志，奠定了全心全意为人民服务的思想基础，决定了革命人生的道路。

（2009 年 4 月 20 日，裘宗杰提供材料，张婉如执笔）

附录

东吴大学 1949 年报名参加南下服务团名单：

1. 四年级：陈推（法律系）、程玄昆（会计系）、廖跃（会计系）、杨思正（政经系）4 人。

2. 三年级：刘翊。

3. 二年级：陈达夫（法律系）、裘宗杰（司法系）2 人。

4. 一年级：何开珊（司法）、廖建聪、宋立（司法）、张婉如（国际法）、陈维君、周政、左天瑞、孙永原、杨志毅、殷元良、邱惜辰、凌科、钟旭升、陈新范 14 人。

党员：裘宗杰、陈达夫、殷元良、张婉如。

关于东吴法学院与华东政法学院的回忆片段

法学院44届　陈忠诚

奉调进入华东政法学院

我是以这样的方式于1952年奉调入华东政法学院的：时逢解放后院系大调整，而华东地区诸校的法律院系（除夏大法律系迟一年外）均合并于上海原圣约翰大学旧址——沪西万航渡路，合并后的新校名即华东政法学院。

当时，我已辞去东吴法学院讲授民法通则课的兼职，全心全意为人民服务——在最高人民法院华东分院任编纂之职了。当时，这是很不简单的。这要归因于东吴1945届学长冯尔泰同志（地下党）多年来的帮助，才使我进入人民法院工作。我因有家庭负担，在学生时代就在美商德士古洋行工作，所以生活比较宽裕。因此，虽早已下决心为人民服务（进人民法院工作），却迟迟未采取行动。东吴学长冯尔泰常用这样的话来批评我："快快为人民服务吧，别再为人民币服务了。"当时，冯还打算动员早我三届的潘汉典和俞伟奕两位东吴学长也参加人民法院的工作。好在抗美援朝已开始，美资商业被我军事管制以至征用，我也可不顾家累，轻装上阵为人民服务了。

我在最高人民法院华东分院所担任的职务主要是编纂，其中很大一部分工作是拟稿答复华东地区下级法院所提出的法律问题，特别是可供参考的苏俄法律。此外，也担任该院民庭开庭时的俄语通译，但这类工作的比重不大。

不久，华东政法学院宣告成立。起初，华东政法学院从最高人民法院华东分院调入了编纂处长张格和另一位解放前曾任山东行署主任、解放后任上海市政府秘书长、"三反"后被降职为华东分院编纂室研究员的曹漫之，都是被调去当领导的。接着，又调我去。我可不配当领导啊！调我去是什么意图呢……

后来，从我所担任的工作才逐步清楚，我之所以调华东政法学院，主要是因为我是当时屈指可数的东吴法学院硕士毕业生的缘故。特别是我通晓俄语、英语和日语，了解一些比较法，能担任法学专业的俄语同声口译。想不到从此就在华东政法学院干了大半辈子——直至古稀之年。在华东政法学院由贪污分子张龙倌任职外办前，凡学院的外事学术的同声口译（俄、日、英）几乎由我这个东吴法学院研究生（1949年比较法硕士）包了。

东吴的比较法硕士毕业生，先后入华东政法学院的还有俞伟奕、傅季重、林章拯（原名林拯民）等人。20世纪50年代华东政法学院学术委员会有院内外学术委员，其中也有东吴出身的，我记得除我之外还有卢峻和魏文达（其兄魏文翰有中国海商法权威之誉）。

另外，东吴前辈校友陈传纲曾于20世纪60年代由人大法工委编译室调任华东政法学院副院长，从华东政法学院与东吴的关系来说，也能算是一种情结吧。

最后还需补上一笔：20 世纪 70 年代，原东吴老师、时任外交部顾问的倪征燠先生有一次因公经沪出国曾来华东政法学院演讲，但主其事者一时懈怠，竟未通知在华东政法学院之东吴校友，引起倪先生的不快。

1948 年台湾购书纪事

距今半个多世纪的 1948 年夏，时正在东吴中国比较法学院攻读法学硕士并兼德士古石油公司法律部顾问（东吴前辈学长杨寿林于赴远东军事法庭前也曾任职于此）的我，趁该洋行每年例行两星期暑假之便，有赴台购买旧法律书之行。现为之记。

此前曾在上海河南路合记旧书店发现日本版比较法法典丛书，但零零落落、残缺不全。因想此类旧书在上海殊难觅得，唯有去台湾淘淘，也许尚能购得。遂搭乘中兴号轮去台。抵高雄后，径赴台北市。因不谙街区分布，故以人力车代步。惜人力车夫只会讲台湾话，不会操国语即普通话，而我则偏偏不懂闽南话。为了便于双方沟通，只得彼此都说日本话。

到台北后第一件事就是往台湾糖业公司看望东吴同班同学徐碧瑾——她是法学院高才生，经教务长鄂森推荐，毕业后在此工作。我此去是专门向她“探路”的。她遇到我很客气，第二天便请我去她家吃饭。席间，她介绍台北的一些概况，旋即托带当地土特产台湾凉席一条和凉帽一顶，分别给鄂森老师和她当时的男友施祖同同学。因不识台北的路，我只得以三轮车代步了。结果花了好多天工夫，几乎跑遍了台北所有的旧书店，总算买齐了这套《外国法典丛书》。

书总算买齐了，但这么一大堆怎么运往上海呢？

运书的问题幸亏有东吴魏友孝学长大力帮助。原来东吴同学魏友孝在高雄海鹰轮船公司工作，他帮我把这套分散为若干“回配本”的丛书，一本本地装运到上海。友孝是我小学与东吴法学院两度同学。全仗他，我终于在上海及时收到这套《外国法典丛书》。这里不妨说明一句：友孝是我东吴法学院海商法老师魏文达之侄即魏文翰之子。文达师曾作为校外委员与我同为华东政法学院首届学术委员会学术委员，其子友宏如今亦是华东政法学院国际法系退休教师。魏氏一家堪称法学世家！

当这套翻译丛书的各分册（先列日文，次列各国原文）抵沪后，深感东吴情结及同学与师生情谊伟大，因而又一次联想到东吴的校训：“养天地正气，法古今完人！”

虽说“购书记”已简赅地描述如上，但这套全书的遭遇如何呢？“文革”期间竟遭厄运——被红卫兵“抄家”，这套书亦在宣扬封、资、修与旧六法观点之列，当然不能幸免。幸好在“文革”后发还——但已残缺不全了。近日正以本人一生藏书逐步赠给华东政法大学图书馆，这套残缺不全的丛书自在其列。

法四上学期的一场微型庭审实习

解放后政法院系的学生真幸福：司法实习由校方精心计划，学生则坐享其成——届时前去参加实习就是。这有多舒服啊！解放前真正意义上的司法实习对于法科学生来说是一种奢侈。我碰巧争取到了一次作为民事原告自行出庭进行言词辩论的实习机会。时隔多年，只能略记其梗概了。

1946 年 1—4 月间，我比较集中地向《民国日报》法律副刊《法言》投搞。其间，除 1 月份稿酬已于月终结清给付外，2—4 月稿酬迟至 5 月中仍未能给付。我就乘此机会对被告《民国日报》向上海地方法院民庭提起给付稿酬之诉。此案在一个星期六的下午开庭受理，被告由李元席律师代理，结果当庭审结并宣判原告胜诉。

此案案情简单，事实清楚，法律适用明确，无难度可言。但通过此案而获得的诉讼实践机会，加深了我对有关诉讼程序的理解。此案审理并判决《民国日报》败诉后，因区区法科学生告堂堂的国民党的党报，有突出的新闻价值，所以事后在上海的报端有所报道。其中有一则短小精悍的“花边”新闻，大致尚能记得：“本月 × 日下午地院民 × 庭审理了一件别开生面的诉讼——要求给付稿费之诉。原告是东吴大学法学院四年级学生陈忠诚先生，被告是《民国日报》（由李元席律师代理出庭）。辩论中原告言语幽默，书记官（女）忍俊不禁，四座注目。结果原告胜诉。”

其中最“妙”的是“四座注目”四字。因实际上座徒虚席，阒无一人，故“注目”的，真的只是“四座”而已。但那次开庭确有两人前去旁听，其一是我的大四同学陶令贤，其二乃我东吴附中高中同学汤庆渊。后经了解，这则报道载当时的一家小报《铁报》，供稿者即汤氏也。

百年大厦育新人

——记天赐庄老校区的建筑

东吴附中45届　郑　鹏

围绕天赐庄的老校区,看到那一座座巍峨的老建筑,好像在一页页地翻阅着历史。从拖辫子的足球队员到北京奥运会的金牌得主;从东京远东国际军事法庭的大法官到诺贝尔奖的获得者,一个多世纪的东吴桃李饮誉中华,他们都曾出没于这些百年老建筑中。犹如录像的回放,览物思情,怎能不令人神往。

林堂

为纪念传教士林乐知(Allen)而命名。

西方基督教在中国所举办的教育事业,是在近代中国掀起洋务运动的特定历史背景中发展起来的。当时重臣张之洞要变通陈法,设立各种新式学堂。1868年起开始松动对外国人在华开办学校的许可。甲午之后不少爱国志士深感民族危机,推动了维新思潮的澎湃向前,中国近代教育就开始在新旧思想冲突中蹒跚前进。

林乐知于1860年到上海后,先在广方言馆任教,启迪了要创办一现代大学的理想。1861年起在上海昆山路创建了中西书院,但宗教气氛较他校宽松,规条中有"听讲《圣经》与否,各随自便"。

1896年潘慎文(A. P. Parker)任职后,更重视自然科学教育,赢得非教徒的中国士绅阶层欢迎,显要官吏如李鸿章也解囊赞助。

1899年冬,决策在苏州建校,最初的英文校名为"中华中央大学",蓄有将来扩展建立甚多分校的远景。林乐知是校董之一员。而"东吴"校名,是因两江总督刘坤一在复美国领事的函中称"东吴士子从此皆是东吴桃李矣",遂撷取"东吴"两字为校名。

学校的主楼,由英国建筑师设计,于1903年竣工。朴实华丽的大学建筑为当时国内所少有。教室宽敞,明亮通风,实验装置以至水电设备均由美国提供,创始人的业绩功不可没。1904年癸卯学制的施行,奠定了重视中国传统文化教育与接纳西方文化的一流大学雏型。迄今此楼已经历了100多年的风雨沧桑,成为"东吴"的象征。

1907年,林乐知逝世。为缅怀这位创建人,此楼遂命名为"林堂"。

孙堂

孙乐文(D. L. Anderson)作为第一届校董会董事之一,1900年被选定为第一任校长。建校初期,孙乐文进行了不少开创性工作,最迫切的是筹措经费与建造校舍。同时在美国与我国江南一带进行劝募，所得款项用以支持建造主楼（后命名为林堂）、教学大楼（后命名为孙堂）、学生及教师宿舍等多处。当时师资非常缺乏，最初仅有美籍教师6名与华人教师7名，每人要兼授多门学科。1905年起清政府废除了延续1 300多年的科举制度，进行教育改革，官员直接从学校中选拔。校长表示："为了取得有影响的地位，我们必须做第一流的工作。"

孙乐文在学校管理与学生道德培养方面，有其独特的思路与方法。他认为要把学生培养成为社会的有用人才，为社会、为国家作贡献。第一任校长为学校的发展奠定了坚实的基础，始终坚持以教育工作作为办学的首要任务，在工作中始终重视华人在教会学校中的领导作用，以适合中国的国情。

1911年，孙校长在苏州逝世。1912年11月，为缅怀第一任校长孙乐文的功绩，这座由美国公众捐建的教学大楼，遂被命名为"孙堂"。

维格堂

维格堂由我国现代冶金工业第一人李维格所捐建。

李维格（1867—1929），幼年入中西官商兴办的格致书院学习，后获资助去英留学。回国后，因通晓外语，熟悉国外事务，为洋务派所赏识，多次作为随员赴国外协助工作。行迹所至，广泛查察西方科技，愈加激起振兴科技报效祖国的强烈愿望。甲午战败后，深感兴教育、重科技、启民智的重要，多方接近维新变法的志士，大量翻译西方资料，意图倡导西学与变法。变法被扼杀之后，在上海江南制造局及南洋公学任职，教书、译书。

1890年，张之洞主持筹建汉阳铁厂，对外订购设备。投产以后发现产品脆裂，为铁路所拒用，工厂濒于崩溃。盛宣怀特邀李维格重返汉阳厂，以谋振兴之道。经其全面调研，才知道选用工艺不符，所订设备不对路，汉阳厂所用含磷铁矿石，要用马丁炼钢法才可。李维格即被任命为汉阳铁厂总办。经整改后，产品合格。1908年汉阳厂扭亏为盈，起死回生，成为当时亚洲最大的钢铁厂，产品远销国外。1914年在意大利的世博会上，产品获优等奖。李维格被誉为我国现代冶金工业的先驱者，中国冶金炼钢业的第一人。其毕生热心培育科技人才，以摆脱只能依赖洋人的局面，令外人亦折服。

李维格弥留之际，遗嘱将在上海房产的三分之一捐赠给东吴大学。其子遵循遗愿，在东吴营建维格堂作为男生宿舍，并设立科学奖学金等项目。经八十载风雨，固朴而崇实的维格堂屹立于校园内，光芒依然。览物思情，环顾此建筑，仿佛犹见到先驱者以智慧和勇气宣扬维新变法，投身科技教育，建立民族钢铁工业的巨人形象，其精神依然鼓舞我们奋发向前。

其后人与东吴亦关系密切，子李中道东吴法学院毕业后，在美获博士学位，任东吴大学校董期间，建树甚多。孙李正名东吴附中毕业后赴美留学，返国后任南开大学教授、博导，1995年当选为中国工程院院士，还是国际纯粹与应用化学联合会的资深委员。

王健法学院

王健法学院建成于2003年。

2000年5月间,正当东吴建校百年庆典之际,一位老人倘佯于天赐庄母校的故道上,难忘当年风光,其心汲汲,其情拳拳。王健先生1938年毕业于东吴法学院,后获得哈佛大学法学硕士学位,并在美国多次接受荣誉奖励。有感于斯,王健先生长子——王嘉廉向其父亲的母校出资捐助兴建了此大楼,并命名为王健法学院。

过去的东吴法学院颇具盛名,可称执我国南方法学教育的牛耳,人才辈出,不胜枚举。院系调整后,苏大于1982年重建法学院,极需合适的施教场所。王嘉廉先生衔父命、斥巨资在老校园内兴建法学院大楼,共16 000平方米。采用中西合璧的建筑风格,既凸现现代气息,又保留华夏传统,内部布置合理,教室、学术厅、模拟法庭……一应俱全,颇能发挥其施教、研究功能,图书馆藏书亦丰。饮水思源,命名为王健法学院,实为应得。

王嘉廉先生是全球企业管理软件王国的主宰,是唯一能与比尔·盖茨比肩的人物。如此慷慨捐助,是传承其父的赤子之心,为母校作贡献。

司马德体育馆

为纪念数学系教师司马德硕士而命名。

司马德在大学求学时代,是一名全能运动员。1920年初,司马德辅助聂显(W. L. Nash)体育教育主任,担任顾问,提倡开创性的体育教育,是东吴大学体育运动的促进者,并为华东的几所大学造就了许多优秀的运动员。虽然锻炼健身遭到当时士大夫阶层的反对,但学校坚定信心,提倡发展体育教育与智育教育并重,开展了早晨健身操与校际的体育竞赛运动会。成立过中国最早的"辫子足球队",举办过中国第一次篮球锦标赛等活动,创新建造了一座半开放式的体育馆,培养了许多体育运动专业人才,30年代建成苏州地区第一座游泳池。遂后由杨校长主持筹募了经费,建成了一座现代化的体育馆,并命名为司马德体育馆。

崇尚与努力开展体育教育之风延绵迄今,2008年北京奥运会上,苏大学生陈艳青、吴静钰获得奥运金牌,周春秀获得奥运铜牌。抚今追昔,怎能不思念学校首先重视开展体育教育的先行者——司马德老师。

子实堂

曹子实是孤儿,11岁时在上海得到蓝柏一家的照顾。1859年,蓝柏夫人返美国,曹子实亦偕行,后留在美国由雷大卫医生照顾。雷医生时任军医,曹子实遂成为雷医生的伙伴与助手,学会了医术,相当于当时普通医生的医疗水平。美国南北战争结束后,在雷医生的母亲帮助下,曹子实以半工半读方式学习了四年医科。1869年,曹以在船上打工为补偿,换得返华船票而回国。

曹子实1871年开始在苏州办学、行医、传教。他到处广交朋友,乐于行事,知恩图报,办学时对学生要求严格,又公正慈善。其奋斗经历,对一些寒门子弟影响颇深,在美国既受过四年医科教育,又有丰富临床经验,曾主持博习医院的院务工作。

在大学建校之前,已在曹子实所办的主日学校的基础上形成存养书院与博习书院,经扩大与转化而于1900年形成东吴大学。曹子实并非出于名门世家,孤儿是社会中最弱势群体,终以勤勉努力而自学成才。他怀着多作贡献的心愿,为大学与医院的建成颇多建树。他逝世后,学校将建成的学生宿舍命名为“子实堂”。

葛堂

1919 年间,学校获得增加拨款,图谋扩大与发展,拟新建一大楼,以安置理科实验设施。当时葛赉恩(J. W. Cline)任校长,其家乡捐建了此大楼。同时中华医学会出于对医预科的关心也提供了资金。葛赉恩任职校长十年间学校发展迅速,首先反映在教学的基础设施日趋完善。时值辛亥革命刚开始,他表态“对于新的国家制度……渴望在任何可能方面,加以合作”,这是指导学校积极发展的主要因素。由于此建筑的主要资金来源于葛校长家乡的教友为缅怀其父亲(J. M. Cline)而捐献,遂顺其意愿,于 1924 年命名为葛堂,是当时本地区教育部门最有效率与经济实用的理科实验室的样板建筑。

苏大与奥运的前世今生

文 怡

上世纪初以来，东吴就与奥林匹克运动会结下不解之缘。曾有8名东吴学生代表中国参加多届远东运动会，为东吴争得了荣誉。1936年柏林奥运会的中国代表团中有5人是东吴人，包括总领队郝更生与参加100米短跑及4×100米接力的程金冠。赛前程在国内便取得10.6秒的百米短跑领先成绩。虽然未能在当时的柏林奥运会上取得好成绩，但其百米10.6秒的成绩，在国内一直保持，直到解放后多年，才被新手打破。东吴首届体育系毕业生王守方自费参加柏林奥运会，并做了民族体育项目“扯铃”的表演，展示了民族体育的风采和神韵。

司马德功不可没

东吴学子的身影频频出现在远东运动会与奥林匹克运动会上，是与东吴大学成功开展体育教育分不开的。司马德(R. D. Smart)作为东吴体育教育的创始人功不可没。司马德毕业于范得比尔特大学数学系，他在求学时代就是一位全能运动员，来苏州执教后兼任体育教育顾问，组织了最早的“辫子足球队”，于是现代体育项目风靡整个校园，各种体育社团在校内悄然兴起。1904年创建了华东最早的“中华大学生体育联合会”，以后扩展为“东方八大学体育联合会”，司马德是倡导者与负责人之一。1937年由募捐建成一座体育馆，命名为“司马德体育馆”，至今还屹立在苏州大学校区。

参加过柏林奥运会田径运动竞赛的程金冠晚年仍居住在苏州，老而弥坚，见之者犹能感到其当年健儿的风采，令人怀念不已。

再续前缘

时光荏苒，斗转星移。2002年，苏大迎来了三位身份特殊的学生。其中之一是颇具夺冠潜力的陈艳青。在2000年悉尼奥运会之前，陈艳青在选拔赛中状态极佳。由于境外新闻的误导，陈未能如愿进入悉尼奥运会而痛失良机。失意之下，陈艳青当即选择离开举重队而进苏大学习。学校研究后，特批这三位举重运动员入学。后经多方劝说下，陈艳青不负众人期望，终于复出，在雅典奥运会上荣获58公斤级举重金牌，不仅圆了自己的奥运会冠军梦，更让东吴与奥运得以再续前缘。

在奥运会申办成功的那一刹那，海峡两岸的国际奥委会委员何振梁与吴经国先生激情相拥在一起，如此感人场面，令人至今难忘，从此以后两岸体育运动的交流日益频繁。苏大健儿在国际比赛项目中亦屡获奖牌。如2006年多哈亚运会上，女子4×100米冠军陈钰、300米障碍赛铜牌获得者林向前等，而陈艳青更以总成绩251公斤胜出，较雅典奥运会又提高了13.5公斤。

北京奥运会显光芒

2008年4月，北京奥运选拔赛在合肥举行，已近30岁的陈艳青发挥稳定，一人独揽抓举、挺举和总成绩三项冠军，终于获得了北京奥运会的入场券。8月11日的北京赛场上，她以抓举106公斤、挺举138公斤、总成绩244公斤的优异成绩，卫冕了58公斤级的比赛，获得了金牌，成为中国女子举重史上第一位蝉联奥运会冠军的选手。

8月17日，北京奥运会女子马拉松比赛在天安门广场鸣枪，中国选手周春秀获得铜牌。她的拼搏精神使国人感动。这块铜牌是目前中国选手在奥运会马拉松比赛中最好的成绩。虽然获得铜牌，她与银牌获得者在最后阶段的拼搏较量，这种不言放弃的精神实令人钦佩不已，所有观众都为这位坚强的中国选手欢呼。

8月20日，吴静钰同学在女子跆拳道49公斤级比赛中，以绝对优势摘得了该项目的金牌。自从2006年在多哈亚运会上一战成名之后，又连续获得全国冠军、世青赛冠军等多项奖牌，吴静钰终于不负众望勇夺奥运冠军。

当来自奥林匹亚山的那一团象征着和平与激情的圣火，照亮着全体师生激情洋溢的面容时，历史与现实使奥运结合的百年情缘绽放出令人瞩目的瑰丽神采。

俯首为牛　耕耘五年

——记东吴比较法进修学院成立5周年

法学院51届　向　平

东吴比较法进修学院开办五年了，这是一个十分艰辛的历程，确如学院董事长谈家桢学长所言，是“惨淡经营”的五年。办学同仁及执教老师为培养社会急需的涉外法律人才，为服务于改革开放，为擎起曾经辉煌于世的“东吴”旗帜，辛勤努力了整整五个年头。没有办学经费，雷传湛、顾德骥、卞济川学长，黎绍良学长伉俪（夫人石圭林）及俞仁良学长伉俪（夫人袁美英）等四处求援，筹得六万余元。没有校舍，黄履中学长设法获得了上海社会科学院的支持。没有基本的师资，徐开墅、黎绍良、吴耀乐等学长到处联络，配齐了各门课程的教授。没有办公用具，洪始等学长从家里带来。经过一年左右筹备，在1990年招收了比较法专业第一届学员，踏上了重建东吴的征程。

创办之初，物质条件因陋就简，但在课程设置、教学管理、教学质量等方面，同志们抱着虽非学历教育，但要按正规教育办学的思想，要求十分严格。学院制定了有关教学管理等规章制度，确定了两年内的各门课程，设置较为合理，也有特色，所聘任教授都是各该课程的名家。开始之时，任课教授以东吴诸学长为主，如徐开墅、徐俊民（社科院）、庄泳文、蔡福元、陈忠诚、施觉怀（华东政法）、高文彬（海运学院）、郭念祖（华师大）、沈宗汉、梁瑞麟（高级人民法院）、徐达全（市仲裁员）、蒋鸿礼（涉外高级律师）等，同时也兼聘非东吴校友的专家学者，如吴伯福（外贸学院）、吴宏泽（高级人民法院）、黄银柱（华师大）、钱中先（市人民银行），这些都是学有专长、经验丰富的专家教师，很受学员欢迎。但他们年龄大多在花甲以上，精力有限，从长远和发展的角度考虑，学院又在中青年教授、学者中吸收了周汉民、朱兆民（外贸学院）、金祖光（海运）、顾功耘（华政）等，从而加强了师资队伍的建设。由于学院严格挑选教师，因此所开课目普遍受到学员赞许，认为这些教授和课程在全日制高等院校里也是不易见到的。教授们的酬金都很菲薄，办学人员基本上义务工作，然而没有一个人为此而对工作稍有懈怠，人人兢兢业业，认真负责。上课都在晚上，教师从不迟到早退，即使遇到断电，也坚持秉烛而读。因此，学员们对老师在办学中的敬业精神、奉献精神十分钦佩。

办学两年，学院稍稍有了一点社会影响，上海社会科学院研究生部及外贸学院的研究生相机来院选读听课。学期结束，所读课目的考试成绩，上述两院均予承认。这在上海教育界并不多见，足见教授的授课质量相当高。不少学员不以一纸文凭为追求目标，而以“在职充电”、“超前学习”自律，学习自觉性极高。其中不乏佼佼者。数年前，美国杜邦公司在沪公开招聘，我院学员尹泽生在两千余名应聘者中一举为杜邦高层选中；和法礼、黄建辉合作出版了专著;沈洁在全市律师考试中名列前茅;祝娅入日本早稻田大学深造;徐维东已赴美学习。其他如顾若卿、庄小文等都在各自单位担任了外贸方面的领导工作,学以致用,做出了贡献。

1993年,上海市高等教育局组织专家对要求审批的十余所民办高校进行评审。我院系高教局于1989年批准的成人高校,当时的批文指出试办三年,待条件具备,转为正式院校。这次评审答辩会上专家听取了我院的报告和介绍,认为学院设置的专业及课程很有特色,符合当前对外开放的需要。虽然没有专职师资队伍,但兼职师资水平都很高。学院教学管理严格,教学质量也相当好。最大的缺陷是办学经费严重不足,没有固定的、足够的校舍场地,没有必要的图书和教学设备。一言蔽之曰:"软件较硬,硬件过软。"民办东吴比较法学院的申请终于未获批准。

正由于申办学历教育一事搁浅,学院的发展受到了难以克服的梗阻。没有学历,社会上在职人员很难坚持完成全部学科长达两年甚至更长时间的业余学习,开设的课程再好,充其量只能在个别课目上吸引学员,无法从学院全局上具有吸引力和凝聚力。生源不足,甚至枯竭,则将危及学院的生存。面对这一状况,学院不得不考虑调整原定的办学方针和方式,跳出"正规、独立、专业长班"的框框,而改为长班与灵活多样的短班并举,独立办学与联合其他学校共同办学相结合的新路子,求得以长补短,互补互惠,适者生存,静待发展。这样,才能保留这块教育基地,才能继承发扬东吴的优良传统,为培养祖国所需要的涉外法律人才尽我们东吴校友的一点绵薄之力。

几年来,我院与上海工业经济协会联合举办了两期"全国经济师考试辅导班"、一期"涉外经济师短期培训班",受建设银行上海分行委托举办了"三资企业法培训班",受中国人民保险公司上海分公司委托举办了"民事诉讼法系列讲座",同社科院会计进修学院合办了"国际经济管理知识讲座"。1994年,我们开设了社会所需要的国际通用会计专业,开办了计算机操作(初级)培训班,原有长班的专业课程也允许学员单科选读。这样,大大加强了学院办学的灵活性。

1995年,学院加大了联合办学的力度。孙希鹏学长热心穿针引线,同上海行政管理进修学院徐有才院长合作,受上海国有资产管理委员会办公室委托,对全市机关、企事业单位的管理干部进行国有资产管理、评估的培训。从1月至7月,已先后办了七期。每期少则60人,多则100余人。学员中有处、局级干部,大中型企业的厂长、经理、财会人员及具有高、中级职称的工程技术人员。办学方式灵活多样。对冶金局系统、环卫局系统、普陀区采取上门讲课的办法,其他各期都在社科院内进行。对这个短班,我们从拟订教学计划、聘任教师到命题、评卷、发证的每一个教学环节都做到一丝不苟,十分重视办班质量,赢得了学员们的好评。他们说:"这个班时间不长,教材不多,效果不差,受益不浅。"

近年的实践,说明调整办学方针和方式,实行"短"、"长"并举,"独"、"联"结合,在目前业余教育不十分景气的状况下是适时的、可行的、有效的。

1994年,谈家桢学长主持学院董事会第四次会议,会上不少董事建议发掘原东吴大学法学院法律、会计两系校友的潜力,筹建两个事务所,为改革开放服务。到会董事一致赞同。会后随即着手筹办，几经努力，顺利地同美国旧金山驻沪商务办事处达成合作协议，成立了管理委员会，共同开发这两项业务。经梁瑞麟、李来苏学长和柳光堤律师奔走联络，分别与沪中律师事务所和中州会计事务所建立了挂靠关系，成立了相对独立的“涉外法律事务部”和“会计事务部”，旧金山方汪致重先生出任管委会主任，我院向平学长任副主任。法律事务部由梁瑞麟学长任主任，会计事务部由李来苏学长任副主任。开业半年多，两部运作正常，已初具社会信誉，也有一定收益。这对学院的开拓发展、经费来源都起了补充作用。

建院以来，学院董事长谈家桢、前院长雷传湛、院长顾念祖等学长先后接待了台北东吴大学两任校长杨其铣、章孝慈先生，董事长王绍堉先生，代教务长黄静嘉先生，法学院院长程家瑞先生等。1993 年，章孝慈校长率台湾法律代表团抵沪，我院也与之进行了广泛接触，开展了两岸“东吴”的交流。

“东吴”五年，步履维艰，但得到了各方的支持。二纺机厂黄关从、郑伯华先生，华山医院孙大裕先生，上钢三厂张世芳先生，浙江华宝实业公司罗茂祥先生，台北黄静嘉先生都慷慨给予经济支援，祝娅同学旅日留学，也向母校回赠了十万日元。他们这种关心教育、爱护“东吴”的一片热忱，令人感动。对于他们的赠款，学院除了以极小一部分贴补教学费用外，绝大部分捐赠未敢动用分毫。所幸 1994 年学院已经收支平衡，预计 1995 年或将略有积余。上海各种传媒知道学院艰苦办学后，纷纷前来采访，香港《文汇报》，上海《文汇报》、《联合时报》，上海人民广播电台都先后报道了我院办学特色及艰苦办学的消息和文章，上海教育电视台还专程到校拍摄了 15 分钟的实况录像，这都给办学同仁极大的鼓励。香港新华社的黄毓麟学长从顾浩学长处得悉我院缺乏图书，从香港征得一批图书，并且不辞辛苦，亲自整理，亲自抄写书目，亲自办理托运，将 4 000 余册弥足珍贵的法律图书无偿赠给学院，解决了学员长期缺少必要的图书资料问题。现在，我院已同社科院研究生部商定，共同开发这一宝贵资源，以充分发挥它的作用。前年，顾念祖院长访美，旅美校友严振远、杨茜伉俪和法学院校友闻讯后驱车数百里，与念祖学长亲切会见。自此以后，严、杨两位学长便不遗余力为重建“东吴”奔走呼号，这份对母校的感情可感可佩。学院筹办期间，滕家振、宋启宸、周鼎、吴天荫各位老学长也都尽了极大努力，作出了贡献。总之，“东吴比较法进修学院”是在海内外东吴校友和所有爱护东吴的热心人士共同扶持下才得以克服困难不断前进的。感激之余，还望大家继续关心它、支持它，使这面有过辉煌过去的东吴旗帜继续飘扬。

同仁等垂垂老矣。展望前途，征程的目的地尚未到达，这个接力棒将交给谁呢？愿东吴学长集思广益，共解难题。

寻根溯源东吴情

——在沪苏大学子加入东吴大学上海校友会纪实

物理系65届　徐鼎铭

东吴大学上海校友会是经上海民政局批准的社团组织,并于1984年9月正式成立。东吴大学上海校友会辛勤耕耘,充分利用校友会的人才优势,发挥老校友的余热,发扬母校的特色,为改革开放服务,先后举办了好几个实体,经过十年的努力,为社会培养了不少有用人才,为社会作出了贡献！随着时间推移,由于各学长年事日高,热情有余,精力不足,难以负此重任,经校友会慎重研究,校友会的工作方针将以办好校友会为主导,大力发展苏大在沪校友入会,增加校友会的新生力量。

2000年为百年校庆,有资格举办百年校庆的大学,全中国以至全世界能有几个？千禧之年千载难逢,百年校庆百年一遇。1999年,东吴大学上海校友会由领导带队专程赴苏州母校,会见校方"百年校庆筹备组",就两地校庆活动进行了沟通,并就苏大在沪学子参加东吴大学上海校友会交换了意见,认为苏大的根在东吴,应该"情系东吴"。

东吴大学上海校友会常务副会长向平学长与上海向明高级中学教导主任李昌群老师联系,邀请在沪的苏大学子参加东吴大学上海校友会,从而迈开了在沪苏大学子参加东吴大学上海校友会的序幕。即日李昌群打电话给我,介绍了东吴大学上海老学长对苏大学子的关怀,同学们可以经常聚首话旧,畅叙同窗之谊,显示很强的凝聚力,体现了"永念系东吴"。我俩商定:动员上海的苏大学子参加东吴大学上海校友会,首先从苏大物理系65届在上海工作的30多位同学开始,并委托朱任芳同学到东吴大学上海校友会办公地上海社会科学院进行沟通联系,开展实质性的工作。在校友会林学诒先生的指导下,苏大物理系、化学系、中文系、政教系、外语系、体育系在沪的历届毕业生逐一联系……经过共同努力,苏大在沪的学子加入东吴大学上海校友会的人员与日俱增。2000年5月初,在上海社科院礼堂召开"东吴大学建校百周年庆祝大会"。苏大新加入校友会的100多位学子与东吴大学500多位老学友欢聚一堂,共同庆祝母校百年校庆。我们聆听了苏大领导、台湾东吴大学领导、老前辈老学长、上海校友会的领导的谆谆教诲,受益匪浅,得到了东吴大学老前辈的呵护,并得到了与东吴大学老学长同等待遇:每人一份庆祝母校百年校庆特刊,由国际大法官倪征日奥及中国遗传学奠基人谈家桢题词的"东吴大学百年校庆纪念"的首日封,百年校庆纪念壶等礼品。新老校友欢聚一堂,气氛十分热烈,共祝母校在校训"养天地正气,法古今完人"的教诲下焕发青春,继往开来。

2000年5月18日,在苏州参加了苏州大学建校一百周年庆祝大会的有关活动,并带回了苏州大学各系校友名册。

在苏大校友名册的基础上,仍在朱仁芳同学与林学诒先生的共同努力下,继续联系苏大在沪学子加入东吴大学上海校友会。经过前前后后近一年的努力工作,取得了相当好的效果。

2000 年 9 月 24 日,东吴大学上海校友会在上海卢湾高级中学大会议室召开了“东吴大学上海校友会迎新会”。上海校友会的领导向平、黄履中、黎绍良、俞仁良、卞济川、杨笺康、李来苏、吴耀乐以及顾浩、傅大成、李时辉、林学诒等出席大会,由常务副会长向平学长致欢迎词,李昌群校长代表新校友发表了热情的讲话。会上放映了《世纪风采——苏州大学百年校庆》。正像向平常务副会长所说:“喜迎母校百年庆,东吴自有后来人。”

从此,我们在上海工作的苏大学子纳入了东吴大学上海校友会的各项活动中,在各位东吴大学老学长、老前辈挚爱母校的可贵精神和东吴情结的带动下,苏大的在沪学子逐步成为东吴大学上海校友会的一支重要力量,真正是“寻根溯源东吴情”。

雪泥鸿爪

——回眸躬逢其盛的大事

经济系46届　顾　浩

1984年9月东吴大学上海校友会成立，谈家桢学长当选为首任会长（1984.9—1996.12），余承蒙厚爱，被委任为秘书长（1984.9—1996.12）。受命之下，立志尽心尽职，不辜负众望。在任期间受命操办数起“大事”，从中感怀良多，教益匪浅；有些细节，恐鲜为人知，故尽力回忆叙述，一则为对母校110周年校庆表示纪念，再则信守约稿诺言，因限于篇幅，只能叙述其概要矣。

石破天惊——谈会长成功访台纪实

1992年6月6日，谈会长伉俪应台湾著名物理学家吴大猷先生之盛邀，与其他大陆学者夫妇共12人搭机转道香港，于6月8日下午安抵台北。机场欢迎盛况空前热烈。谈会长系团队中主角，又是年龄最长者（83岁），台湾方面对团队呵护备至，特备担架、轮椅，但老人均无需使用。由于出访前谈会长曾告诉邀请方想会见一些故旧与学生，校友会也函请台北东吴大学能安排与蒋纬国、王绍堉、章孝慈、杨其铣等校友会晤，在章孝慈校长的精心安排下，要求都得到圆满实现，盛况十分感人，谈会长的夙愿终于圆矣！

回首过去，真是好事多磨。早在1987年与1989年，谈会长都曾受到台北科学社的访问邀请。有一次，尽管谈会长已飞抵香港，却因种种原因而无法如愿踏上宝岛。故谈会长此次成功出访，打开了两岸双向学术交流之先河，被喻为“石破天惊”，其历史意义由此可见。

谈老访台返沪后，在90高龄的顾翼东名誉会长的倡议和广大校友的要求下，7月4日下午在社科院大礼堂举行了盛大的“谈会长访台报告会”。与会者有策杖蹒跚进会场者，也有小辈搀扶或坐轮椅车推入会场者。苏州校友会张梦白会长，苏州大学党政领导专程从苏州驱车莅临。到会人数达1 000余人，可谓群贤毕至，少长咸集，极一时之盛。谈老当天上午腰部不慎扭伤，仍由夫人邱医生扶持入座，犹神采奕奕，坚持作了访台报告，同时放映数十张所摄幻灯片，会场内时而鸦雀无声，时而掌声四起。当谈老举起章孝慈校长所赠鲜艳的东吴校旗时，全场起立，掌声雷动，群情沸腾。会众激动之余，凝视谈老所系由蒋纬国校友所赠特制并签名的领带，和讲桌前陈列的台湾东吴大学所赠送书籍、电子钟等礼品，作为东吴人怎不沉醉到一种难以形容的意境之中。此情此景至今已穿越时空十余寒暑矣，但与会者恐没齿难忘此盛事，东吴史上也不至忘怀乎！

"天下东吴一家亲"——台北章孝慈校长来访纪实

继1993年5月台北东吴大学名誉校长杨其铣来访,6月代教务长黄静嘉来访、听课与学员座谈之后,8月章孝慈校长率团在北京出席"海峡两岸法学学术研讨会"后来沪访问。29日上午受命由向平副会长与我前往华亭宾馆迎候(来前余奔走于市台办、华东政法学院等处联络,经告知按规定我会不能到机场迎接),稍待,章校长夫妇由校法律研究所程家瑞所长伴侍莅临,向平副会长与我代表上海校友会与学院表示热烈欢迎并与章校长亲切简短交谈。

8月30日,校友会假市政协举行隆重欢迎宴会,宴请章校长及全体57名团员。应邀出席宴会者有市委统战部毛经权部长、市政协王兴副主席等。苏州校友会张梦白会长与苏州大学党政领导等专程来沪并将迎接代表团去苏。其时贵宾云集,场面热烈非凡。宴会由向平副会长主持,谈会长代表校友会、比较法学院致热情洋溢的欢迎词。章校长作亲切感人之答词,提到"天下东吴一家亲","人间亲人中有亲兄弟、堂兄弟、表兄弟。我们与上海东吴人是亲兄弟,血浓于水!"一言既出,全场顿时掌声雷鸣,经久不息。我穿梭于诸席之间,致意敬酒。其间我将事先准备的空白折扇,请在座台北贵宾、学长题词留念,章校长欣然提笔题词:"有缘相逢"。另有专家、学弟学妹题词:"同为东吴人,以东吴为荣","欢迎到台北来"等等。宴会之前,谈会长、校友会、学院其他领导已与章校长等来访成员亲切交谈。宴席结束,章校长与全体成员随即登上专车,我与卞济川副秘书长随团护送,张梦白会长及苏州大学党政领导也随车护送,在警车开道下,车队缓缓驶出市政协,两旁人群挥手致意。抵达苏州后,接待任务移交完成。

9月1日,校友会总会召开东吴校友座谈会,出席者有大陆苏、沪、黑、陕、闽、鲁等地以及香港、台湾的校友,发言极为踊跃,言词亲切坦诚,气氛热烈,我即席代表上海校友会、进修学院作了发言,黑龙江校友代表向台湾校友赠诗,当即由章校长欣然接受,即席朗读。

在苏州期间,校友们在林堂前大草坪上亲切交谈并摄影留念,当时我请章校长居中,令人意外的是:章校长平易近人,意欲我居中,理由是我年长,是前辈学长。再三推辞未果,只好遵命,总甚疚愧。

时光终是要流逝,但往事并非尽如烟尘。正如当时香港《文汇报》记者吴斐在一篇《章孝慈先生沪上行》报道中提到的"会见是短暂的,兄弟之情长存"。的确,每念当时情景,总会思潮迭起,萦回良久。

情何其深——香港回归前新华分社慨赠一批原版书予进修学院始末

1994年春,余与爱人陈丽琏在香港探亲,因住所坚尼地道与新华分社大厦相近,不时访晤时任职于香港特区筹委会预委会秘书处之黄毓麟学长,他为人热情真诚,交谈中多次言及校友会创办之比较法进修学院步履维艰,历经艰辛,渴望海内外学长之臂助。他倾听之余,十分感动,表示愿尽力设法,之后告我设想将香港政府最高法院历次提供给新华分社,供起草"香港基本法"用之原版法律书拨赠给进修学院,供教学科研之用。但这批书籍所有权属最高法院,黄学长不辞辛劳,多次沟通,征得高院之允许(时杨铁梁学长为最高法院首席大法官)与新华社的首肯和支持,此设想喜获成功。之后黄学长放弃每周周末休息,更利用夜晚,夤夜整理编目造册。其时正值迎香港回归在即,本职任务繁重,凭其一颗热爱母校的赤诚之心,历尽艰辛,半年忘我劳动,终于分类编目、整理造册装箱。1994 年 10 月,又全赖黄学长得到新华分社各方面的大力支持,安排员工 6 位与车辆,将已包好的 61 箱书运抵九龙葵涌码头待运。其时烈日炎炎,身负重任的黄学长挥汗奔波于各处,办理托运等一切手续。中午休息,码头无餐厅,只好以矿泉水干点充饥,其一切费用由他支付,嗣后坚不允偿还。

在烈日下等候五小时后车辆才傍船,终于将总重一吨半,体积三立方米的 61 箱书籍由集装箱装上"虎踞"号轮船。航行一周后,安抵上海吴淞码头。

当接到黄学长来函及货运提单,去海关提货时,各种困难与考验也跟踪而至:其一,我从未经办此事,周围又无人相助,于是按海关要求奔波于市教委、市外办等单位。海关要求多多,尤其坚决要我填报该批书籍之价值,我怎可毫无根据填上?但海关要求必须填写,否则决不放行。此时我心乱如麻,心想如果为应付而填个数,填低可说我瞒报,填高可说价值高须上税,左思右想决定不填。可是时不等人,码头仓储免费有时限,无奈之下,只能以黄学长为榜样,一定要克服困难,树信心动脑筋,多次与海关联系,终于放行。在仓储期限即将到来之前,由我爱人、儿子商借上医大的面包车来码头,在关仓锁门前一刻将书装车送到中纺机厂(该厂领导黄关从任我学院副董事长)暂时安放。之后,得到社科院之大力支持,仍由上医大车队帮助,将书运抵社科院专室存放,施觉怀学长特来整理造册,以供学员及社科院研究生使用。

1999 年学院停办,经商议决定将此批来之不易之书籍全部捐赠给历来支持我们社会办学之社科院法学所图书馆,曾举行简单仪式并留影,全书设专架并树我单位捐赠之名,名花又有主,大家也就告慰矣。

"老来疯"(老雷锋)——艰苦办学之点点滴滴纪实

上海校友会创办之东吴比较法进修学院,在筹办之初的批准过程、成立之后的办学历程,始终折射令人难以想象的众位东吴人之精神境界:实干、毅力。学院虽已停办,其艰苦卓绝的点点滴滴事迹,宜记述流传。我是过来人,是参与者之一,责无旁贷将其昭示,以不至惜遭淹没,曾被喻为"老来疯"(老雷锋谐音)的敬业精神得到确切解读。

1988 年,谈家祯会长首先适应形势,登高呼吁筹建"东吴比较法学院",得到方方面面与广大校友诸如雷洁琼、费孝通、赵朴初、孙起孟、倪征隩、张梦白等学长之热情支持,担任发起人,由当年上海校友会联络处总干事滕家振学长积极操办,成立了筹备组进行工作。并准备向市高教局及有关部门递交筹建申请报告。但事前必须经过论证,于是分头邀请法律界、经济界、教育界各方面专家、学者、权威人士聚集海外联谊俱乐部,各抒己见,坦实评估论证,会议结论为"可行"。稍后高教局又有专人来联络,作进一步深入调查核实。11 月 15 日正式书就申请报告报高教局审批(内容包括学院性质,办学步骤,批准后的领导班子,包括党组、董事会以及学习形式、学制、教学人员名单、课程设置、教学计划、收支预算以及校舍租赁合同等等),大量事务工作都赖所有成员忘我实干,才得完成。待批期间,滕家振学长多次赴高教局静候,以催促局领导审批。1989 年 11 月 20 日终于盼来了市局沪高教职(89)第 0562 号批复,同意校友会为筹建东吴比较法学院而建立东吴比较法进修学院……佳音传到后,紧接着又联系到条件更好之社科院新楼研究生部为校址。大家分工操办,余与俞仁良学长前后用两辆自行车,把长度超过两米之校牌,一前一后放在两车的把手上,从延安中路新成中学,小心翼翼地缓步推行到淮海路社科院,今日回想别有情趣。

正式开学之后,我被安排任一期法律班班主任,于是每次上课总要提前到院,与副院长黄履中一起做打扫教室、擦黑板、揩抹课桌椅等勤务,眼见堂堂市局级干部与工务员老张和我一起劳动,怎不令人浮想多多。再说沈宗汉学长时任高等法院副院长,市人大法制委员会副主任,下班即来院授课,每次总是用干点权充晚餐,我们只能以热茶“款待”,与他无话不谈,倍感亲切。现任世博局副局长的周汉民教授讲课,不仅内容生动,而且结合形势,精湛分析,有独特见解,极受学员赞誉。可是他是忙人,要不是尊敬的徐开墅副院长是他研究生导师,他是不可能来院的。他对学员明讲,只要是徐老师需要我讲课,比别处报酬再低,我也遵命到这儿来。至于徐开墅副院长,知识渊博,尤其民商法造诣颇深,被市府聘为市府立法咨询委员。他乐于扶携后生,我班学员祝娅就是在结业后由他推荐到日本早稻田大学深造的。他教学认真,诲人不倦,使我无限感怀的是他常真诚激励我安排时间进教室旁听,以提高自己的学识水平,我深为感动,确实学无止境。1999 年春他曾希望约个时间好好与我交谈,不久我去美国探亲而未果,三个月后回国,惊悉 6 月 20 日徐老因患脑溢血去世,之后在我的脑海中一直萦回着他的音容笑貌与他的真诚厚爱。

任课老师有很多感人事例,如当时高等法院知识产权庭吕国强庭长,不仅传授书本知识,更创造条件,由我率领参加旁听他主审之经济案件,且当日中国银行之辩护律师即是我东吴校友蒋鸿礼学长,如此与实际结合型式的教学,大受学员欢迎。许多老师不计待遇菲薄,甘愿接受应聘,真是难能可贵。教学过程中,学生的刻苦求知也该大书特书,兹举一例:一次上课时突然断电,无一人离座。我立即去购来蜡烛,照亮教室,教学继续进行无误。“秉烛夜读”当今恐难见到吧。无怪香港《文汇报》记者采访到包括此事在内的一些难能可贵的素材,作了题为《一所特殊的法律学校》的报道。

回眸学院艰苦办学历程,人誉“老雷锋”也好,殊荣也好,品味之下,回味无穷,联想多多。

斯文终于勉力完成,然本人毕竟年事已高,虚度八七寒暑,各种功能衰退,因此难免文中有误差,用词有不妥,万望众位学长多加包容,不吝斧正,不胜幸甚。

东吴史上留些雪泥鸿爪,恐也是东吴学子责无旁贷之共同心愿之一乎。

片断回忆

文学院46届　方守成

我1936年秋考进苏州东吴大学，教授们的学识渊博，教学认真，给我很深印象，使我得益良多。特别是张梦白老师的历史，吴芷芳老师的政治，王守方老师的体育，戴荪老师（Dr. Dyson）的生物等。我是校足球队员，冯家声先生的足球战术对我很有帮助。谈到体育，那年与我同班的程金冠是全国百米短跑冠军，他参加1936年柏林的奥运会，虽没能进决赛，但已说明我国在短跑上有人才。他和我上课时坐在一起，下课时他往往借我的上课笔记，所以我至今有印象。据说，他是梅兰芳的连襟。

东吴在抗战前常被苏州人称为贵族学校，不是因为学费贵而得此传闻，主要是因为有高官子弟在东吴。如蒋介石的次子蒋纬国、汪精卫的侄女、冯玉祥的儿子、程潜的儿子，另外还有前清状元张謇的后代张希祖、清朝皇帝老师翁同和的后代翁传庆、清朝驻英大使薛福成的后代薛欢（女）等。其实他们只是很少几个人，绝大多数学员都是平民百姓。

在我进东吴前，苏州报上曾有东吴大学生为体验平民生活拉黄包车的报道。我进东吴以后，知道同学自发为失学儿童去惠寒小学义务授课，我也义不容辞当了义务教师。

1937年春，记得田汉、冼星海来东吴宣传抗日，当时与我们合影，可惜这照片在"文革"中被抄去。

至于苏州1937年冬被日军占领后的情况，我与爱妻梁佩华（已逝世）曾撰文刊载在2005年12月辑上海会讯第2期上。

校友会拾零

政治系47届　卞济川

我们校友会成立到现在,已经有二十五个年头了。期间除了凝聚了校友之间的友谊,进行了各种活动之外,还发生了一些意想不到的事情,略记一二。

一、"东吴"的知名度

有一位学员结业于校友会所办的"东吴比较法进修学院",后来赴日本深造,但是她没有本科毕业证书,无法入学。她思之再三,道出了"东吴比较法进修学院"的经历。结果来信要求"东吴比较法进修学院"出具介绍信,并附教授徐开墅的推荐书,被日本的早稻田大学和东京帝大接受,毕业后回国,担承律师工作。她的名字叫卓娅。

还有一位名尹泽生,结业转业,投考某外资大企业。因就学于"东吴比较法进修学院"而获得优先录取,现派往外地担任负责工作。和法礼原来任某钢铁企业法律事务,在"东吴比较法进修学院"结业后,自行开设律师事务所,业务相当不错。会计系的徐敏经我们校友会介绍至雷英公司任会计,后升任至副总经理。其他还有出国深造的徐维东、毛依雯、庄小文等。

二、"东吴"情结

我们校友会曾经成立了访问组,每逢春节前后,对85岁以上的老校友(后改为90岁以上)进行家访,略奉上滋补品以致慰问。每年有40名左右校友受访,受访者和访问者都是心情激动,感触至深。如年刚百岁的陈钟浩,双腿不便,卧床不起,由原在安徽插队的三女返沪侍奉。陈老学长1927年毕业于文学系,后赴法国留学,获博士学位,回国后从事教育工作。因为退休早,又从中学退休,养老金不高。国家安排他做《文史报》兼职,月入千元补贴,生活并不宽裕,身体也不太好,但见到校友来访,精神骤增,滔滔不绝谈着自己的过去,颇有一泄胸中积淀的不快之感,并紧紧握着作为来访者的我之手说:想不到离校七十余年,还蒙你们惦记,真是喜出望外。又有卢绳祖老校友说:退休以来还未见单位来访问过我,而母校还记得我,言谈之余,热泪盈眶。一位老校友,他在临终前嘱咐儿子,一定要告知校友会,并表示自己生前感谢之意。

三、严正的控诉

2005年时,正当我们在庆祝抗日战争胜利60周年之际,从隔海东邻却传来了极不协调的声音。日本一名现职大臣公开声称没有侵略,还否定东京审判。当从电视里传来荒谬的言论后,我立刻想起我们校友会聚会间相知的两位老校友,他们是参加了当年东京审判而仅存的参与者。一位是裘劭恒先生,他担任中国代表团秘书,虽然任职半年后因事返国,但却在当时说服伪满洲国傀儡皇帝出庭作证,将始作俑者战犯土肥原贤二等送上绞刑架。而另一位是46届东吴法学院毕业生高文彬,他全程参加东京审判,两年半结束后返国。我即刻推荐给东方电视台,并承该台进行采访,后在"往事"栏目播放。不料一石激起千层浪,中央电视台接着也进行了采访,并编制三集历史纪录片向全国播放,随即我国各大媒体,如《人民日报》、《南方周末》、《新闻周刊》、《文汇周刊》等报刊纷纷发表了专访,此后香港凤凰台、美国华侨协会,甚至日本的"NHK"也进行了专访报道,用铁的、活生生的事实对之谴责和批判。从此,谎言淹没在真理的浪涛中,再一次证明"实践才是真理"的箴言。

校友会从细小到宏大发挥了它意想不到的作用。

2009年11月

丝竹传友谊　共颂东吴情

——忆二次访问台湾东吴大学

法学院50届　周　皓

我1950年毕业于上海东吴大学法学院，但自幼因受家庭影响，却喜爱音乐，先父周俊卿先生是上世纪著名的“江南丝竹”音乐前辈名家，善奏笛、箫、琵琶、二胡等诸多乐器。蒙受薰陶，我幼年即受庭训开始学习，尤喜玩奏二胡。记得在上海昆山路东吴大学法学院学习期间，巧的是向平与彭舟两位同学亦爱奏二胡，课余之暇，常相切磋琴艺，探讨研究二胡技法，交流心得，乐此不倦。彼此既是“学友”，又是“乐友”，不亦悦乎？岁月易逝，追忆往事，迄今已逾半个世纪。也正因此故，我虽学的是法律，却长期从事民族民间音乐工作，有了些微的成绩。近年承文化部命名为国家级非物质文化遗产项目“江南丝竹”代表性传承人，又因从事音乐之故，借此有幸得以二次访问台湾东吴大学，忆念所及，浅记如下：

（一）

第一次是在1994年的6月，我与家兄周惠（扬琴演奏家）、陆春龄（笛子演奏家）、马兰（琵琶演奏家）四人，应台湾摇篮文化事业有限公司之邀请，出访台湾专程举行“江南丝竹四大名家音乐会”，代表上海乐坛将我国著名的民间音乐乐种之一的“江南丝竹”首次带往海峡彼岸，进行文化交流。在台北市演出期间，抽暇去东吴大学访问，由校方的校友联络组刘秀娟组长热忱接待。一进校门，不远处即可见一石碑巍然耸立，上面雕刻着“养天地正气，法古今完人”的浩然校训，欣然在碑前留影纪念。刘组长先引我至她的办公室憩息。从其介绍可知，东吴大学自1951年由校友在台复校，亦是台湾最早设立的私立大学，学校有完整的科系组合，有丰富的图书资源，有生气蓬勃的课外活动，有众多杰出的校友。学校以“教育而得天下之英才”为宗旨，是注意养成全人、校风朴实且开明的学府，素得各界盛誉。接着我送上我们四人的“江南丝竹”乐谱版本及专辑音带多盒，以志留念。她继而引导我去另一楼内的音乐活动室参观，巧的是见有近10名学生正在排练江南丝竹八大名曲之一的“欢乐歌”，他们十分认真地视谱演琴，节奏稳妥，强弱有致，音准亦可，请我提提意见。我说总体上较为正规，显见有一定的音乐修养，但韵味稍逊，因江南丝竹之演奏，重在“呆谱活奏”，所以最好脱离视谱，背谱演奏，才能即兴发挥，嵌挡让路，疏密相间，形成支声复调而得其神韵，其中学问，非短时期内能为详述。纵谈甚欢，临别依依，相期将来有机会再行仔细讲解。当时认为也只是客套之说，但日后二度访问却果然成行。

(二)

告别东吴大学,顺道去近傍的台北"故宫博物院"参观。台北"故宫博物院"久负盛名,60 多万件中国古代宝贵文物珍藏其中。由于博物院受展厅面积所限,通常每三个月会换一次展品,但有三件宝物始终没有换过,这就是毛公鼎、东坡肉形石和翠玉白菜,尤其是后二件,东坡肉形石的肉皮、肥肉、瘦肉,层次分明,形状逼真;翠玉白菜则青白相间,上躲一只小虫,真是巧夺天工,精美绝伦,叹为观止,诚乃世界级的稀世瑰宝。

(三)

第二次访问是 2001 年岁末之际,我(二胡)与小儿周乐(作曲家、琵琶演奏家)应台湾东吴大学刘源俊校长之邀访台举行"江南丝竹"音乐讲座并进行国乐演奏。这次访台,在台北市、台南县、云林县、台中县等地,前后六天,共巡演了七场。

我们于 12 月 16 日上午 9 时 35 分经由香港飞抵台湾桃园机场,东吴大学校友联络组派组员林月美小姐(本校政治系硕士)来迎候,她称刘秀娟因怀孕临近产期故委托她来接待。一小时后抵达外双溪校本部,宿于东吴大学招待所 54 号室,独门独户,三室一厅,卫煤、彩电、冰箱、洗衣机等设施一应俱全,为校方招待外来专家学者、客座教授专用。午餐在本校的大食堂,各色菜肴有数十种,自选后称分量计价,甚感新鲜。当晚由刘源俊校长、发展处谢政谕处长假座"江浙大使菜馆"宴请,并邀东吴校友美国普林斯顿大学周质平教授同席相伴,深感荣幸温馨。该店之名菜为三杯乌贼(菜一杯,黄酒一杯,调料一杯燉烧),颇有特色。席间刘校长谈笑风生,平易近人,他祖籍上海青浦,因而亦有同乡之谊,更形亲切。他说起曾在去年访问上海,近年上海发展之快、变化之大,青浦淀山湖之秀美,朱家角镇之古雅,彼此均有同感。

海峡两岸同胞,因系同文同种,文化风尚类同,文艺爱好亦近同。台湾各地均有国乐团体。在台北,专业的有台北市国乐团、台湾实验国乐团等,台南有乡韵国乐团,在东吴大学的城中区法商学院有"苏州国乐社",外双溪的校本部有"竹韵流羽国乐社",两个社团,均取名甚雅。问其故,盖"竹韵流羽"是因"竹引丝弦律,韵成管笛声,流歌浣沙曲,羽绸双溪情",因而名焉。

12 月 17 日上午八时许,刘秀娟组长特邀在校内共进早餐。我见她挺着大肚子尚如此诚情,甚觉过意不去,并对她精心联系才使我这次音乐会讲座得以如期举行表示感谢。她说已委托林月美小姐全程陪同我们有关巡演的一切事务。

(四)

当晚在城中区东吴大学法商学院的礼堂,我作了"江南丝竹"音乐的讲解与赏析。刘校长亲临致欢迎词。上述两个社团的国乐爱好者齐集观听,并有台北市国乐团琵琶演奏家许克巍先生等亦来旁听。我对江南丝竹的历史渊源、命名由来、曲目范畴、曲式结构及演琴特点等各项作了简要讲解,并和周东一起演奏了"行街"、"中花六板"等多首江南丝竹名曲。周乐还就江南丝竹中主要乐曲"老六板"在琵琶上的变奏发展,弹奏了"阳春白雪”独奏曲。当演奏“春江花月夜”时，尚有东吴大学商学系叶定恭同学吹箫，法律系林亚玫同学打扬琴协同演奏，倍受欢迎。

周皓在台湾东吴大学作江南丝竹音乐讲解

自12月18日起，我们在台湾中南部举行了多场音乐会。林亚玫小姐特向校方请假休学一周，全程参与扬琴伴奏，使我们的音乐会音韵和畅，增添光辉。所到之处，均有当地的东吴校友会组织人员接待，十分热情周到。虽然地隔海峡两岸，彼此从未谋面，但因同出母校东吴，言谈之间有着深深的浓浓的东吴情谊。

12月19日在台南县立大湾高级中学演出，庄明仁校长及教导处杨主任皆为东吴校友。演出前引导参观了学校的电脑教室，为全台湾设备齐全、名列前茅之完全中学。晚七时半在学校之视听会议厅演出，音响效果颇佳，300多席位满座。除学校师生外，并有台南市乡韵国乐团领导林国璋先生偕夫人李明乡女士（上一次我在台南演出期间，林女士曾随我学习二胡）率全团30余人来观。演后庄校长致谢词并赠红木框镀金字面“丝竹悠扬”的精美纪念品留念。

12月20日在云林县环球技术学院的国际会议厅演出，由当地东吴校友会的颜总干事及胡主任秘书接待。演出后有数十名听众留下，要我作江南丝竹之讲解，并详询二胡技能训练问题，细心听讲，孜孜以求，其中很多是白发苍苍的老人，实令人感动。结束后院长许舒翔博士（东吴大学政治系毕业校友）诚邀至其府上同进夜宵，并请当地著名的林金阳大律师作陪。林律师为东吴大学法律系毕业校友，因而颇有共同语言，谈起母校之教学兼擅大陆法系、英美法系之长，因而东吴法学院学识全面，人才辈出，诚非偶然。谈到国际法学之权威大师倪征(日奥)先生,我说在校时曾有幸听过倪先生讲授各国司法制度比较,一代宗师,学识渊博,治学严谨,言谈慈祥,令人钦敬。2000年东吴大学建校百年校庆时,倪先生自京来沪欢聚,与我等深受其教益之学生共同摄影留念。林律师听闻颇为欣羡,仰慕不已,时近深夜,互道珍重而别。

12月21日在台北市长沙街参加"东吴艺文情"募款餐会,诸多历届东吴精英数百人聚集,场面豪伟。我们一方面演奏了江南丝竹名曲,并由周乐琵琶独奏"岳飞"(该曲在2000年美国"岳飞"国际作曲比赛中荣获第一名),由东吴大学音乐系的一组弦乐协奏(第一小提琴2把,第二小提琴2把,中提琴2把,大提琴2把,低音提琴1把)。周乐盛赞东吴大学音乐系弦乐水平之高,与其过去合作者美国芝加哥交响乐团弦乐组、上海音乐学院弦乐组相比,毫不逊色,堪称乐坛一流。这次晚会,我们还欣赏了东吴校友著名声乐家范宇文教授的女高音独唱及著名大提琴演奏家张正杰教授的精彩表演,声韵并茂,是颇为高雅的艺术享受。

接着12月22日在台中市乔山金属股份有限公司演出。董事长罗昆泉先生及夫人何月欣女士同为东吴经济系校友,均亲切接待。董事长夫人并亲自伴同参观公司内电动跑步机、健身车等多种健身器材及电脑软件、硬件、营销等各部门。该公司现已成为全球第一大哑铃供应商,全台湾第一大健身车企业,其科学管理之先进,殊堪钦佩。

12月23日结束行程,告别台湾东吴,校友联络组林月美小姐告知刘秀娟组长近日顺产,喜获一对龙凤双胞胎。我们请她向刘源俊校长转达辞谢之意,并代向刘秀娟组长致以热烈的祝贺之忱。

综观二度访问台湾东吴大学,所到之处均受到隆重亲切的接待,事事处处洋溢着祥和、愉悦之氛围,以乐(音乐)育乐(欢乐),无比欢欣,作为东吴老校友,倍感温馨。此情此景,铭记难忘,丝竹传友谊,共颂东吴情。

二、东吴人物

马寅初的求学经过

马大成

马寅初，名元善，字尹初，后更字寅初，善字辈排行第五，1882 年 6 月 24 日（清光绪八年五月初九）出生于陶、朱理学盛行，手工业、商业发达的绍兴府的东部小镇浦口镇。

马寅初

马寅初祖籍绍兴小皋埠，家族多以读书、酿酒和行医为业。其父马棣生，名庆长，擅长酿酒。同治年间迁浦口镇创立“马树记”酒坊。后兼营茧行，营业颇盛。

马寅初 8 岁时，其父送他到当地学行俱佳的俞桂轩书塾就读。俞佩柯，号桂轩，工柳体，知识渊博，是个国学生。马寅初 13 岁时其父又送他到绍兴学堂读书。自然知识启蒙，维新思潮的影响，坚定了幼年马寅初读书求真知的欲望。那时，实业家、“中国汽车先驱”支秉渊先生的父亲、近代数学家支宝楠先生，执教于绍兴学堂。从小喜欢数学的马寅初要求前往投考，但他的父亲要他学英语，以便将来做洋务生意，扩大家业。据确切考证，马寅初是在 1898 年 17 岁时，在严父的安排下，随湖州张江声到上海虹口昆山路的教会学校“中西书院”攻读英语。

19 世纪 60 年代，西学东渐，基督教新教监理会决定在中国创办博习书院，1881 年夏在上海租界复创立中西书院。1895 年因“义和团”运动，博习书院移至上海租界，招收学生。1899 年并入中西书院。1900 年东吴大学创立，校董事会推选孙乐文为第一任校长。1911 年中西书院并入东吴大学，为东吴大学第二中学，派兰金综理校务。马寅初回国后曾受聘为东吴大学教授。

中西书院是一所贵族子弟学校，招收初级和中高级学生，初级二年，中级四年，高级二年。学校以英语为主要内容，毕业后多在海关、邮政、电报、商界和政界从事。学校章程规定：学生“每逢礼拜日放学，诸生中愿进教堂听讲《圣经》固属有益，总以各随自便，毋稍勉强”。该校追求纯朴、质朴和自由，学校里只有知识的教授，只有科学的研究，只有真理的讨论，没有禁止看的书，没有不许讲的文学，没有强迫读的《圣经》，自由讲学，自由研究。英国思想家密尔说过：“在广泛思想钳制的环境里，过去出现过，将来也可能出现个别伟大的思想家。但是，在这样的环境里，过去没有出现过，将来也绝对不会出现一个智力上积极进取的民族。”学校培养了吴经甫、吴经熊、谈家桢、顾维钧、马寅初等一大批杰出英才。一些军政要员、商界巨子皆纷纷把其子送入该校读书,如蒋介石之子蒋纬国即是其中之一。马寅初在这样一所学校里,这样的教育环境里读了六年书,打下了坚实的英语基础。中西书院的六年对马寅初世界观的形成起着重要的作用。

虽然马寅初在上海租界中西书院这样一所没有暴力的威胁,没有政治宣传的环境中读了六年书,但是在那样的时代,以马寅初的话讲,"就是和尚、尼姑亦不能置身事外",何况像马寅初这样从小就立志报国的血气青年呢?道光二十二年(1842 年)《南京条约》签订后,中国的门户大开。外国的制造品进入我国市场,我国的手工业崩溃,经济组织被全盘破坏。19 世纪末,我国形成一种由官方引导的自上而下的"实业救国"的思潮。1904 年,马寅初受"实业救国"思想的影响,早把其父要他学好英语继承父业的嘱咐抛到九霄云外,毅然报考当时我国最高学府北洋大学,并以优异成绩被北洋大学录取。

对马寅初入学北洋大学和出国的年份,以往文字多有谬误。故对他的求学和出国经过有必要作一叙述。

北洋大学创建于清光绪二十一年(1895 年),初名天津北洋西学堂,是我国最早培养工程技术人才的一所大学。因"义和团"运动,北洋大学校务中止。"义和团"运动失败后,1903 年于西沽武库旧址重建,正式招收正科新生,二十九年(1903 年)四月一日重新开课。规定正科四年制,当升入三年级时,得习专门课程,其专门课程为法律、采矿、土木、机械四门。1904 年,马寅初以优异成绩考入北洋大学后,选读采矿专业。在马寅初升入三年级时,学校总办丁惟鲁和教务提调美国人丁家立不和,相互攻击,诉之于北洋大学督办袁世凯。袁为两全计,调任丁家立为留美学生监督,款由曾以幼童留美归来的海关梁敦彦筹措。1906 年复校后的第一届学生未待毕业即全班送出,有刘瑞恒、赵天麟、王宠惠等 34 人。次年(1907 年)又有第二届学生冯熙运、马寅初等 12 人以优秀生被选送美国留学。1907 年,丁家立亦辞去留美学生监督一职。19 世纪初,清政府对酒业征以重税,马家一批运往上海的黄酒于途中遇洪水翻船,损失惨重。已是家道中落的马寅初,因为学校领导之间的矛盾,才意外地获得官费出国留学的机会,从而也改变了一生的命运。1907 年秋天,26 岁尚未毕业的马寅初告别父母妻儿,随丁家立到大洋彼岸,开始了他长达九个年头异国他乡的求学生涯。

马寅初到美国后,先就读于耶鲁大学。耶鲁大学位于纽约与波士顿之间的纽黑文市中心,有全美最大的图书馆,是美国第一所有资格授予博士学位的大学,有"常青藤大学"、"美国学院之母"之称。耶鲁大学注重培养学生的领导才能,支持各种学生社团和竞赛,特别是演讲和辩论。学校特别强调自由的学术空气,这种自由教育的原则使耶鲁能够包容各种思想流派,保持勃勃生机。耶鲁秉承教授治校,这一特色对美国高等教育产生了巨大的影响。马寅初回国后,受聘北京大学教授。1917 年 2 月 16 日,马寅初致信新校长蔡元培建议设立"教授评议会",实行教授治校。耶鲁的教师还经常融入校园生活,他们常会出现在住宿学院的餐厅里,与学生一起就餐聊天,密切师生关系。马寅初留学回国后还经常同耶鲁保持通信往来。即使校政再忙,马寅初也会抽出时间去学校食堂、学生宿舍了解学生的景况,关心学生的身体,解决学生的困难。

进入耶鲁后,马寅初觉得"实业救国"之路行不通,繁华的纽约都市风貌和发达的工商业让马寅初感到，要改变中国，得从改变国家经济管理方面着手。他认为“经济学富有内容和生命”，遂改选经济学为主课，自然科学为副课。1910 年，马寅初获得耶鲁大学学士学位后，考入美国哥伦比亚大学，攻读财政、金融。

哥伦比亚大学是一所私立的文、理、工、医等多科性综合大学，创立于 1750 年，由英国国王批准建立，原名为“国王学院”，是一所培养政治、经济高级专门人才的大学。该校拥有 16 个学院，每年开设 5 500 余门专门课程，是美国最早的研究生院中心之一。1911 年，马寅初以 *Public Revenues in China* 为题的论文获得哥伦比亚大学经济学硕士学位。此时，国内爆发辛亥革命。1912 年，北洋政府公费中断，许多同学纷纷回国。在耶鲁时与马寅初同住一处的好友王正廷(曾任民国时代外交总长)曾力劝马寅初回国，说，“国内爆发革命，正是我辈回国效力的好时机”。马寅初认为，“了解美国的财政经济管理来整理中国混乱情形，比做官要有一点贡献”，决意要修完学业回国。于是去餐厅、码头从事繁杂劳动，半工半读坚持学业。顽强的意志和旺盛的求知欲感动了深爱他的导师、美国著名财经专家萨利格曼教授，并获得了他的资助，还安排负担出版马寅初的博士论文 80% 的费用。

马寅初的博士论文题为 *The Finances of City of New York*(《纽约市的财政》)。当时美国纽约市的财政改革非常成功，得到了美国政府的推崇，纽约市的财政政策在美国大行其道。马寅初试图对纽约市的财政改革的各个方面作一深入细致的研究，了解纽约市财政如何得以维持，如何使纽约财政从一种乱境进入治境的道理，希冀能为自己的国家作借鉴。虽然他知道由中国来效仿美国并非易事，但他认为在原理上是相同的。纽约市维持财政平衡，且信用地位没有丝毫受损的经过，将对中国财政当局有价值，他还希望将它翻译成中文。这可是个浩大的工程。

1914 年初，马寅初终于完成了他的博士论文《纽约市的财政》，并获得了专家委员会“杰出”的评价。同时哥伦比亚大学政治学院出版了马寅初的《纽约市的财政》，并把这篇论文作为哥大一年级新生的教材，一直沿用到 1968 年。

1915 年初，满怀报国热忱的马寅初回国后，即到国民政府报到。然而政局的混乱、政府的腐败和次殖民地经济的现状，将马寅初强国富民的梦想碾得粉碎。马寅初曾受聘为东吴大学教授，1929 年东吴大学授予马寅初“东吴大学‘二五’纪念名誉博士”殊荣。随后，马寅初转入银行界，研究和传播金融知识，整理混乱的金融制度。而耗费马寅初“许多光阴和脑力”的《纽约市的财政》一直没有翻译成中文，直到 1979 年《马寅初全集》出版时才第一次翻译成中文出版。

(摘自《苏大校友》2006 年第 2 期，有改动)

卓越的世纪老人

——记雷洁琼校友

苏州大学110周年校庆办公室

雷洁琼

经历了百年的岁月沧桑,穿越了一个世纪的雨雪风霜,她将自己的命运与人民的历史连在一起,她是中国由屈辱、抗争走向独立、强大的历史见证人,她的品格成为中华民族妇女的典范,她就是原全国人大常委会副委员长、民进中央主席、我校杰出校友雷洁琼先生。今年是先生百岁华诞,谨以此文抒发对先生的敬仰和敬贺之情。

雷洁琼1905年9月出生于广州。祖父雷嵩学早年因家境贫寒以契约工身份去美国打工,辛劳多年后转为经商。父亲雷子昌留在国内读书并考取了前清举人,因受到维新改良主义的影响,思想颇为开明。1913年,雷洁琼8岁时考入广东省立女子师范学校小学部。家风校风的熏陶,使她从小就大量阅读中国古典文学和外国翻译著作,沐浴在新文化的氛围中。1924年,19岁的她飘洋过海赴美国留学,获取美国南加州大学社会学硕士学位。1931年回国后,她受聘到北平燕京大学社会学系任教,以后历任江西中正大学、东吴大学教授,并兼任沪江大学、圣约翰大学、华东大学、震旦女子文理学院教授。1946年重返燕京大学任教。1952年起,任北京政法学院副教务长兼教授。1971年起,任北京大学教授。

在争取民族独立、人民解放的年代里,雷洁琼是闻名遐迩的民主斗士之一。1935年,"一二九"学生运动爆发,燕京大学学生走上北平街头,举行反对日本侵略者的示威游行。雷洁琼是燕京大学唯一参加这次游行的女教师。1937年"七七"事变后,她毅然离开讲台,到江西参加抗日救亡工作和妇女运动,先后担任江西省妇女生活改进会负责人、江西伤兵管理委员会上校课长和江西省地方政治讲习院妇女班主任、江西省战时妇女干部训练班主任等职,举办妇女干部训练班,培训各地妇女干部,深入到县乡发动群众参加抗日。此外,在雷洁琼的主持下,还创办了《江西妇女》周刊、《江西妇女》月刊、《农村妇女》月刊,出版了《妇女组训丛书》等。这位女教授卓有成效的工作受到了江西妇女和各界人士的尊重和赞扬。在江西省地方政治讲习院工作期间,雷洁琼结识了许多后来影响中国历史进程的人物,如该院的训导长许德珩、副训导长蒋经国等。尤其使她难忘的是1938年5月,她在赴庐山参加妇女谈话会时,听到了邓颖超所作的《陕甘宁边区妇女运动》的报告。邓颖超的诚挚谦虚、坚强干练给她留下十分深刻的印象,成了她毕生的榜样。

1939年3月下旬,南昌沦陷前夕,雷洁琼随江西省妇女生活改进会驻南昌留守处撤退到吉安。4月中旬,周恩来到浙东抗战前线视察途经吉安,她和一位青年同去周的住处请教,倾诉自己对当时形势的困惑,受到周恩来的热情接待。周恩来向他们介绍了抗战形势,阐述了抗战相持阶段应采取的战略方针,帮助雷洁琼开阔了视野,坚定了信念。抗日战争胜利后,国民党政权向解放区发动全面军事进攻,全国掀起反对内战、争取和平与民主的浪潮。雷洁琼和著名爱国民主人士马叙伦等创建了爱国进步团体中国民主促进会。1946年6月23日,上海人民团体联合会组成赴京和平请愿团,41岁的雷洁琼是请愿团最年轻的代表。代表团到达南京下关车站时,遭到法西斯暴徒的残暴殴打,雷洁琼也身负重伤。这就是震惊中外的"六二三"下关惨案。勇士们的鲜血进一步唤醒了全国人民。

1949年1月,应中共中央之邀,雷洁琼赴华北解放区访问,并到西柏坡拜会了毛泽东和中共中央其他领导人。

在缔造和建设新中国的大业中,雷洁琼贡献良多。

1949年6月,她在北京出席了新政治协商会议筹备会第一次全体会议,并参与起草了《中央人民政府组织法》。1949年10月1日,她登上天安门城楼,参加了开国大典。新中国成立后,她先后担任过政务院文教委员会委员、国务院专家局副局长、北京市副市长、全国妇联副主席、全国政协副主席、第七和第八届全国人大常委会副委员长等职务。

雷洁琼为新中国的教育事业投入了极大的精力和心血。她不仅在长期担任的中国多所大学的教授职位上亲自教书育人,更以战略的思考推动着中国教育的法制化进程。她先后参与了《义务教育法》、《教师法》、《教育法》等国家大法的制定,并奔波于大江南北检查执法情况。北京门头沟山区、苏南、浦东、广东南雄、深圳、珠海等地,都留有她的足迹。

从1985年到1993年,雷洁琼出任香港基本法起草委员会委员和澳门基本法起草委员会副主任。作为国家领导人和著名法学家,她为两个基本法的起草工作殚精竭虑。尽管年事已高,但她仍然多次亲赴港澳,广泛听取各界人士的意见,进行民主协商。她还参加了香港特别行政区区旗、区徽评选委员会的工作。在那个永载中华民族史册的日子,雷洁琼作为中国代表团的成员,以91岁高龄飞抵香港出席政权交接仪式,亲历这一民族盛事、世纪庆典。当中英香港政权交接仪式在香港会议展览中心新翼五楼大会堂隆重举行,江泽民主席庄严宣告中国对香港恢复行使主权时,这位世纪老人不禁心潮澎湃,感慨万千,眼眶里噙满了热泪……

著名社会学家、法学家、全国人大常委会副委员长、民进中央主席,灿烂的光环后面不知有多少操劳在等待。从1953年雷洁琼参加中国妇女代表团赴丹麦出席争取妇女权利及世界和平世界妇女大会起,到1997年止,她率领或参加全国人大等代表团共出访了世界五大洲的22个国家和地区;从1988年到1997年,她先后370次会见来自世界86个国家和地区的国家元首、政府首脑、政界要员和各界人士。

曾有记者询问雷洁琼:"您何以能保持清晰的思维、旺盛的精力至耄耋之年?"老人告之:"不抽烟,不喝酒,不锻炼。"幽默的回答逗得大家都大笑起来。

实际上,真正的答案是:以工作为乐,习勤俭相伴,故而,雷洁琼松柏长青。

博学多能的赵朴初

百贤选辑

赵朴初

在上个世纪,曾有一位德高望重的老人,作为学者,他在宗教学、史学、文物学等诸多方面有深入的研究,并独树一帜;作为诗人、文学家,他的诗词曲赋传诵一时,脍炙人口;作为书法家,其作品被广泛采纳视若珍宝;作为国务活动家,被认为是"和平使者"与"民间外交家",足迹走遍天涯,为广交国际友好人士,维护国家与民族正义,勇敢灵活又机智。这位一生带发修行的佛教老居士,就是我们东吴的老学长——赵朴初。

赵朴初(1907—2000)是安徽太湖人,出身于书香门第。1932年进东吴大学,在校期间,勤于学习,成绩斐然。后因病辍学,因受关炯之的影响,对佛学经典产生浓厚兴趣,汲取佛教学说中蕴藏的深刻智慧,对宇宙人生的洞察,对人类理性概念的反省或分析有深刻独到的见解,顿悟佛教禅宗的哲理,因之进入中国佛教会工作,而结识了经律各禅宗教义,又参加革命活动。他又受到创办进步刊物的太虚法师及黄涵之长老的影响,为皈依佛教事业奠定了基础。佛教的《华严经》云"不为自己求安乐,但愿众生得离苦",赵朴初是以佛教慈善事业为发端而走入社会的,也是以慈善事业为开创而实践佛家真谛的。

赵朴初是一位集科学信仰与宗教信仰于一身的文化巨匠,他能确认自然与社会的规律,作为思想与行动的根本指导;并以宗教信仰为纽带,联系社会各界,广交四海朋友,服务于中华民族,以维护世界和平,促进发展与进步。

1937年"七七"卢沟桥的枪声,掀起全面抗日战争,当时他在上海偕同吴大琨(东吴1934年校友,曾任全国人大常委会委员,经济学家)、陈国栋(曾任中共上海市委书记)、韩念龙(曾任外交部副部长)、杨堤(曾任上海市副市长)等人从事难民救援工作。在抗战爆发后的三四年里,经他安顿收容的难民前后累计达50余万人,除提供食宿医药等生活必需外,还邀请各界人士对难民进行文化教育和抗日救亡教育。经精心筹划,上千名受过教育与训练的青壮年难民被分别送往参加过淞沪抗战的宋希濂领导的三十六师和江南新四军,作为生力军参加抗战。

这难民救济的活动中心,便设在佛教净业社内,现称佛教居士林,地址是上海常德路418号。而当时佛教净业社的董事长是由国民党元老戴季陶兼任的,此处设有戴的办公室与卧室。吴大琨是比赵小两届的东吴同学，是中共的秘密党员。有趣的是，为躲避国民党的追捕，赵朴初就把吴大琨安排在这佛教圣地，在戴季陶卧室内的床铺上高枕无忧，安然入眠。由于这样的特殊地位，佛教净业社的会所便成为反蒋独裁斗争的联络与开会场所。

赵赴初也是潜心研究佛教经典历史的学者，40年代在主持净业教育院时便组织翻译《普慧大藏经》。当时在上海"孤岛"时期，邀请夏丏尊、楼适夷等人参与，亦解决了当时被困在"孤岛"的一批进步知识分子的生活问题，受到社会一致赞扬。

1939年，他还参加了宪政促进运动。1945年发起创建中国民主促进会，争取民主，反对内战。长期以来和中央三代主要领导人都有亲密友谊，是中国民主促进会德高望重的卓越领导人。1952年发起成立"中国佛教界协会"，一直担任主要负责人，

1963年，亚洲11国和地区的佛教徒代表会在北京法源寺举行法会。日本高僧、大本山清水寺贯主、年近99岁的大西良庆对周恩来提出："赵朴初先生，他好像一位佛爷。我们认为：由中国担任亚洲佛教徒的联络工作最为合适。"1949年以来，他为佛教界做了许多工作，取得相当大的成就。赵朴初总是以自己的慈悲之怀，上谏下抚，护国安民。在史无前例的"文革"时代，他虽受周总理的保护，免遭大的厄运，但还是搓了一个时期的煤球，以"改造思想"。

周恩来曾几次说过："赵朴初人才难得，从解放前即从事慈善、募捐、救灾工作，凡经手钱财，从来一清如水，真难能可贵啊！"在"三反""五反"运动时，曾作过核查，证明确实如此。他职务越大，声誉越高，越是以一普通佛教徒自居，始终谦虚、诚挚，心底无私，慈悲行善，茹素几十年如一日，毫不松怠。

他引用《资治通鉴》中智伯灭亡的事例教育年青人，认为"智伯之亡也，才胜德也"。用通俗说法，就是失败是由于有才能而缺道德，要求青年人必须"才德兼备"。他的书斋取名为"无尽意斋"，含义是：报人民大众恩的心思无有穷尽。他用这三个字来提醒自己，策勉自己，并认为"虽未能之，愿学焉"。

赵朴初大力提倡"人间佛教"。早年结识太虚法师，奉以为师。太虚法师1947年临终前，授以《人生佛教》一书。1983年提倡"人间佛教"具有师承因缘，1993年再提"建设人间佛教"要体现以人为本的理念，作为佛教事业的发展之计，得到普遍认同与响应。1994年会同著名的基督教人士丁光训组建了中国宗教界和平委员会（简称"中宗和"），加强了中国宗教界的团结和自信，密切了五大爱国宗教之间的协调、合作关系，并出任"中宗和"的主席。

丁光训说："……我想把赵老提倡'人间佛教'的愿望再扩展一下，在中国五大宗教间加强联合，共同建设'人间宗教'。"可见其深得人心矣。在所撰的《佛教常识答问》中写道："入佛教主要内容是五戒十善。不杀生，不偷盗，不邪淫，不妄语，不饮酒，十善是在五戒的基础上建立的……"假如人人依照这准则行事，那么人民就会和平康乐，社会就会安定团结，国家就会繁荣昌盛，这种"有高度精神文明的世界，就是人间佛教所要达到的目的"。

作为和平使者，他曾走遍欧亚大陆，多次参加世界和平会议和国际佛教徒会议，为促

进与世界各国人民的友谊,争取世界和平作努力。

最难以忘怀的事件之一是1961年3月在印度新德里举行的世界和平理事会。当时的中国代表团是由廖承志与刘宁一带队。在开幕之前,另有一纪念印度诗人、作家泰戈尔的百岁诞辰纪念会。泰戈尔曾多次发表诗篇、讲话,斥责日本帝国主义,支持与同情中国人民的正义斗争,并访问过中国,中国人民历来视泰戈尔为诚挚的朋友和印度文化的杰出代表。

赵朴初准备好要在会上发言,会场内本来洋溢着崇尚学术与各国人民团结友好的气氛。轮到东道主发言时,印度代表是文化部长卡比尔。他先是谴责日本侵略中国,随即话锋一转,提高声调说:“泰戈尔生前也很热爱中国,但要是今天还活着,看到中国在西藏镇压个人自由,看到中国侵略印度,他也一定会谴责中国的。”当时部分中国官员已先行退场以示抗议,当赵朴初听完全部歪曲事实的发言后,便从容走上讲台发言,接着说:“……刚才主席的发言,很不公平,假若泰戈尔今天还在,看到利用他名字攻击中国,损害中印友谊,一定很难过,并认为这对他是莫大的耻辱。西藏是中国领土不可分割的一部分,少数叛乱分子作恶多端,背叛祖国,如泰戈尔还在,应当受批评的是那些想在中国内政上插手的人。关于中印边界问题,中国人民一直希望能在和平共处五项原则基础上谈判解决。泰戈尔如果还在,应批评的是那些想把问题拖上十年、二十年,企图继承英帝国主义不光荣遗产的人!……”当时会场骚动,有鼓掌的,有向他竖大拇指的,此时卡比尔却夹着公文包溜出了会场。赵朴初回到使馆后,向廖、刘汇报了以上的经历,都称赞他做得比当时退场还要好。第二天早餐时,一些国家的代表向廖承志祝贺,称赞中国代表做得很出色。

赵朴初运用了宗教纽带,开创发展国际的民间往来。早在1951年,他代表中国佛教界主动送观音像给日本佛教界,最早打开了中日民间友好的大门。从此之后,民间往来络绎不绝,并推广到中国与东南亚一些国家之间,推动了国际双边活动,以宣传中国政府的宗教政策,真切展示中国的国际形象,为维护亚洲与世界和平,为促进台湾回归、祖国统一作出了重要贡献。

纵观赵朴初一生,其主要贡献,不仅在对佛教经典义理的研究,而且在中国佛教事业的实践方面,并协助政府制定、完善并落实宗教政策和法规,完成宗教界内外的协调、团结、进步与安定工作。例如,他把中国佛教的三个语系(汉、藏、巴利语)统一组织在中国佛教协会的各地组织之中,组建多层次的佛教协会,乃至全国佛协。

“文革”期间,正常的宗教活动受到冲击,甚多寺院遭破坏。他全国奔波,谋求恢复正常,并着眼长远,推动多办佛学院,以保证后继有人。他根据形势需要,适时提出继承、发扬中国佛教要“农禅并重,学术研究,国际交流”的号召。“农禅并重”的传统是由于寺院多在山野农村,实际上是有依靠“自力更生”办好佛教的涵义。

纵观我国的旅游景点,除自然景观外,往往以寺院庵观为人文景观之核心。由于他深谙中国传统文化,又深研中国佛教义理和史实,结合长期从事以佛教为纽带的中外友好交流工作,切身领悟到中国佛教具有的长期性、群众性、民族性、国际性、复杂性外,“还有显著的文化性”。

作为享誉海内外的著名文化人，他幼承家学，天资敏悟，加上在学校的熏陶，年龄稍长，渐懂世事，更善于以诗、词、曲（汉）、俳来表达内心的感受、欲望与希望。2003年古籍出版社出版的《赵朴初文书》共60卷，共收集论文近2 000篇。其文随手写来，潇洒自如，诗意之外，尚富禅意，其内容博富，涉及人物对象众多，今古中外，国家领导与普通基层群众无不包容，内容则经济、政治、文化、社会、自然景物均有涉及。

诚如赵朴初《韵文集》的编集者所说："朴初先生一生与论文创作结不解缘，深深投入，融入其中，是其心性、情怀之所寄。"《韵文集》中有关佛学与佛教部分是对佛学哲理的阐发，对宗教政策的表达，与近邻及东南亚诸国的佛教文化交流和友好往来的记述，是研究当代佛学发展史、交流史的一份珍贵史料，或许是一种用以弘扬佛教经典义理来进行佛教方面的内外交流活动的最合适和最佳的形式。他又是优秀的书法家，其墨迹婀娜妩媚，流畅自然，自成一体。名山大川，天涯海角，特别是佛教胜地的楹联、匾额，多出自他手笔，不仅为国人所珍，亦为盛行佛教的东南亚诸国人士所贵，凡著名寺院均有其题词，甚至在美国的"美东寺"也有字迹墨宝。结合其气魄宏大的诗词与笔下书法辉映浑然一体，被称为"词仙书圣"与"书法大师"确非过誉之词，亦是其对佛教文化优秀传统的摄取融通，成为中华文化重要的一方面，由于内容诚挚深情，实令人爱不释手。对要求其字迹墨宝者，都有求必应。例如某茶馆索字，他欣然命笔，写了"来朋不亦乐，苦茗异常佳"，真雅俗共赏，颇为得人。

这位难得的"佛爷"、和平使者、诗仙书圣、说不尽功绩的中国佛教领袖赵赴初，却是从当时基督教教会兴办的东吴大学走出来的学生之一。

参考资料：

① 张蓉：《最后的采访》。

②《苏大校友》2007年第2期和2008年第1期。

一身报国有万死,赤子之心终不悔

——全国政协副主席董寅初与记者的谈话

董寅初

1995年盛夏,在全国政协副主席董寅初先生的客厅里,董老向记者谈起难忘的抗战岁月。慈眉善目、身体健朗的董老是年81岁高龄,谈及往事,显得有点激动。他说:“抗日战争胜利50周年纪念日即将来临,这些天我的心情很不平静,‘前事不忘,后事之师’,我们中国人一定不能忘记日寇侵略那段惨痛的历史。”

他手中拿着一部《日本军国主义侵华人物》,告诉记者:“我平时喜欢研究历史。”他家的大客厅沿墙一圈,差不多都是书架,摆满了《史记》、《资治通鉴》等典籍,近代史如《中法战争》,现代史如论述第二次世界大战的书籍等,真是琳琅满目。

董老对记者说,他早年在苏州东吴大学附中求学,与蒋纬国是同班同学。“九一八”事变之后,日寇又于第二年1月28日进攻上海,消息传来,同学们义愤填膺,于是,大家一起拦火车奔赴南京,请愿抗日。不料,刚到南京,我们就被军警扣押起来,蒋介石把我们关押两天,全部押回苏州。

1935年,董寅初是上海交通大学实业管理系二年级学生,他加入了救国会,并参加了各大学请愿抗日的联合行动。当谈及在香港和印尼宣传抗日的记者生涯时,董寅初先生显得更为激动。1938年夏,他从交大毕业,分配至香港邮政汇金局工作。后来,他进香港《申报》担任翻译编辑,经常撰写抗日文章。他说:“港英当局要审查报纸,凡‘抗日’字样一律改为‘抗×’。于是,逢国耻日,我们索性标明年、月、日,然后就在国耻日下面空白一小段,其意尽在不言之中了。”

“1939年秋,我应邀赴印度尼西亚《天声日报》任编辑,并于第二年10月创办《朝报》,担任总编辑兼经理。那几年,我在报上发表了不少抗日消息和评论,后装订成册,绝大部分在战乱中丢失,一小部分则在‘文革’中毁坏,现在想来颇为可惜。”

“1942年3月,日寇入侵印尼,我遭到日本宪兵的追捕,只得从巴城(雅加达)逃往茂物乡间隐蔽,后终因别人供出,于同年12月遭捕。被日本宪兵拷打审讯达半年之久,我经常被捆住双手吊在梁上鞭打。不久被投入巴城监狱,后又移送万隆战俘集中营,受尽了折磨。”

后来，日寇在集中营里办了印刷所，让董寅初和几位华人担任排字工和校对，因校对之需，董寅初有机会出入日寇办公室取送文件，亦能看到日本报纸。于是，他就偷偷地把报上内容，包括1945年8月美军在广岛、长崎扔两颗原子弹的消息告诉中外难友。难友们听了，群情振奋。

"8月15日日寇宣布投降，但还不肯释放我们，难友们就根据不同国籍，推出代表与日方交涉，一位印尼王子代表印尼，荷兰首相之弟代表荷兰，我代表中国，英、美、澳籍代表都有。直到9月，我们才恢复自由。我终于回到了巴城，那时日兵还经常在当地骚扰，我和其他来自集中营的侨领商议成立中华侨团总会，由我担任常委兼总干事和治安总会主任，以维护华侨的合法权益。"

"一身报国有万死，赤子之心终不悔。"董老说这番话时，紧紧地握住了记者的手。

（原文刊登于1995年8月4日《联合时报》）

一生不忘的三件事:祖国、母校、青年

——记东吴大学首任华人校长杨永清博士

汪为郁

杨永清与夫人合影

杨永清字惠庆,原籍浙江镇海,1891 年 6 月生于江苏无锡。

杨永清于 1902 年由锡到苏,入东吴求学,为 1909 年东吴大学第三届毕业生,获文学士学位。

毕业后曾任清心中学、东吴附中教师。后考入清华大学深造。1914 年由清华大学选送美国威斯康星大学和华盛顿大学任研究员,1918 年获法学学士学位,1919 年又获文学硕士学位。

杨永清留美期间,曾主编《中国学生月刊》,并于 1917 年任中国学生会会长。1919—1922 年,在英国任中国驻英公使馆随员秘书,同时担任国际联盟第一届大会中国代表团秘书、华盛顿太平洋裁军会议中国代表团秘书。1922—1927 年,在北京外交部任秘书和条约司任职,起草取消不平等条约的照会,深得当时外交部长顾维钧的信任,是顾的得力助手。1922 年,东吴大学第二任校长葛赉恩辞职,校董会推文乃史继任,接着又推杨永清为副校长,后因杨向外交部辞职未准而作罢。1927 年初,文乃史辞职,校董会暂委潘慎明为代理校长。是夏,校董会认为将东吴大学移归华人主持的时机已经成熟,遂决意推选杨永清为东吴大学校长。杨永清于 1927 年 10 月 28 日抵苏,12 月 3 日举行校长就职典礼。在全国 13 所教会大学中,以岭南、东吴两校最早推选本国人执掌校务,迈出了我国当年收回教育主权之第一步。

杨校长就任以后,励精图治,把原有的英文校训"UNTO A FULL GROWN MAN"(为社会造就完美人格)改为中文校训"养天地正气,法古今完人",并正式兼收女生,延聘著名教授充实师资,增添设备,提高教学质量,兴建校舍,扩充场馆,建造了男女生宿舍、体育馆、游泳池等。东吴原有校董会,主要由美国人士组成,后逐步改为以本国人为主,董事长亦改由本国人担任，学校各行政部门的负责人和院长、系主任则由本国教授担任，并于1929年8月向当时南京国民政府注册立案。1930年4月，杨永清赴美接受美国佛罗里达南方大学授予的荣誉法学博士学位。这一时期，东吴大学取得了较大发展，成为我国东南著名的高等学府之一。

1935年起，杨校长应美国檀香山夏威夷大学和埃默里、杜克、鲍登等大学之聘任客座教授，介绍中国文化。他的讲稿后来汇集成册，题为"学道爱人"（英文版），在美国出版。

1937年"七七事变"爆发，抗日战争开始。杨永清带领东吴大学文理学院及附中师生内迁，分别在浙江湖州和南浔继续上课。不久，战火威胁杭嘉湖一带，东吴被迫解散，一部分师生转移到皖南黟县，一部分往长沙，杨永清和一部分师生则折回上海。其时，东吴大学法学院已从虹口昆山路迁至租界内慕尔堂复课。杨永清等到上海后，文理学院亦借慕尔堂复课。杨电召在长沙的徐景韩教务长和在黟县的附中主任孙蕴璞以及两地师生回上海，于是，东吴文、理、法三院及附中分别在慕尔堂和慈淑大楼复课。

1941年2月，杨永清奉校董会之命，赴美向监理公会述职。是年冬，太平洋战争爆发，杨校长滞留美国。他除了为教会工作之外，还在几所大学讲课，并主持中国新闻处的宣传工作，奔走美国各地，宣传我国抗战的艰难形势，争取援助。抗战胜利后，杨永清代表中国赴英，参加联合国的筹备事宜，1945—1946年间，先后在旧金山和伦敦联合国国际秘书处任职。在美期间，杨永清与英国首相丘吉尔同受巴德温大学荣誉人文学博士学位。

1947年2月，杨永清回国，东吴师生在上海集会欢迎。杨在会上说："永清身在外洋，心在祖国。永清有三件一直不能忘怀的事——祖国、母校东吴和青年。"当时，东吴的校舍和设备遭到严重破坏，杨校长往来于苏沪宁之间，与有关方面联络重建东吴。5月间，杨永清曾被蒋介石召见，询问抗战期间在美宣传、讲学的情况以及国际情势和美国国情等。同年8月，杨又赴美，出席联合国经济社会委员会会议，并向教会方面报告东吴复校经过，同时洽商东吴大学参加联合大学等问题。年底返国。

1948年12月起，杨永清因身体多病，多次向校董会提出辞职未获允准。1951年3月和7月，杨再次申请辞职，校董会仍未同意。1952年，全国高等院校院系调整，东吴大学文理学院和江南大学数理系、苏南文教学院合并，筹建江苏师范学院。杨永清调往上海，不久告老退休。

1956年3月，杨永清因高血压和心脏病去世，终年65岁。

（摘自《苏大校友》2004年第2期，有改动）

怀念倪征**先生

法律系52届　顾念祖

倪征**

我就读于东吴大学法学院时，倪先生是教授兼法律系主任。我没有听过他的课，也未谋一面。但有时听到同学们谈起他的学问和人品，参加过远东国际军事法庭对日本战犯的审判，不禁肃然起敬，有高山景行之感。

直至1986年，才有缘得见倪先生。当时他已荣任国际法院法官。9月初的一天，他陪同国际法院院长、印度法官纳京德拉·辛格来到上海市高级人民法院访问，我有幸参加接待。当我们介绍法院工作情况时，谈到对法官的培养教育，要求法官人格品德修养方面，要一身正气、两袖清风。翻译将这句话翻成英文时，辛格听不懂。倪先生适时用流利准确的英语做了解释，辛格立刻明白了，并说印度也有类似的话。

我从法院工作岗位上退下来后，于1998年被最高人民法院聘为督导员，每年总有一两次到北京接受任务，到有关省法院去检查、调研审判工作和队伍建设，工作结束后要到北京汇报。最高法院和倪先生住宅同处东交民巷，近在咫尺，因此有机会到倪先生家去拜访，亲聆教诲。在我心目中，倪先生学问渊博，阅历甚广，开始时觉得有些拘束。不久，我感到先生亲切谦和，平易近人，视我为朋友，不觉思想放松，无拘无束，于是海阔天空，晤谈甚欢，每次感到得益匪浅，自己名副其实地成了倪先生的一名学生。倪先生说过："我的一生没有离开一个'法'字。"可以说，我和倪先生每次交谈也没有离开一个"法"字。我们谈话没有事先设定的议题，往往是想到哪里就谈到哪里，当时出现什么热点问题就成为谈话的焦点问题。我记得有次谈到法治还存在不少问题，我说了不少我听到或看到的不尽如人意之处。倪先生说，我们国家从人治转到法治是一个了不起的转变，现在终于认识到要靠法治，除了运用经济、行政手段，还要重视运用法律手段，这一步很重要，能跨出去就好，就有希望；从人治到法治的转变，这是必由之路，也一定能跨过去的，这拖不得，也急不得。一席话消除了我的一些急躁情绪。当谈到法官素质还不够高，有些地方离开要求还比较远时，倪先生说这个问题的确非常重要，但提高素质非一朝一夕之事，只有抓紧、抓好教育这个环节，从法律院校甚至从中小学抓起，下功夫，坚持不懈，当了法官还要继续接受教育，才能水到渠成。如同煲一锅好汤，旺火烧开后还要文火炖。

有次我说到我去西部地区工作,发现相当一部分基层法院不能按月发工资,法官生活清苦,甚至很困难,倪先生听了深表同情。他说这个问题应该抓紧解决,法官的公正清廉是离不开一定的物质基础的。我提到西部地区不少法院办公条件很差,缺乏经费,没有审判法庭,审判方式改革十分艰难;要求当庭举证、质证、论证,但是不少基层法院没有像样的审判法庭,当事人文化低,法律知识缺乏,生活水平差,请不起律师,发生纠纷告到法院,还是延安时期的马锡五审判方式能解决问题。倪老师听后说,是啊!中国地方大,人口多,经济还不发达,要因地制宜、因时制宜,不能一刀切,这一点司法工作也没有例外。有一次谈到美国洛杉矶发生警察殴打黑人司机,引起骚动,事后在审判中陪审团尽是白人,一时议论四起。我说中国的陪审制度并没有废除,但普遍不实行,在法学界司法界也意见分歧,似乎取消主义占了上风。我到有些地方,不少高、中级和基层法院的同志都持取消态度,认为实行起来很麻烦,是形式。倪先听后说,陪审制度还是要的,这是审判公开、司法民主的好形式,也是加强司法监督的好办法;目前存在的问题不在于陪审制度本身,首先是对这一制度的认识不足,同时也在于法律、制度缺乏具体规定。当然,国情不同,我们不能照搬美国的陪审制度,美国国内也有人认为他们的陪审制度存在问题。1999 年,倪先生所著回忆录《淡泊从容莅海牙》出版,蒙他赐赠一册。读后感到文如其人,朴素、真切、平实,真是淡泊中透着崇高,从容里显示沉稳,使我更多地了解了倪先生的阅历、智慧、道德、修养,增添了对倪先生的钦佩之情。

2000 年 5 月,东吴大学百年校庆。倪先生于 12 日下午从杭州乘火车来沪,我去车站迎接。13 日,倪先生出席了东吴大学上海校友会举办的东吴大学百年校庆大会,并即席讲话。不少东吴校友拥到前排争相趋前握手问候。我怕倪先生疲劳即进行劝阻。会后,有些校友专程到倪先生下榻处晤谈,摄影留念,可见倪先生的为人师表和人格魅力影响之深。15 日下午,我又陪同倪先生父女到闵行颛桥寝园其夫人张凤桢骨灰安放处进行悼念。倪先生鞠躬默哀,神态肃穆,重现了他在回忆录中所表达的对夫人的深厚感情。随后,我陪送倪先生到苏州参加 5 月 18 日苏州大学百年校庆盛典。会后,倪先生返吴江故里,我和他依依惜别。

倪先生一生学法、讲法、司法、用法,学识渊博,造诣精深,人格高尚,作风谦和,充满睿智、儒雅,为国家作出了杰出贡献。直到耄耋之年,仍然思维敏捷,孜孜不倦,关心国家大事,探索研究新情况、新问题,可以说是学者之楷模、法官之典范。值此百年诞辰纪念之际,草作此文以表深深的怀念,并自勉终身要以先生为学习和生活的榜样。

杰出的倪征日奥先生

法律系52届　王厚立

今年是倪征㬇先生诞辰100周年,作为东吴的校友、倪老的学生、外交部的同事和宿舍的邻居,我对倪老怀有深厚感情和崇拜心情,倪老的音容笑貌历历在目,永记在心。

倪老,诚如他自己所言:我的一生,没有离开一个"法"字。他无愧为法贡献终生。倪老是公认的当今中国法学界的泰斗,在国际上享有很高声誉。他学识渊博,经验丰富,为人诚挚,德高望重。倪老对法律和外交的贡献是多方面的、卓越的,我认为其中色彩最浓的按时间次序为:东京审判、外交部法律顾问、联合国国际法院法官。

1. 东京审判

关于东京审判,倪老在法庭上对日本战犯的有力控诉,以及如何把在对华侵略战争中罪恶最大、手段最阴险残忍的土肥原贤二、板垣征四郎、南京大屠杀的首恶松井石根等送上绞刑架的情况,中央电视台的采访、专辑纪录片以及倪老的自传中均有较详细的报道,我想着重指出的是我的母校——东吴大学法学院在其中的不可或缺的显著作用。

尽管东京法院宪章并未规定审判采取何种制度,但在实际审判过程中,基本上采用英美法系制度。与纽伦堡审判被告只有德国籍辩护律师不同,东京审判中法庭准予战犯除聘请日本律师外,每个被告还可聘有1—2名美国律师。因此,中国检察方面对的是一个以美国律师为主力的近百人的庞大律师团。在审判进行半年之后,美国律师凭借其谙熟诉讼程序和语言上的优势,在抗辩中十分嚣张,咄咄逼人。眼看真理在手却证据无力,中国检察组处于困境。检察官向哲浚回南京述职,要求国内增派强人支援。刚好,此时倪老刚从欧美考察英美法系司法制度和诉讼程序回国,向哲浚闻讯大喜,点名要倪赴东京增援。为了加强力量,应对重大而艰难的审判,又聘请了上海著名律师鄂森、桂裕和中央大学法学教授吴学义为顾问,倪为首席顾问。接受任务后,倪等在国内外努力搜集证据,他们日夜奋战,历尽艰难,最后在日本陆军部内部档案库里的内部密件中找到了一些有力的证据。在法庭审判进行的第三阶段,也就是各被告为个人辩护和提证的最后阶段,作为中国检察方首席顾问的倪征㬇在法庭上对土肥原和板垣的反诘中,力挽狂澜,以他的睿智和熟练地运用英美法诉讼程序,最终取得诉控的胜利,把中国人民最痛恨的两名日本战犯送上了绞刑架。1949年12月,周恩来总理在中国人民外交学会成立大会上,介绍刚回国的梅汝璈先生时说:"他为人民办了一件大好事,为国家增了光。"这是指梅先生作为中国法官在东京审判中所起的重要作用。当然,这个评价也同样适用于倪先生。

这里我特别想指出的是,在整个东京审判中,不仅倪老做出了卓越贡献,东吴大学法学院也起了重大作用。参加东京审判的东吴前辈校友有:向哲浚、倪征㬇、鄂森、桂裕、方福枢、裘劭恒、高文彬、郑鲁达、刘继盛等。他们分别担任中国检察官、检察官高级顾问、中国法官秘书、翻译等，都对东京审判做出了杰出贡献。中央电视台在制作长达7集的历史纪录片《远东国际军事法庭审判纪实》期间，还对倪老、裘老、高文彬教授作了专访。正是这些“东吴人”组成了中国检察方的主力军，把对中国人民犯下了滔天罪行的日本甲级战犯送上了绞刑架。这是东吴人的骄傲，也是东吴大学的骄傲！

2. 外交部法律顾问

1956年春，倪先生调到外交部任职。先在外交部条约委员会任专门委员，之后任条约法律司法律顾问、外交部法律顾问，直至1985年赴海牙任国际法院法官，在外交部任职长达30年。我于1961年由中国人民大学法律系调入外交部条约法律司，当时顾问室已有多位著名专家：周鲠生、梅汝璈、涂允坛、刘泽荣、凌其翰、倪征日奥。根据特长，他们之间也有大体分工，倪委员的主要领域是涉外司法案件，当然也不限于此，尤其对重大案件，一般都由司领导召集专家们集体讨论。当时条法司下设三个处，一处主管条约，二处主管法律，三处主管边界。我在二处，所以请教倪委员最多。我担任司领导后，请教最多的还是倪老，以及李浩培和史久镛教授，受益甚多。倪老对求教者，无论年龄大小、职位高低，都极热情耐心，和蔼可亲。尽管他学贯中外，博学多才，仍十分勤奋、谦逊。他不仅精通法律，而且能极好地领会和掌握中央的外交政策，提出的建议都能从外交和法律两方面着眼，非常中肯、实际，对中央决策有重要参考价值，往往被直接采用。他在外交部任职多年，承办了大量外交法律案件，其中对国家具有重大影响的如《中华人民共和国关于领海的声明》、《海洋法公约》、《湖广铁路债券案》等。倪老还以中国代表团成员或法律顾问的身份参加许多国际会议，发挥了重大作用。只要有倪老同行，当团长的心里就特别踏实。倪老在办案之余还勤奋写作，由于我司在办理涉外案件中往往遇到法院管辖权问题，他结合办案需要，编写了《国际法中的司法管辖问题》专著，此书篇幅虽不多，但理论密切结合实际，不仅是我们办案中的常用经典，也为学界经常引用。我从倪老身上受益的不仅是学识，还有他的人品和治学风范。在外交部，倪老是我的同事，但仍是我的老师。

3. 国际法院法官

1984年11月，第38届联合国大会和安理会同时选举国际法院法官，倪老以高票当选。翌年2月初，携夫人张凤桢女士和秘书施觉怀同赴海牙，时年七十过八。国际法院是联合国的主要司法机关，它的15名法官来自不同国家的资深学者或高级法律官员，按《国际法院规约》规定：“务使法官全体确能代表世界各大文化及各主要法系。”

倪老以耄耋之年当选，这是倪老的光荣，也是中国的光荣。倪老当选后，国内外媒体都以显著版面报道和热烈祝贺。中国国际法学会会长宦乡举行盛大隆重的酒会，祝贺并宣读了国务院总理的贺信，吴学谦外长亲临会场讲话。他说：“倪教授的顺利当选，引起了世界各国和法学界的普遍重视。它表明中国作为一个世界大国，不仅在政治上、经济上，而且在法律上也正在越来越多地参与国际事务，发挥自己的应有作用。”

在国际法院任职9年期间，倪老投入了大量精力，以其一贯的认真细致和高度负责的精神，阅读卷宗，深度思索，书写意见。他严格按照联合国宪章和国际法原则，为伸张国际正义和公道,和平解决国际争端,维护国际法律秩序,做出了卓越贡献。1986 年倪老陪同国际法院院长、印度籍法官辛格访华,在一次会见国务院副总理兼外长吴学谦时,辛格热情洋溢地对我说:倪法官是一位伟大的法学家,他学识高超,见解睿智,工作认真,为人和善,深得法院同事的尊敬。他到国际法院工作,是法院的荣誉。我和他不仅是同事,也是最好的朋友。

4. 淡泊名利　潇洒人生

法律,贯穿着倪老的一生,这是他的工作,是他对生活的追求,也是他对社会的最大贡献。他不爱名,不爱利,如果说他还有什么其他的爱好,首推昆曲,用他自己的话来说,是"情有独钟"。昆曲,如同法律一样,陪伴着他一生,从幼年直至他告别人世。这种富有中国古老文化底蕴、甚至有着浓厚书卷气的戏曲,又与倪老的性情品格和文化修养自然融合,也许这是倪老酷爱昆曲的主要原因吧。

倪老爱好旅游,喜欢爬山。"文化大革命"期间,他为了调剂生活,也为了锻炼身体,经常去香山,有时也去戒台寺或潭柘寺。因为我家住西城,他有时就顺道来我家,那时先父住在我家,他俩聊兴很浓,诗词字画,名山大川,天南地北,谈古说今,有很多共同语言。他们互问年龄,很巧,先父生于 1894 年,倪老 1906 年,我 1930 年,倪老较先父小一轮,比我年长两轮,三人都属马。先父向倪老推荐香山樱桃沟和曹雪芹故居,倪老大感兴趣,当即择日两人同游。

1999 年 9 月,倪老参加外交部老干部局组织的黄山旅游。此时黄山已建有索道,前后山均有缆车上下,我们带上毛衣、外套,乘早 8 点第一趟缆车登山。但山上浏览只能靠自己双腿,倪老坚持再往上爬,他拄着手杖,乃先、我和老伴轮流扶着他登上了"始信峰"。"始信峰"虽非黄山最高,但也海拔 1 640 米。在"清凉寺"和"排云寺"观看群峰奇石,摄影留念。游毕黄山,我们又顺便浏览千岛湖。现在再看这些照片,倪老身穿旅游服,面颊丰满,精神矍铄,心旷神怡。

1997 年 5 月,倪老应台北东吴大学法学院院长程家瑞教授邀请访问台湾东吴大学法学院。2003 年 12 月,我应台湾东吴大学法学院院长潘维大教授邀请参加海峡两岸法学交流会。由于我是东吴老校友,多次受到特别亲切的招待。我多次会见法学院前后三任院长:程家瑞、杨桢、潘维大,他们都非常尊敬倪老,认为倪老是东吴的骄傲,东吴人的表率。在贵宾楼接待室,我看到正中墙上挂着倪老赠送的、录有母校校训"养天地正气、法古今完人"的铜牌。

作为中国国际法学界的一代宗师,倪老与"中国国际法学会"自然有着密切关系。他非常关心学会的工作和发展,经常参加学会的一些重要学术活动,应邀作专题报告,为学会年刊撰稿。学会的首任会长宦乡是他在外交部的老同事,继任会长王铁崖是他相识半个世纪的"国际法之友",他俩同为国际法研究院院士。1996 年,王铁崖会长主持了国际法学会为倪老和李老(李浩培教授)举行的盛大庆祝会,祝贺他们 90 寿辰。倪老说,他和李老是"同庚同窗同任职"(东吴同班同学,外交部同事),全国各地 140 多位学者出席,纷纷向二老致贺并表达仰慕之情。倪老以一首以"国际法学"四字为句首的七律,作为答谢大家的盛意。诗云:"国运昌隆盛世年,际会风云尽开颜;法界寄迹九旬叟,学习毋间争朝夕”。之后,倪老被推选为学会名誉会长。当他获悉学会经费不足时,立即资助5万元,并嘱乃先以学会名义在银行开好存折交办公室,不许声张。

倪老不仅在事业上有辉煌成就,而且家庭生活也令人羡慕,他有一位贤惠的妻子和一位孝顺的女儿。这里我必须提一下倪老的女儿倪乃先,东吴北京校友对她都很熟悉。乃先随父母自沪迁京后,先后在北京名牌中学和大学读书并以优秀成绩毕业。乃先曾任北京市交通局副局长,在倪老赴任海牙国际法院法官后,因其母健康欠佳,无力照顾其父,乃先毅然放弃自己的前程,赴海牙照顾父亲。此时,倪老的秘书、司机已经回国,乃先遂身兼数职:秘书、随从、司机、护士,从此陪随倪老在国内国外,悉心照顾。1988年张凤桢女士在海牙病故后,很多社交活动,主人邀请倪老时也常邀乃先同往,倪老做东宴请宾客时她就是女主人,里里外外周到张罗。倪老在海牙离任回国后,年事已高,但公私活动依然频繁,乃先更是小心陪伴左右。我每次遇到倪老参加外交部、国际法学会、东吴校友会等活动时,倪老都不让主办单位出车出人接送,总是乃先开着自己的旧车,陪同父亲前往。到达会场后,她就默默地退坐后排,不让人招呼前坐。倪老在晚年撰写自己的回忆录《淡泊从容莅海牙》期间,为帮助回忆许多往事,查阅文件、史料,整理草稿,乃先付出了大量心血和劳动。在中央电视台采访并录制大型纪录片《远东国际军事法庭审判纪实》期间,在倪老仙逝后媒体大量报道和出版活动中,都有乃先巨大和不可或缺的帮助。倪老的事业成就,其中有其夫人和女儿的襄助,而倪老得以长寿,身前身后的传世著作,更凝结着乃先的孝心、辛苦和智慧。对乃先,我和她有着师兄妹般的友谊,同时怀有深深的敬意,觉得她太不容易。

2003年8月29日,我去北京医院探望倪老。行前,我考虑送鲜花放在病房内不合适,送食品倪老早已不能进食,就去西单图书城购得当时畅销书洪昭光教授所著《登上健康快车》上下辑,在扉页上恭书“敬祝倪老师健康长寿一百岁”。

虽然洪教授说,人的生命期应是120岁,但看到倪老久病住院的实际情况,我已不敢奢望,心想再过3年他就百岁了,按倪老去年还旅游登山,又有乃先悉心照顾,上天再给他3年阳寿,当有可能。进入病房,但见倪老双目紧闭,正在困难吸氧气,不时哼哼。乃先告之我来看他,倪老张眼看着我,点头示意,微张嘴,欲言无语,抬起手来与我握手。我看到其手臂很瘦,脸庞也有些内陷,和我握手后又无力地闭上双眼。顿时,我一阵心酸,强忍住没有掉下眼泪。我在病房阳台同乃先谈了约半个小时,最后注视倪老良久,才轻轻告别离去。9月4日,我在通州参加外交部机关党委举办的离退休党总支、直属支部书记会议时,条法司法二处贾处长打来电话,老干部局乔局长在会场,先后告我,倪老已于昨天下午7时病逝。噩耗传来,一阵心疼。倪老病危,我已有预感,但这么快就离去,总还觉突然,没想到5天前的探望,竟成了我和倪老的永别。呜呼!世界从此失去了一位法学界泰斗,我失去了一位常年共处的崇敬的老师!

倪老走完了他97个岁月的一生,是完满的一生。他始终追求并亲自实践了母校的校训:养天地正气,法古今完人。

倪老是祖国的荣誉,东吴的骄傲!也是我们后辈学习的圭臬!

怀念已故恩师倪征㬋先生

法律系45届　高文彬

2003年9月3日，我的恩师，原联合国国际法院大法官倪征㬋博士因病在北京去世。噩耗传来，如晴天霹雳，惊得我一时语塞，说不出话来。

倪老是一位学识渊博，驰名中外的法学家。他为人谦和，待人诚恳。回忆上世纪40年代，我有幸在日本东京远东国际军事法庭工作期间拜识倪老，蒙倪老不弃，不嫌我人微言轻，一直与我保持联系，屈指算来已有50余载。几十年来，我每遇困难有事求他，他总竭尽所能，赐以援手，使我深感"生我者父母也，知我者倪老也"。

倪老不仅是位驰名中外的法学家，他还具有急公好义、舍己救人的美德。记得上世纪40年代，我们在东京远东国际军事法庭工作期间，某天我和倪老等五人清晨乘渡轮去东京湾外一个名大岛的小岛游览。据同事吴学义顾问介绍，该岛虽小但草木茂盛，风光旖旎，站在岛上，早晨可观海上日出，傍晚可看大海日落，景色之艳丽，令人陶醉。我们就是听了吴顾问的推荐才去的。渡轮在东京湾内航行时，风平浪静，微风习习，沁人脾肺。焉知渡轮出了港口驶入大海不久，天气突变，霎时间天空乌云密布，海上刮起七级大风，小小的渡轮在海上被风浪拍打得前俯后仰，剧烈摇晃，舱内乘客则随之东倒西歪，呕吐不已。船主用话筒大声告诫乘客要镇静，坐在椅子上不要走动，不然小船在风浪中随时有被掀翻的可能。此时船上许多乘客特别是女的开始哽咽起来，想不到与我们同行的吴顾问也跟着掩面哭泣不停。我们从旁劝慰他，他边哭边说"我家在南京，全家老少靠我一人养活，如果我在海上出了事，家中老少将难以存活。"说实在的，人们在攸关生死存亡的紧急关头，一般只会考虑自身的安全，不会去考虑旁人的死活。而倪老则不然，他处险不惊，反去安慰吴顾问："吴顾问，请别哭了，我相信船是不会翻的，如果翻了，我会把在水中捞到的第一块木板先给你。"倪老的话虽寥寥数语，却重似泰山，它说出了倪老舍己救人的崇高品德。

如今倪老已撒手人世，离开我们，但他的高风亮节和在法学方面对国家所作出的杰出贡献将永远活在国人心中。对我个人而言，倪老的去世使我从此失去一位可资信赖的恩师，心中之悲恸难以言表。对他过去为我所做的一切，我一息尚存不敢稍忘。但愿日后能在泉下与恩师重逢，再聆听他的教诲。遥望西天，思绪万千，祝恩师泉下一切安好，是所至祷。

2003.10.8

中国遗传学的奠基人谈家桢

苏州大学物理与技术学院

在我国，一提起谈家桢，人们就会把他同遗传学联系起来。

谈家桢

谈家桢于1926年在东吴大学第三附属中学(湖州二中的前身)高中毕业，后入东吴大学生物系学习。毕业后，先后至燕京大学、浙江大学、美国加利福尼亚理工学院及哥伦比亚大学、意大利那不勒斯海滨研究所、复旦大学等单位历任助教、讲师、研究员、教授。他是我国著名遗传学家、教育家、中国科学院院士，享誉海内外。

谈家桢一生致力于遗传学的教学和研究，为中国乃至世界的遗传学的发展，起了极其重要的作用，作出了卓越的贡献。他领导建立了中国第一个遗传学专业，创建了第一个遗传学研究所，组建了第一个生命科学院。1999年，国际小行星命名委员会正式批准中科院紫金山天文台发现的一颗编号为3542的小行星为“谈家桢星”。

一、“我相信科学”

1921年，12岁的谈家桢从教会小学毕业后，被父亲送进了教会办的宁波斐迪中学。谈家桢并不乐意在这所学校里继续上学，因为这里把《圣经》列为重点课程，课上要熟练地用英语背诵《新约》与《旧约》，每天早晨还要做祈祷。对此，谈家桢非但不感兴趣，反而感到憎恶，因为他从小不愿看高鼻子、蓝眼睛的外国人在中国土地上耀武扬威的情景。但这却是谈家桢父亲的主张。他父亲在英国人主办的邮政局当一名小职员，为了爬上邮务官的高位，尽管卖命工作，还是没有如愿，因为他的文化基础差，尤其不懂英文。为此，他希望把儿子送进教会学校，希望儿子掌握英文，以实现自己的未竟之志。

在学校里，谈家桢学习很努力，尤其在英文方面打下了扎实的基础。他渐渐地也熟读《圣经》，还到教堂去做礼拜，但这并非为天主所吸引，而是为了提高外语听说能力。在斐迪中学，谈家桢是为数极少的不信教的学生之一，因此，一些外籍教员对他侧目而视。

有一天，一名外籍教员要谈家桢回答：“人是谁创造的?”谈家桢没有按照《圣经》中“创世说”所宣扬的那样回答“人是上帝创造的”，而是说“究竟是上帝创造了人，还是人创造了上帝，我们还不清楚，这要由科学来回答”。教员一听，大为恼火，就狠狠地训斥了他一顿，还报告了学监，把本来准备奖给他的一笔奖学金取消了。同学们深为谈家桢可惜，对他说：“你真傻，为什么不照《圣经》说的回答呢？像留声机那样重复一遍多方便！”谈家桢说：“我不信上帝信科学，虽然我现在还不能准确回答这个问题，但我相信科学会找到令人信服的结论。”

由于屡次同学校当局在这类问题上发生冲突，1925 年，谈家桢转学到浙江湖州东吴第三附属中学高中部。当时正值“五卅”运动前后，谈家桢血气方刚，经常与同学一起抨击社会弊病，对英、日帝国主义的侵华行径义愤填膺，热切希望祖国独立富强。他曾被同学们推选为高中部学生领导人，组织并带领同学上街游行，开展反帝爱国运动，使东吴第三附属中学的学生运动出现轰轰烈烈的局面。

1926 年，谈家桢以优异的成绩毕业于东吴第三附属中学，并被学校免试保送苏州东吴大学。在选择专业上，他曾想攻读平时基础好的数学，但由于对生物学一直有浓厚的兴趣，最后选择了生物学专业。

大学三年级时，美籍教员特斯克讲授的“进化遗传学与优生学”课，对谈家桢产生很大影响。那时，他结合课程内容如饥似渴地阅读了一批关于进化论、遗传学和优生学等方面的书籍，特别是读了达尔文的《物种起源》，顿觉豁然开朗，多年来求解“人是谁创造”的问题，在这书里找到了明确的答案。这时，他天真地想，动植物有个育种问题，人是否也如此呢？如果应用遗传学原理可对人种改良，那么中国人的体质和素质就可以得到提高，就能甩掉帝国主义列强强加给我们的“东亚病夫”的帽子。这也许就是谈家桢“科学救国”思想的萌芽。

谈家桢学习勤奋，三年半修满了四年的学分，于 1930 年夏大学毕业，并获得理学士学位。在四年级时，他就当了特斯克的助教。在此期间，他一面研读学校图书馆的藏书，充实自己的知识；一面在桃坞中学兼任生物学教员。他还发动与组织了班里约一半的同学，主办东吴大学 1930 届年刊，自任社长，并走向社会，义务办学，兼任东吴大学及青年会创办的惠寒小学校长，免费招收贫穷孩子入学。这一时期，他生活上虽然紧张清苦，却感到很有意义，特别是主持惠寒小学的工作，更加强了他的社会责任感。

二、中国的摩尔根

谈家桢的刻苦好学、勤奋上进和思想敏锐、和蔼大度给东吴大学生物系主任、我国老一辈昆虫学家胡经甫教授留下了深刻的印象。1930 年秋，经胡教授的推荐，谈家桢成了燕京大学李汝祺教授的研究生。李先生早年赴美留学，曾在著名细胞学家和实验胚胎学家 E. B. 威尔逊教授和经典遗传学创始人摩尔根教授的指导下，从事果蝇发生遗传学的研究，1926 年获博士学位。同年回国后，他先在复旦大学任教，翌年应聘任燕京大学生物系教授。李先生是当时燕京大学唯一从事遗传学教学和研究的教授，他非常推崇摩尔根老师，谈家桢也非常崇敬这位遗传学的泰斗。研究生毕业前夕，一位姓施的同学曾在谈家桢的纪念册上写下“中国的摩尔根”六个字，这使谈家桢心情久久不能平静，这六个字也成为谈家桢 60 余年来为之奋斗的座右铭。

谈家桢希望有朝一日能成为摩尔根的学生。按照李先生的意见，谈家桢把硕士论文分拆成各自独立成章的三篇。其中《异色瓢虫鞘翅色斑的变异》和《异色瓢虫的生物学记录》与李先生联名发表在当时的《北平自然历史公报》上。另一篇题为《异色瓢鞘翅色斑的遗传》是整篇硕士论文的核心部分,经李汝祺教授的推荐,直接寄往闻名遐迩的摩尔根实验室。

摩尔根审阅了谈家桢的论文,甚为欣赏这位中国青年研究者的才华。他把论文转交给他的助手杜布赞斯基教授。杜氏是国际著名的群体进化遗传学家,其创建的综合进化理论对生物学的发展做出了卓越的贡献。他原在苏联的亚洲地区采集过瓢虫,也曾想利用瓢虫的色斑多态进行遗传规律的研究,但一直未能如愿。当他看到谈家桢关于这方面的论文后,十分高兴,直接给谈家桢写了一封热情洋溢的信,同时也表示自己对这个课题极感兴趣。后经摩尔根和杜布赞斯基的推荐,这篇论文在美国发表。经过一段时间的通信,双方相互之间有了更深一步的了解。谈家桢希望能到摩尔根实验室深造,摩尔根和杜氏也有让他来攻读博士学位的想法。这样,谈家桢赴美一事就顺利地定了下来。

1934 年,谈家桢告别了母亲和新婚夫人,只身飘洋过海,来到人地两生的美国,成了摩尔根的"入室弟子"。

那时正是染色体遗传学的全盛时期。谈家桢决定开辟以果蝇为材料的进化遗传研究领域。

摩尔根实验室不仅以它卓著的研究成果闻名于国际学术界,在培养人才方面也有其独特的方法:研究课题由学生自己确定,导师只是在关键点上加以指导,至于研究路线及需参考的文献资料等,完全要求学生自己去探索、去思考,充分发挥学生的自主性和创造性,但导师交待的工作则必须完成。整个实验室的气氛既认真又紧张,大家以摩尔根为核心,不分彼此,互谅互让,相互尊重。在这样一个团结、友爱的研究集体里,培养出不少卓越的科学家,其中司徒芬特、布里治和摩尔根共享诺贝尔奖金;穆勒以开创辐射遗传学的出色成就独自获得了诺贝尔奖。

这一时期,谈家桢在生活上是紧张的,总感到时间不够用,但心情是舒畅的。虽然他在摩尔根实验室仅工作了两年时间,但这种培养学生的方式却潜移默化地影响了他日后几十年的教学生涯。他也是按照这样的方法培养自己的学生。

谈家桢是位性格外向、热情好动又善于交际的人。他爱好体育,是个球迷。但在那两年里却很少参加社交活动,每天不是泡在图书馆,就是在实验室,生活上节衣缩食。不到一年,他用节省下来的 500 美元生活费还清了出国时筹措的路费。

也就是在这两年里,他在研究上取得了丰硕的成果。他利用果蝇唾液腺染色体研究的最新成果,分析了果蝇在种内和种间的结构和变异情况,探讨不同种的亲缘关系,从而深化了对进化机制的理解;同时还进行遗传图的研究和绘制工作。他单独或和法国、德国等遗传学家合作写成了十余篇论文,先后在美、英、法、德、瑞士等国家的科学刊物上发表。1936 年,他的博士论文《果蝇常染色体的遗传图》通过答辩,年仅 27 岁的谈家桢获得了哲学博士的学位。

谈家桢以其刻苦治学精神及作出的优异成绩赢得了导师、同事的爱戴和尊敬。导师盛情邀请他留下来继续从事遗传学的研究。谈家桢也很留恋自己的导师和同事以及良好的研究环境，从发展来看，留在国外，声望和地位很可能有重大的改观，展现在面前的是另一幅生活图景，但是“科学救国”的志向使他坚定了返回祖国的决心。

杜见谈家桢决心已定，提出了一个折衷方案，即延长一年时间，跟随他一起工作。在后一年时间里，谈家桢进行博士后研究工作。杜希望谈家桢再留下来按照他的研究路线搞果蝇的种群遗传学研究。谈家桢抱歉地对杜说：“我不能一味地钻在果蝇遗传学研究领域里。中国的遗传学底子很薄，人才奇缺。要发展中国遗传学，迫切需要培养各个方面的专业人才。我是属于中国的。”

与此同时，谈家桢通过留美同学朱正元先生及其老师胡刚复先生的引荐，收到了浙江大学竺可桢先生的聘书，被聘为浙江大学生物系二级教授。为了发展中国的遗传学事业，谈家桢打点行装，告别了导师和朋友，踏上了返回祖国的旅途。

三、为遗传学奔走呼号

科学总是在同偏见、无知、愚昧和迷信的斗争中曲折地向前发展的。在中国这块古老的土地上，遗传学的发展同样也经历了一条坎坷的道路。为了推进遗传学事业，谈家桢表现了一位科学家为真理和正义而战的良知及责任感。

早在上世纪30年代，谈家桢的研究事业就经历了抗日烽火的洗礼。当时，他应浙江大学竺可桢的盛情邀请，就任浙大生物系教授。不久，战火烧到了杭州，浙大生物系辗转千里，搬到了贵州湄潭一个破烂不堪的祠堂里。动荡不定的时局，简陋不堪的条件，使遗传学研究工作陷于异常困难的境地，但谈家桢仍然坚持讲课并指导研究生。白天，他和学生一起在野外采集果蝇和瓢虫，不时躲避着日寇的飞机轰炸；晚上，在煤油灯下对着显微镜进行细胞的观察分析，常常坚持到深夜饿着肚子上床。1944年，他就是在那样困难的条件下，取得了研究的重大突破，发现了瓢虫色斑变异遗传的嵌镶显性现象。1945年，在抗战胜利的鞭炮声中，谈家桢应美国哥伦比亚大学的邀请，在那里做客座教授。在那里，除了讲学以外，他最后完成了《亚洲瓢虫色斑嵌镶显性遗传理论研究》的论文，并登载在1946年美国的《遗传学》杂志上。这篇论文引起国际遗传学界的重大反响，被认为丰富和发展了摩尔根的遗传学说。1948年在瑞典召开的第8届国际遗传学会上，谈家桢当选为国际遗传学会常务理事。

在这次会议上，谈家桢同来自美国的朋友重逢，格外高兴。哥伦比亚大学一位遗传学教授好心地劝告他说：“密斯特谈，亲苏俄的中国共产党马上就要在贵国建立赤色政权了，您难道不想一想，假如回到您的国家，共产党还会让您继续从事摩尔根学派的研究吗？鉴于瓦维洛夫的教训，希望您三思。我想告诉您的是，我们美国任何一家研究所的大门，对您都是敞开的。”当时，国际遗传学界受到了来自苏联的一股寒流的影响。苏联的“学霸”李森科将自己的“春化”理论吹嘘成能够代替一切遗传学理论的“神学”，进而把持了苏联的生物学界，并且公开将孟德尔·摩尔根的科学学说打成“反动的”、“以纯粹的形而上学和唯心主义为基础”的资产阶级伪科学。许多相信孟德尔·摩尔根观点的苏联教授、学者被撤掉了职务。苏联所有生物学研究工作者都要表示对李森科效忠的态度；所有同生物学有关的学科，包括解剖学、组织学、病理学、微生物学等，都被勒令归纳到“李森科主义”的基础上。原定担任第8届国际遗传学会议主席的著名苏联遗传学家瓦维洛夫被李森科打成“资产阶级分子”而横遭迫害，未能出席这次会议。对于这些，谈家桢自然觉得寒心。

会议结束后，又有一位美国科学家邀请谈家桢去日本工作，研究广岛原子弹射线遗传效应。谈家桢有所动心，他当然不是稀罕在日本工作的高报酬，而是对这个课题感兴趣，想为遭受原子弹侵害的日本人民做些有益的工作。经过思考，他还是拒绝了美国同行的邀请。

离开瑞典后，谈家桢应各国同行的邀请，又在美国等一些国家进行了考察和讲学。美国遗传学界再次向他发出盛情邀请，罗氏基金会还为他作出了精心周密的安排，先让他到台湾，再由罗氏基金会负责将他的家属接到台湾，然后一起赴美定居。但是，谈家桢还是婉言谢绝了。他忘不了养育自己的祖国，也忘不掉自己早年曾立下的雄心壮志：发展中国的遗传学事业，提高中国人的体质和素质。这样的事业当然是不可能在美国或其他国家进行的。对于共产党，谈家桢尽管当时还很少了解，但他早年曾参加过共产党领导的学生运动，他相信共产党肯定比腐败的国民党政府要好得多。1948年底，在解放战争的炮声中，谈家桢毅然回到黎明前的祖国。

20世纪50年代初，由于我国有些人缺乏建设社会主义的经验，不加分析地照搬苏联的做法，生物学界也受到影响。有人提出“消灭孟德尔·摩尔根主义”的口号，强制推行和灌输李森科的那一套理论，把经典的孟德尔·摩尔根学派体系打成“伪科学”，戴上了“唯心的、反动的”、“为帝国主义效劳的资产阶级反动理论”等帽子。谈家桢自然首当其冲遭受批判，被剥夺了讲授和研究遗传学的权利。但是他毫不气馁，相信科学是不会被乌云遮没的。不能讲课，他就翻译《生物学引论》，宣传达尔文的进化论。他要坚守这个阵地。

党中央及时发现了生物学界的这股逆流。1956年夏天，在周恩来总理的亲自关怀下，遗传学座谈会在青岛召开了。谈家桢勇敢地站出来讲话，针对片面强调米丘林、李森科学说，压制打击摩尔根学说的不正常做法，坦率地发表了自己的意见。1957年3月，毛泽东在中南海亲切接见了谈家桢，鼓励他说：“你们青岛遗传学会议开得很好。过去我们学习苏联，有些地方不对头，应该让大家搞嘛，可不要怕！”此后，毛泽东主席又接连两次接见谈家桢，亲切询问他在遗传学研究方面的困难。党中央和毛主席的有力支持，使谈家桢解除了思想上的沉重负担，从而下决心竭尽全力把遗传学研究搞上去。1958年，复旦大学生物系开设了全国第一个遗传学专业；1961年，复旦大学成立了遗传学研究所，谈家桢担任所长。他选定了以猕猴为实验材料的辐射细胞遗传学的研究方向，作为原子能和平利用研究方面的一个重要部分。短短几年的时间，他们就取得了重要的研究成果，并且培养了大批遗传学的研究人才。

正当谈家桢率领助手们急起直追国际先进水平时，又遭到“十年动乱”的空前磨难。谈家桢的人类遗传学研究被污蔑为“希特勒种族主义”，是宣扬“龙生龙，凤生凤”的资产阶级血统论，他本人被打成“反动学术权威”，遭到抄家和蹲“牛棚”的不幸待遇。即便如此，他还是没有放弃继续从事遗传学研究的愿望。他把个人的冤屈和遭遇撇在一边，保持着对党的信念。有一次,同他关在一起的一位教授向他吐露了厌世的念头,他对那位教授说:“我了解共产党,共产党也了解我,将来发展科学,相信共产党还要用得着我们这些人的。”他还表示,为了祖国的遗传学事业,一定要坚强地活下去。这些发自肺腑的话,深深感染了对方,也鼓起了对方的生活勇气。

四、人格的魅力

严冬过去了,几经磨难,几度曲折的谈家桢已到了古稀之年。跨入20世纪80年代之后,他深深感到科学的春天真正来到了。他不顾年老体弱,亲自制订了科研计划,整顿研究所,重建实验室,要把损失的时间补回来。近几年来,为了迎接新技术革命的挑战,谈家桢到处奔走,宣传遗传学和生物工程将在新世纪承担的重要使命,呼吁国家政府部门要重视培养生物科学的人才,并提出发展我国分子生物学的战略设想。进入新世纪后,他还就“广泛普及生命科学知识”谈了自己的意见,他说最近半个世纪,兴起了以分子生物学为核心的现代生命科学,它已成为当前自然科学各领域中最活跃、发展最迅速的领先学科。生命科学对于探索和综合治理当代人类面临的诸如人口、农业、能源和环境等问题,将起到极大的作用。同时,伴随着基因组研究的不断深入,我们对疾病和疾病治疗的观念也将发生根本的改变,从而促进人对自身的认识。

他指出,向社会公众普及生命科学知识,是一件刻不容缓的事。科普工作者应多写一些有关生命科学的科普读物,把深奥的科学道理,用通俗的笔法系统而完整地介绍给读者。他希望,各出版社多出些介绍生命科学的科普书籍,新闻媒体多宣传些普及生命科学知识的意义,这对社会的进步、生产力的发展与下一代青少年的健康成长,必将产生巨大的推动作用。

谈家桢是一位中等身材、体态略胖、慈祥而豁达的老人。他从年轻时起,至今仍保持着堂堂仪表,从不见他乱发、浓须之状。他戴着一副金丝边框眼镜,总给人以一种干练、清新、精神的感觉。

去年,谈家桢先生89岁高龄,按中国的习俗是“过九不过十”,因此,他在北京、上海等地的学生,早就开始筹划谈先生90华诞和执教70年的庆祝会。8月,第18届国际遗传学大会在北京举行,谈家桢作为大会执行主席主持这次大会。会上部分中外遗传学家商定以“AA”制形式自发地为蜚声中外、中国遗传学奠基人谈家桢先生举行祝寿会。

谈家桢之所以受到中外朋友和学生的敬重和爱戴,是由于他人格魅力的感染。他为事业始终不渝,不改初衷;面对挫折和逆境锲而不舍,顽强抗争。他热爱祖国,忠于人民,“求是”、“求实”,追求真理,不断开拓。这种人格力量能穿透地域的距离和年龄的差距,深深地铭刻在他的朋友和学生的心中。

表彰谈家桢不应忘记的一笔

沈　栖

今年9月15日是“中国遗传学之父”谈家桢先生百岁华诞。诸多媒体刊出相关报道，或介绍一代宗师卓尔不群的学术成就，或评析他为破解生命密码而努力的开拓之路，或赞誉他为遗传学研究培养大批优秀人工智能人才，或颂扬他是一位品德高尚、受人敬仰的人生楷模。然而，少见当年他与苏联李森科的伪科学对着干的感人事例。我认为，今天表彰谈家桢居功至伟，似不应疏忘他人生之旅中颇为精彩的这一笔。

20世纪40年代末，苏联科学界挑起一场关于“生物学现状”的所谓“争论”。其实它不是什么学术讨论，而是依靠权力、用权力来围剿不同学术观点的闹剧，是十足的霸权主义、个人崇拜、狭隘的民族主义在学术上的表现。站在这场“争论”前台唱主角的是被斯大林称为“当今农业技术领域的米丘林”的李森科。李氏因提倡“春化法”——打破种子休眠期，加速冬小麦的萌发——而成名，他撰写的《遗传与变异》，以“米丘林生物学”倡导者自居，大谈生物体不存在特殊遗传物质和外因而引起生物遗传性状的变异是可以遗传的反科学观点。当年媒体有言：“在全世界的真正学者中间，李森科成了取笑的对象。”

然而，李森科的伪科学颇有市场，甚为流传。究其原因有三：(1) 为自己的学术观点贴上“无产阶级”、“唯物主义”、“革命”之类的标签，而将对立面——摩尔根遗传基因理论一概冠之以“反动唯心主义”的恶谥，声称米丘林主义与摩尔根主义是“社会主义与资本主义两种世界观在生物学中的两种意识形态的斗争”，将学术问题泛政治化。(2) 党同伐异，俨然以“学阀”、“学霸”自居，一手控制生物学界。在那个时期，李森科或关闭细胞遗传学实验室，或取消国际遗传学大会，或禁止摩尔根学派的理论在苏联讲授，甚至将反对者免职、逮捕、流放，连全苏遗传学研究所所长尼・伊・瓦维洛夫也难以幸免而瘐死。(3) 李森科的伪科学受到权势者的鼎力支持，他曾获“劳动英雄”称号，多次授勋获奖，还长期担任农科院院长，权力与权术并用，使之不可一世。

李氏伪科学的盛行受到权势者的支持，其中有一定的客观因素。二战之后苏联的农业状况极为严峻，如何增产解决温饱问题是一个绕不过的坎。从1946年始，李氏在各种报纸和杂志上吹嘘采用何种新的农学方法培育何种新品种可以“丰收”引起了斯大林的关注。例如，1948年，李氏吹嘘一种埃及生长的古老的春播多茬小麦在苏有“非同寻常的前景”。他向斯大林承诺每公顷可收获100公担，结果在格鲁吉亚卡赫季亚地区的多茬麦每公顷产出5公担，比这一地区的平均收成还少了三分之二。

正当李氏伪科学甚嚣尘上之际，中华人民共和国诞生了。面对李氏伪科学，中国的生物学界出现三种态度：第一种态度是盲目崇拜，道理很简单而浅显，因为是来自“老大哥”的“社会主义理论”。第二种态度是保持沉默，出于良知不加赞同，慑于权势也不予反对。在那个“以阶级斗争为纲”的年代，这种无奈的态度多少也体现了一个知识分子的良知。值得赞许的是第三种态度，以谈家桢为代表的中国科学家不买李森科的账，敢于坚持实事求是的立场，与之挑战。1950 年初，苏联科学院遗传学研究所副所长努日金访华，鼓吹米丘林、李森科学说，指名要与谈家桢讨论“新旧遗传学理论”等问题。努日金对谈家桢说，你一定要从反动的遗传学圈子里跳出来，并宣称“新旧遗传学理论的一个根本不同点是站在什么立场上看问题”。谈家桢当即驳斥：“我不能理解，科学与阶级立场究竟有什么关系。”

作为摩尔根的“入室弟子”，谈家桢在 1937 年留学美国回国后，一举创立了异色瓢虫色斑嵌镶显性遗传理论，实现了自己“要破解生命密码”的理想。他在遗传学研究领域艰辛跋涉，不辜负恩师的厚望，取得果蝇种系进化、亚洲瓢虫色斑变异等研究成果。谈家桢面对李森科的伪科学，写下了《我对遗传学中一些问题的看法》、《我对遗传学中进行百家争鸣的看法》等文章，直言：“它是一种遗传学领域的无知，违反科学的常识和规律，经不起历史的检验。”尤其是 1952 年在中央级传媒上发表题为《为坚持生物学中的米丘林学说而斗争》的文章后，各大学停止教授摩尔根遗传学，有关研究课题也被迫停止。作为复旦大学生物系主任，谈家桢在政治上、学术上受到极大压力，但他坚持翻译国外的遗传学研究先进成果。冯之浚院士回忆说：“那时，谈老始终坚信科学终归是科学，真理最终会愈辩愈明。”谈家桢不曲学阿世，不为权势所屈，不为势众所怯，不为名利所诱，为廓清生物界的阴霾而不懈努力。

历史印证了谈家桢的预言，被权势扶植起来的李森科在 1952 年被苏联 300 多位科学家联名请求而免去全苏农业科学院院长职务，他的伪科学也随之遭到清算。在当时整个世界生物学界，中国受其负面影响最少，这应当归功于谈家桢的正直和睿智。——对此，人们岂能随着岁月的流逝而疏忘？

倘若疏忘了此事，那么，谈家桢的人生便会缺失颇为珍贵的一页，因为它是最能掂出这位大师品行和学术含金量的。

谈家桢先生实现了访台夙愿

古 昊

谈家桢先生早在1984年就有访问台湾、访问台北东吴大学、与蒋纬国先生会面的愿望。当时谈先生正当选为东吴大学上海校友会会长，他向与会校友明确表示，如果让我访问台湾、访问蒋纬国先生，我很乐意去。时间一晃就过了五年。

1989年7月，谈先生应台北科学会的邀请访台。谈先生已进入香港，由于各种原因无法去访，折返上海，足足又等三年。

1992年6月，这个愿望终于实现了。应台湾著名物理学家吴大猷先生的邀请，谈先生等七位学者和夫人首次组团访问台湾，与台湾同行进行学术交流，访问有关科研单位、高等院校及中小企业。谈先生访台前夕，特别传真了一份想见的老同学、老朋友和学生的名单，上海校友会也专函请台北东吴大学安排与蒋纬国、王绍堉、章孝慈和杨其铣等先生的会晤。这次在章孝慈校长安排下，会见了蒋纬国等先生。蒋和谈相见甚欢，紧握双手，并称"60年没见了！"还互赠了礼品。谈先生还把上海校友会和东吴比较法进修学院的资料，送给台北东吴大学和校友会。

我们深信，谈先生等大陆第一批学者访台，加深了双方的理解，加快了海峡两岸的联系和交流，取得了共识，是成功的。再过若干年，两岸学者的交流必将在这基础上有进一步的发展和提高。

石破天惊——祝贺谈家桢会长、院董事长访台成功

谈家桢学长伉俪应邀访台成功，该庆该贺！他俩此行始终为海峡两岸的千万东吴人所密切关注。6月6日，银鹰自北京机场凌空远航，虽尚需转道香港，但毕竟于8日下午3时顺利在台北桃园机场降落。此时此刻一如石破天惊啊！据悉一行刚下机便被台湾各报记者团团围住，因此从机场到通关的短短走道，却由于边走边接受采访，足足走了40多分钟，盛况可见。是日台湾各报均以显著版面及醒目标题作了报道。《联合报》将此次访台喻为"中华民族史上一股暖人春意"，并期望"今后两岸联手开创中华民族美好未来"。

6月12日，台北东吴大学在台北来来饭店设宴热烈欢迎谈老。在章孝慈校长的精心安排下，56年前的学生蒋纬国依约而来，阔别半世纪重温师生情。展现人们眼前的动人景象是：紧握谈老之手，用宁波方言热情称一声"老师"，"现在看到老师的样子一点都没改变，就像回到中学时代"。谈老也高兴地说："宁波话没变！"感情的交融惹得全场欢笑不止，激情迭起。

回忆1986年冬美东吴校友会吴天锡学长自美经台北、香港来沪，欢聚间曾言及他途经台北时曾与在台包括蒋纬国校友在内诸同窗欢宴，互通两岸校友音讯，并告知台北外双溪阳明山校址特设置有“天赐庄”、“望星桥”诸苏州母校景点。余当时深有感触，曾志数言题为“两岸”，刊于1987年2月上海校友会《简讯》第四期。

天赐庄依城傍水，黉舍书声朗。
望星桥蓝天碧流，渔舟仍有荡。
阳明山庄桥依稀，弦歌未辍袅。
会宴厅灵犀已通，星火也可燎。
蔚东吴八十六载，桃李芳环宇。
养正气同窗把晤，岂待九十寿。

抚今追昔，如今90校庆刚过，谈老出访成功，多少年的愿望正在逐步实现。展望今后，深信历史将会谱写更新的光辉一页。

正如谈老出访前夕在东吴大学上海校友会与东吴比较法进修学院联合汇报工作与欢送会上有感于此行即将实现而作的精湛之词：“曙光已经出现”！我们两岸千万东吴人必将珍惜谈老此行所搭之桥、所铺之路，任重而道远，多加鞭策！

盛振为博士生平

盛茵　盛芸　盛菁

我们亲爱的父亲盛振为博士,已于1997年4月22日17时45分,蒙召荣归天国,享寿97周岁。

父亲于1900年出生在一个基督教家庭,祖父盛永保先生蒙神召唤,献身传道事业,生前为神召使徒信心会监督。祖母史丽珍女士也是位女传道。父亲在这样的家庭熏陶下长大成人,虔敬地走完了为人子、人师、人父、人祖的漫长世纪历程。

父亲1921年毕业于东吴大学文学院,获文学学士学位,继而攻读东吴法科,1924年获法学学士学位。其后,出国深造,1926年获美国西北大学法学博士学位。然后回来报效祖国。他历任东吴大学法学院教授、教务长、院长,东吴大学代理校长等职,同时还被上海法科大学、上海暨南大学及南京中央大学等聘为兼职教授。1947年,他曾专程赴欧美考察司法行政和法律教育,参观并讲学于美国哈佛大学、耶鲁大学、芝加哥大学、哥伦比亚大学等,并访问欧洲各知名大学如牛津大学、剑桥大学、巴黎大学、罗马大学、柏林大学、瑞典大学、挪威大学等。1981年受聘为上海华东政法学院顾问、教授。

父亲勤勉好学、博学多才,早在学生时期就屡屡被推选为学校辩论会会长、学生会会长等职,并担任学校刊物《中国法学杂志》(英文版)主编。父亲本着实事求是的精神,专研法学,将重点置于证据之上,并发表力著《证据法学》,他主要的代表作还有《中国继承法》(英文版)、《英美法的审判制》,并主编《各国法制集成》等。他还开创了国内比较法学的研究,并将之贯彻于东吴法学院的法学教研之中。

父亲一生最大的贡献就是在法学教育之中,他为之付出了毕生的心血。他主持东吴法学院教务工作,在国内率先开设了"型式法庭"的教学,使教学直接与社会接轨,这样既提高了毕业生在就业上的竞争能力,也为国家走向法治社会提供人才。父亲还广请名家来东吴讲学,如林语堂、胡适等均被聘为兼职教授。在他精心的哺育下,东吴毕业生扬名海内外的有:海牙国际法院的两任大法官倪征㬇先生与李浩培先生,香港最高法院第一任华人首席大法官杨铁梁先生,当今著名经济学界权威、中国国际经济咨询公司的李文杰先生,海商法专家、上海海运学院院长魏文达先生,国家和上海市法制委员会副主任、前上海外贸学院院长裘劭恒先生,香港特别行政区筹委会法律小组的黄毓麟先生,等等。作为一名教育工作者,父亲可谓春蚕吐丝千千缕,蜡炬光照万万里。

父亲生活在中国社会大动荡的年代,青年时期就立志救国。他追随孙中山先生倡导的民主革命,参加过"五四"运动。"五卅"期间,他在美国大学中发表演讲,控诉帝国主义在华罪行。"九一八"事变后,他参加了上海各大学校教授抗日联合会。上海沦陷后,他毅然决然将东吴法学院迁至后方,始终坚持一面抗战、一面教学。改革开放后,他不顾年事已高,仍为健全祖国的法制建设,促进祖国统一,促进两岸文化交流,特别是法学教育的交流而贡献余热。1993 年 10 月,他荣获中华人民共和国颁发的司法行政银星荣誉章一枚。毕其终生,他热爱自己的祖国,报效祖国,对祖国一片赤子情怀。

父亲为人正直,严于律己。他既恪守宗教诫命,也坚持传统道德观念。他孝顺父母,40 年代末,为了侍奉在沪年迈的双亲,而辞谢了台湾大学聘其为校长的邀请。他忠于职守,一身正气,廉洁奉公。他严谨治学、律身,也从严要求下属、学生及子女,致使晚辈都对他持有敬慕之心。他品行端正,道德高尚,堪为师表。

我们亲爱的父亲,在天父的看顾下,走完了他应走的人生历程。父亲,您安息吧！我们一定以您为榜样,遵循您往日的言教、身教,兢兢业业,敬神爱人,荣神益人,尽自己应尽的人生义务。为了纪念我们亲爱的父亲与母亲,我们特向国际礼拜堂奉献钢琴一架,愿父母热爱的圣乐声在教堂中回响,愿我们在悠扬的圣乐声中得到永生。

最后,请允许我们代表家属,感谢华东政法学院党政领导以及退管会在父亲生前所给予的信任、尊重和照顾,感谢东吴大学校友会长期以来的殷切关怀和热忱帮助。感谢国际礼拜堂杨牧师、庞牧师等对父亲的探望和安慰,感谢圣乐团的兄弟姐妹们,同时也对诸亲好友所给予的帮助和慰问,包括海外来函、来电等表示深切的谢意。今天又承蒙各位在百忙之中抽空前来参加父亲的追思礼拜,我们再一次表示敬意和谢意。愿主与我们同在。

(摘自《东吴上海会讯》1997 年第 2 期)

贺盛振为院长九十寿辰

贺盛振为院长九十四寿辰

贺盛振为院长九十七寿辰

曹杰传略

曹奇辰

曹杰又名士彬,1896 年生于安徽省黄山市屯溪县阳湖镇。1921 年毕业于北京大学,曾在湖北汉口、浙江金华、山东济南等法院任推事、民庭庭长。1933 年 9 月开始,先后在上海复旦大学、政法大学、东吴大学法学院任教授。1934 年 9 月即被东吴大学法学院聘为专任民法教授,直至 1949 年 11 月调至中央人民政府司法部任司长,才离开东吴法学院(日本侵占上海,东吴停办,搬到法租界,改名为“中国比较法学院”,继续办学。抗日战争胜利,又回原地,仍名东吴大学法学院)。在东吴执教 16 年,为学生系统讲授民法课程。据资料记载,为大学一年级讲民法总则,二年级讲债权,三年级讲物权,四年级讲民事诉讼,还讲妇女权利,支持妇女解放运动,听的人很多,礼堂都挤满了。在这一时期,曹杰也是一位比较活跃的民法学家。据现有资料可查,主要著作有:《中国民法物权论》(商务印书馆 1937 年“大学丛书”本,1938 年再版)、《强制执行法》(上海法政学院讲义)、《强制执行法讲义》(上海法学编译社 1934 年初版、1937 年 3 版)、《公司法理由注释合纂》(中华书局 l936 年版)、《中国民法亲属编论》(上海法学编译社 1936 年初版,1939 年 3 版)、《中国民法亲属论》(上海法学编译社 1946 年新一版)、《民法判解研究》(上海法学书局 1934 年版)、《民法总则注释》(上海商务印书馆 1937 年初版,1947 年 5 版,1948 年 6 版),此外尚发表有《论民法上规定之物》(1931 年)、《论强制拍卖担保责任》(1933 年)、《民法亲属编之收养》(1933 年)、《论民法上规定之孳息》(1933 年)、《民法上规定之继承》(1934 年)等众多论文。其中《中国民法物权论》是曹杰教授的一部经典著作,在某种意义上说,不失为民法教科书的典范。2004 年 9 月,《中国民法物权论》被华东政法学院认为至今仍有较高学术价值的著作进行整理,以“华东政法学院珍藏民国法律名著丛书”的形式勘校出版,以满足学术界以及法律院校广大师生学习和研究的需要。

曹杰是一位学者型的教授。他讲课的内容丰富,当时听课的学生感觉听他的课必须要专心,从法学理论到条文剖析,再到法律适用,越听越入神。他讲课的特点是博古通今,中西合璧,理论联系实际。讲法学理论时将各种观点,包括大陆法、欧美各国法学观点都逐一剖解,以至追溯到国外的罗马法、中国的古代法;条文剖析时,对条文的各个名词的概念、要素、含义都逐一解释清楚,同时介绍日本、法国、德国等国家对这些条文是如何叙述的,并作分析比较,同对也指出有些条文是根据中国的国情所采用的制度,国外没有相应的制度;讲法律适用时,以案论法,运用司法判例,联系法律条文,指出案例中的哪些事实符合条文中的哪些要素,如何剖解处理,使学生理论联系实际,理解法律条文。

曹杰教授是一名学者,在政治上是支持民主运动的。他早年追随孙中山参加革命活动，是中国国民党“一大”、“三大”代表。解放战争时期，他拥护共产党，参加了上海地下党组织的“大学教授联合会”，积极支持学生参加反对内战的爱国民主运动。当时曹杰教授住在东吴大学法学院后排的家属宿舍区，曹杰的儿子曹奇峰、儿媳胡令升和曹杰夫人的侄女马问清都是共产党的地下党员，因此常在曹杰家秘密开会，曹杰夫妇都精心安排，并招待吃饭。1948 年，东吴大学法学院地下党员佘贵林负责出版进步刊物，有一天，国民党特务来学校要抓捕佘贵林，佘闻讯当即逃至曹杰家躲藏，后从曹杰家转移至苏北解放区。

新中国成立，1949 年 11 月，曹杰被调至中央人民政府司法部，历任第二司司长、公证律师司司长、法律宣传司司长、法律编纂司司长等职。曹杰参加民主同盟，为民盟北京市委员。1959 年 8 月任国务院参事，9 月 6 日周总理在北京饭店接见阿富汗副首相，曹杰和其他三位参事参加奉陪。60 年代，曹杰曾同其他参事一起，先后到河南、上海等地参观视察。曹杰精通英语、日语，在北京这段时间，还自学俄文，七年后能从事翻译，有一定成就。

1995 年 1 月 15 日，曹杰去世，享年 99 岁，骨灰安放在八宝山革命公墓。

曾参加审判日本战犯和“四人帮”的传奇东吴人——裘劭恒

裘劭恒，生于1912年，东吴大学文理学院毕业后，进入上海音乐专科学校声乐系，一年后又入东吴大学法学院。1955年在上海外贸学院建校时入院任教，现任该院名誉院长。

一、1946年2月日本东京国际军事法庭审判东条内阁

“二战”结束后，在东京设立了远东国际军事法庭，专门审判日本战犯，参加的有美、苏、中、英、法等11国。中国名列五强，开始只派了两名代表：一是立法委员梅汝璈先生，奉派担任我方法官；一是上海检察长向哲濬先生，奉派担任我方检察官。

临行前，向哲濬请东吴大学刘世芳教授为他推荐一位秘书。刘推荐了裘劭恒：“他既通国际法，又有熟练的英语实践能力。”裘劭恒30年代毕业于东吴大学文理学院和法学院，当时在上海开业做律师，时年33岁。随后，南京政府外交部委派他为“出席东京远东国际军事法庭中国代表秘书”，于1946年3月赴日走马上任。

一到东京，裘劭恒就感到了被动。当总检察长美国人季楠要求中国方面提供日军侵华的罪证材料时，他们一无所有。而国际法庭5月就要开庭，也就是他们要在一个多月里收集日本侵华15年的罪证（从“九一八”算起）。另一方面，作为一个大国，又是主要受害者，在出庭控诉方面，竟没有安排中国检察官出庭，一切委托美方检察官代理。

有一次，裘劭恒同两个美国助理检察官瑟顿和莫隆谈到不安排中国人出庭时，表示了愤慨。没多久，季楠就来找裘劭恒，很客气地说：“你的意见是对的。但是并不是我们不让你们中国人出庭，而是你们自己说不派人出庭。现在你提出这个问题很好，那么你自己愿不愿意代表中国人出庭呢？”裘劭恒把这一情况报告给了向哲濬。向哲濬同梅汝璈商量以后，决定裘劭恒代表中国出庭控诉。这样，裘劭恒便成了远东国际法庭第一个不由本国政府正式任命的助理检察官，在开庭审理涉及日本经济侵略部分时出庭。

裘劭恒回忆当时的心情说：“既高兴又紧张，几个夜里都没睡好觉。我为中国人能在国际法庭亲自控告日本战犯侵华罪行而高兴，也怕出任何差错，给中国人丢脸。”那天，他庄严地站在检察官发言席上，镇定自若，充满自信，操一口流利的英语，通过连续问答的方式，让证人陈述他本人经历过并确知的日本侵华事实，向法庭作证。同时，他还对被告的美国辩护律师们不断打断证人发言而提问，即时驳复，有力控告了日本战犯。

东京审判后，1947年初裘劭恒回国。当时的外交部要留用他，曾两次进行委任，一是做驻日代表团法律处处长，一是出任接受日方赔偿五人专家组成员，他都拒绝了：“南京

政府我也看透了。”仍然做他的律师。

二、1946 年，苏联驻日使馆对面小平房内向溥仪取证

1946 年夏，伪满洲国皇帝溥仪由苏联军官从莫斯科押解到了东京。在苏联驻日使馆对面一间不起眼的平房里，裘劭恒第一次见到了这位“皇帝”，当时溥仪紧张得不得了。后来，他向裘劭恒解释说，当时不怕见外国人，就怕见到中国人，因为自己是汉奸，觉得对不起中国人。

为了打消溥仪的顾虑，裘劭恒说：“这里是国际军事法庭，要审判的是日本战犯，不是你。你只要把伪满洲国的事情实事求是地讲清楚就行了。”此后，他们在小平房里一起吃了饭。吃的是西餐，几个苏联军官也在陪，彼此很客气。

后来有一天，溥仪对裘劭恒说：“我没带什么礼物，送你几幅字吧。”这就是现在摆在裘老书房的两幅字：“天下为公”和“克己复礼　正心修身”。上面有落款：“溥仪　民国卅五年夏东京”。

1946 年下半年，溥仪出庭后就离开了东京。直到 1967 年溥仪去世，他们再没见过面。

三、1946 年 10 月，美国第八军军事法庭审判涩谷案

真正让裘劭恒名声大噪的是在美国占领第八军军事法庭，他的身份不是检察官，而是法官。

1946 年 7 月 19 日夜，在东京涩谷，日本武装警察伏击一队台湾同胞，造成同胞 6 死 20 伤，并且以“侵害占领区目标”为由把 37 名同胞送上了美军第八军军事法庭。战胜国的侨民、被害人成了被告，战败国的警察、杀人凶手成了原告。国内舆论哗然，《申报》、《大公报》均有报道。

1946 年 12 月 10 日，涩谷案开始审理。3 名法官中除裘劭恒外另两个都是美国人。最后，审判长伯格上校和法官爱泼生中校联手，给 37 名台胞中的 35 名判了 2—3 年监禁劳动。就在当天审判的最后一道程序，由检察官站起来向法庭致谢时，中国法官裘劭恒“霍”地从审判席上站立起来，郑重宣布：“作为本案法官之一，我不同意本庭刚才的判决！”裘劭恒接着说：“刚才的起诉没有将合理怀疑排除，因而它没有按照法律来判决。”在实行“无罪推定”的英美法律中，要证明一个人有罪，一定要确实证明到合理的怀疑，罪名才成立，而涩谷案的审理远远没做到。

过后，他写成了涩谷案的书面法律意见书，送交盟军司法处处长。该处长专门打电话以个人名义邀他谈话，促成了后来美方对东京警视厅总监、涩谷案署署长等 3 人的起诉。最后，37 名同胞回到台湾，所判刑期没有执行，不了了之。

四、1979 年北京特别法庭审判“四人帮”

裘劭恒甚至现在也说不清楚十几年前他是凭什么进京的。1979 年，当时他是上海外国语学院的英语教授。一天，学校的组织人事部门告诉他，北京方面有人两次来查看过他的档案了，可能是要去北京工作，要他做好思想准备。很快，一纸调令让他到全国人大

法制委报到。一段时间后，最高人民法院院长、特别法庭庭长江华才告诉他，要审判“四人帮”了，他的身份是特别法庭的顾问。当时，审判员有100多人，顾问只有一个，他每天的工作就是去特别法庭看卷宗。

正式开庭时，江青在法庭上用手指着一位法官大声责问：“你是什么人？”使审判难以继续。“现在如果被告太嚣张，可以带走，但当时不行。”裘老解释说。审判“四人帮”本来是国内的事，但也不能不多个心眼，不能让别国以此攻击我们的司法程序、攻击人权。能不能在美国找到一个类似的判例？即被告因为太嚣张被逐出法庭，但宣判仍然有效的判例。他一头扎进了全国人大法制委的资料室。还真找到了一个。有个美国强盗在联邦下级法院法庭上气势嚣张，法官就将他逐出法庭，继续审判，判决有罪。强盗不服，上诉到联邦法院，最后到了最高法院。最高法院认为强盗的行为不利于全体美国公民，不利于司法执行，维持有罪判决。他如获至宝，马上把这个案例翻译出来，并附上自己的理解，送交特别法庭。后来，将嚣张的江青拉出法庭去继续审判，就是以裘老的那篇文章为依据作出的。

“四人帮”审判结束后，裘老留在了北京，任全国人大法制委顾问。1983年，任全国人大法工委副主任。

五、1985年春节后《香港特别行政区基本法》起草委成立

1984年12月，中英联合声明发表后，《香港特别行政区基本法》起草工作便提上了议事日程。1985年春节刚过，一个属于全国人大的起草委员会便宣告成立，共59人。其中23个香港人，都是著名人士和法学专家。裘劭恒以全国人大法工委副主任的身份名列其间，时年73岁。

“基本法起草历时4年零8个月，到最后剩下了51名起草委员。去世4个，辞职了2个，除名了2个。”裘老回忆说。

起草委员会第二次大会确立了基本框架和工作原则。59人被分成中央与特区关系小组、政治体制小组、教科文体小组、宗教小组。裘劭恒是中央与特区关系小组成员，主要负责的是基本法第二章的内容。

1986年下半年，邓小平接见了全体草委会委员。邓小平对委员们鼓励有加，嘱托“一定要搞细致、搞好”。

4年零8个月中，裘老印象比较深的是如何协调与香港委员的关系。虽然都是知名人士，但看法上往往不尽一致，大多数香港委员都比较友好，但也需要协调。

每当碰到不同意见时，从不简单地以表决方式通过，因为每个小组里大陆委员都多些，简单表决会不利于香港委员充分发表看法。如何解决呢？“一起去喝咖啡。”裘老笑着说。那时他的人缘好，威信又高，所以常常主持喝咖啡，气氛比较活跃，好多意见双方也乐意互相听取。

参与起草基本法，出席东京审判和“四人帮”审判，一起构成了他大半个世纪人生履历的三个高峰。

（摘自1997年6月20日《青年报》）

他们见证了东京审判

——记参与东京审判的部分中国工作人员

吴晨光

裘劭恒:说服末代皇帝出庭作证

上海淮海西路的一栋居民楼中,远东国际法庭中国检察官首任秘书裘劭恒在此隐居。2005 年 6 月,记者敲开了裘家的大门,老先生的妻子——一位气质优雅、操着上海口音的女士客气地谢绝了采访的要求,“他的身体不好,已经不见客了”。93 岁的年龄加之病痛的折磨,让裘先生不能像当年一样侃侃而谈东京审判的过程。只是从家中高挂的历史照片中,能感觉出 60 年前的神采、气度和责任感。

裘劭恒于 20 世纪 30 年代,获得了东吴大学法学士的学位。1946 年,远东国际法庭组建时,作为中国检察官向哲浚的首任秘书,他肩负着搜寻证据的艰巨任务。

1946 年 2 月 7 日,向哲浚和裘劭恒一到东京,就向国际检察局递交了中国政府认定的 11 人的战犯名单。名单中,位列第一的战犯是日本侵华的间谍头子土肥原贤二,排在第二的是曾任日本关东军司令的本庄繁——当时的国民政府并不知道这名战犯已经自杀,第三则是南京大屠杀制造者谷寿夫。

国民党政府最初以为作为战胜国,审判仅是走过场,但对于采取英美诉讼程序的军事法庭,有没有证据、证据是不是有力、会不会被对方驳倒,是能否判定战犯罪名的唯一标准。中国方面的一纸名单,对于检察方是远远不够的。于是在 1946 年 3 月到 4 月,向哲浚和裘劭恒频繁回国,前往过去的敌占区和遭受过日本侵略迫害的难民中寻找人证与物证。但由于战争期间中国方面没有注意搜集和保留证据,日本方面又严守军事秘密,投降后又销毁了大量犯罪证据,让中国检察官向哲浚的工作困难重重。

但裘劭恒最终找到了南京大屠杀的幸存者尚德义、伍长德,目击者美籍医生罗伯特·威尔逊、约翰·梅奇牧师等关键人物,检察官向法庭提供的证人、证词和其他证据材料堆起来有一尺多高。大屠杀策划者松井石根在审讯伊始百般抵赖,但很快被检察官驳斥得哑口无言。

1946 年 8 月,伪满洲国皇帝溥仪出现在法庭上,在东京引起了轰动。末代君王是国际检察处 3 个王牌证人之一,他整整出庭 8 天,创下了单人作证最长时间的纪录。而这名关键人物是被裘劭恒说服出庭的。

“他头一次看见我,见我是中国人,怕得要命,以为中国人要把他当汉奸审判。我告诉他说,来东京让他做证人,是去证明日本人怎么利用他做傀儡侵略中国的。他开始还半信半疑，后来我去监狱次数多了，连陪在旁边的法警也不怎么听我们谈话了，他才逐渐放松起来，最终接受了法庭的要求，出庭作证。”裘劭恒回忆说。

“裘先生工作能力很强，是检察官的得力助手。”高文彬评价说。在日本工作半年之后，他返回上海继续从事律师工作，他的遗缺由翻译高文彬接任。

解放之后，裘劭恒所受到的冲击比高文彬小得多，他先在上海外语学院任教。1980年，突然接到了政府“火速进京”的通知，当他到全国人大常委会办公厅报到时，他被告知已内定任命为全国人大法制工作委员会副主任，要他与邹瑜（曾任司法部长、中华全国法学会会长）一起，代表全国人大常委会对外进行解答“林、江两案”的一些法律问题。不久后，特别法庭庭长江华通知裘劭恒，经全国人大常委会批准，决定任命他担任特别法庭的法律顾问。

工作结束之后，他又返回上海。也有不少媒体走进他的生活，尤其是在抗战胜利纪念日的时候，这位中国检察官秘书与参与过东京审判的其他人一样，秉承着这样的态度：历史不容篡改，忘记它，就意味着背叛。

2009 年 9 月，裘老在上海安然逝世。

法官梅汝璈

1904 年生于江西南昌，1924 年从北京清华学校毕业后赴美留学，获得斯坦福大学文学学士及芝加哥大学法学博士学位。

从 1946 年 1 月审判日本战犯东京国际军事法庭组建到 1948 年底，梅汝璈和来自其他国家的同行一道，出色地完成了这一被写入史册的国际审判任务。军事法庭的 11 名法官中，一些人主张对战犯从宽处理，梅汝璈用充分的证据证实了日军的暴行，主张对日军首恶必须严惩，结果以 6 票对 5 票的微弱优势，把南京大屠杀的罪魁祸首松井石根等 7 个日本主要战犯送上了绞刑架。最终，经过他的反复交涉，这次历史性审判形成的国际刑事判决书中，留下了梅汝璈代表 4 亿多受害中国人民写下的控诉书。

新中国成立后，梅汝璈应邀担任外交部法律顾问。1973 年，梅先生去世。此前他曾说过这样一段话：“我不是一个复仇主义者，我无意于把日本帝国主义者欠下我们的血债写在日本人民的账上。但是，忘记过去的苦难可能招致未来的灾祸。”

检察官向哲浚：东京审判起诉书中国部分的撰写人

生于 1896 年，少年时留学美国，获华盛顿大学法学士学位后回国效力。1946 年 2 月 7 日，向哲浚一到东京，立刻向国际检察处递交了中国政府认定的 11 人战犯名单。之后，向哲浚和秘书裘劭恒频繁回国，前往过去的敌占区和遭受过侵略迫害的难民中寻找人证与物证。

到了 1946 年春天，最重要的工作就是撰写起诉书。起诉书中国部分的撰写自然就落在向哲浚身上。在他的据理力争下，1928 年 1 月 1 日，即“皇姑屯事件”东北张作霖将军被日军炸死之日，被正式确定为对日本战犯起诉的起始日，而这部分起诉书的撰写工作终于在 1946 年 4 月 28 日全部完成。

回国后的向哲浚执教于上海财经学院，1978 年在上海去世。

高文彬：东京大审判最后的中国全程见证者

刊登于 1937 年年末东京《日日新闻》上的照片震惊了世界，“百人斩超记录！”这家日本知名媒体竟使用了如此标题。图片上的两名日本少尉军官——向井敏明与野田毅——他们并肩站立，军刀拄地，脸上流露出日本武士式的狞笑。他们的身后，是 211 名无辜中国人的冤魂。在南京大屠杀中，以军刀砍掉中国人头颅的数量作为“竞赛”，最终以向井杀死 106 人“获胜”，而野田失败的原因，是军刀“卷了刀刃”。

1947 年，东京，远东国际法庭中国检察官办公室。24 岁的检察官秘书高文彬在浩如烟海的资料中，发现了这份报纸。“当想到自己的同胞像牲口一样被屠戮时，我的心都碎了。”他说：“作为中国人，唯一的想法就是将他们逮捕法办。”

载有两名刽子手照片的《日日新闻》，经高文彬之手传回中国南京审判日本战犯军事法庭。对东条英机等 28 名日本甲级战犯的审理，是在东京远东国际军事法庭进行的；而对于亲手屠杀中国人的乙、丙级战犯，则在中国国内的不同地区接受审判。。

“证据引起了中国法庭的高度重视。”高文彬回忆说，“他们通过盟军司令部，抓捕逃回日本的向井和野田。由于重名者很多，搜寻几乎持续了半年。最终在两人的家乡日本崎玉县，盟军抓到了他们。刽子手已经脱掉军装，头裹白布，在路边摆摊做起了小生意。”根据中国第二历史档案馆的记载：尽管两人在南京军事法庭上极力推诿，但因证据确凿，最终被判处死刑。1948 年 1 月 28 日，两杀人犯被押送到南京雨花台刑场，执行枪决。

1948 年初夏，国际军事法庭审讯结束，同年 11 月 12 日，长达 1 200 多页的判决书终于出炉。东条、土肥原、板垣等 7 名战犯被判处绞刑，其余 21 名战犯被判处刑期不同的徒刑，东京审判至此宣告结束。

远东国际法庭法官梅汝璈、检察官向哲浚、检察官顾问倪征■等人一下子成为民族英雄，而高文彬的母校东吴大学法学院也因此更加著名。在赴日参加审判的十多名中国人中，70% 以上是东吴大学法学院毕业生。

2005 年 6 月间，82 岁高龄、已经满头银发的高文彬翻开所珍藏的相片时，眼睛里流露出飞扬的神采，他指着与他一同赴日参加东京审判、出任检察官顾问的鄂森先生的照片说：“这是我尊敬的师长。”

1945 年东吴法学院毕业纪念册的序言是由鄂森执笔，写有：“春秋朝夕，影烟暮霭。中言而发，愀然而起。当其一纵一横，舌簧如电，目耀如星，充分表现习法者应有之精神。茫茫禹域，整顿匡扶，责任在吾徒！法制兴邦，培材沪上，几辈已前驱！”

毕业后，高文彬先后担任国民政府地方法院刑庭书记官、老闸区公所户政股股长。因目睹官场腐败，愤而辞职。就在感慨青春不再的时候，命运发生转折，1946 年 4 月东京国际军事法庭中国检察官向哲浚来沪招募英语翻译。经过考试，高文彬被录用。是一架美国军用飞机将高文彬送往东京的，1946 年 5 月，从上海到东京的航程需要 3 个多小时。与高文彬同行者还有周锡卿、张培基、刘继盛、郑鲁达，因英文出色，他们被远东国际法庭中国检察官向哲浚先生选为翻译，半年之后，脱颖而出的高文彬又担任检察官秘书。

高老回忆说:“在东京期间,一般工作日,早上八点半,都会准时来到办公室,收集证据,并将那些沾满中国人血泪的证词翻译成英文。一位年轻的美国少尉也会把前一天的庭审记录送来,由中国检察官秘书仔细阅读、整理后装订。每位法官或者检察官只有一份记录,但我要求提供两份。除了为向先生保管一份外,我打算把另一份带给我的母校——东吴大学法学院。在审理涉及到与中国关系密切的部分时,检察官秘书也会来到现场旁听。”

回忆到当时情景,他又说:“二战后的东京一片萧条。街头的小贩,为生意的不景气满面愁容。而在地铁中,年轻的女子会主动拉客,生活的艰苦让她们不得不放弃尊严。”

“由于中国人是战胜者,所以也受到了很大的‘礼遇’。当在商店和日本人碰面时,他们都会回避。如果你是弱者,他们会飞扬跋扈;一旦你强过他,他就会对你心服口服。”

“当时我住在东京市中心七重洲旅馆,与一美国军官同室。最初每月的报酬是250美元,当调任秘书职务后,薪水增加到300美元,生活可以过得非常充裕,当时每月的住宿费用只需两美元,而每天的伙食费是1.2美元。”

“审判是在东京涩谷区的日本陆军省旧址进行的,法庭上飘扬着11个战胜国的国旗,包括中、美、苏、英、法等,而法官也来自这些国家。审讯工作从1946年5月3日开始,由检察长、美国人季楠向法庭呈递起诉状。开庭之前,先由荷枪实弹的美国宪兵将全部被告人从监狱中提出,押上军车,车窗上蒙着黑布,而当下午审理结束后,再按照原样将全部被告押回监狱。”

“28名被告人被指控犯有55项罪状,主要被归结为破坏和平罪、违反战争法规及违反人道罪。”高文彬说,“审理共经历两年半时间,开庭818次,受理证据4 000多件。东京审判与同一时期欧洲纽伦堡法庭对德国纳粹的审判,是《国际法》的重要发展,为《联合国宪章》中关于制止侵略、和平解决国际争端奠定了法律基础。”

尽管出庭时间不多,但每天阅读庭审记录让他对审理过程了如指掌。年近80岁的时候,他以寥寥几千字清晰地概括了远东法庭成立的背景及审理过程。

他又对流行一时的《远东国际大审判》一书中的谬误,提出了自己的观点。在抗战胜利60周年时,老人痛心地说:“最为遗憾的是,我从东京带回来的两大箱庭审记录,在上交后全部失散。很多历史资料就这样湮没在岁月中。”

中年受委屈　晚年才辉煌

在拥有两年多东京审判的经历之后,检察官秘书又回到上海,成为国民政府外交部驻上海办事处的一名专员——相当于今天的科长。1949年,当红旗插上这个大都市的城头,解放军接管了高文彬所在的机构,他留在这里继续服务。

没有任何征兆,无妄之灾在1952年降临到高文彬头上。受东吴大学一名被错打成“特嫌”师长的牵连,他被逮捕,被判8年徒刑。期满后,原籍地上海不肯接收,只能在劳改农场待到1978年。

是邓小平的复出给他带来了希望。1979年冬天,56岁的高文彬回到了阔别28年的上海。他身上的蓝色棉衣四处露出棉絮,手里只有一个破木箱。当他走出上海火车站时，有人把这位参加过东京审判的英雄斥为“叫化子”。上海海运学院收留了他，如今，这所学校已经更名为上海海事大学。年近花甲的老人在这里拥有了教授头衔，主讲国际海洋法和国际私法。后来政府要对他的冤案进行补偿，但被他谢绝了。理由很简单，27 年的牢狱生活是金钱补偿不了的。

1984 年，南京大屠杀遇难同胞纪念馆工作人员找到了他，他参与东京大审判那段辉煌的历史终于被写入史册。今天，老人的巨幅照片被挂在纪念馆的“东京审判”栏目中，他是目前健在的唯一全程见证历史审判的人。

1991 年，高文彬应邀赴美国缅因州州立大学法学院和加州大学海斯汀法学院讲学。海斯汀法学院是一所当时全美排名第十的法学院。他被该院推荐为“马文·安特生基金会”第一任外国专家讲师。毕竟已经是一位七十多岁的老人，病痛折磨着他。1992 年之后，他一直在家休养，并指导着海运学院的十几名研究生。

目前他依然热衷的是东吴大学上海校友会工作，经常参加每周的理事会，出谋划策，热心为校友们作贡献。

东吴学子的书生义气

上海昆山路 188 号，东吴大学法学院遗址。自 1915 年建院，这里为中国培养了数百位法律与会计专业精英，包括新中国首任国际大法官倪征燠、小说家金庸等人。在 20 世纪初期，它被称为世界上最优秀的比较法学院之一（这里的学生兼修英美法与大陆法，并在学习中感受两种法系的异同）。1941 年，21 岁的高文彬走进白色小楼，成为大一新生。

当时上海已经沦陷，为了避免在汪伪政府“注册”，从 1941 年到 1945 年，法学院曾多次搬迁。先是从昆山路避入一座教堂，最后又转移到南阳路爱国女校。在颠沛流离中，高文彬学习了数十门课程——其中关于外国法律，都是全英文讲授。

“我们不敢高喊爱国口号，但没有人不痛恨侵略者。”他回忆说，“在我就读于东吴时代，上学时要经过一座位于常德路的日本侵略军兵营。为了表示对他们的厌恶，我宁可绕远路走。”

日本侵略者无条件举起白旗投降的时候，高文彬获得了法学士学位。在当时，很多国人都是文盲，可以想象一个法学士的珍贵。毕业纪念册上，同学对他评价道：“君神采清朗，短小精悍，雄于膂力，同窗咸戏称其有‘气功’。兄之力学精神，尤非浅浅之徒所可望其项背。兄于英文，甚宗麦考利，读《约翰生传记》，不数日，即能默诵全书……”［麦考利-Maculay，Thomas B.（1800—1859）英国政治家、历史学家，著有《英国史》等］

60 年前的毕业纪念册已经泛黄。1993 年，一位名叫薛波的陌生人敲开他的家门，请他参与到《英美法大词典》的编辑工作中去。

目前，世界上有两套法律体系并行——中国等国执行的是大陆法，而英、美等国运用的是英美法。国际交流的增多尤其是中国“入世”之后，没有英美法工具书，使中国的涉外交往人员举步维艰。自 1993 年起，中国政法大学硕士薛波联络了一批熟悉英美法的人士，开始词典的编撰。

“解放后中国对于英美法教育的断代，让工作陷入僵局”，薛波说，“在多方求助之后，我们终于找到了这批东吴学者，从此，工作峰回路转。而参加过东京审判的中国人，有1/3成为词典的编审。”

高文彬所负责的，是以A、D、H为首的词条的校订。北京方面会把经过英中对译的初稿送到他的家里，而后定期把校订后的稿子取回。薛波至今保留着老先生们一字一句校对的底稿，他们的敬业精神，不时让薛波这个坚强的男人禁不住流泪。高老说：“我的参考书是英国《牛津法律大词典》、美国《布莱克法律大词典》等6本砖头一样厚的工具书，在桌子上翻来翻去确实费力。”

由于词典的编辑是个人行为，薛波没有向老先生们许诺任何报酬，但这根本不妨碍工作的进展。直到2003年5月，这本收录了50 000个词条、厚达1 434页的词典出版时，高文彬已经83岁了。

数名老人在编辑过程中去世，而1998年的一场中风也让他精力大不如前。词书的扉页上，记录着这些老人的名字。“这是在参与东京审判之后，我人生中第二次辉煌。”高文彬说。

在上海东长治路的一个幽静的住宅小区内，老人品味着他的一生。他精神矍铄，腰板笔直，声音洪亮，但记忆力有些衰退。高老说：“但有一点我永远不会淡漠，那就是日本对我们的侵略，很多时候，当我闭上眼睛，我过去所翻译的几十万字的中国人的血泪证词，就呈现在我的脑海中，历史不能被遗忘，绝对不能！”

（《南方周末》记者吴晨光原作，叶力编辑，全文经高文彬审定）

我的父亲向哲浚

向万隆

爱上学的农家穷娃

父亲在湖南农村长大,家里很穷,但念书很好,被保送到长沙修业学校。代数老师就是徐特立,他也做过毛泽东的老师。清末民初,湖南是开风气之先的地方,血气方刚的父亲说,有一次徐特立咬破手指,血书八个大字"驱除鞑虏,恢复中华",给学生留下了深刻的印象。他们一班年轻的少年,也在衣服里缝上了"匈奴未灭,何以家为"的字样。那时候并不懂事,心里头是一种朴素的冲动。

1908 年开始,美国人用"庚子赔款"招考中国学生赴美留学。在北京成立了留美学务处,也就是清华大学的前身。1912 年,父亲在长沙看到招考通知想去考,可修业学校不同意,父亲就偷偷地改了名字去报名。他原来叫"向哲文",这时改成了"向哲浚",他告诉过我,这名字是从《尚书》"浚哲文明"这句话来的。没想到,父亲居然"连中三元",长沙、湖南、北京三级会考都是第一名。

1917 年,父亲被美国耶鲁大学录取,1919 年国内爆发"五四"运动的时候,身为学生会主席的父亲组织留学生,声援撤回领事裁判权。后来,父亲拿到了美国国会图书馆的奖学金,转入乔治·华盛顿大学,直到 1925 年拿到法学博士学位,前后在美国呆了 9 年。直到晚年,他仍保留那段生活的痕迹,比如八十多岁还去游泳、跳水,和夫人儿媳一起坐公交车出门,有座位一定是让她们坐。

回国后,父亲先在大学教书。后来,政府要撤回领事裁判权,需要人从事这项工作,父亲因为在耶鲁时有过这么一段经历,就被选中了,进入了公务员系统,先后出任苏州地方法院院长、上海第一特区地方高等法院首席检察官。

两手空空,受命赴日

"八一三"事变上海沦陷后,起初我们并没有走,后来特务想拉父亲下水,为避其魔爪才离开上海。当时政府公务人员多去后方继续任职,把家眷送到乡下老家避难。于是,母亲带着哥哥姐姐和我逃到苏州,父亲则和他的莫逆之交,日后东京审判的战友倪征日奥乔装成商人步行逃出上海,辗转到了重庆、贵阳。

1945 年抗战胜利,全家人回到上海。不久,父亲奉召到重庆,组建出席远东军事法庭的中国代表团。他选择担任检察官,推荐清华的师弟梅汝璈为中国法官。梅先生是大学教授,著作等身,但没有一线的司法实践经验,父亲因为担心盟军司令部以此为由拒绝梅先生的出任，就和修业学校的老同学、新疆警备区司令陶峙岳打招呼，出具了一份梅先生在新疆担任法官的证明。

1946 年 1 月份，母亲带着我们去虹桥机场送父亲。那时我很小，只有一个模糊的记忆。父亲走得非常仓促，什么准备也没有，只带了助手裘劭恒和一份战犯名单。

到了东京后，父亲发现人手和资料远远不够，就重回上海，招募了四个年轻人从事翻译和助手工作。中国代表团前后派出了 17 个人，这在当时的各国代表团中是很单薄的，美国团有 100 多人。

说动溥仪，收集证据

远东国际军事法庭采用英美法系，假定被告无罪，控辩双方就证据进行辩论，法官如果认定证据不足，可以拒收。被告拥有充分的辩护权利，日美两国大律师组成的庞大辩护团多达 86 人，审理过程充满了激烈的交锋。

身为检察官，父亲的职责就是收集证据。

1946 年春，法庭开始起草起诉书，在确定对日本战犯的起诉起始日时，产生了分歧，中国检察团将 1928 年 1 月 1 日张作霖被日军炸死的“皇姑屯事件”作为控诉罪犯的起点。父亲说，张作霖实际上是当时华北和东北的最高行政长官，一个国家制造阴谋炸死了另一个国家的首脑人物，这不是战争行为吗？最后得到法庭同意，因此起诉起始日从抗日战争爆发的 1937 年前推了 9 年。

日本战败后，伪满洲国皇帝溥仪本想逃到日本，但被苏联红军扣住，关押在西伯利亚。后来苏联人把他带到东京，准备传讯。溥仪受到日方威胁，很害怕，父亲就和助手裘劭恒去见他，反复劝他放下包袱，出庭作证，最后溥仪连续出庭八天，是东京审判作证时间最长的重要证人，指认了日本策划建立了伪满等事实，提供了有力的证据。

东京审判持续了三年，在我模糊的印象中，父亲经常回上海来，不过每次回来都很匆忙，就是为了收集证据。日本投降后销毁了大量的资料档案，战时的中国人也没有意识到要保存侵略屠杀的证据，这对起诉定罪很不利。所以，父亲带着助手，多次去过去的占领区寻找人证物证。在日本，他们还从被查封的日本陆军省档案库存中寻找侵略的蛛丝马迹，夜以继日地翻译、摘抄，整理有用的资料证据。有篇纪实文学中写道，父亲他们因为劳累晕了过去。我问过高文彬先生，他说，这倒没有，但当时的工作的确强度非常大。“南京大屠杀”的罪证也是父亲和同事们收集呈交法庭的，对处决日本多名甲级战犯起了很大的作用。惨绝人寰的南京大屠杀在日本国被描绘成日中亲善的友好行为，日本和国际社会并不知道真相。父亲说服了首席检察官季楠，一起来到南京，亲自感受屠杀现场和幸存者的惨痛回忆，让他对南京大屠杀有直接的了解。后来，父亲安排了多名证人出庭，其中有约翰·马吉，当时他冒死拍下了一段日军屠城的录像，还有一位牧师。父亲知道，在一个国际性的法庭上，亲历灾难的国际人士的证词更有说服力。

亲历东京大审判的苏州人——杨寿林、孙美成

管有明　仲　鑫

家住苏州市彩香二村的孙美成老人今年 85 岁，和其他八旬老人不同的是，她和她的丈夫杨寿林作为苏州人，亲历了当年全世界瞩目的东京大审判。她的丈夫后来还作为法官，在后期参与了对日本甲级战犯的审判。孙美成是在审判后期赶赴东京与丈夫相聚的。那段日子，他们见证了东京大审判。记者来到老人的家中，老人看起来精神很好，也很健谈。老人对于那个年代发生的许多事情，仍记忆犹新。

相恋时正值东京大审判

孙美成比丈夫杨寿林小 12 岁，两人都曾在东吴大学读过书。出生于 1911 年的杨寿林，自小聪明过人而且成绩优秀，年轻时在苏州城里就小有名气。高中毕业后，他考入了上海一家公司，在公司法律部工作。同时，他又到东吴法学院读书，毕业后担任了这家公司的法律部主任。孙美成的父亲是原东吴大学附中校长，而杨寿林有位朋友正好是这位孙校长的学生，他觉得杨寿林各方面的条件都不错，在 1946 年的时候，找了个机会把他介绍给了恩师的爱女。

这时，杨寿林已经作为中国法官梅汝璈的秘书，开始参与东京大审判。此后的日子，他们每个星期都会通一次信。1947 年初，杨寿林来苏与孙美成举办了婚礼。因为他还要去东京国际法庭工作，当时连新房都没有布置，而且他把蜜月改成了“蜜周”，仅仅在苏州、上海住了一个星期，就一个人直赴东京。

见证那段特殊的日子

1947 年下半年，杨寿林为孙美成办好了所有的证件，并请人陪着她来到东京。此时，孙美成才有机会了解丈夫当时的工作。

当时代表中国参与审判的法官是国民政府立法院外交委员会主席梅汝璈，他的秘书原来是杨寿林在东吴大学的同学方福枢。1946 年 7 月前后，方福枢因病不能继续工作，急需回国治疗。于是由他推荐，经梅汝璈同意，邀请杨寿林任秘书。接到梅汝璈的要求后，杨寿林毫不犹豫地辞去工作，于 1946 年 9 月 18 日飞往东京，他和随后赶去的妻子也成了唯一一对见证东京大审判的苏州夫妇。

杨寿林到东京后的第二天就开始工作了。审判战犯时，书记官一般都是坐在前排，这里距离那些罪恶滔天的战犯们最近，杨寿林在这里看到了奸诈多变、嬉皮笑脸的板垣征四郎，当年就是他策划发动了“九一八”事变；也看到了当年在中国指挥“杀人比赛”的

松井石根傻呆呆地装可怜……尽管这些当年挥舞着刺刀在中华大地上肆意横行的恶魔们早就失去了以往的嚣张气焰，但有些人对于自己所犯下的罪行拒不认账。后在中国检察官所提供的材料面前，这些人才不得不低下了头。

法庭共审判日本甲级战犯 28 人，其中永野修身和松冈洋右不久病死，大川患了精神病，因此法庭中止了对上述三人的审判，受审战犯剩下 25 人。这次审判也成为历史上规模最大的案件，审判记录有 48 421 页，判决书长达 1 213 页，法庭工作人员足足写了三个多月，其中许多法律文书都是杨寿林所写的。1948 年，随着对日本战犯审判工作的终结，审判庭解散，工作人员各自回国。此时，东京盟军总部又另外组建了法庭，杨寿林被留下，担任另一甲级战犯田村浩的审判法官。

回国后双双教书育人

1949 年年初，杨寿林与与孙美成一起回国，并在上海定居下来。因为不习惯上海的生活，孙美成不久回到了苏州，而杨寿林则继续留在上海。

对于他们来说，1949 年是值得纪念的一年，不仅他们结束了在东京的工作，这一年也是全国解放的时间，他们唯一的女儿也于这一年的 11 月出生。解放后，杨寿林一直在上海工作，先后在东吴法学院和复旦大学教授国际法，后来又在上海外国语学院英文系任教。而孙美成一直在苏州工作，先后在苏州东吴大学附中、苏州市第十七中学等学校任教，女儿也跟着母亲在苏州生活。他们夫妻俩一直在教书。每到寒暑假，他们一家人才能长时间相聚。而更多的时候，杨寿林因为放心不下分居异地的妻女，不停地在上海和苏州两地来回奔波。

1986 年 1 月，杨寿林把他当年留下的 140 多张关于东京大审判内容的照片赠给了中国革命博物馆。当年 2 月，中国革命博物馆把翻印好的照片装印成精装册回赠给杨寿林。1992 年，杨寿林去世。而孙美成至今一直完好地保存着那两套记录着历史的相片册。她说，这不仅是历史的见证，也是他们早期共同生活的见证。当记者走进孙美成老人家中时，她又把这些保存完好的“宝贝”拿了出来。

（摘自《城市商报》2006 年 8 月第 1679 期）

人间正道是沧桑

——记原苏州市副市长、江苏师范学院副院长潘慎明

沈　亮

1888 年,潘慎明出生在苏州的望门大族,他经历了清朝、北洋政府、国民党统治、八年抗战、新中国成立等中国近代史上天翻地覆的变迁,从一个封建世俗子弟到民盟盟员,直到共产党员、人民政府副市长。

19 岁的潘慎明第一次走出家门,先后就读于武昌文华书院附中、金陵大学附中和金陵大学,1912—1915 年又回到家乡东吴大学求学,毕业后留校任教。

潘慎明

1924 年,潘慎明获得洛氏奖学金,远渡重洋,前往美国芝加哥大学研究院深造,一年后获理科硕士学位。1925 年 7 月,潘慎明回到东吴大学,再次任教,并担任教务长。

1927 年,学校新的董事会还没有建立,因为平时为人正派,教学严谨,在学校中有一定的声望,东吴师生推举时任文理学院教务长的潘慎明担任代理校长,直到当年 12 月底新任校长杨永清到任就职。

1931 年,潘慎明再次前往美国,在芝加哥大学攻读生物化学。1932 年,学成归国后继续在东吴大学任教授、理学院院长。1937 年抗日战争全面爆发,他与同事们一起,将文理学院、法学院迁至上海公共租界慕尔堂上课。1941 年 12 月太平洋战争开始,日本军队占领租界,潘慎明作为东吴大学教务长兼代文学院院长,与沈青来教授等组织师生分批撤离上海,经江西、福建到达广东曲江复课,后又辗转至重庆。1944 年到 1946 年,又到江西中正大学任工学院院长兼化学系教授。抗战胜利后,1946 年东吴大学迁回苏州,是年 8 月回校继续任化学系教授。

1949 年新中国成立,人民政府求才若渴。61 岁的潘慎明再次担任东吴大学副校长。1952 年院系调整后,又任江苏师范学院副院长。驻东吴大学的解放军代表宫维桢和工作组组长吴天石经常与潘慎明促膝谈心,宣传党的知识分子政策。共产党干部廉洁奉公,作风踏实正派,尊重民主人士,解放军官兵严格执行三大纪律八项注意,遵守入城规定,使他感到中华民族振兴在望,一个爱国知识分子梦寐以求的理想已成事实。

1950 年 7 月 1 日,潘慎明向党组织郑重地交上了入党申请书。此时的他,已是中国

民主同盟中央委员会委员、民盟江苏省委副主任兼组织部长，江苏省人民代表大会代表、苏州市人民委员会委员、副市长，苏州市政协副主席。这位68岁老人写道，我现在谨向敬爱的党提出我的入党申请，我将怀着万分兴奋的心情，在这个伟大的集体中开始我的新生……建国以来在党的直接领导下工作学习和改造，是值得自豪的一生中最大的幸福。1959年，新中国成立10周年之际，71岁的潘慎明终于被批准入党，成为一名光荣的共产党员。

在十年"文革"浩劫中，他和许多知识分子一样，没有逃过此劫。一条条莫须有的罪名，一顶顶大得吓人的帽子，不断加在他头上。在造反派举办的老东吴学习班中，挨批斗、被非法审查，精神上、肉体上受尽侮辱和折磨。但是他爱党爱国之心始终不渝，坚信党总有一天会拨乱反正。在年迈体衰、行动不便的情况下，还要家人搀扶着去参加整党学习。当时他的记忆力已严重衰退，有时竟连子女的名字也分不清，但念念不忘自己是个共产党员。在党组织遭到干扰，组织生活无法正常开展的日子里，每到领工资，他就将应缴的党费用纸包好，写上日期，存放在书桌抽屉里，盼望亲手交给党组织，累积长达数年之久，直到病重住院。1971年5月去世，享年83岁。粉碎"四人帮"以后的1978年7月15日，苏州各界人士为潘慎明举办了隆重的悼念会，党组织对他忠于党、忠于党的教育事业作出了高度评价。

顾廷龙先生与上海图书馆

王世伟

在顾老逝世一周年之际，上海图书馆专门编辑出版了《顾廷龙先生纪念文集》，并于此前在上海图书馆古籍善本阅览室中专门开辟了“顾廷龙纪念室”。当我们缅怀顾老一生中为图书馆事业所作出的贡献时，不能不将顾老与上海图书馆联系起来，而顾老对上海图书馆所作出的开创与奠基之功，使我们可以看到建国50年上海图书馆事业的巨大变化和发展轨迹。

顾廷龙

1939年，顾老辞去燕京大学图书馆的职务，在“空无一人，空无一物”的困难条件下，毅然南下与叶景葵、张元济等文化学术界名人在上海创办了“合众图书馆”。在顾老的主持下，合众图书馆的文献采访、读者阅览等项工作迅速发展。至1953年，合众图书馆的图书已增至25万册，金石拓片多达15 000种，其中如叶景葵、张元济、陈叔通、叶恭绰、胡朴安、顾颉刚、潘景郑等名人学者以及盛宣怀、熊希龄等后人的私人捐赠使合众图书馆的收藏不仅数量多，而且质量高，也为以后上海图书馆的历史文献的收藏特色奠定了基础。

1949年上海解放后，上海图书馆的发展进入了一个新时期。顾老曾多次提起解放后上海图书馆的发展，当时的陈毅市长以及李亚农、徐森玉等均起过重要的作用。现在我们看到的上海图书馆的馆名就是50年代初期陈毅市长所题写的。1955年2月，顾老主持的合众图书馆易名为“上海市历史文献图书馆”。1958年，上海市历史文献图书馆与上海市科学技术图书馆、上海市报刊图书馆一起并入上海图书馆，上海图书馆成为仅次于中国国家图书馆的第二大馆。在顾老的主持下，上海图书馆在四馆合并的基础上不断发展，由顾老亲自主编的《中国丛书综录》、《中国古籍善本书目》等成为上海图书馆享誉海内外的文献整理的学术巨著。顾老以其独到的学者和出版家的眼光，将馆藏的宋刻《唐鉴》，清顾祖禹《读史方舆纪要》、《清代硃卷集成》等孤本秘籍影印出版，化身千百，使更多的读者能够方便地加以利用。在长期的图书管理实践中，顾老积极倡导文献的征集、整理与抢救，注重只字片纸的保存，使上海图书馆的文献馆藏在国内外众多的图书馆中形成了自己的特色；顾老主张图书馆员应树立方便读者的思想，全心全意为读者服务并身体力行，亲自为冯其庸、钱钟书等读者提书，并为其设立阅书专架，只要国内外的读者提出看书的要求，顾老总是来者不拒，有求必应，为全馆上下树立了“读者第一”的服务榜样；顾老要求图书馆员学业务、识书体、记书名，并亲自指导青年图书馆员练习书法、阅读文言文，告诫青年人要多做些基础的研究工作，不要急于成名。顾老的这些图书馆管理的思想与实践，成为上海图书馆发展的宝贵财富。80 年代末顾老担任上海图书馆名誉馆长后，依然十分关心图书馆事业的发展，他对盛宣怀档案、熊希龄遗稿等文献的整理都提出过具体的意见，并继续在华东师范大学等高校担任兼职教授，培养指导古典文献专业的研究生。

1966 年 12 月，位于淮海路高安路口的上海图书馆新馆对外开放，顾老当时从北京寓所赶来上海参加开馆庆典。在上海的一个多星期中，顾老心情格外高兴，他兴奋地说："上海终于有一个真正的图书馆了。"因为 1935 年落成的上海市图书馆面积为 3 470 平方米，图书容量 40 万册，阅览座位 300 个，但由于抗日战争爆发，开馆不到一年便关闭了。1951 年开始逐步启用作为上海图书馆馆舍建筑的原跑马总会钟楼建于 1933 年，连徐家汇藏书楼、长乐路书库等总计面积 35 000 平方米，藏书容量 1 000 万册，阅览座位 1 400 个。而 1997 年全面建成的上海图书馆新馆成为真正的图书馆建筑，仅新馆建筑面积就达 83 000 平方米，藏书容量已达 4 000 万册（件），阅览座位增至 3 000 多个，此外还有视听区、报告厅、多功能厅等 1 000 多个座位。从解放前的上海市图书馆到改革开放前的上海图书馆，再发展到跻身于世界十大图书馆之林的上海图书馆新馆，可以折射出建国 50 年、特别是改革开放以来上海图书馆事业的飞速发展变化。

人 物 志

卞济川

《淳化阁帖》的回归——汪庆正学长功不可没

久已为人们所淡漠、陌生乃至忘却的《阁帖》,如今穿越历史的烟尘,从海外姗姗归来,落户于有着海纳百川、追求卓越精神的上海博物馆。

启功说:《阁帖》的回归,是解放后回归文物中的一件大事,现由上海博物馆收藏,可谓物得其所,是再好不过的了。

上海博物馆举办了一次《淳化阁帖》鉴赏学术报告会,副馆长汪庆正先生在会上谈了购买《淳化阁帖》的购价问题。汪先生说外面都说他是陶瓷专家,又是陶瓷会会长,450万美元只不过是一件最好的瓷器的价钱,这两件东西要他选择,他首先抱回来的当然是《淳化阁帖》。

美国收藏家安思远说:是中国艺术给了我一切,我也要将这一切还给中国。

在1996年,安思远先生携《淳化阁帖》来到故宫博物院展览时,上海博物馆也十分注意这批珍贵文物。其实,汪庆正对安氏所藏《淳化阁帖》的了解,还在安氏刚刚购进时,他就得到这一消息。汪庆正一直在注意安思远的收藏动向。当他得知故宫博物院交换未成,安先生把《阁帖》带回,他就立即行动起来,请董建华的妹妹董建平等朋友几次帮助收购。

自安思远要卖《淳化阁帖》的消息传出以后,不断有人上门向他表示要买《阁帖》。安思远早就表示,不卖给日本人,所以对日本人的开价是1100万美元,那是存心不卖。为了避免夜长梦多,汪庆正代表"上博"接受了450万美元的价格。

《淳化阁帖》到上海博物馆后,汪庆正副馆长和"上博"的六七位书画家当晚进行了查验,汪庆正用他收藏的20世纪20年代珂罗版印刷的《淳化阁帖》与宋拓《淳化阁帖》一卷卷进行查对,逐一对照每卷的印章、题跋,经过仔细查对,验明正身,确认这4卷的确是北宋祖本。

陈忠诚学长

陈忠诚现任上海大学法学院终身教授,精通英、俄、日三国语言,一生从事法律与外语教学和科研工作。在双语辞书理论界又以"指谬专家"著称。翻译家陆虞孙教授曾形象地称其"对国内较有影响的辞书挑刺,报刊上越多褒评者,广告文字越不知节制者,越会激发他唐吉·诃德的好斗精神"。

陈忠诚1947年毕业于东吴大学法学院，两年后获法学硕士学位，期间曾在德士古石油公司任兼职法律翻译，并在母校讲授民法。1951年起，任最高人民法院华东分院编纂，介绍苏联法律，以后又在数家大学任教，在华东政法学院执教期间还兼法律学术交流俄语（50年代）、英语（70年代）及日语（90年代）口译。他在勤学苦练的基础上，对语言有着快速的接受及独特的领悟能力，因此对德、法、捷、波等语也能在读、听、说、写方面获得平衡发展。

自50年代从事法律外语工作以来，在此领域出版的译、著17本，如《中华人民共和国婚姻法》、《苏维埃民法中的买卖合同》、《法律英语五十篇》以及《汉英/英汉法律用语辨析词典》。他并希望词典编纂者，在语言实践中选择新词新译，新词正译，因为实践乃是"检验正误的唯一标准"。

近年来，陈忠诚还担任北京《法律英语世界》顾问，上海法制办译审顾问和某律师事务所法律英语审核，以其一贯的实践理念为著书立法提供活力。

（原文载《东吴上海会讯》2003年第2期）

我国著名昆虫专家胡经甫博士

管有明

胡经甫

胡经甫，名宗权，笔名胡烈。广东三水人。1896 年（光绪二十二年）生于上海。1912 年，以同等学历考入东吴大学附中三年级，此时对生物学开始产生兴趣。1913 年，升入东吴大学生物系学习。1915 年夏，奉派赴上海参加短期集训后，返校任童子军军长，任职 4 年。1916 年，于四年级时任助教，同年在《东吴季报》创刊号上发表《藻类之研究》和《读晋张华博物志》两文。1917 年大学毕业，获理学学士学位。留校任助教继续深造，兼读研究生。同年在《东吴大学丁巳级同学录》发表《生物学与中国之关系》一文。1919 年春，参加北平清华学校（清华大学前身）公费留美考试，录取后，因未完成硕士论文，申请延期一年出国。5 月 4 日，北平"五四"运动兴起，迅即传遍全国各地。东吴大学学生闻之亦即发动罢课、游行以响应，但受到校方压制。14 日，在法学院所在的上海昆山路景林堂召开校友、学生、家长联席会议，一致决议在该校负责人未引咎辞职前学生决不复课。会上胡经甫以学生会会员、研究生和助教三重身份，被推选为学生总代表，回苏州与学校当局谈判，结果不负众望，完成任务。1919 年夏，以论文《苏州的水蚤》获理学硕士学位，为国内第一个节肢动物学研究生；秋，受聘为上海圣约翰大学生物系讲师，讲授普通动物学、普通植物学课程。1920 年秋，公费赴美，入康奈尔大学，专攻昆虫学。1922 年夏，通过题为《襀翅目之形态解剖及生活史研究》的论文答辩，获哲学博士学位；秋，离美回国，应聘为国立东南大学（中央大学前身）动物学教授，与张巨伯、邹树文等同堂共事。1923 年秋，返母校东吴大学任生物系教授，讲授普通生物学、普通动物学、无脊椎动物学、普通昆虫学和生物标本制作法等课程，并指导研究生进行专题研究，同时创办东吴生物材料处，与生物系教师带领三名技术员，制作各种动、植物标本，供应国内大、中学校生物教学之用，并远销海外，颇负盛名。在此期间，他还被聘为江苏昆虫局技师、上海光华大学动物学教授。1924 年夏，清华大学开办中学生物教员补习班，他应邀为主讲之一。1925 年夏，参与发起创办北京博物学会。1926 年后，长期在北平燕京大学任生物系教授，后兼任系主任，主持教学与研究工作。编有《无脊椎动物学》、《无脊椎动物实验指导》讲义。1933 年应母校康奈尔大学之聘，任昆虫学客座教授一年。1934 年回国，翌年应聘为中央研究院第一届评议会评议员和静生生物调查所名誉教授。他为我国培养了大批昆虫学人才,著名昆虫学家刘廷蔚、徐荫祺、严家显、赵修复、林昌善等均出自其门下。1937年被北平博物学会授予“国王奖章”。1941年12月,应美国明尼苏达大学之聘,任客座教授。同月,太平洋战争爆发,被阻于菲律宾马尼拉。马尼拉沦陷后,得一华侨解囊相助,考入菲律宾大学医学院二年级为插班生,时年47岁。1945年春,在马尼拉市郊一医院实习。8月,第二次世界大战结束,当时胡经甫归心似箭,实习期未满,即乘轮回国,后在国内医院补足实习期后,由湖南湘雅医学院正式发给毕业证书。1946年,重任北平燕京大学生物系教授,开业行医。1950年,任中国科学院专门委员。7月,任中科院科学编译局名词编审委员会委员。1952年春,参加反对美国在朝鲜和中国进行细菌战活动;12月,在第二届全国卫生工作会议上获“爱国卫生运动模范”奖状。1953年,应中国人民解放军军事医学院邀请,任寄生虫系昆虫室一级教授、一级研究员,参加国防科研工作。曾两次获军事医学科学院嘉奖(所写论文属内部资料,篇目不详),立三等功。1954年10月,兼任中科院动物图谱编辑委员会委员。1955年,任中国科学院生物学地学部学部委员(院士)。晚年任《中国重要医学动物鉴定手册》副主编,负责篇写白蛉、蠓、虻、蚋之鉴定。

胡经甫教授学识渊博,他从事动物学教学与科研工作50余年,在昆虫形态学、昆虫分类学、中国襀翅目、双翅目蠓科的分类及水生昆虫等方面做了大量的基础理论工作,成绩卓著。在无脊椎动物学解剖方面对淡水海绵的研究也有颇多贡献。1913年,胡经甫即发现了一种产于澳门的蜡蝉(Trichoduchus china Wu),为我国第一个按双名法命名昆虫新种的学者。从1913至1949年,胡经甫教授先后发表学术论文86篇。襀翅目(Plecoptera)是昆虫纲中的一个小目,以前中国无人研究,胡经甫在数十年研究中,发表新种110种,新属3个,占我国已知种数的62%。在已知种中,由其命名的约占总数的70%。胡经甫从青年时代起,就立志要编一部昆虫名录,记录每一虫种的文献出处、异名分类地位和地区分布等。从1929年开始,他查阅各种资料,详细核实,至1933年完成初稿。《中国昆虫名录》从1934年开始陆续出书,至1941年才全部出齐这一巨著。该书分6卷,4 286页,25目,392科,4 968属,共20 069种。为编写这本名录,胡经甫曾赴美、英、法、比、德、意、瑞士等国,遍访有关学者,参观博物馆,核对有关中国之昆虫标本和记载,制作了大量卡片,花费了许多时间精力。该书的编写工作,几经修订,历时12年才完成。该名录将我国已经记载的昆虫种名作了一番梳理,是我国昆虫科学的奠基之作,为后来的昆虫学者进一步深入研究打下了良好的基础。

胡经甫还是中国学术团体的积极倡导者和参加者。1924年“六足学会”在南京成立时会员仅有20人(包括在校大学生),胡经甫为首批会员。1925年夏,他参与发起北平博物学会,又与秉志教授发起成立中国科学社上海分社,以研究生物为主,有“南秉北胡”之誉。抗战前后,他被推举为美国寄生虫学会中国分会、美国科学促进会、中国微生物病理学会会员,中华教育文化基金会科学委员,协和大学博物学会顾问,中国动物学会、北平博物学会、中华海产生物学会会长,《北平博物杂志》总编辑,《岭南科学杂志》编辑。

“文革”期间,胡经甫被诬为“反动学术权威”,身心受到严重摧残,1972年因心脏病发作含冤去世。粉碎“四人帮”后,1978年,科学界为之举行了追悼大会,公开为之平反昭雪,恢复名誉。

执着人生　追求不已

——访著名民法学家徐开墅教授

“徐开墅”这个名字，在法学界是广为人知的，50 多年法学研究和教学工作为徐先生赢得了广泛的声誉。五十多个春秋的风风雨雨，徐先生是怎么走过来的？在漫长的治学生涯中，徐先生是如何取得成功的？阳春三月的一个下午，我怀着崇敬的心情，轻轻敲开了徐先生的家门。在书房里，我看到徐先生正在伏案写着什么，宽大的写字桌临窗而放，两边都可以坐人。我马上意识到，徐先生可能常在这里面对面地给研究生授课。徐先生告诉我，他正在为上海市人民政府起草一个拍卖条例，已经基本完成，现在做着最后的“精加工”。我环顾这约摸 15 平方米的书房，发现四壁都是书架，书架上摆满了已经发黄但依旧平整的早期的法律书籍、近几年来出版的各种各样的法律书和许多外文书刊。令人感到非同寻常的是，书架上还陈列着不少古典文学书籍和文学鉴赏辞典。分门别类的许多牛皮纸袋叠得整整齐齐，其中塞满了有序分列的各种资料，充分体现了徐先生治学严谨态度。徐先生知道我的来意后，望着东墙上那幅朋友赠送的对联“重开绛帐千秋业，别墅青山万树青”，陷入了沉思，接着给我讲述了只属于他自己的历史故事。

徐先生就读的是当地著名的翰香小学。小时候的徐开墅学习上十分自觉。他除了通过努力学习打下了扎实的古文与外语的底子以外，还阅读了巴金等不少进步作家所写的文学作品，这些作品对徐开墅的世界观和今后的人生道路产生了重要的影响。

在巴金作品中所表现出来的反封建、追求自由进步思想的激励下，13 岁那年，他下决心独自离家出去，到上海投靠舅舅，并考上了沪江大学附中。在中学里，他不像其他许多同学那样虔诚地信教，而是花更多时间去阅读新文艺作品，并积极投身于当时的文学革命运动。他在学校里组织了“洪钟”文艺社，自己担任社长；他写诗、写小说，积极撰文投稿，他的文章《我与文艺》（刊载于 1936 年叶圣陶办的《中学生》杂志）鲜明地体现了“文艺为人生”的文学观念。

在中学里，徐开墅不仅喜爱文艺，数理化的成绩也特别好。高中快毕业时，学校告诉他可以直升沪江大学化学系。但他抱着为天下人争公平的愿望，放弃了直升沪江大学化学系的机会，毅然报考东吴大学法律系，并终于如愿以偿。

在东吴大学就读期间，徐开墅的主攻方向是民法和商法。这和徐开墅少年时代初衷文艺、主张“为人生的艺术”分不开。在他的眼里，民法和商法与每个普通人都有关系，所以一定要花力气钻研透彻。徐先生回忆说，在东吴大学，对他影响特别大的有这样几位老师：一位是曹杰，著名资深法官、庭长，东吴大学教授，解放后任国务院参事，著有《中国民法总论》、《中国民法物权论》等书。一位是耶鲁大学毕业的刘世芳教授，在东吴大学教德国民法和债法。还有一位胡长清教授,他编写的全套民法教材对青年时代的徐开墅有很大的启蒙作用。30 年代末,大学毕业前后,他在《文汇报》、《中美日报》副刊发表法学论文,并兼任两报法律顾问栏编辑,为读者答问。徐开墅还在李石曾主办的《世界日刊》上发表宪政论文,呼吁停止内战,劝说国共合作,实行宪政。1940 年徐开墅大学毕业,获法学士学位,并留校任教。1947 年,与杨永清(东吴大学校长)、黎照寰(交通大学校长)等一起,被东吴大学法学院聘为抗战后的第一批教授。

1940 年至 1951 年,徐开墅曾在上海东吴大学法学院、上海法学院、大夏大学、光华大学、复旦大学和上海法政学院任教,受聘为副教授、教授,讲授民法、商事法、民诉法等课程。解放后,任上海市人民法院审判员、市教育局研究员等,还兼任区教育工会业务委员会主任。虽然在"反右"和"文革"中,他两次遭受挫折,但其对共产党、对祖国、对法制事业的热爱之心仍矢志不渝。1980 年起,受聘于上海社会科学院,任民法、国际私法教授,法学研究所特邀研究员,研究生导师和导师组长。曾招收、指导过 5 届硕士研究生。近 10 年来,徐开墅还在华东各省市和天津等地讲学,并兼任江西大学、安徽大学、南开大学、华东政法学院、外贸学院等多所高校的教授、研究员和研究生导师。他先后为各校开设过民法专题、外国民商法、比较婚姻家庭法讲座,为研究生讲授公司法、票据法、保险法、破产法、涉外经济法等课程。他推荐研究生出国深造,参与评审法学专业高级职称。如今,徐开墅先生真可谓是桃李遍天下。他的学生中有著名大学的教授、副教授,各级法院的院长、副院长、审判员等。当年的学生一谈起徐开墅先生的为人和谆谆教诲,无不感动、敬佩。而徐先生则常常说:学生能取得成就,就是对我最高的奖赏;他们进步得快,我就得到了精神上最大的安慰。50 多年来,徐先生撰写、主编、翻译了大量著作,其中有专著《民法债编各论》、《契约法的比较研究》,论文《我国宪法与民事立法》、《论民事活动中的法律责任》(此文获上海市法学优秀论文一等奖)等几十篇,以及主编《民法通则概论》,合编《国际私法公约集》等。他的著作和各种学术成果在国际学术交流中深受东西方学者,尤其是日本、美国民商法学家的赞誉。1984 年,他在上海市民主党派"四化"成果展览会上,被列为"为健全法制奋斗不息"的四位法学家之一。1986 年荣获上海市人民政府颁发的法学成果奖励证书,记功一次。1993 年被上海市人民检察院聘为特邀研究员。同年岁末,黄菊市长、徐匡迪副市长亲自向第一批受聘的市府立法顾问发聘书,其中最年长的就是民商法专家徐开墅。最近,他还被英国剑桥传记中心邀请入选 1994 年《世界名人录》。

自 1990 年起,徐开墅担任东吴比较法进修学院副院长兼教务长,为东吴出力。

(摘自《检察风云》1994 年总 78 期)

忆徐荫祺教授

生物系51届　裘明华　生物系49级　归　鸿

徐荫祺教授祖籍江苏省常熟市,出身于苏州市一个教师家庭。青年时期就读于东吴大学附中,自幼聪颖好学,成绩优异。中学毕业后直升大学。在大学期间,学业超群,屡获 Beta Beta Beta 和 Phi Tau Phi 的荣誉称号。1926 年获理学士学位,毕业后留校任教。1927 年入北平燕京大学攻读硕士研究生。1929 年夏,通过题为《中国的蟋蟀科(Gryllidae in China)》的论文答辩,以出色的成绩获硕士学位。《中国近代昆虫学大事记》(1987)称:"该论文的发表(《北平博物杂志》),是我国最早的系统分类学代表作。"同年获洛克菲勒基金会的奖学金赴美国康奈尔大学研究生院继续深造,在此期间曾获中华教育文化基金社的科研奖金和美国明尼苏达大学的中美教授留美考察奖金。1932—1934 年度被推选为美国昆虫学家学会 Sigma Xi 会员。1932 年夏,通过题为 *Biology of Genus Ecdyinurus of Northeastern North America*(北美东北部扁蚴蜉属的生物学)的论文答辩,被授予哲学博士学位。是年,他作为中国昆虫学家四人代表之一,首次被邀出席在巴黎召开的第五届国际昆虫学大会,在大会上宣读了 *Some new morphological findings in Ephemeroptera* 的论文。

徐荫祺教授回国后相继在燕京大学生物系、上海圣约翰大学生物系、苏州东吴大学生物系任教授,同时从事蜉蝣目分类学、形态解剖学的研究,硕果累累。他与世界著名昆虫学家 Needham J. G. , Traver J. R. 合著的 *The Biology of Mayflies with a systematic account of North America species* 一书于 1935 年由美国纽约 Comstock Publ. Co. 出版,这是一本蜉蝣目研究的专著,为各国学者广泛引用,曾在美、英再版三次,至今仍为国际上蜉蝣目研究者必读的经典著作。1980 年,美国昆虫学会科学家旅行团来上海,专程拜访徐荫祺教授,崇敬他在蜉蝣目昆虫研究中所作出的卓越贡献。他于 1936 年开始发表《中国的蜉蝣》系列论文,总结了当时我国蜉游的研究工作,这是由中国人自己发表的极为可贵的研究成果。这些成就,使他当之无愧地成为我国蜉蝣目研究的奠基人之一。他经常结合在蜉蝣神经节上的有关发现,教导学生要有所创造。

徐荫祺教授热爱中国共产党,热爱社会主义。解放前夕,他不受美国高薪相聘之诱,并以教师代表身份在东吴应变委员会上竭力反对迁校,他以极兴奋的心情在东吴大学迎接解放和新中国的诞生。解放后,他积极参加各项政治活动。1951 年,当帝国主义在朝鲜战场进行细菌战时,他坚决抗议,并到处作反细菌战报告、演讲,慷慨陈词,揭露其罪恶。为宣传党的方针政策,他与学生同台演出活报剧,教育了广大师生和群众,收到极好的效果。为响应党的号召,他率领同学下乡治螟,获得政府与农民的好评。"文革"期间,他遭到残酷迫害，经受各种凌辱，但仍坚信历史巨轮不可抗拒，相信我国科学事业必定会发展。他将自己珍藏的全部文献资料和手稿献给学校，并将宝贵的蜉蝣目专著孤本捐赠给中科院图书馆，希望能对后人的研究发挥有益的作用。“四人帮”被粉碎后，他精神倍加振奋，不顾年近耄耋，为教学需要仍重返讲台，为上海医大招收的试点班用英语讲课。他还奔波于全国各地兄弟院校讲学。1983 年，他应邀赴美在 8 个州的 14 所大学进行讲学、座谈，介绍新中国的寄生虫学、寄生虫病防治和医学昆虫学的进展，受到同行们的热烈欢迎，获得很高的评价。

1952 年院系调整，徐荫祺到上海第一医学院（今复旦大学医学院）工作，潜心于寄生虫学和蜱螨学的教学和研究。由于当时国内对恙虫病危害人类的研究尚属空白，他毅然率领他的助手长期从事恙螨和恙虫病的研究，在恙螨分类、生态、分布和与疾病关系等方面作了系统的研究，获得丰硕的成果，并奠定了上海医科大学成立中国第一个医学螨类研究室的基础，是我国蜱螨学创始人之一。70 年代后期，他不顾年事已高，为夺取新的制高点，又带领他的助手在我国率先从事蠕形螨与皮肤病关系研究的新领域，就蠕形螨的形态结构、分类、分布及与皮肤毛囊炎、酒糟鼻等的关系作了临床病例分析和病理学观察及防治等研究，成为该领域的开拓者。徐荫祺教授为繁荣和发展中国科学事业付出了一生的心血，共发表出版论文、专著和教科书百余种，丰富了我国的科学宝库，立下了不朽的功绩。

徐荫祺教授毕生从事生物科学的教学和科研工作，长期担任东吴大学生物系系主任（1938—1952），上海医科大学寄生虫教研室主任、教授（1952—1984）、该校专家委员会委员（1984—1986）。他执教 59 年来先后讲授无脊椎动物学、比较解剖学、人体寄生虫学、昆虫学、医用昆虫学、昆虫分类学、医用蜱螨学、组织学、胚胎学等课程。他学识渊博，讲课生动，诲人不倦，治学严谨，深受学生爱戴。同学们常以能亲聆先生教诲为终生幸事。他的《怎样上好一堂课》的演讲，是他一生教学的经验总结，给后人留下深远的启迪。他除教好学生外，在50 年代初就开始培养研究生、专业高级师资100 多名，这些学生很多已在我国医学界成为教授、学术带头人或中坚骨干力量。

徐荫祺教授很重视学科建设，在长期担任东吴大学生物系系主任期间，精心策划，延聘各方名流，加强科学研究，加强学生的实践和动手能力，提高教学质量，充实仪器设备和图书，扩大生物材料处的生产和经营，不仅使生物学系在校内最负盛名，并在国内享有崇高的声誉和地位。他培养了一大批在我国有名望的生物学家，如今有近 10 位已成为中科院院士或科研单位、高等院校教授，在我国生物学界发挥着重要作用。同样，在他主持上医工作期间，寄生虫学教研室发展成为国内规模最大、实力最强、影响最深的集体之一。

徐荫祺教授是我国动物学会、昆虫学会的发起人之一。长期担任中国动物学会理事、中国昆虫学会理事、蜱螨专业组组长。自党中央提出“领导干部年轻化”问题后，1982 年中国昆虫学会召开代表大会时，徐荫祺等一批老理事都提出不再进入理事会，让年轻一代发挥他们的聪明才智。这一高风亮节深深感动了与会代表，赢得了年轻一代的尊敬，为后来者做出了榜样。此外，他还担任上海市寄生虫学会副理事长，上海自然博物馆学术顾问,《中国寄生虫学与寄生虫病》杂志副主编,《昆虫学报》、《动物分类学报》、《寄生虫学报》、《上海第一医学院学报》、《辞海(医学部分)》、《英汉农业昆虫学辞典》、《蜱螨学名词名称》等书刊的编委。

徐荫祺教授学风严谨,作风踏实、俭朴,待人谦逊、诚恳,热情豪爽,乐于助人。他是一位卓越的昆虫学、寄生虫学专家,也是一位优秀的生物学教育家。他在中国教育和科研事业中所作出的重要贡献将长留人间,人们永远怀念他。

杏坛耆宿

——怀念我们爱戴的老师顾翼东院士

杨　原等

顾翼东

1903年的暮春三月，顾翼东先生出生在苏州吴门望族的一个书香世家。自幼聪慧，受其外祖父清末翰林王同愈先生的影响，喜爱自然科学。1923年毕业于苏州东吴大学，获理学士学位。1925年和1932年先后获美国芝加哥大学化学硕士和化学哲学博士学位，当选为Sigma Xi正会员、美国科学促进协会会员。1926年受聘担任母校东吴大学教授，时年23岁。1931年任化学系系主任，1938至1952年间历任上海交通大学、大同大学、上海医学院教授，上海震旦女子文理学院教授、系主任、理学院院长。1952年高校院系调整，先生自交大到复旦，兢兢业业，辛勤耕耘，担任无机化学教研室主任和稀有元素化学教研室主任，为化学系的发展特别是无机化学学科的发展，发挥了重要的作用。先生曾讲授有机化学、物理化学、胶体化学、分析化学、无机化学、稀有元素化学、丰产元素化学、相图及微积分等课程，因材施教，重在启发，演绎归纳确当，学生身受其益。数十年来桃李满天下，成为一代名师。先生致力于化学教育与研究，执着钻研，孜孜以求，为发展我国化学事业奉献了一生。

先生早年留学时的研究方向是有机化学，学成回国后主要从事有机合成研究，1939年在上海光明药厂进行药物合成研究。鉴于当时磺胺噻唑（ST，又称消治龙）为人们所急需，完全依赖进口，价格昂贵，先生改进了国际上通用的合成方法，过程简捷、成本低廉，在我国首次合成成功。他将成果公开后，被上海许多药厂采用，大量生产，从此我国消治龙不再依靠进口。抗战胜利后，先生任国家资源委员会分析室（商品检验局的前身）主任，开展对我国储量居世界第一的钨矿及稀有元素的研究，在出口矿物特别是钨矿资源的运筹中严格把关，为保护国家资源尽心尽力。新中国成立后，国家缺少无机化学人才，先生毅然转入无机化学和稀有元素领域，在复旦及国内首次开设稀有元素化学、熔盐及水溶液相图等课程，科研方面如钨酸的均相沉淀，钨钼多酸的合成、性质与反应机理研究，在国内外都是领先的。二甲基亚砜和二苯基亚砜与稀土硝酸盐加合物的成功合成国际领先。由于先生在稀有元素化学领域的深厚造诣，1964年教育部委托他在复旦大学化学系主办稀有元素化学讨论班，培养来自全国著名高校的优秀教师。讨论班上，先生亲切、幽默、生动的讲课给大家留下深刻印象。学员切磋交流，砥砺启发，效果卓然，在先生悉心指导下科学研究成果丰硕。例如，他们考虑到硫氰根对钇的特殊络合性，在混合稀土中用季铵盐提取钇，取得很好结果，后来上海某稀土化工厂使用该方法提取了大量高纯氧化钇。1966 年学员们回到各地，都成为各高校无机学科的学术带头人。先生勤于思考，善于将基础学科的知识交织融合，思路宽阔，活学活用，常常提出出人意料且具有创新的科研技术路线和方法。例如，在 EDTA 含 Cu 的溶液中回收 Cu 的课题中，先生突破文献，另辟蹊径，根据有机化学中菲林溶液（Fehling's solution）的特点，反其道而行之，在含 Cu 的 EDTA 强碱性溶液中，加热时加入甲醛等还原剂，为上海某化工厂圆满地解决了 Cu 与 EDTA 的分离，在生产中得到很好的应用。80 年代初，先生响应国家"振兴钨业"的号召，投入大量精力深入开展钨化学研究。钨酸各品种在水溶液中存在复杂的平衡，先生从研究反应机理出发创造性地提出"倒滴加法"路线，首次发现并制得具有高度活性的粉状白钨酸，是钨化学研究中的一项卓越成就；此外，在研制蓝色氧化钨时，先生提出"内在还原法"方案，也是构思创新的结果。钨钼和稀土元素化学是先生花主要精力从事的研究领域，造诣特深，从钨矿的治理出发，他深入地对黄、白、蓝钨酸进行研究，继而深入到同多酸及多聚钨酸的形成机理，从而扩展开拓到杂多酸的研究，全面、系统而深入，达到了很高的学术水平。在溶剂萃取研究中，先生提出并应用酰代吡唑酮，是独创的见解，影响很深。先生领导的科学研究课题，长期受到国家科委和教育部的重视，并一直得到国家自然科学基金丰厚的支持。先生多次参加国务院和教育部主持的国家自然科学规划会议，为我国化学学科特别是无机化学学科的飞速发展作出了重大贡献。

1956 年，先生与中科院化学所梁树权教授、南京大学李方训教授受国家派遣出席第十五届葡萄牙国际纯粹及应用化学（IUPAC）会议。这是新中国成立后我国首次派出的化学学术代表团，国家十分重视，有关领导多次会见，嘱咐注意原则，他们认真地领会执行。会议中有人企图制造"两个中国"的阴谋，他们立场坚定地加以抵制和反对，很好地完成了任务。先生历任中国化学会理事，上海市化学化工学会理事，国务院学科规划委员会成员，中国科学技术委员会成员，中科院长春应用化学研究所学术委员，中科院上海冶金研究所学术委员，1980 年当选为中国科学院学部委员（院士）。

先生学识渊博，思路敏捷，基础雄厚，治学严谨，热爱祖国，致力于化学教育和科学研究 70 余年，培养了大批硕士和博士研究生，为祖国培养了几代英才；发表论文 100 余篇，被引用频次亦高，撰写专著 3 部，是我国当代无机化学学科的重要奠基人之一。在先生的影响下，一门三代有 15 人致力于化学事业，堪称化学世家。先生常对我们说：搞科研务求理论联系实际，不要浮夸，不信弄虚作假，更不准剽窃别人的东西。教书首要是育人，不仅要给学生传授知识和获取知识的方法，更要传授做人的道理，才是一个好的老师。这些要求先生身体力行，为我们做出了榜样。在对学生能力的培养上，先生认为要使学生懂得五个"W"：How，Why，What，Whether，Whither 及涵义，在实践中不断领悟。他奉行的格言是：与人无忤，与世相争。即对人要宽厚，对真理却要争个明白，不迷信盲从。先生生活朴实，不求名利，为人师表，德高望重，春风桃李，恩泽教坛。先生做人治学的精神，对基础研究与应用研究并重的特点和不受文献束缚而勇于创新的精神，是值得我们永远学习的。值先生百年诞辰之期，谨敬献此文以表达我们对恩师的深切怀念。

参与写作的还有翼东先生在校受业弟子：徐燕、谢高阳、张华麟、郑企克、高滋、邵翠琪、蔡显鄂、顾莎菲、黄仲贤、金松林、朱思三、岳斌。

（摘自《复旦学报》2003 年第 12 期）

陆宝麟院士

佩　方

陆宝麟

陆宝麟学长,江苏常熟人。1938 年毕业于东吴大学生物系。1939 年秋考入清华大学研究生院生物系。1941 年获理学硕士学位后在清华大学农业研究所任职。1949 年转入北京农业大学任讲师、副教授。1952 年调入军事医学科学院。1980 年当选为中国科学院学部委员(院士)。1981 年 2 月加入中国共产党。

陆宝麟学长是享誉国内外的著名昆虫学家,先后担任国家卫生部寄生虫病防治专家咨询委员会委员、中国昆虫学会副理事长、中国科学院《中国动物志》编委会委员、全军医学科学技术委员会常委、全军预防医学中心副主任及顾问等学术兼职。陆宝麟学长还长期任世界卫生组织、粮农组织和联合国环境规划署治理媒介联合专家组成员,在国际学术活动中做了大量卓有成效的工作。

陆宝麟学长为我国医学昆虫学事业的开拓者之一,从 1941 年起,就对我国蚊类的区系分类、生态习性、媒介关系以及综合治理进行了长期的、比较系统的研究。1952 年,他不仅奉命参加中央防疫委员会对美军使用细菌武器的调查工作,而且和我国一些科学家出席了国际民主法律工作者协会调查团和国际科学委员会的联合调查会议,并向大会提出报告作证。同年,由于在反细菌战工作中的突出表现,他被中央人民政府卫生部授予"全国卫生模范"奖状和奖章。他主持研究登革热媒介"白纹伊蚊和埃及伊蚊及其防治"全国协作课题。通过 5 年调查研究,查清了我国埃及伊蚊的地理分布和孳生特点,以及通过对白纹伊蚊鉴别、地理分布、种群动态和孳生习性等生物学和生态学研究,提出了防治登革热的初步方案,并主编了《中国登革热媒介及其防治》一书,该书对指导控制海南、广东等地登革热发挥了重要作用。他是国家科技进步特等奖——"战时特种武器伤害的医学防护研究"的主要贡献者,并先后获全国爱国卫生运动委员会和卫生部科技进步一等奖 1 项,部委级和军队科技进步二等奖 3 项,1999 年获"何梁何利"科学与技术进步奖,两次被总后勤部批准荣立个人三等功。作为访问教授,他曾多次出访美、英、法、日、意、印等许多国家,参加科技代表团、出席国际学术会议,介绍我国医学昆虫研究领域的最新成就,为提高我国昆虫学领域的国际地位、促进国际间学术交流做出了重要贡献。

1953 年,陆宝麟学长协助和指导云南军区抗疟队在滇南和滇西边境做蚊虫调查工作;1954 年,指导舟山丝虫病的媒介蚊虫防治试验,制订防治方案;1958 年起,组织参加了对浙江、海南岛、广西、福建和山东等战略地区病媒蚊虫和自然疫源的调研,带领科研小组开展了许多卓有成效的研究工作。90 年代,他大力推广拟除虫菊酯浸泡蚊帐的防治方法,受到世界卫生组织的重视。即使在古稀之年,还多次下海岛、进坑道,深入祖国西南边陲和东南地区实地考察调研。几十年来,他对我国四类蚊媒病,即疟疾、淋巴丝虫病、流行性乙型脑炎和登革热的传播媒介,都做过深入研究,为基层部队的蚊虫防治、流行病预防和官兵的身体健康做出了重要贡献。

陆宝麟院士撰写了大量的专著和学术论文,先后独立或合作在国内外发表学术论文 300 余篇,并主编《医学昆虫学》、《中国重要医学动物鉴定手册》和《中国重要医学昆虫分类与鉴别》等 8 种著作,还参加了国外 5 本专著的编写。1974 年,受中国科学院《中国动物志》编委会的委托,主持中国蚊类区系分类研究,并在国家科委、国家自然科学基金委员会和中国科学院的资助下,主编了《中国蚊科志》,该书不仅补正和澄清了以往昆虫学界关于蚊虫分类的错漏,而且对有些分类阶元提出了新的见解,并提出了我国蚊类动物地理区划和分类系统,代表了我国蚊类研究的最高水平。他编著的《蚊虫综合防治》一书对我国蚊虫媒介的综合防治起到了指导和推动作用。

陆宝麟院士治学严谨,甘为人梯。他严于律己,为人师表,宽厚待人,诲人不倦,以对党对事业高度负责的精神,非常关心中青年科技人员的成长进步,先后培养出了一大批杰出的科技人才,有些已成为国内知名学者,有些被总后勤部评为"一代名师"和科技新星。他工作忠于职守,殚精竭虑,鞠躬尽瘁,孜孜以求,数十年如一日,即使患病住院卧床,还周密安排未尽的科学研究工作,甚至病重期间、弥留之际还关心研究所建设和学科发展,念念不忘为之献身的科学事业,直到生命最后一息。他无愧为东吴生物系的老学长,无愧为中国共产党优秀党员。

陆宝麟同志的逝世,是我们国家和军队的重大损失,使我党失去了一名优秀党员,科学界失去了一位著名的医学昆虫学家。

(摘自《军事医学科学院陆宝麟同志悼词》)

宋大祥院士

生物系52届　周开亚　佩　方

宋大祥

宋大祥,浙江绍兴人。中国科学院院士。1950—1952年入东吴大学生物系学习,1953年毕业于江苏师范学院生物系,1953—1955年,华东师范大学动物研究班研究生。1955年9月—1957年3月,哈尔滨师范学院生物系助教。1961年,北京中国科学院动物研究所甲壳动物学研究生毕业后留所工作。曾任研究室主任、副所长、《动物学报》主编等职。1995年4月,任河北师范大学生物系教授、博导。1999年1月,任河北大学教授、博导,后为该校生命科学学院名誉院长。先后作为访问学者到法、美、德、日、韩、南斯拉夫、荷兰和新加坡等国的大学、研究所、博物馆进行访问或合作研究。1999年当选为中国科学院院士。曾任国际动物学指导委员会委员、国际动物学命名委员会委员、国际蛛形学会理事、中国动物学会副理事长、《中国动物志》编委会副主任、中国蛛形学专业委员会副主任、南京师范大学生命科学学院教授和博士生导师,是享受国务院特殊津贴的专家。

宋大祥早期系统地研究甲壳动物(枝角类、桡足类)和环节动物(蛭类)。他作为主要编写人之一的《中国桡足类志》是我国第一本无脊椎动物志,也是国际上迄今最详尽的同类经典专著。由于内容丰富,引起国际同行的重视,迅即被日本水野寿彦教授在1994年全文译成日文出版。他对蚂蟥的研究得到了国际权威科学家的高度评价。英国索耶博士(Dr・Sawyer)在其*Leech Biology and Behaviour*(《蚂蟥的生物学和行为》)三卷巨著中称宋的工作是"中国淡水蚂蟥的杰出代表"。自70年代末,为配合农林害虫的生物学防治,他转而进行蜘蛛的研究,多年来解决了蟹蛛科等科中许多种属的分类问题,至今建立2个新亚科14个新属,被日本蜘蛛学会会长八木昭健夫教授称誉为"中国蜘蛛研究的首席"。他1999年出版的学术经典专著《中国蜘蛛》(英文)被国际同行誉为"对现代蛛形学最好和最重要的贡献"。他积极推动中国蛛形学会的成立及《蛛形学报》的创刊,并在促使日本于1988年将其已使用50年的学会名称"东亚蜘蛛学会"改名为"日本蜘蛛学会"方面起到了关键性的作用。"七五"期间,他主持西南地区动物资源调查,经过集体的艰苦工作,采集标本18万号,发表新种280余种,出版3本专著,课题组受到科学院的表彰。他还主持"动物学发展战略"研究和"动物学名词"审定工作。此外,结合生产实际研究无脊椎动物的生物学，提出河蟹生殖洄游受阻为其减产的原因；学术上首次阐明了医蛭生殖的全过程，提出吸血蚂蟥的驱避方法等。发表论文240余篇，主编和参编专著23部，译著、工具书11部。

宋大祥师从东吴徐荫祺（寄生虫学家、昆虫学家）、华师大张作人（原虫学家）、即所（吸虫学家）、堵南山（甲壳动物学家）等教授和动物所沈嘉瑞研究员（甲壳动物学家），全面系统地掌握了无脊椎动物知识的扎实基础、学科精华，铸就了他在环节动物（蛭类——蚂蟥）、甲壳动物（枝角类、桡足类、河蟹）、蛛形动物（蜘蛛、蝎）和昆虫多方面的开拓与研究成果，成为我国甲壳动物和蛛形动物研究领域的杰出代表和佼佼者，蜚声海内外。

宋大祥于2008年1月25日逝世。他的逝世不仅是我国动物学界和蛛形学界的重大损失，也是国际蛛形学界的重大损失。

半个世纪的回顾

东吴附中49届　汪嘉康

今天收到张宗祁同学来信，要我务必在《情系东吴》的纪念刊物中写一篇文章，离开出生地50年的我，还能受到同学们的关怀，真是情浓于血，内心充满着感动与感谢。

首先让我作自我介绍。我出生在苏州盘门新桥巷的一个大家庭，祖父在清朝时是朝廷命官，曾出任台湾台南特派巡抚。据祖父说，当时是乘坐舢舨船，历经千辛万苦，自福建经台湾海峡到台南上任的。在他的记忆中，台湾当时是个荒芜不毛之地，他一住就住了好几年，一直到民国初年才罢官返乡，这也是当父亲带我移居台湾时，怎么劝祖父，他都不愿意同行的原因。我们汪家是个大家庭，祖父有十个子女，所以我们的家很大。大门在新桥巷，后门面临舟州河，听说在"文化大革命"后，家中就住了32户人家。直到三年前，在原地改建为大楼，我们还分到了一层楼。记得我家大门口有两棵很大的桂花树，每到初秋，桂花花期长达好几个星期，花落时，祖母会收集桂花加糖，制成来年使用的桂花糖。但现在变成怎么样，我还没有机会去看一下。祖父回乡后，就改为从商，专营丝绸生意，另外还开了好几个当铺。祖父说开丝绸店是为了赚钱，开当铺是为了救济或急救乡友。祖父有非常先进的思想，他一直觉得知识就是财富，因此栽培我的大伯及我父亲去美国进修，在当时是一件非常了不起的事情。所以在苏州，我们一直被称为书香之家。祖父熟读经书及中医方面的书籍，所以我们一家人，不论是大小病，都是由祖父先看，可以说是从小吃中药长大的。祖父也成了乡邻们的医师，他从来不收钱，还免费送药，所以大家就称他为汪半仙。我从小看到祖父行医助人，耳濡目染，影响到后来我选择念医学系。

在我五岁时，家父因丝绸厂门市部设在上海，所以我们全家搬到上海。在我读高一那年，抗战胜利。父亲觉得他们那一辈都是东吴毕业（包括父亲及两个叔叔），我们也应该去他们的母校读书，因此安排哥哥去念上海东吴附中，我则被送到苏州东吴附中读高一并住校，后来妹妹也被送到东吴附中读书。我记得在第一天开学典礼时，体育主任王守芳在台上致词时说，我们是"中学生"，如果不努力学习的话，就是"中生"（上海话是"畜生"）。虽然话是难听了一点，但这个新鲜的讲法，确实让我印象深刻。

高中同学有很多是来自乡下的，如陈镇和、梁钟玉、王惠娟等，他们都很淳朴、用功，我和他们后来成为好朋友。中学时我最好的朋友就是顾镕芬。高二开始，学校为了学习之便，将班上分为甲、乙、丙、丁四组，乙组为理工组，只有我和顾镕芬两个女生，因此我们的感情更是如同姊妹。我们乙组同学中，最令我佩服的是李乐民同学，他连三角函数表都背得出来，所以第一名的位置一直是他，无人可夺，日后他当选为科学院院士，绝不是偶然的。

在高三上学期时，因时局不稳，加上父亲在台北经商，所以就又举家搬迁到台湾。我在第二女中(现在的中山女中)上学，第二年很顺利地考进台大医学院。在校的七年中，我立志要成为一名外科医师，希望不管什么病痛，在经过我的双手医治后，病人都能够康复，因为我的能力，加上外科实习时的表现，很幸运地让我成为台大医院第一位固定外科女实习医师。

在台大做完一年的固定外科实习医师后，很顺利地有机会去美国波士顿的塔夫斯医学院附属新英格兰医院做第一年外科住院医师，并于三年内完成外科训练。原本以为可以参加美国国家外科专科医师考试，成为正式的外科专科医师，但当时不允许外国医学院毕业的学生参加考试，因为我当时还年轻，所以决定再去做一年的外科总住院医师。那时抱着满腔的热忱去华盛顿首府一家天主教的省会医院应征，但这次遭到婉拒的理由则是性别歧视，因为我是女性，又马上要结婚成家，所以不被雇用。这一次的挫折，把我多年以来要成为著名的外科医师的梦想彻底粉碎，当时的失望及无奈，实在不是用言语可以形容的。几个好朋友都想尽办法帮忙，但都无济于事。

不过天无绝人之路，通过一位初识好友的介绍，我在美国国家卫生研究院展开了一个完全不同的研究新领域“癌症遗传”，以染色体的改变来研究不同的癌症，因此在研究癌症形成的领域上开辟了一条崭新的路径，并且很幸运地于1978年获颁美国青年公务人员最高的研究奖，1984年又荣获台湾“中央研究院”院士的终身荣誉。

在我获选为“中研院”院士的那一刻起，深感应该是回馈家乡培养之恩的时候了，因此在1994年1月1日，辞去在美国30年的工作，回到“中央研究院”生医所工作，为推动台湾癌症防治、早期诊断及早期治疗而努力，并把高水准、较先进的癌症治疗方法也引进台湾，期望能让更多的癌症患者恢复健康。在2003年，“立法院”终于通过了我们催生许久的《癌症防治法》，并指定癌症研究中心将设立在我所负责的“卫生研究院癌症研究所”之下。

最近几年来，常常有机会至上海开会，在张宗祁同学的安排联络下，已与好几位同学见过面，特别高兴的是能再看到以前天天在一起的顾镕芬同学，她每次都不辞辛苦地从苏州赶来，内心有着说不出的感动。虽然经过半世纪的分离，但是大家再度见面的时候，就像以前在学校念书时一样没有距离，无话不谈。

自从离开学校到现在，已经相隔了半世纪，希望在不久的将来能有机会再回到在天赐庄的母校，重温美好的时光。

写于2006年10月6日中秋节傍晚，台北市

出乡关的第一站

东吴附中52届　陆　埮

陆　埮

我出生于1932年2月23日，正是在“九一八”事变(1931年)和“七七”卢沟桥事变(1937年)之间。我的童年就是生活在日本侵略中国和我国奋起全面抗日的年代。我的小学是在逃难、生病和颠沛流离中度过的。我和妹妹两人就是请人挑着担子奔码头，再换乘轮船逃难到上海的。当时，祖母、父母、叔叔、婶婶以及我们一辈的弟妹们，一大家子一起到上海。住房条件非常简陋，比如父母、抱在怀里的弟弟以及妹妹和我5人就住在一间约9平方米的阁楼里。在这个很差的环境中，很快几乎全家都感染上了一种严重的传染病“猩红热”，几乎全家都进了上海的一家传染病隔离医院。所幸终于平安渡过了这个难关。

由于我经常生病，长期没有上学。但在家也认了点字，学了点算术什么的，因此我8岁上小学时，就跳级到上海普育小学二年级下学期上课。但还是因为生病，没等学期读完就回家治病。期间，全家迁回常熟老家，住在东市河东高木桥附近。在家休养了差不多两年，插班到常熟义庄弄小学读三年级上学期，但只读了约两个月又回家养病。半年多后，转学插班到大田岸小学读春季班三下和四上。过了一个暑假，转学跳级到常熟米业小学读五、六年级。日本侵略者占领下的常熟，小学生得学习日文课。五年级的一个假期，正在街上的我，听到日本鬼子投降的消息，就一口气奔回家，第一件事就是把日文课本撕得粉碎。次年，记得毕业的时候我得了第一名，获得了一桌子的奖品，大多是各位老师送的笔记本、钢笔、书籍和各色文房四宝之类，而最大的奖品是学校颁给的银盾。至此，花了六年多时间，东奔西走，连奔带跳，读读停停，带着病体，总算读完了小学课程。

小学毕业后，我便考入常熟县立初级中学。那时，我国抗日战争已经胜利，大家都盼望能过安定日子。但是内战期间，物价飞涨，民不聊生，生活依然极不安定。记得在我初中二年级的时候，作为练习，我曾写过一篇讲故事性质的小文章，投寄给《小朋友》之类的杂志，拿到了约为金圆券3元的稿费(那时“法币”刚刚以300元兑换成金圆券1元)，约值2斗大米。不到一年，一张金圆券的面额就上升到了百万元之巨，可见物价飞涨的程度。

从学习上讲，初中三年给我的印象很深。特别是初中二年级钱孟豪先生教的平面几何给我带来了前所未有的震撼,所有平面几何的命题竟可以在很少几条公理的基础上,只用圆规与直尺,通过严格的逻辑推理,就能条条给以证明!在整个证明过程中,没有废话,言必有据,第一次显示出严格逻辑推理的强大威力和重要意义。从此我对数学,并进一步对科学产生了强烈的兴趣。正是科学,完全立足于实验(或观测)和逻辑这两大基础之上。

初中时,每个星期一早晨都有一节课的周会,校长陈旭轮先生总要向全校学生做一次讲演。给我印象最深的是,他经常要讲到一首诗和一副对联。对联说的是:“岂能尽如人意,但求无愧我心。”教导我们,做事不必多去考虑人家怎么想,但自己要对得起良心。诗是一首七言绝句:“男儿立志出乡关,事不成名誓不还;埋骨何须桑梓地,人生到处是青山。”鼓励学生要志在四方。初中毕业时,常熟解放,不少人毕业后就到祖国各地去发展。我也深受鼓舞,后来的学习和工作都到了常熟以外,到了苏州、北京、哈尔滨、长春和南京等地。

初中毕业后,作为出乡关的第一站,我就考上了苏州东吴大学附中。那时,父亲陆增祥已在东吴大学教务处工作,二叔陆增祜在东吴大学附中教英语,三叔陆增礽同时在大学部物理系和附中高中部教物理。随后,母亲和弟妹也都搬迁到苏州来居住。

2008 年重新访问当年附中教室所在地东吴大学孙堂

附中的教室就在大学的校园内,那是一栋环境优美、红砖砌成的小洋楼,名叫孙堂。2008 年回校访问时我和妻子周精玉还专门在这栋楼前留了影。大学部的存在,对于附中的教学很有好处。在读中学的同时，无形中就会看到更高处，对于自己的学业、信心、奋斗、前景都有很大帮助。大学的校训“养天地正气，法古今完人”，言简意赅，发人深省，也给我留下了深刻的印象。2006 年苏州大学物理学院晏世雷教授与我合影于新校门门口。图右上角为刻有大学校训的老校门背面。图中，新老校门的对比也反映了从东吴大学到苏州大学的发展。

苏州大学物理学院晏世雷教授与陆埮合影于苏州大学新校门，右上角为刻有校训的老校门背面

附中的师资力量相当强。前后教过我语文课的两位语文老师均是全国有名的小说家，号称苏州三老之二。一位叫程小青，是侦探小说家，他翻译了《福尔摩斯探案》等许多国外的侦探小说，特别是他自己写的《霍桑探案》30 多册系列小说等。另一位叫范烟桥，作品广泛，涉及小说、小品、弹词、古诗、史论等，计 20 多部集子和百万字小说。正因为听他们的课，我在中学时期就对文学作品发生了浓厚的兴趣。比如朱自清的《荷塘月色》、陶渊明的《五柳先生》和《归去来辞》以及唐诗宋词都是我比较喜欢的，甚至扩大到对英文文学也产生了不少兴趣。那时，我常到旧书摊上去购买一些旧书，比如，《莎士比亚故事》(*Tales from Shakespeare*，作者是 Charles and Mary Lamb 兄妹二人)、《见闻录》(*Sketch Book*，作者是 Washington Irving，特别是其中 Rip Van Winkle 那篇短篇小说)以及一些短篇小说集之类(比如 Alphonse Daudet、Guy de Maupassant、O. Henry 等的短篇小说)。开始时比较艰苦，读一页要查 10—20 次字典。越学越觉得有趣，就坚持了差不多一年半时间，对我后来阅读资料、写作学术论文起了良好的作用。这里，英语老师戎更生先生给了我很多帮助。作为练习，我经常将一些短篇小说改写成 1—2 页的短文，戎老师总是很认真地帮我改，对我的英语学习起了很好的作用，特别是大大提高了读和写的能力。

由于我的主要兴趣还是在自然科学方面,课外时间大多也花在数理课上。比如,上海南洋模范中学的三角习题集,全部习题我都做了。此外,还做了不少课外"大代数"(高中代数)方面的习题,读了 Sears 编的大学物理部分内容。那时,我家住在校内,同班同学陈沐天家住在学校附近,他是数学爱好者,我们常在一起,谈论有关数学和物理方面的话题。1952 年我们将进入高中三年级下学期的时候,体检发现我的左肺尖有浸润性肺结核。那是即将毕业的一个学期,好在大部分课程我已提前读过,学校同意我可以不上课,只参加运动,同时允许我参加毕业考试。那一年的高考是全国统考,并在全国各大报纸上发榜。我也参加了全国统考,志愿是预先填报的,第一是物理,第二是数学,第三是天文。每项专业可填 5 个单位,我填的是北京大学等。当然,天文当时只有南京大学招生。考试中自己觉得考得不错。发榜那天,我就很有信心地按照我所填志愿的次序,逐一地仔细查找,却均没有找到。后来只得将报纸从头至尾每个大学每个系依次查找,却仍然没有找到。最后,在报纸的末尾,在一个不叫大学的学校,北京俄语专修学校二部的录取名单中,发现了我的名字。几天后接到正式的录取通知单,方知被录取在留苏预备班。我在留苏预备班读了两个月的俄语,却体检不合格,因而回家休学了一年,第二年直接由高教部免试录取到北京大学物理系。其实那时的体检结果只是发现了肺纤维化陈旧病灶,如果不在留苏预备班,体检还是合格的。不过,休学了一年却换来了第一志愿,因为那年留苏读的大多不是物理。从此,离开了出乡关的第一站苏州,奔赴出乡关的第二站北京(1953—1958 年)。

苏州大学姜礼尚校长授予陆埮兼职教授的仪式

在互祝70华诞的晚宴上陆埮与老同学陈沐天、任传泰、杨得其合影

此后，还去东北（第三站：1958—1969年）和南京（第四站：1969年至今）工作，期间经历了“反右”和“文革”动乱，但非常幸运地进入了已经超过30年的太平盛世。在这几十年中，我与东吴大学（以及后来的江苏师范学院和苏州大学）的关系一直非常密切。不仅我的高中3年在那里读书，父辈（父亲和两个叔叔）在那里工作，我的堂弟陆昇也在那里读书，而且留校工作后还担任过苏州大学的副校长。早在十多年前，苏州大学姜礼尚校长还聘我为兼职教授。我也经常访问苏州大学，回到那里就像回到家一样，倍感亲切。历年来我在苏州大学作过许多次学术交流，也作过《高能天体物理与伽马射线暴》、《爱因斯坦与诺贝尔奖》、《宇宙幼年的照片》等许多次学术报告。时间过得很快，我们从1952年在东吴大学附中毕业以来，已经半个多世纪过去了。2002年我们年级的同学都到了70岁上下的年龄，回到苏州大学来，互祝70华诞。在那次晚宴上还照了一些照片，也回顾了半个世纪以来各自丰富多彩的经历。

（本文作者系中科院院士）

山高水长　医德馨香

——记叶世泰

东吴附中45届　郑鹏选辑

中医的历史，可以上溯数千年，西医的历史也有了数百年，但是有一个临床学科在国际上诞生尚不足百年，而在中国还不到半个世纪，星星之火，却已成为燎原之势，这就是变态反应学，即俗称的“过敏症”。有一位学者伴随、主导、见证了中国变态反应学科的发生、发展与壮大，他就是东吴医预科出来的叶世泰校友。

1947年，叶世泰进东吴医预科。1952年毕业于上海圣约翰大学医学院。1952年进入北京协和医院后，协助曾赴美进修返来有意筹建变态反应科而壮志未酬的张庆松教授。进入协和医院不久，张教授推心置腹地诉说他心中酝酿已久的理想：建立中国变态反应科。

1956年，协和医院正式对外挂出变态反应科的牌子。翌年秋季，接治了一批呼吸道过敏患者。叶世泰警觉地注意到花粉导致的过敏症，便自行设计制造“花粉捕集器”，并在郊外发现漫山遍野的野蒿草，推断蒿草花粉是导致过敏的罪魁祸首。门诊病人中有人住在北京市繁华的西城区，于是他赶赴病人住址调查，发现四合院的房顶上长满野蒿草，要求立即拔除，几天以后病人的过敏症状好转。这就印证了他的推测，即蒿草花粉是北京地区的主要致敏源。

“文革”期间，他同样受到严重冲击，临床治疗与科研业务万难进展。例如，因重视病人生活环境与方式而被斥为资产阶级生活方式。1971年夏，周总理召集全国部分医务人员探讨气管炎的研究，他才有机会申述由过敏引起哮喘与呼吸道疾病的关系。从此卫生部对“变态反应学科”引起重视，他的研究得以继续发展。

1972年，他在协和医院成立独立的科室。随后，卫生部派他去瑞士参加该学科的国际专家会议，使多年来一直独立摸索的工作与世界建立了初步联系，并招收了两名研究生，他们现已成为协和变态反应学科的领军人物。

辛勤耕耘，日积月累，取得可喜成绩，并逐渐发扬光大。在1980年的科技大会上，他捧回了花粉过敏、真菌过敏两项重大科研成果奖。多年以后，回忆起这段往事，他既兴奋、欣慰而又感慨，说：“创业难，守业更难，贵在一个韧字。”

过敏疾病患者数在世界范围内逐步上升，在国内患者人数当以亿计，但变态原与病种各地也不一定相同。从1982年起，协和的变态反应科正式举办培训班，每一届叶老均亲自主持，绵延迄今全国已有数百家医院相继建立变态反应科，几乎全国所有的变态反应科医生都在协和培训进修过，如今各地的骨干医师已逾2 000多人。开创之初，教材均自行编写、绘制。通过培训，群策群力，促成了《中国气传致敏花粉调查》与《中国气传致敏真菌调查》两书在上世纪80年代出版，初步摸清了全国致敏花粉的分布情况，也为我国霉菌过敏性疾病的诊治与研究奠定了基础。他相继编著出版了《实用变态反应学》等十多部重要著作，成为了该学科的教科书，多次获得优秀图书奖。在叶老的指导下，开展了北方地区十多种主要花粉的基础与临床治疗研究。1995年，宣布蒿草花粉是中国最重要致病花粉之一，所引发的哮喘、鼻炎比其他的更凶猛。变应原是临床诊断和治疗的主要制剂，他主张立足于国内，不照搬西方的方法。至今已拥有200多种具有我国特色的变应原粗制品，价格低，疗效好，为全国同行和老百姓所信赖。上亿的患者意味着巨大的药物需求市场，国外厂商垂涎欲滴。叶老为了积极开拓我国市场，于是奋笔疾书，呼吁中国老百姓需要质优价廉的抗原免疫治疗。之后，这项工作亦确实得到了政府的强有力支持。

叶老在工作中颇能进行创新与改进，不墨守陈规。例如，有医生提出要将沿用的抗原治疗浓度提高数百倍，亦能得到他的支持。他对年轻人爱护有加，对同事能宽容大度，对学生宽严相济、言传身教，对病人和蔼可亲，被邻里推举为"五好家庭"。最突出的是事母至孝，同学们认为是应验了校训中"法古今完人"的格言，身体力行，毫无逊色。

叶世泰历经了半个多世纪的沧桑，作为中国变态反应学科的创始人之一，也是最早将环境医学介绍到国内的学者，1986年筹建中华微生物免疫学变态反应学组并任组长。英国剑桥与美国名人研究院先后为他颁奖，表彰他为中国变态反应学所作的突出贡献。2001年成立中华医学会变态反应分会，被推举为首届名誉主任委员。

岁月久远，成就可以写在书籍上，供后人学习、了解和瞻仰，然而思维、道德与情感都是丰满、鲜活的，可以深深地触动人们的心灵，影响几代人乃至无穷。

资料来源：

1.《健康报》2004年10月21日。
2.《北京协和医院院报》2006年7月14日。
3. 中央电视台1频道"科普教育"。

忆先父吴芷芳

化工系50届　吴耀乐

先父吴芷芳生于1898年,殁于1998年,享年百岁。

先父吴芷芳虽出身于封建大家庭,但出污泥而不染。少年时接受西方文化,中学时代即脱离乌烟瘴气的家庭而进入东吴大学的中学部住读。他奋发自强,读书用功,于1921年以优异成绩大学毕业,留校在中学部教授英语。于1925—1926年在美国范纳弼大学及哥伦比亚大学半工半读进修政治学及国际法,以优异成绩获得硕士学位,返国后一直在东吴任教直至院系调整。他历任教授、政治系主任、法学院副教务长及文学院院长等职。

先父在政治学及英语方面有突出的成就,于1935年由商务印书馆出版了他用英文撰写的《中国政府与政治》(*The Chinese Goverment and Politics*),文乃史校长为此书作了序。该书出版后的较长一段时期内被采用为政治学教科书。他在中学时代开始即钻研英语,故在大学的英语演讲比赛中获得第一名并被授予金牌一枚,可惜在动乱时期被夺走。他治学严谨,一丝不苟,备课认真,授课基本上是用英语的。他告诉我,有一次大考时,有一名学生居然把书放在前排课椅下,用脚趾翻书作弊,被他捉出后当即逐出教室。故在学生中他有"死人额角头"(即不讲情面)的"雅号"。

先父在政治学及法学方面有一定名望,1940—1942年曾在福建省立大学及厦门大学任法学院院长。抗战胜利后,台湾省省长陈仪曾数次来电要他去台湾大学任法学院院长,由于他留恋东吴情深而未成行。

先父淡泊名利,1952年院系调整后在中学教英语数年,后在他中学教书时的学生,时在华东师范大学任教英语的缪廷辅、张云谷两教授的推荐下,才进入该大学作为英语讲师直至67岁退休。即使在不公正待遇下,并在"文革"中受到冲击,扫了三年弄堂,他亦淡然处之。

在退休后的很长一段时期里,他领着几十元(最后加至几百元)的退休工资,安心过着清贫的生活,同时凭着他深厚的英语功底,把中文的成语、名言、诗词或短文翻成英文自娱,部分译文我在几年前曾整理后刊在校友会通讯上。正由于他有这种处世性情,才能一直健康地活到一百岁而无疾而终。

他1998年3月去世后,我们在整理其遗物时发现他将诗词、成语、古文、社论等译成英语的草稿甚多,读后感到其在用词、笔法、句子结构等各方面均有独到之处。现先将其所译刘禹锡的《陋室铭》作为例子,供学长们欣赏。

陋室铭(原文:刘禹锡)

"山不在高,有仙则名。水不在深,有龙则灵。斯是陋室,惟吾德馨。苔痕上阶绿,草色入帘青。谈笑有鸿儒,往来无白丁。可以调素琴、阅金经。无丝竹之乱耳,无案牍之劳形。南阳诸葛庐,西蜀子云亭。孔子云:何陋之有?"

Humble Cottage(译者:吴芷芳)

It is not the height but the presence of an ethereal spirit that makes a mountain famous. It is not the depth but the presence of a dragon that makes a river renowned. This is a humble cottage. With me in , it becomes morally scented. The moss which creeps on the steps turn them green and the color of the grass which goes thro the bamboo shade makes the room blue looking. I have erudite scholars to chat with but no intercourse with ordinary people. I can play on the lyre and chant the Buddhist scriptures (read the classical works). There is no instrumental music to disturb my ears nor official documents to toil my mind. Zhuge's cottage at Nanyang and Ziyun pavilion in West Sichuan are of the same type. In his conversation with the disciples Confucius had made such a remark:"Where is the humbleness?"

同窗杨铁梁

法学院司法组50届　刘士箴

杨铁梁

杨铁梁是1946年抗战胜利后，我在东吴大学法学院念书时司法组的同班同学。二十左右小青年，少不更事，往来不密切。跟他过从甚密的两人，如今一已作古，一远在澳洲。我当时以不问政治为清高，不知道他家是干什么的，只觉得他洋派，较好学，平时穿一袭麂皮夹克，没有班上那些纨绔子弟的习气，不张扬，言语不多。有两件事印象较深：一是我们班上一些课程是英美比较法，用的是英文原版教科书，由名教授以英语口授，如艾国藩的国际公法、姚启胤的契约法、文翰的侵权行为、倪征𣶢的国际私法。我是两耳不闻窗外事，一心只读这门课，他和我有同好，有时找我温习功课。二是大一寒假某晚在端木俊民（端木凯之子）家开联欢会，他表演夏威夷吉他曲 *Akaka Falls*，要我伴奏，之前我在他家练了一次，匆匆上场，接着我第一次用他的电吉他弹奏了一曲 *Aloha Oe*。那天很冷，我穿了老羊皮长袍，外罩件阴丹士林蓝布大褂，想来也蛮滑稽的。1949年春，他随家去港，中辍东吴三年的学业（倪先生的国际私法看来没有上到），以后没有联系。

改革开放后，他有时回上海和内地，我们才有机会再聚晤，书信往来。一次，他偕同爱国港人庄贵仑先生（原上海人）向上海博物馆捐赠家传极其珍贵的明清家具（如在纽约拍卖值几百万美元），上博特辟一层楼面专室展示，由上博副馆长汪庆正（汪是著名陶瓷专家，也是东吴同学，惜于前几年因积劳病故）出面接待，汪还向一行人开放地下贵宾室，拿出多件珍藏瓷器、古字画卷供观看。东吴大学上海校友会会长顾念祖在座。在这些活动和宴请中，我应邀作陪。后来，杨的哥哥自美来沪，他们兄弟在沪相聚，又去上博地下室参观，我们又聚首一次。

杨卸任后，我曾代表工作单位上海国际问题研究所当时的所长陈佩尧邀请他来所座谈。不意，座谈中这位严肃的大法官对重大问题一笔带过，却穿插讲了他的一些童年趣事，显示他的幽默风趣。外办主任李储文后在静安宾馆设宴招待，李是新华社香港分社社长，与他接触多年，谈起杨，认为他是爱国的。

有几次，他因其他事务来沪访问，我们也有机会聚首。我几次路过香港，或因他不在港，或因时间过紧，竟未能谋面。据一位挚友同学去香港看望他归来时说，港富商巨贾遇到他都毕恭毕敬称他为“Sir”，而他回避唯恐不及。这位朋友搭杨车出行，车上打出CJ首席大法官牌子，警察敬礼，一路绿灯通行。

他活动甚多，经历丰富，在我们见面或通信中他很少谈及。但偶尔从接触的一些港人中我听到他在港家喻户晓，深得人心，“清官”、“正直”、“书生气息”等好评不一而足。

从报章和资料中我才知原来他祖父是太古洋行总买办，他父亲是该洋行经理，他夫人谭爱莲是他在英留学时的同学，1954年结婚。夫人对他关爱无微不至。有一次，我同他们在沪上一本地餐馆就餐，红烧肉多吃了一块，他夫人谆谆叮嘱少用。他夫人于2006年得不治之症，对丈夫隐瞒此病直到去世。他们育有二子，均成家立业。杨离沪至港不久即负笈英伦，于1953年获伦敦大学荣誉学士资格，回港进入司法界，旋又由政府送到伦敦大学深造，然后返港司法界，从地方法院法官做起，直到最后晋升为首席按察司（1992年改名为首席大法官，相当于我最高法院院长），成为港开埠以来首位出掌此高位的华人，兼任文莱上诉法庭庭长，曾主审了许多轰动一时的大案要案。任期中获英女王封为爵士。

任职期间，杨积极参与港普通法制度的修改，以便更切合香港回归后的实际，如彻底改变已延用152年的法律传统，于1995年将中文引入香港的法院。

1998年，杨辞去大法官职位，放弃爵位，参选港行政长官。特区成立后，他获特首董建华邀请任行政会议非官方成员，任内担任外汇基金投资有限公司主席，对盈富基金制定管理机制，后又被委任为廉政公署投诉事宜委员会主席。在教育界，他首任港大及理工拨款委员会主席及董事会主席、港大副总监、中大法律学院执行委员会主席、该校名誉教授、港红十字会主席、伦敦大学边沁法学会会长、英格兰法学院名誉总监、香港共济会会员等社会公职。港特首颁授大紫荆勋章，表彰他在司法及教育界的贡献。2002年卸任行政会议成员后，他在北京大学讲授香港普通法九讲。他积极从事中国古典文学《岳飞》、《桃花扇》等作品的英译和对外传播。他寄来的译作（据谷斯范改写孔尚任剧本的小说）读来译文流畅，可见他理解中国古典文学的深刻，表达原作忠实，使未看原作的我能得到读原作的同样感受，可见他驾驭两种文字的功底与学养。业余爱好古玩特别是青花瓷，但玩物不丧志；阅读广泛，过去常托我为他在沪购书，绘画、旅游、养生、宠物亦为他所爱。他还爱集邮，知我有同好，一个时期陆续给我寄来若干新旧邮票。寄来的从信封剪下的邮票也都干干净净、整整齐齐，认真细致，使我敬佩。他还热心公益，尽管受三叉神经折磨多年，仍然免费在港电台教授英语和礼仪，在网上解答网友的问题。作为港红十字会主席，他常率红十字会官员赴内地赈灾，去年四川大地震，他就风尘仆仆两次奔赴四川救灾。

杨绛——东吴高材生

大　钟

杨　绛

阿季（杨绛本名杨季康）要上大学了，在苏州庙堂巷杨家大宅门中，这是一件大事。1928 年，她以优异成绩，从振华女校用五年时间，修完了六年的中学课程。当时她已经考取了东吴大学与金陵女大，成绩名列前茅。她是杨家第一个上大学的孩子。父杨荫杭，留学日本返国后，因鼓动革命遭清廷通缉，随即潜逃，经日本去美国专攻法律。入民国，在浙江审判厅长任内，因杭州恶霸杀人案，坚持司法独立与军政当局意见不合，被调任京师检察长。又因秉公执法，遭官官相护的当局压抑，愤而辞职，改业律师，直到退休。杨绛就出生于刚毅正直的官宦之家。父亲的为人处世、言谈主张，耳濡目染，亦影响了她的人生。

为她上大学择校事，牵动了不少人的心。当时她的父母亲属乃至中学师长与俞庆棠①先生都来关心，提出意见，都主张进东吴，可多结交朋友，互相切磋，广开思路，而上女子大学，则比较闭塞。

她初到东吴，还比较羞涩，不够大方。振华时代的同学费孝通给她透露当时有人做的旧体诗之一，至今还记得一句"最是看君倚淑姊②，鬓丝初乱颊初红"。当时有人在背后议论阿季，说："杨季康具备男生追求的女生的五个条件：相貌好，年纪小，功课好，身体健康，家境好。"阿季窘得只好装睡。

阿季进东吴时，梳个娃娃头，不意却被称作"洋囡囡"（也因为她姓杨）。起初认为是奇耻大辱，以后发现，同学并无恶意。用简笔勾画的阿季卡通头像，列在球员全体照上，看成是球队的吉祥物。她本人就是女篮队员。传说当时想追求她的男同学，有孔门弟子"七十二人"之多。事实上，她在东吴上学期间，没有接受过一封情书，她能够老练且有礼貌地把信退回掉。

当时学校的舍监是德丽霞女士（Miss Tuttle），饭前要祈祷谢饭。有些激进的学生反抗，在祈祷时就吃饭。阿季等是"温和派"——略晚一点进食堂。后来引起抗争，结果是反对祷告的学生胜利了。

东吴原先有规定，下午四时以后，男生可以出校门蹓跶，女生则不许。几经争取，才允许四年级学生出门，但不可逾越博习医院。又不准女生夜晚在校园内散步，阿季力争。

舍监要晚上查房，又不便说是查房，便端出一盘杏脯，请大家一人吃一个。

阿季喜欢音乐，能吹箫，弹月琴，都是自学成才，参与东吴民乐队的演出。还能唱昆曲，领悟很快。拍曲先生说："只需教两遍，就能上笛了。"她是先会唱，后识工尺谱的。而她父亲，自谦为"曲聋"，屡教不会，佩服女儿学得快。

阿季上课的邻座，是一与她同岁的美国女孩陶乐珊（Dorothy Snell），听老校长文乃史博士（Dr. Nance）的课时，俩人边听边玩，还乐得笑出声来。老师发觉后，叫阿季起立答问，一连问了十多道题，居然对答如流。老师无奈，让她坐下。说明了她的敏悟程度。陶乐珊也是属于那种不死用功，记性强，悟性好，有所谓"鬼聪明"的学生。她的父亲是博习医院的外科医师。有一次两人冒充护士，偷偷进入手术室，观看了一台大手术的全过程，害得她们两周不想吃肉。

东吴有两个强项专业，医预科三年毕业后，经入学考试及格后进入北京协和医学院，另有护预科学习二年半后可直升北京协和医学院护理系，再学习二年半毕业；法预科者，入东吴法学院。在中学时，她想学护士，虽然她的理科成绩门门都好，但她天性害怕杀生，生物实验时，连螃蟹的背壳都剥不下来。想进法预科，父亲反对她当女律师。但是父亲鼓励她学习与自己性情相近的学科。当时东吴无文学系，进大学一年后，由法预科转入政治系。而对政治又无兴趣的她，课余便徜徉于图书馆的书林辞海之中。由此她能阅览到多种新书，如弗洛伊德心理学，爱因斯坦相对论，希腊悲剧，冯友兰的《中国哲学史》……

阿季不懂时间是空间的第四量向，问了孙令衔，阿季听了他的解释，就知道孙在唬人，孙亦未懂。直到 1935 年出国前在家整理箱子，忽想到三年后是否能再回到这里，因而想到虽然还是老地方，实际上已不是原来的所在了，因为地球随着时间流逝而在转动。阿季自己想通了这个问题。

阿季是班上的"笔杆子"，中英文俱佳。东吴 1928 级英文版的级史出自她的手笔。1929 年中文版中有她的第一篇散文，因害羞，用笔名为"含真"。她自己说："我们的反抗思想，不知是否无神论，或唯物论，自以为很科学。"论文题目是《论不朽》。她的观点是："将来科学发达，不是神不朽，肉体也不朽。"文乃史博士看出是在和他捣蛋，笑着对她摇头，但还是很客气地给了一个二等。她那时对成绩分数满不在乎，一般功课都是一等（Excellent）。在东吴二年级时，招来一批很爱打扮的女生，阿季等三人是属于不甚打扮的人，发愿每日趁别人打扮时刻，习字一页。她自谦地说："她们书法都天生好，唯我独劣。自从 1930 年起坚持至今，字又那么糟，很有恒心了。"她确实至今每天悬腕练字，不止一张，字写得很好，精神实难能可贵。

德丽霞女士做了两年女生监舍，改由教社会学的钱长本女士兼任。她穿戴华丽，指戴翡翠戒，耳有耳环，珠光宝气，周芬和阿季怕受这等女士管，就走读了半年。其实钱长本很忠厚老实，跟女生们很友好。她曾与同室的体育教练马克小姐（Miss Mark）亲手做早点，与阿季、周芬同进早餐。

钱长本要演昆曲《思凡》中的尼姑，还请昆曲专家教咬字换气，叫阿季唱小生。演出之后，钱女士拉着阿季到阅览室，查看报纸上的反应，随即一声不吭溜走了。原来报纸上只赞扬小生演得声调高亢悦耳，余音袅袅，三日绕梁云云，而只字未提到尼姑。

1930年，她的母校振华的校长王季玉，为她申请到美国著名女校卫斯理（Wellesley College）的奖学金，仅需自负旅费与生活费。父母亦支持她去留学，但她以为父亲经济负担太重，再加万里迢迢去那里，还是学她不喜欢的政治学，不如在国内较好的大学研修文学，希望能考入清华大学研究院，研习文学。

当时的东吴，是一所淡化政治的教会学校，学校当局牢牢把握教学为主的教育方针，防范一切可能发展为政治活动的事，避免介入或卷入社会政治漩涡。1930年，阿季读二年级第二学期时，开除了一批不知什么政治倾向的人，据说与共产党无关。费孝通在东吴时，爱当学生领袖、开个大会当书记之类工作，后转到燕京大学去了。“九一八”日寇入侵，占领沈阳，蒋介石的命令“绝对不抵抗”，各地学生去南京请愿，要求政府对日宣战。东吴学生也去南京请愿，他们叫小蒋（蒋纬国）打鼓领队。阿季等不愿跟在小蒋后面，不去南京。参加请愿的人到南京后，受到招待，发毛毯取暖，有饼干充饥。这些不去南京的人，认为自己很丢脸。

1931年，阿季四年级了。学生闹风潮，要求政府接管东吴，改为国立，不准大家上课，去图书馆，亦不准离校，并隔断了校内外联系。阿季的母亲赶到学校，策划如何脱离困境。她与同学周芬，假装散步蹓跶，只身逃出。学潮闹得毫无结果，就做了一个纸糊的杨永清人像（effigy 假人儿），一把火烧了而告终。

学校停课，开学无期，阿季等是毕业班，不愿坐等浪费时间，找文乃史博士，商量到燕京借读，并请已在燕京的费孝通就近办理。到了北京后，由孙令衔陪伴去清华，看望老友蒋思钿。蒋劝她还是到清华借读为好。晚间孙偕同其表兄钱钟书去清华古月堂蒋思钿的宿舍迎阿季返回在京的住所。孙向他表兄说：“这是杨季康。”又对阿季说：“这是我表兄钱钟书。”招呼之后，就各自回住所了。

这是钱钟书和杨绛的初次见面，偶然相逢，却好像姻缘前定。这次见面，匆匆一过，甚至没有说一句话，彼此竟相互难忘。钱写信给阿季约期相会，见面后，钱开口第一句话就是：“我没有订婚。”阿季说：“我亦没有男朋友。”从此书信往返，林间漫步，荷塘小憩，开始了长达60余年的爱情生活。

大四那年最后一学期的学业，是在名师云集、课目丰富、学术空气浓厚的清华园中完成的。毕业后，领到苏州东吴大学的大学毕业文凭，并荣获金钥匙奖。大学生活至此告一段落。谈到这一时期的主要收获，她主动说：在东吴，扩大了我对社会的认识，与家里更贴近，更珍惜亲情，而生平最大的遗憾是没有上清华本科（那时清华外文系处于全盛时期），却成了一个不问政治且远离政治的政治系毕业生！

从东吴毕业以后，随即又考入心仪已久的清华大学研究院外国语言文字系，彻底远离了当时尔虞我诈、诛伐异己的官场政治。婚后，夫妇同去英国牛津进修，乃至法国等西欧国家深造。她国学造诣深厚，生平潜心于中国传统文学的研究与发展，创作了甚多的戏剧、散文与小说。外国文学知识丰博，思想深邃，更将西方现实主义的优秀文学作品引入国内，实不胜枚举。作品得广为传诵，深得人心。因内容之丰富多彩，为群众普遍喜爱，始终不衰。

在她的《杂意与杂写》的自序中，引用了英国诗人蓝德(Walter S. Landor, 1775—1864)的两行诗，自译为：

我和谁都不争，

和谁争我都不屑；

我爱大自然，

其次就是艺术。

这就是非常贴切的写照。

现年已90有余的老校友，至今仍笔耕不辍，仍在用双手，用生命如火的暖流，回报人民，回报社会。

注释：

① 俞庆棠(1897—1951)，著名民众教育家。留学美国哥伦比亚大学，受业于杜威和克伯屈博士，1928年在苏州创办第一所民众教育学校——江苏省立教育学院，是交通大学创办人唐文治之媳，与杨家有世交之谊。1949年任教育部社会教育司司长。

② 淑姊——沈淑，原振华女中同班同学，年长故称淑姊。

资料来源：

吴学昭：《听杨绛讲往事》。

缅怀恩师东吴大学杨兆龙院长

法学院51级　葛月梅

杨兆龙

我出生于上世纪30年代，祖籍松江，父亲葛益勤系银行职员。我是50年代的大学毕业生。1951年我以外语同等学力，报考东吴大学法学院会计系，结果录取为法律系。那时杨兆龙正任东吴大学法学院院长（倪征日奥任东吴大学教务长）。那天我去学校查看报考情况，杨院长和蔼慈祥地接待了我，并告诉我说："这次报考会计系的人很多，而你的数学基础较差（我未曾念过高中），读会计不适合，故录取你读法律系，你看如何？"看他那真诚的态度，并客观认真地为我分析考虑，我觉得有理，当即表示认可，从此我作为东吴法学院的学生开始学习法律专业，与恩师杨兆龙院长建立了师生关系。他比我年长26岁，与我父亲相知相识，可称是我的父辈。我在他的教育鼓励下，对法律专业知识渐渐有所偏爱。惜好景不长，1952年全国院系调整，华东地区有南大、夏大、沪江、复旦、圣约翰、上海大学、东吴大学等七所大学的政治系、法律系，撤并为华东政法学院，并设立在圣约翰大学原址。1952年我因院系调整，从东吴转入华东政法学院，于1954年毕业分配工作。东吴大学校方学委负责人曾许诺杨院长也去华东政法学院担任研究部主任，但未兑现。1953年秋，恩师被调整到复旦大学教授俄语，从此我和杨老师无缘再叙，各奔东西，至今事隔半个多世纪。我作为华东政法学院54届的毕业生，常返母校与同学相叙。得知我的恩师蒙冤遭屈，凄苦病死，我不由得热泪盈眶。像他这样博学多才、公正善良、正直爱国的老人，实为世间少有。恩师已离开人世，但他的音笑容貌，我记忆犹新，一生难忘，下面作简单介绍。

（一）学识渊博，精通八国语言，堪称奇才

杨兆龙，字一区，1904年农历十月出生于江苏省金坛县东岗村。父亲杨中立务农，母亲王葆真纺纱织布做女红以补家用。伯父杨立本，清末举人，仅生一女，故立杨兆龙为嗣，一子双祧，备受钟爱。虽家贫，父母省吃俭用供其上学。杨本人也天资聪慧，一生好学。

（1）杨于1922年（18岁）考入燕京大学哲学系，仅用二年时间即以优异成绩修满学分，提前毕业获哲学学士学位，这时他已熟练掌握英语、法语和德语。

(2) 二年后,经燕大校长司徒雷登之介绍转至东吴法学院习法科三年,也因学习成绩优异,深受院长吴经熊老师器重,于1927年毕业于东吴大学法学院,获法学士学位,11月经国民政府司法部甄别律师委员会审查合格,发给律师证,时年仅23岁。

(3) 1935年5月,又在美国哈佛大学获STD法学博士学位,其博士论文《中国司法制度之现状及问题研究与外国主要国家相关制度之比较》。答辩会由当代法学泰斗美国哈佛大学法学院院长罗斯科·庞德(Roscot Pound)教授亲自主持,历时四小时,赢得了评委专家的一致赞赏。庞德教授对杨说:"你是接受我考试的第一个中国人,东方人的思维方法引起了我很大的兴趣。"是年夏季,庞德教授鼓励杨再以研究员身份赴德国柏林大学法学院进行博士后深造,随库洛克教授研究大陆法。留德期间,曾赴法国、意大利游历考察并在法国加入比较法学会,后赴苏俄、波兰、捷克三国考察,通过勤奋学习又掌握了该三国语言,至此老师杨兆龙已通晓英、法、德、意大利、西班牙、俄国、波兰、捷克等八国语言,并对英美法系和大陆法系均有精深造诣,为其后来直接研究外国法学,参与国际学术交流,赴欧美各国考察创造了极为有利的条件。如此奇才世间少有,作为他的学生们均受益匪浅。杨老师在大学执教期间开设的学科计有商法、商法概论、证据法概论、刑法、民法、诉讼法、行政法、比较法、法理法哲学、国际私法等达十余种。他自编讲义,不断革新教学内容,改进教学方法,精益求精,提高教学质量,深受学生之欢迎和爱戴。

(二)一生刚正不阿,爱国爱民,具有高尚的国格和人格

(1) 早在上世纪20年代末杨初出东吴,即受聘为上海租界法院及租界上诉法院之推事,专办华人诉讼案件。他不畏强权恶势,秉公执法,为维护华人的合法权益而奔走。例如,1930年杨在任上海市地方法院、江苏省高等法院、镇江地方法院执行律师期间,维护司法公正,反对贪赃枉法,勇于为民伸冤。举案例为证:1930年5月,金坛裁缝沈锁坤被镇江地方法院以"土匪抢劫罪"判处死刑。杨担任律师作无罪辩护。沈裁缝妻王氏婚前曾与大地主之子订有婚约,因故解除,嫁给沈裁缝,沈也曾去过该地主家。不久地主家遭抢劫,怀疑系裁缝所犯,遂向镇江法院提起控告,同时对该案主审法院实行贿赂,将被告沈锁坤以犯有"土匪抢劫罪"判处死刑。被告及其妻王氏不服,但苦于家贫,无钱上诉,后求助于当地一位素爱打抱不平的新闻记者洪耐青。洪了解情况确系冤案,便劝被告撰写上诉状,上诉江苏高等法院,特请杨兆龙律师辩护。在多次公开庭审辩论中,杨令人信服地证实被告无罪,终获胜诉。江苏高等法院撤销原判,宣告沈无罪释放。杨兆龙作为辩护律师非但分文不取,还给沈购买衣帽并资助还家路费,民间至今传为美谈。

(2) 1945年4月,司法行政部部长谢冠生特派倪征燠邀请杨兆龙出任司法行政部刑事司司长,以处理战犯及法制等重要事项。杨就任后即着手准备战争罪犯审判及汉奸惩治等法律准备工作。是年8月14日,日本无条件投降,杨只身返南京奉命成立"战犯罪证调查"室,任主任,倪征燠为副主任,领导700余名工作人员搜集日寇侵华罪行材料30余万件,初步材料与审查工作由各地司法机关协办,经杨审定后,将部分重要战争罪案呈送远东军事法庭审查。杨还亲自草拟了《战争罪犯审判条例》,经法院通过于1946年10

月颁布实施,作为我国审判日本战犯的法律依据。同时组建“汉奸惩治委员会”,拒绝各方之贿赂(如伪江苏省主席大汉奸缪斌之妻的贿赂),以身作则,严格执法。

(3) 1948 年底,南京政府最高检察长郑烈辞职,政府当局有意请杨兆龙代理此职,而杨本人意愿赴加拿大任教。杨当时在国内外已声誉日隆,是国内外著名的法学博士,他在国内当选为行政法学会理事、国际比较法学会理事;在国外,由荷兰海牙国际法学院在世界范围内评选出 50 位杰出的法学家,我国有二人当选,一位是年近七旬的王宠惠博士,另一位便是年仅 44 岁的杨兆龙博士。他还受聘为该国际法学院的比较法专家,但其妻以父母年迈为由坚决反对杨出国。此间,在南京从事中共地下党工作的表妹沙铁因意识到机会难得,劝姐夫暂缓推辞任检察长之职,一面迅速向中共地下党领导请示,果然上级领导指示,力劝杨兆龙接受检察长之职并请其设法营救在押的中共党员朱成学、华彬清、李正三人。杨因此事关重大,要求中共派代表面谈。后由白沙同志(南京地下党市委成员)来访,并代表组织保证其以后身家性命之安全。杨以一位法学家的良知遂答应设法营救,故留在祖国未出国任教。当时处国共和谈时期,杨考虑到其他非党员的政治犯也当设法营救,正好 1949 年蒋介石宣布引退,由李宗仁代理总统职务,接着政府改组,由何应钦代孙科任行政院长,张知本接替谢冠生继任司法行政部长。早在 1933 年,杨就与宪法起草委员会副委员长张知本共事并受张器重。张自沪抵南京就任部长时,杨还去火车站迎接回寓。途中,杨提及各方要求释放政治犯者颇多,因政治犯大多是热血青年,思想激进但并非罪犯,将他们长期关押实属不当,建议将他们释放。张听后当即大加支持,答应办理,遂在一次行政院会议上正式提出,为表示国共和谈诚意,应释放政治犯。当时何应钦院长及朱家骅、吴铁城等政务委员也在座,大家对张的提案一时大哗,争议四起,反对者甚众。何应钦也劝张放弃他的主张,张坚决不同意,宁可部长不当。何应钦无法,才勉强答应通过决议,释放全国政治犯,命令司法行政部执行。除了中共地下党指名要求释放的中共地下党李正等三人和在南京“五二〇”学潮中被捕的学生政治犯 100 余人外,还有上海地方法院释放政治犯 360 余人。根据当时江苏、浙江、安徽等十几个省市司法长官的报告,估计全国释放政治犯一万余人。解放后,中共南京市地下党委书记陈修良就到杨家造访,对杨兆龙释放政治犯之举当面致谢,握住杨的手连说几声“救命恩人”。

(三) 晚年的凄惨遭遇

1954 年秋,柯庆施来沪主政,他对主张法治的杨兆龙早已心存芥蒂。1955 年镇反运动开始,杨兆龙不幸成为审查对象,被怀疑为“国民党潜伏特务”,于 1963 年(杨已 59 岁)9 月由上海市公安局以现行反革命罪关押入狱,子女都受株连。尤可悲的是杨的妻子沙朔因女士,她本是上海市一级优秀教师,因受株连被撤销教职,降薪三级。1966 年“文化大革命”风暴骤起,杨家再受冲击,沙女士因为不堪红卫兵的百般凌辱自缢身亡,全家也被查封,其女只身迁居夫家海宁。1971 年,杨在被关押数年之后以“历史反革命及叛国罪”被判处无期徒刑,直到 1975 年 12 月 15 日(杨已 71 岁)中央对国民党团级以上人员进行特赦,杨才获赦出狱。

先生家破人亡,伤病缠身,晚景凄凉。杨出狱返家与女儿见面,首先问及其妻下落。

女儿怎敢透露母亲的悲惨遭遇，只说“母亲于 1966 年中风病逝”，并将母亲遗言转告父亲，说母亲对不起他，不该在他事业鼎盛时期硬要把他留在大陆不走，结果遭受了接连不断的磨难。杨闻言悲痛万分，泣不成声，他对女儿说：“我和你母亲是恩爱夫妻，这一切都是命中注定的。”直到 1976 年“四人帮”被打倒，中国历史出现转机，1979 年国内形势明显好转，在全国范围内开始平反冤假错案，杨女平反后安排在医院工作，长子也在海宁成婚，这些使老人稍获安慰。子女劝父亲提出申诉，要求平反其冤案。杨因贫病交加、年老体弱、心力交瘁，故未同意，同年 4 月 1 日突患脑溢血含冤逝世，享年 75 岁。

我万万想不到我敬爱的老师在与我分别后过着如此惨痛的日子。我等青年走到现在，社会在进步，国家正强盛，百姓有幸福，老人受尊重安享晚年之乐，显示出社会主义法治的重要，这也是恩师生前的遗愿！

（本文有关杨兆龙教授的材料由其婿陆锦璧提供）

忆杨兆龙、朱耐斋老师

法学院52级　王平生

1948年，我考入东吴法学院。当时院长是杨兆龙先生，院秘书是朱耐斋先生。两位先生都在班上任课，授课时热情，认真负责，平时接近同学。有时我们结伴到两位先生的宿舍聆听教诲，总受到热情欢迎接待。虽短短两学期，但培养了深厚的师生情谊。后因院系调整，师生们各奔东西。

1956年，上海政治氛围宽松，复旦大学法律系举行学术讨论会，上海市二中院受邀请出席。中院安排我出席会议，会上我遇到杨先生，他与我热情交谈。中午杨先生请全体法律系老教授午餐，特留我入席，并向各位老教授介绍说："这是我们东吴的小弟弟。"在席上我认识了孙晓楼教授。午后讨论完论文散会，向杨先生告别。

1957年，"反右"运动中我被硬拉上与"右派"划不清思想的人，又知道杨先生被打成司法界"大右派"，我思想很紧张，唯恐株连上学术会议的情况，麻烦更大。幸仅我一人参加，无人揭发。

60年代初的某傍晚，我从单位劳动后骑车下班回家，途经延安西路江苏路口，在公交车站上有人向我招手，并呼我名字。我下车一看是杨先生，忙迎上前问安，他答道："他们待我还好，给我100元一月，不做事。"双方有满腹言词，也不敢多言，唯热情握手，彼此心照不宣，以示师生情谊。片刻公交车进站，他举手连向我招呼："王平生多多保重！"他转身上车，我默默站立望着杨先生的背影，立刻在我面前呈现当年他在讲台上认真而又生动讲课的情景。以后传闻，杨先生被说成"反革命"，我也不宜多打听。

直到粉碎"四人帮"，又听说杨先生已平反释放，我想去拜访，但他的具体地址无法得知。1980年前后，见《解放日报》登载杨兆龙先生在浙病逝消息，我低头默默悼念，可悲的是他在浙离世，在苏的学生们不能为他送行。人间师生之情是何其难断乎！

20世纪70年代末，始得悉朱耐斋先生的复旦宿舍地址，遂欣然而往。师生久别重逢，多么高兴！他说他到复旦后，改当资料员，双目视力越来越差，已退休养老。当时他尽管看书双目已贴近书本，但每日勤学依旧。我也爱读文史，从此师生经常见面，交流读书心得，加深了师生友谊。而先生坚持不愿谈过去和现在学校的人和事，不论人间是非，一心读史书，并一再赠书给我，再三叮嘱我学而不倦。不知老之将至，最后他双目近失明状态，手持导盲棍上礼拜堂皈依基督。据说后患老年痴呆病，病逝于老家常州。先生自退休后，几乎断绝与过去的同事、师生的往来，只有我和另一位同班同学常去拜访他。由于我归队后忙于工作，事后许久才得悉他病故，故遗憾终身。

回忆汪葆浚老师

化工系50届　尤大衡

汪葆浚老师是一位成功的教育家。他生活简朴，待人亲切，对学生爱护，对工作极端负责。

老师着重身教，他曾经讲过做研究工作要博学。他不仅对分析化学有很深的造诣，其他如有机化学、普通化学、工业化学、化工原理，他都曾教过。实验室是分析化学进行教学活动的主要场所，老师利用这一特点，用与青年教师搭班一起指导学生实验的办法培养青年教师，向他们传授带领学生实验的知识，示范对学生和对工作的态度。

工科院校用的分析化学教科书是老师主编的，用的是我国自己的体系。这本书出版于1958年。1958年后，该书几乎是全国工科院校共用的教科书，现在即将出第6版，仍然有一些工科院校采用。这是一本经过时间考验的教科书。我们不知道老师是否退休，1984年时他已是78岁高龄，仍然冲在教育改革第一线，领导无机化学与分析化学的合并工作，他不但提出合并的主导思想，还几乎一课不漏地参加听课和听课后的讨论研究，直到他生命的最后一刻。

后来老师倾注了大量心血的教改工作获得了很大成功，频频得奖。

用鲁迅先生说的话来说：老师的一生是“烧完”的而不是“吹灭”的，他点燃了自己，照亮了学生。

父亲汪葆浚给我们的最宝贵财富

汪嘉谦　汪嘉燮　汪嘉业　汪嘉镇

我们的父亲汪葆浚1906年出生于江苏省苏州市。1927年毕业于东吴大学化学系，获理学士学位。父亲在高等学校辛勤耕耘长达60年之久，为国家培养出大批的化学、化工人才，得到优秀教育工作者光荣称号；同时积极从事化学教材的编审改革工作，曾担任国家高等工业学校化学教材编审委员会主任、分析组组长，任高等工业学校化学课程教学指导委员会顾问；他主编的《分析化学》获国家优秀教材一等奖。他是中国共产党党员，曾被评为优秀共产党员。他的一生是光辉灿烂、卓有建树的。不过，他留在我们子女记忆中的，更多的是他为人处事的精神品质，是他对我们的谆谆教诲和日常生活的言传身教。

父亲最突出的精神是对事业的执着追求。他对工作一贯踏实认真，一丝不苟。他在高等化学的教育和研究方面，开课、编教材、培养师资、改革教学，总是孜孜以求，60年如一日。到了80高龄，还在带研究生。记得他几次到西安来避暑，我们看到他行囊里带的都是书和文稿。我们劝他去旅游景点看一下古迹，他都不肯，整天待在家里，坐在灯下，手拿放大镜，一个字一个字地阅读审核。他的治学态度是严谨的，他的教育风格是严格的。他虽然和学生亲近，喜欢和青年人在一起，参加他们的活动，但在教学上却极严肃。当年他在东吴大学教课时，学生送他一个绰号，叫他“阎罗王”。其实这个绰号指的两位老师，一位也是化学老师，姓严；一位就是父亲，他们两位都是以教学严肃著称，苏州口音“阎罗王”就是“严和汪”的谐音，带有既尊敬又亲切的意思。父亲另一个显著的风格就是重实践。凡事喜欢亲手摸索，亲身实践，而且他勇于创新，善于接受新事物。年轻时他就喜欢照相机和无线电，不仅拍照，还自己洗印；不仅自己组装收音机，而且还自己建立电台。在工作上也是这样，有时实验仪器坏了，他自己动手修理；学校条件不够，他就把有些试验带回家来做，如电镀试验、试制实验发酵粉、试验从白酒中提炼酒精等，这些都在我们脑海中留下深刻的印象。

20世纪80年代，他已经80岁了，还开始学习和研究计算机技术，将它应用于分析化学，并取得显著成果，发表了数篇学术论文。在晚年双目已近失明的情况下，他还和同事们一起探索普通化学的教学改革，编写了一部无机化学与分析化学相结合的书，目的是想出版一本较高水平的化学教材，避免普通化学与分析化学在教学中的重复。

父亲是一个典型的中国知识分子，他严于律己，一生热爱祖国，追求进步，坚持正义。抗日战争中，东吴大学从苏州迁往上海，当时条件非常艰苦，几乎发不出工资（听说每月薪金只有八斗米)，但父亲与其他老师一直坚持教育岗位，直到抗战胜利。这可以说是他和全体老师对东吴大学，当然也是对当时的教育事业的一大贡献。父亲一生清廉，痛恨贪官污吏，他经常教育我们绝不要不义之钱物。抗战胜利后，他被聘到资源委员会工作，主要接收敌伪资产。有一次一个油漆工厂的人来给父亲送了一笔钱，当时我们家虽然很困难，但他分文不取，坚决拒绝。

解放以后，父亲看到国家在共产党的领导下欣欣向荣，十分欣慰。他拥护党的领导，并努力改造自己，积极申请加入了党组织。在"文化大革命"中，他痛恨林彪、"四人帮"一伙。他十分关心形势的发展，每天都要看电视，但一看到"四人帮"的画面，就气愤地把电视机关掉。他对"四人帮"散布的"读书无用论"非常反感，他对自己的孙子说："你们不要听外边那些人瞎说，无论如何要把书读好，这才是你们将来报效祖国最重要的事。"有一次，他遇到一位过去东吴的同学，曾坦率地对那位同学说："国家再这样搞下去，非亡不可。"在当时"文化大革命"的恶劣形势下，父亲敢于说这样的话，足见他忧国忧民的品格。

父亲离开我们已经整整 18 个年头了，我们兄妹四人也已步入了晚年。每当我们回忆起那些与父亲在一起的日子，他的音容笑貌和他一生中始终闪烁着光芒的优秀的精神品质，仍历历在目，萦回脑际。它们不断地教育和影响着我们，使我们终身受用不尽。如果说我们各自在自己的人生道路上也获得了一些成就，为国家做出过一些贡献，那么，这与父亲的教育和影响是分不开的。父亲的精神品质是他留给我们的最宝贵的财富。

(汪嘉谦为东吴化工系 51 级，汪嘉燮为东吴附中 51 届，汪嘉业、汪嘉镇为东吴附中初中 51 级)

怀念我的父亲严志弦

东吴附中50届　严幼瑾

严志弦

父亲在乱世中铸就的爱国心,使他的一生像蜡烛一样,燃烧自己,照亮后人。他的生平业绩我并不清楚,但父亲是我心中最伟大、最值得尊敬的老师。值此母校大庆出版刊物之际,我想把自己对母校、对父亲的感恩的心情,用拙笔记叙实事以作留念。

父亲一生勤奋好学源自他出生和成长的环境。我祖父是农民,入赘到世代书香门第的祖母家。父亲排行最小,幼年丧父后,靠大哥经营的小商店供他和二哥上学。父亲体贴大哥的难处,就用"在校跳级"和"在家自学"的办法,没几年就读完了小学和中学。因学业成绩优秀,自学成材之路就成了他的法宝。抗战时期,我母亲去世,家里困难,父亲也是让我"在校跳级"并辍学去农村舅父家,他不让我进舅父的私塾,只鼓励我利用舅父家的大量藏书,希望我也能自学成材。我也学会了用学习成绩来赢得父亲的欢心,父亲就是这样欣赏学习优秀的学生。

母校(我父亲毕业和执教于东吴大学,我母亲在景海女中,我们姊妹三人都就读于东吴附中)是我父亲读得学士后,能在工作中继续深造的基地。他得益于母校西方文明的早期植入和母校与国外信息沟通的优势,以及母校养成的外语学习的功底。父亲考上东吴大学后就有潘慎明教授"伯乐识马",曾给过我父亲资助。加上父亲能在学习时外出兼职教书,这相当于美国大学给成绩好的外国留学生提供资助,也相当于出国留学靠勤工俭学,使父亲虽然没钱出国,却能在国内得到相似于出国求学的条件。母校天时、地利、人和的人文环境,陶冶了父亲的情操,使他一生都保持学者的人格魅力和诲人不倦的敬业精神。我一生都没听过他讲课,但在很多场合,都能听到我不认识的师哥师姐称赞我父亲的课讲得好。后来我到美国探亲,我儿子告诉我,美国的教授很难终身制,每年都得由学生给讲课的老师评分,我想父亲所以能在母校当上教授,可能也是母校采取了不凭学位而凭老师的真才实学和能否满足学生的需要的选聘方针。所以父亲也是不慕学位的虚名,力求在实践中得到有用的真知。

父亲在他老家人的心目中威望极高,谁都知道他是脱离了封建世俗,一心在外干事业的名教授。他宁可自己苦,也得赡养好老人,还得支持侄儿女们完成学业。当时老家很少有人到我家来,因为他们都知道我父亲的工作很忙,需要安静的家庭环境。我幼时感到家里很可爱,因为父亲在日用化工、拍照洗印、医学卫生、食品营养、天文地理甚至遗传学等方面的博学多识和动手实干能力，指导着全家人，使我幼年过得很幸福。抗战时母亲去世，父亲面临家破人亡、事业受损的局面，更加强了他科教兴国的事业心。他把我姊妹三人视为他事业的组成部分，也是事业的持续力量。他曾明确表示要为我们找一个像母亲一样的继母，他谢绝了有意于他的在职女性，很快就从老家迎娶来续妻，使家庭很快恢复了温馨。我三姊妹从初中起就住校，难得回家，最小的弟弟出生后，父亲仍以事业为重。有一年暑假，我弟弟经常莫名哭闹，医生也找不出病因。一次弟弟大声哭闹，父亲无法静心工作，慌急之下，他把弟弟推向了床壁。幸亏这一推看到弟弟背上有个脓疮，父亲立即给他做了手术，后又马上去工作了。解放前，家实在太小，六口人只有两间小屋。解放后，住到复旦的教授楼，父亲有了自己的书房，订有各国的化学杂志、期刊。过去常见他在家做试验，这时已不需要了，试验用的柜子都已放上图书。我工作六年后第一次回家看到父亲家已完全变了样。

我难得出差到上海，每次也只到家看看，怕耽误了父亲的时间。他到长春应化所讲学，在沈阳转机，我和丈夫、孩子得从辽阳赶到沈阳才匆匆见了一面。我的两个孩子也都生养在南京奶奶家，难得有机会见到外公。在我眼里父亲的时间一直是属于事业的，继母也是父亲教出来的事业好帮手，“文革”前一直在复旦的食堂当义务管理员。

父亲对我的爱表现在他用自己成功的经验来给我忠告，但在我执意按自己的想法做后，他会尊重我的抉择，仍一如既往地关心我的学习和事业。譬如在高考时他认为我应当学化学，而我选择的是化工；再譬如毕业分配时校方想要我留校，我父亲给我讲了很多留在母校工作的好处，但我还是坚持去了东北。父亲在世时，不论我在浙大还是在东北，都能感受到父亲对我的关爱和鼓励。抗美援朝时他鼓励我参干，院校合并时他对我说，浙大化学系合并到复旦来，他一定会主动把系主任让给吴征铠教授。他带队去农村搞“四清”，入党后，他把工薪以外的收入（指版权费、稿费）全部上缴给党组织。我在信里称父亲为“爸爸同志”，打心眼里觉得党的知识分子政策能保障旧社会过来的老教授安心地、老当益壮地活跃在学术界、教育界。父亲的榜样力量是我在艰苦、高危的国防事业上坚持下去的极大动力。

可就在父亲事业和家庭一帆风顺的时候，1967 年，“文革”就席卷复旦。继母后来告诉我，父亲就是太傻，不相信“文革”会对他有什么危险。实际上一位留美学者（可能是父亲母校的知己）在这时就预感到中国的知识分子有危险，特意回来想接我父亲去美国暂避，但父亲坚决不去。没想到“文革”会把一个只知搞学问、教好书的老教授作为冲击的对象。当时父亲已调出化学系十多年了，仍被揪回化学系。面对完全陌生的学生造反派（父亲教过的学生早已毕业离校了），父亲只会被他们的谩骂激怒，不肯低头，不肯下跪，几天下来双膝就被折磨得皮肉血糊，最后因鞭子打在大脑上造成皮下蛛网膜出血，倒在地上。造反派用黄鱼车把他拉到我家门口，撂下就走了。后来经过验尸确认系鞭击致死。对家人来说，处在那时的环境，谁又敢过问呢?!

在那人性和良知扭曲的年代，父亲无辜地遭到不幸，悲惨地死去。他付出了自己的生命与邪恶和残暴抗争，他维护了一个学者的气节和尊严。1978 年，复旦为父亲举行了隆重的追悼会。父亲会永远活在那些受过他教益，和他一起工作的同志们的心中。作为他的儿女，会更加思念他、热爱他、尊敬他，会从他的身上吸取我们做人、做事的勇气和力量。

循循善诱的赵景深老师

文学院46级　陈一正

赵景深先生是我尊敬的老师。他给我上过元曲课,也是我毕业论文的两位指导教师之一。

1946年的东吴大学设在西藏路汉口路转角的慕尔堂内。中文系将“元曲选”作为选修课,但学生听到是中国戏曲史家、戏曲理论家赵景深教授执教,都欣然选这门课。第一天上课,走进来的赵先生穿的是中装。东吴是教会学校,中外教授们西装笔挺是不足为奇的。本来嘛,听课听内容,不是“听衣服”。奇怪的是他还带来了一位操琴的。原来他第一堂课没有讲理论,没有解释唱辞,而是先唱了两段小令。他没有专业演员唱得好,但感情韵味令人陶醉,把我们学生领进了欣赏的大门。以后的讲课也大都不重灌输而重感染。先生把握住词曲艺术教学在于让学生领略到情趣。

我的毕业论文,校内指导教师是系主任胡山源教授,按规定还要请一位校外教师指导,胡教授就指定我请赵景深先生。

赵老师那时住在霞飞路霞飞坊(现淮海中路淮海坊)15号。我第一次上门讨教,上楼到前楼,赵先生已站在房门口接我,仍然是中装圆口布鞋。他十分和蔼地请我坐定,寒暄两句,就引我到一间双亭子间,这是他的藏书室。“你想要什么书呢?”我说不出话来,我没有想过要什么书,我不知道要什么书。他就递给我一张准备好的书单,“你先看这些好吗?你自己查取。”我找书都很笨拙,我找不到的,他就指点我,临走时嘱咐一句:“按时来还这些书,就再换一批去看。”我回家看了书才明白,赵先生已深入研究了我的论文题目。自此,让我一步一步地走近我要论述的中心。一共去了九次,当然中心出来了,论点出来了,内容充实了。他没有向我讲解什么,没有指导我应该怎么做,更从来没有指责我不该怎么做,他让我完全自信:这是我自己写出来的。但我更相信,路是自己一步一步走的,带路人是赵先生。只在最后一次我向他交上完整的初稿,他在某些地方用铅笔画个杠杠,说:“类似这种地方可以斟酌用语,这种地方可以润色。”我再次修改后誉清,交给胡山源教授,他看后笑容可掬地说:“你有很大长进啊!”

毕业后,我教了几十年书,也指导学生毕业论文。有了自己的经历作对照,让我更加感念赵先生的好处。教学中我总想把我懂得的“知识包裹”倾囊倒给学生。而赵先生总是让学生自己生产出一包裹知识。我是灌输,他是启发,我是催逼,他是引导。他才是循循善诱啊!

几年前,我得到三张业已发黄的复印件,是赵先生和别人的通信。我见过赵先生的字,我认为这是真迹。三封信的内容都是讨论文学研究的资料,比如《梁红玉赋》的作者究竟是谁，日期分别是 1976 年和 1977 年。那时“十年动乱”余波未尽，而他已能静下心来钻研学问了。

附带说一句，真正的学者往往并不古板，却多有真性情。比如在一封信的最后，他写了这样一句：“以上都是注释我赠给你的那封信，另奉赠一个破信封。”即可见其风趣幽默。

离开赵老师 60 年了，夜深人静，孤灯笔耕，我总会怀念他老人家的温柔敦厚、朴素淡泊。

（摘自 2008 年 3 月《文汇笔会》）

难忘的班主任——江惠贞老师

物理系49届　程蕴玉

我念完初中二年级上半学期时学校停办了，还好，不久东吴附中初中部可以招收女生了。因此，1939年春我考进了东吴附中初中二年级（下）。和我同时入学的女生还有两位：孙淑章（孙蕴璞先生的次女）和陆素莲（陆季清先生的次女）。我最大，当时已15岁，淑章小我一岁，素莲小我二岁。我们班上共有50名学生，我们三个小女生就坐在第一排中间的三个座位上。我们三人是东吴附中初中部的第一批女生。

我们的班主任是江惠贞老师。江老师教我们化学和小代数。她是江长川牧师的侄女，她和江牧师的长女江美贞（教英文）都是刚从大学毕业的青年教师。江惠贞老师很活跃，对我们三个小女生更是照顾，我们也都很喜欢她。那年暑假（1939年），她请我们三个女生去大光明电影院看美国有名童星秀兰·邓波儿的电影。这是我第一次经历到室内有冷气的感觉，也是我唯一的一次在电影院看秀兰的电影。她当时还请我们吃紫雪糕，我们简直是受宠若惊，高兴极了。我刚到东吴附中时觉得课程要求很高，每门课的老师要求都很严格。记得当时每门课65分才算及格，得69分时就得吃"警告"。初中二年级开学初，大概江老师想了解我们学生的解题能力和速度，一次她出了200道加减法的问题，让我们在一定时间内交卷，做对一题得一分。记得成绩最好的得了170多分，超过100分的大概有十一二个，还是有不及格的。

我们升到初中三年级后女生多了，江老师还是负责东吴附中初中部我们这第一批女生。毕业时，她找摄影师给我们全体女生（共11位）照了两张相片，还送我们每人一把漂亮的折扇作纪念，到现在我还保存着这把折扇呢。

大概是1956年吧，我在沈阳东北工学院执教，一天我从大街上骑自行车回家，路上见到有位女士很像江老师，但是又觉得她家在南方不太可能来沈阳。我看了好一会儿，觉得实在像，因此忍不住下车上前询问，竟真的是她！原来她是从上海出差来沈阳的。时间已过了十六七年，在沈阳那么巧会遇见我敬爱的江老师，真是喜出望外。那时我都已经是有了两个孩子的30多岁的人了，而她所在单位给她写的年龄还是24岁。不过的确那时的江老师看上去比我还年轻。我想请她到我家小坐一会儿，可惜她很忙，急着办完事回上海，所以只是在街上聊了一会儿。虽然几十年的时间都已经过去了，不过那次巧遇还一直让我感到欣慰。

至今我还忘不掉我所敬爱的江老师。

2009年2月，新加坡

经济系的老师们

宋介麟

我们是1948年考入东吴大学文学院经济学系的,1952年春季毕业。在校期间受到许多老师的教导,增长了经济领域内较多专业知识,终生受益。值此母校110周年之际,就记忆所得将几位主要老师的专长及特征略述一二为记,挂一漏万在所难免,尚希学长们补充指正。

一、张祖尧

他毕业于巴黎大学,获得博士学位,回国后曾在多所大学教书。

(1)讲课认真,备课充分,讲稿完整,各课内容丰富,既有定理定义,又有实例,尤其是国际贸易与国际汇兑两门课程,其内容能随着当时政策的规定而及时调整。讲课时语速不快不慢,声音不高不低,始终如一。他教授的社会经济调查课程,别开生面,以社会为课堂,带领我们到本地大工厂、公司等做访问调查,课后,由我们写出调查报告,锻炼了我们综合分析问题和写作的能力。

(2)性格耿直,坚持原则。当时有些同学要求废除死记硬背的课堂考试方式,改为写学习报告的方式。他耐心地对同学们解释,他所讲授的课程均是经济学系内的各项基础理论的东西,必须下苦功夫背熟,记住其基本内容,才会终生受用。后来,我们在毕业近三十几年后,仅靠当年求学时不完整的记忆,能够应付不熟悉的工作,这不能不归功于张老师的正确教育方法。

(3)一生工作认真负责,耄耋之年身体健康,记忆清楚。1962年,我知道他已从复旦大学调至北京外贸学院。80年代末我去北京出差,特别到张老师学校教务处打听其住宅地址时,那位青年教师说:张老工作、学习都很认真,因他年事已高,学校让他在家休息,可他老人家很认真,每星期准时来校参加学习,从不缺席。我去看望他时,他非常高兴。交谈中他还清楚记得我们班的同学。

(4)外表严肃,却礼貌待人。凡学生到他家求教或受课,师母必以茶水、糖果招待。有一次由张老师领着我们几个学生值夜班巡校,下班已子夜,张老师邀请我们至其府上喝些热茶取暖,便于入睡。同时还以葡萄酒招待,这是我生平第一次品尝此酒。

二、王涵清

他毕业于上海交通大学,执教于东吴大学,教授会计课程。他留美毕业于哥伦比亚大学,并在美国国际农具公司担任会计、补充会计等职。1950年回国返校担任经济系代理主任、主任，直至1952年院系调整。

（1）王老师讲课方法好，通俗易懂，深入浅出。会计学的借贷原理，学生往往不易听懂，只能死记硬背。王老师讲解时用简单的方法、通俗的语言，由浅入深，循序渐进，把学生视为复杂难懂的借贷原理和记账方法用一堂课的时间就使大家听懂。后来，我在做教师时也用此方法给学生讲解，效果甚佳，屡试不爽。

（2）讲课着重理论与实践结合。成本会计是一门操作性较强的课程，王老师讲解特别详细，尤其讲解了对何种企业采用何种成本计算方法最适宜，大型企业因生产车间众多，各车间生产流程不同，可采取不止一种成本计算方法，反映了王老师深厚的会计理论知识和丰富的实践经验。

（3）作文敏捷，文采好。我在最后两个学期被聘为经济系的兼职学生助教，负责刻写老师的课程讲义。王老师处理系务，社会活动较多。刻写他的“工业经济”课程讲义总要到他的宿舍，在晚上10点钟开始到12点后才能结束。但每次经过他稍加调整后已是一篇很通顺的讲稿了。

（4）延聘经济学领域内的知名专家、教授来校讲课，对开阔学生视野和提高学校的知名度起了积极作用。他曾经延聘了陈彪如和张一凡来校讲课，充实了师资，提高了经济系师资实力和学生的知识水平。

（5）精通会计专业，教材新颖，讲课内容完整，条理清晰，随口讲述，不用讲稿，双语教育。

（6）平易近人，衣着随便。

三、姚铁心

他早年毕业于东吴大学，留美返国，执教于本校。后任系主任，时值新旧教育思想、学制改革前夕。有一次，在讨论课程改革的会议上，有同学提出要开设许多会计方面的课程。姚老师当时就说，同学你错了，我们是经济学系而不是会计学系，我们应该开设以经济学有关理论知识的课程为主，尽可能兼顾应用技术类的课程。这样，经济系开设课程的方针和原则一直未变。

四、陈彪如

讲课认真，准备充分，内容丰富，立论正确。讲活了生产力、生产关系等基本理论，阐述透彻，以生动活泼的语言，将枯燥的纯理论讲得有声有色，使学生对政治经济学有耳目一新之感。

五、张一凡

他是由国人在国内编写并出版“核算与监督”课程教材的第一人。

母校老师们的辛勤劳动，不仅教会了我们有关经济学方面的知识，更传授给我们求知和做学问必需具有的正确态度、方法，对我们日后的成长益处良多。

东吴五位寄生虫学家

生物系52届　樊培方

顾昌栋教授(1909—1978)

顾昌栋先生为江苏吴江人。1935年毕业于东吴大学。先后在清华大学、国立师范学院、南开大学等院校任教。顾昌栋长期从事动物学教学和科学研究工作,是著名动物学家,为我国寄生虫学界老前辈之一。

顾昌栋先生曾担任中国动物学会寄生虫专业委员、《动物学报》编委、《动物学杂志》编委、《中国动物志·吸虫纲》编委、天津市水产学会副理事长、九三学社天津分社委员等职。在动物学教学、吸虫分类研究和水产研究方面有渊博的知识,积累了丰富的经验,是我国研究吸虫学的老前辈之一。他自1937年起先后建立了吸虫的3个新属,发表了涉及27个科的115个新种以及大量的宿主和地区新记录,在我国首先开展了海鱼的吸虫分类研究,填补了许多空白,为我国吸虫分类学作出了出色的贡献。在吸虫分类研究中亲自指导并参加了中国科学院动物研究所、中国科学院海洋研究所有关课题的工作,工作中严肃认真、刻苦钻研、团结合作、诲人不倦,并培养了年轻一代。

在参加陈心陶教授主编《中国动物志·吸虫纲》(1985)的工作中,积极撰写统一规格的样本,主持了囊双科、真杯科编写工作,并承担了棘口科、双腔科、同盘科的部分编写任务。凡经他手的文稿都经仔细核对推敲,态度严谨,兢兢业业,为此书的编纂付出了辛勤的劳动。

吴光教授(1904—1977)

吴光教授为浙江金华人。1925年毕业于东吴大学生物系,后在美国密歇根大学获哲学博士。1933年回国,从事寄生虫学的教学、研究、防治和行政领导40余年,为我国寄生虫学界老前辈之一。

建国前,曾任广东省农林局、中山大学、南京中央卫生实验院、上海雷士德研究所技正、教授和研究员等职。从事教学和科研工作17年,具有较高造诣的生物学、动物学和寄生虫学基础。从30年代开始,为我国早期血吸虫、姜片虫和肺吸虫病等主要医学蠕虫的形态学、分类学、生活史(媒介植物、中间宿主、保虫宿主)和流行病学等的研究方面奠定了基础,成绩卓著。这一时期,先后发表论文36篇,其中有关动物寄生虫的12篇,有关血吸虫的5篇,有关姜片虫的9篇,有关肺吸虫的9篇,有关盲潜蚤的1篇。

建国前后(1946—1952)任国立上海医学院寄生虫科主任、教授,科内拥有包鼎成(东吴校友)、叶英、李佩贞、范光辉、李树华、钱珂、吴淑卿、温廷桓(东吴校友)、裘明华(东吴校友)、李光昭等不同梯队(副教授、教员、讲师和助教)的师资和沈祥裕、关继宗、荣云龙、蒋惠卿等技师、技术员近20人,为国内医学院校寄生虫学科最强师资队伍之一。组内备有全套精绘的寄生虫挂图、大量门类齐全的寄生虫玻片和示教液浸大体标本,保证了上医传统医学基础课高质量的需要,接受大量进修师资和科研人员,为我国培养高层次的医学、药学和卫生学人才作出了巨大贡献。

1951年当帝国主义侵略朝鲜,丧心病狂地在朝鲜和我国东北大量投放细菌武器时,吴光教授奉召带领寄生虫、昆虫专家前往朝鲜展开反细菌战,对美军使用细菌武器进行调查,并提出报告作证。1952年,在筹建中国人民解放军军事医学科学院寄生虫学系中,他邀请和聘任了一批海归知名的专家学者,包括柳支英(浙江大学农学院教授,昆虫学家)、张奎(齐鲁大学医学院教授,蠕虫学家)、龚建章(浙江医学院教授,蠕虫学家)、陆宝麟(北京农业大学副教授,昆虫学家)、孙振中(上海科学社,螺类学家)等;又吸收了一部分年富力强的中青年科技人员(谭璟宪、王赞功、高巨真等)。后出席全国第一次卫生工作会议,被授予劳动模范称号。在抗美援朝期间,率领志愿防疫检验队对朝鲜肺吸虫病流行情况进行了调查并提出了防治措施。由于他工作出色,受到了卫生部的奖励。

50年代,国务院发布了"关于消灭血吸虫病"的指示,毛主席发出了"一定要消灭血吸虫"的号召,国家成立了血吸虫病防治领导小组和常设办公室。中央任命吴光为全国血吸虫病研究委员会主任。1958年任中国医学科学院寄生虫病研究所研究员。

因大规模开展人畜血吸虫病防治需要,1964年10月1日成立了吴光(室主任)、许绶泰(甘肃农大教授)、刘瑞三、吴青藜、沈纬、王万里等组成的中国农业科学院上海家畜血吸虫病研究室(后来发展为现在的上海家畜寄生虫病研究所)。在他的领导下,该室除承担家畜血吸虫病和其他危害农牧业经济发展的寄生虫病防治的科研任务外,还协助农业部协调南方各省市的家畜血防科研任务,为农业部制定血防对策提供依据;又培养了一批行政领导和学术带头人。

在任研究室主任期间,又协助筹划、指导、支持江苏血吸虫病研究所(肖荣炜所长)、嘉兴血防所(周荣章所长)和皖南血防所(包鼎成副教授兼所长)等江浙皖三省的血吸虫病防治研究工作,为大规模地开展血防工作做好准备。吴光由于在防治血吸虫方面的卓越贡献,1956年受到毛泽东主席的接见。

作为功勋元老,吴光教授后30年领衔血研会工作,领导一科、组建一系一室与筹划三所等六单位工作。有不少东吴学长认为他既是发动机,又是孵化器。他发动邀聘,汇集高级专家学者,又组织安排不同梯队的师资、科研和防治技术人员,实事求是,严于律己、待人宽厚,信任重用,指引后学,培养了一代代寄生虫病学领军人物和优秀人才,无愧为东吴生物系的老学长,无愧为中国知识分子的楷模。

黄蕙芬教授

黄惠芬教授出生于上海,在知识家庭的熏陶下,有较高的语文、英语水平和扎实的理科基础。1946年毕业于东吴大学生物系,被留校任教。曾任助教、讲师、教授等职。

一、不畏艰难,深入疫区

黄教授在查阅大量资料,于1970年确定要建"周期性马来丝虫—长爪沙鼠动物模型"之后,就带领全室同志深入至黔南地区的独山县下世区寻找微丝蚴血症阳性病人。其中最为艰苦的是每晚九点以后采集当地群众的血样,黄教授与大家一起,一手拿着探路的木棍,另一手拿着电筒,肩背采血包,摸黑爬过一个个山坡走村串寨,既要克服山路高低不平,又要留意出人意外的狗咬狂叫。有时半夜回不了驻地,又不想打扰当地群众,黄教授曾在放置牛草的陋屋里休息过,也因口太渴饮用过村边的井水;有时半夜回来简单洗漱、短暂休息后忍着饥饿又进入工作。由于当地习惯是一日两餐,要到上午十点才能吃上一天的第一餐,到吃饭时间已饿得心慌。在这种艰难条件下,黄教授一直坚持工作,直到找到理想的虫源为止。也正是黄教授这种无言的教诲,使全室同志在当时不正常的政治环境条件下,在全国首先顺利建立"周期性马来米丝虫—长爪沙鼠动物模型",为我国丝虫病防治工作做出了杰出的贡献。

二、珍惜机会,同行受益

在20世纪70年代末,由中山大学江静波教授负责,在广州召开了一次中外寄生虫学专家的学术交流会。由于当时外语人才缺乏,由普通的翻译人员为外国专家的讲授内容进行翻译时,出现严重的翻译错误或词不达意,许多同行也无法理解其中内容。"文化大革命"才结束没几年,国内同行迫切希望通过与国外学者的学术交流,以提升国内寄生虫学的科学研究水平,好不容易有这样一次学术交流,由于专业翻译人员缺乏,"夹生饭"的翻译效果,使当时与会的国内同行有些失望。在第一场交流会的休息期间,黄教授用流利的英语与国外学者交流,博得了外国专家和国内同行的欣赏,在外国专家深情激励和国内同行的支持下,由黄教授担当了第二场以后的中外学术交流的同步翻译,使学术交流会的效果明显提高,黄教授高超的翻译水平和高深的学术造诣受到了国内外同行一片赞誉。

三、双语教学,大医先行

南迁遵义后的大连医学院(改名遵义医学院),1978年又在大连市复办,由于教师缺乏,由当时遵义医学院派出部分教师支援大连医学院复办。1981年,黄教授带着遵义医学院的支持和自身的满腔热情再次走上大连医学院的讲台,由于黄教授的教学水平深得大连医学院师生欢迎,教务处要求黄教授上一次全校性的公开示范教学课。示范教学课那天,黄教授讲解的内容是"疟原虫"。只见阶梯教室内坐得满满的师生,两边的走廊也是加座。她采用的是中英文双语讲授,有条不紊地讲解,语调温和,重点突出,边讲边用彩笔画出疟原虫红内期各发育阶段虫体特征,疟原虫的生活史等,最后再融会贯通地进行比较性小结。在当时的教学目标要求下,黄教授的这一堂课博得了全堂师生的热烈掌声。课后她又征求大家意见,并指出大连是一个与国外有较长时间联系的城市,大连医学院的师生应该培养自身较好的语言功底,为将来对外交流打下基础。这是1981年,我国才恢复高考几年,黄教授已在大连医学院开展专业基础课的双语教学,对提高大连医学院的教学水平功不可没。

四、细心观察，悉数介绍

1984年，黄教授代表中国赴日本参加国际蠕虫病防治大会，并担任大会执行主席。当时国内学术界出国访问的人数并不多，由于历史的原因，国内各个方面发展都远远落后于国外。黄教授利用访日期间细心观察日本在经济发展方面的先进性，回国后她分别在遵义医学院和大连医学院给全院教师做了访日心得讲座，使她感受较深的是日本先进的科学发展影响生活的方方面面，高速铁路的概念、地铁及磁卡的效果、磁卡电话的使用、计算机的应用等，当时感到非常生疏和好奇的生活方面的科技性概念，都由黄教授介绍给两个学校的师生。在介绍过程中，她又不断勉励大家要加快科学研究，尽快改变我国落后面貌，体现出一个中国知识分子对加快提升发展我国科学研究水平的责任性和紧迫感。

温廷桓教授

温廷桓，江苏无锡人，1943年入华东大学理学院生物系医预科。1948年毕业于东吴大学生物系。1948—1949年任东吴大学湖州附中生物课教师，1950年入聘国立上海医学院寄生虫科，以后在上海第一医学院、从助教到教授，执教50余年，从事寄生虫学和螨类研究至今60年。曾任上医大寄生虫学研究室副主任、医学螨类研究室主任、医学检验教研室副主任、医学检验中心主任。1986年，成为美国国家史密森研究院访问学者，同时任美国国家卫生研究院（NIH）感染性与过敏性疾病特别项目顾问，中国科学院《动物志》编辑委员会第三届常务委员。曾任和现任 Systematic and Applied Acarology Society（系统与应用螨类学会）执行理事、中国昆虫学会理事、上海昆虫学会理事、中华医学会上海寄生虫病传染病学会学术委员、英国皇家热带医学暨卫生学会会员，1994—1998年国际大气生物学会（International Association for Aerobiology）理事、Systematic and Applied Acaro logy 医学螨类主编和《中国寄生虫与寄生虫病杂志》、《寄生虫与医学昆虫学报》、《蛛形学报》、《昆虫分类学报》、《昆虫知识》、《地方病通报》、《中华中西医杂志》、《中国实用免疫变反应和哮喘杂志》等专业期刊副主编、常务编委、编委、特约编委、顾问。

50年代，温廷桓在上海医学院师从吴光教授，后转从徐荫祺教授，并在原上海医科大学共事执教30余年，初期协助徐师开创我国医学螨类研究。1958年后，他在SCI原刊物上发表论文56篇，对恙螨交配过程及其精胞发现、传精过程及其传精器官观察、五种恙螨精胞、地理恙螨生活史的完整了解和螯盔器的发现等作了深入研究。30年来他对沙螨科级分类系统更新，提升并建立无前螨科系统，提升和建立2族，建立新属和亚属20个，发现描述新种和新亚种175个。1984年出版了专著《中国沙螨（恙螨）》（论著84篇，科研简报51篇）。温廷桓编著《中国沙螨（恙螨））》整整花了30年时间，反复研绘，对书中14幅沙螨的幼虫形态特征进行了规范，并绘制了158幅沙螨，新种和新亚种画稿，该书画稿精细，线条清晰，成为国内外螨类主要参考著作。

60年代安徽省沿淮出血热流行，他代表上医大参与安徽省防疫站各疫区的鼠类和革螨的调查指导工作。由于解放初的俄文学习，他得以及时掌握当时苏联自然疫源性蜱传病和蜱螨类文献，就转而开拓螨类宏观分类另一分支革螨的研究。在四年多疫区野外冬季工作中，他协助鉴定了成百上千只疫鼠和鼠窝中几万革螨，培养和提高了地方防疫人员的业务水平。1965—1985 年共报告疫区和全国革螨 10 个新种，突破了犹厉螨属的分类，提出自然宿主鼠类防治可控制肾型性出血热流行，为当地防疫事业作出了贡献。

70 年代初，上海和全国哮喘、鼻炎和湿症皮炎常见多发。温教授组织螨类研究室的教师、技术人员、13 名研究生、医院和全国协作单位对螨类另一分支——对尘螨的形态、分类、主要螨种、生活史、生态、饲养、抗原、与疾病的关系、诊断、流行情况和防治等方面开展深入、全面和系统的研究。30 年来温教授对桑毛虫皮炎流行的控制，尘螨与哮喘关系，生产粉尘螨注射液和舌下含服粉尘螨滴剂疫苗诊断，治疗哮喘、鼻炎、湿疹皮炎等进行了研究，将科研成果转为生产力，共发表 60 余篇论文。他完成的 3 种尘螨 11 幅原版绘图，常为其他专著或教科书采用。他自 1991 年退休以来，继续孜孜不倦地研究医学螨类的基础理论和人体螨性疾病的防治问题。他前后参加全国医螨和相关螨性过敏会议，交流论文 30 余篇，为英、美、德、法、荷、日等十余国家及港台举办的国际螨学和过敏学会议撰写英文论文和摘要 30 余篇。2005 年 8 月，访问台湾东吴大学士林校区。温廷桓的业绩受到国内外螨学界和过敏学界的好评，可谓名震遐迩，闻名全国，蜚声海外。1991 年退休前后，接受《人体寄生虫学》、《热带医学动物》、《医学昆虫学》、《热带医学》、《感染病学》、《哮喘病学》等大型专著 60 余篇章和 70 余万字的医学螨类与人体螨性疾病的编写。2005 年，中国昆虫学会（福州）蜱螨专业委员会表彰并授予温廷桓教授第一届中国蜱螨学贡献奖。

2006 年，温廷桓荣膺国际螨类学会荣誉终身会员资格。为国家、母校增添了光辉。

裘明华教授

裘明华为浙江嵊县人，1950 年毕业于东吴大学生物系，同年在上海医学院寄生虫科任教；1958 年奉调重庆医学院，1983 年晋升教授；1984 年公派去美国 11 州考察专业及医学教学；1987 年调入浙江医科大学；1989 年当选为英国皇家热带医学暨卫生学会会员。裘明华享受国务院政府特殊津贴。他曾任四川省动物学会副理事长（1978—1988），浙江省动物学会副理事长（1987—1995）、理事长（1995—2000）、名誉理事长（2000 年至今），中国动物学会理事（1984—1999），中国寄生虫学会常务理事（1990—2000），中华预防医学会医学寄生虫分会常务委员（1988—2003）、名誉会员。

裘明华具有坚实的理论基础和坚持不懈的实践精神。在教学上，他教书育人，以身作则，富有革新精神。在为本科和七年制临床医学专业学生上寄生虫学课时，语言生动，深入浅出，条理清楚，板书精到，深受学生们的称颂、敬慕和爱戴。

50 年代，裘明华师从徐荫祺教授，与温廷桓学长协助徐师开创我国医学螨类研究，共发表论文 10 篇。

去重庆医学院后，他因地制宜，就地取材，开拓了吸血螨危害及其防治、大熊猫的寄生虫、蜱、象虱与人虱等多方面研究，并撰写了 20 余篇有关恙螨的论文。1965 年，美国加利福尼亚大学寄生虫学家、国际恙螨研究权威 P. H. Vercammen-Grand Jean 来信邀请裘明华参加由他主编的《世界恙螨志》，信中附有被邀请各国专家名单 25 人，中国仅他一人。

1974 年发表在《昆虫学报》上的《李拭库蠓生活史的研究》于 1991 年被美国路易斯安娜州州立大学译成英文。他的成果曾受到美、英、法、德等 23 个国家的 80 多位同行专家的关注,来信函索论文单行本。裘明华发表了有关蠓的 8 篇论文,他成为我国吸血蠓类研究的开拓者和带头人之一,填补了我国吸血蠓类及其生活史研究的空白。裘明华被两部大型综合性专著《人体寄生虫学》和《医学昆虫学》的主编聘为撰稿人。《吸血蠓的研究》1978 年获四川省科学大会奖,《台湾铗蠓形态及生态研究》1984 年获四川省人民政府重大科技成果奖,《医学昆虫蚊蚤螨新种的研究》1991 年获中国人民解放军全军科技进步三等奖,《中国恙螨》2000 年获广东省科技进步三等奖。此外,1991 年他还获卫生部全国寄生虫病防治先进工作者的荣誉称号。

裘明华 1992 年退休后被浙医大和浙大返聘 8 年,其中 5 年获聘为校督导员。他在没有科研课题经费的情况下,不断钻研,开拓创新,对舌形虫病研究取得突破性成果,10 年发表 12 篇论文。1997 年《鞭节舌虫病是内脏幼虫移行症》一文,揭示了在杭州发生的鞭节舌虫的病原生物学。1999 年《中国一例人体舌形虫病虫种的错误鉴定》一文,纠正了美国寄生虫学权威 Faust 于 1927 年在北京协和医学院所写的论文。2002 年在英国热带医学与国际健康杂志刊登的 *Pathological Differentiation of Suspected Cases of Pentastomias in China* 一文中,首次提出人体蛇舌形虫病病理学诊断可区分为病原病理学诊断和推定性病理学诊断。2005 年《中国台湾孔头虫新种的发现及其致病特征》一文中发现人体蛇舌形虫病致病新种,提出蛇舌形虫新的分型。2009 年的《人裂头蚴病和无头蚴病的过去和现在》一文,又纠正了长期以来业界对裂头蚴与无头蚴混淆不清的观点,提出两者不能等同,为两病正名,从全球观探讨两病的病原、致病、临床、流行和防治。这些成果,有的已写入他参编的大型专著《现代寄生虫病学》(2002 年)、《热带医学》(2004 年)、《当代世界人兽共患病学》(2009 年)和《英汉汉英医学寄生虫学词汇》(2009 年)。

裘明华教授将医学(人体)寄生虫学专业作为终生事业的选择,辛勤耕耘 50 年,老有所为 10 年,在医学教学与科研战线上培育了众多人才,在绦虫、舌形虫、蜱螨、虱、蚤、蠓、虻、蚋等多门类学科结出丰硕成果,为我国的寄生虫病教学和防治做出了应有贡献,蜚声海内外,为国家、母校增添了光辉。

植物病理学家——殷恭毅教授

生物系52届　湧　良

殷恭毅生于1912年,江苏吴江平望镇人。1933年东吴附中毕业,1939年东吴大学毕业。1942—1944年金陵大学农科研究所植病学组研究生,对苹果轮纹褐腐病进行研究,获硕士学位。1944—1952年金陵大学植病学讲师、副教授。历任南京农业大学(南京农学院)植保系副教授、副系主任、教授、系主任,为南农大元勋。主讲"真菌学"、"农业植物病理学"和"果树病理学"。担任中国微生物学会真菌专业委员会委员、《真菌学报》编委、江苏省植物病理学会理事及江苏省科委食用菌领导小组成员等,为我国植物病理学界老前辈之一。

殷恭毅从事柑桔冻害和青梅脱落、梨树锈水病、柑桔树脂病、柑桔脂点黄斑病、桔树烂根黄叶病、脚腐病、炭疽病、板栗果实致霉病原菌和食用菌、石榴和苹果等病害研究,发表论文近20篇。

1979年,殷恭毅参编中国科学院孢子植物志《中国霜霉目菌志》霜霉属(Peronospora),在长达9年的编撰中,赴11个省区采集并征集标本,与助手鉴定描述中国霜霉属61种,其中发现新种3个,新记录1个。

殷教授是东吴附中和大学学习10年的老学长。抗战时,随校西迁吴兴、宣城、武汉和成都,借读华西协和大学。毕业后从事教学、防治与研究近50年,一贯治学严谨,工作认真,平易近人,有求必应,勤勤恳恳,克己奉公。在教学上,一贯坚持理论与生产实践相结合,十分重视培养学生成为全面发展人才,学生遍及全国。在科研上,培养了一批又一批中青年教师,满腔热情地扶植他们。

1983年,古稀之年的他应昆明植物检疫所邀请,指导病害普查工作的复查和疑难标本鉴定。4年后,他编撰了一部近60万字的《云南农业病虫杂草名录》并出版;又无偿赠送9箱专业图书期刊给云南农业大学植保系,为边疆培养植保人才和开展植病科学研究发挥作用。

东吴大学五位生物学家

生物系52届 樊培方

尤大寿教授

尤大寿,1913年出生于苏州市。自幼在当地就读,1925年秋从初中即踏入东吴大门,直至1935年于生物系毕业,获理学士学位。大学毕业后在南京中央研究院动植物研究所任实习研究员,师从著名昆虫学家陈世骧教授。1936年考入北平燕京大学研究生院继续深造。由于抗战爆发,未能完成学业。1938年2月在上海联合大学东吴大学分部任助教、讲师直至1942年,后在沪江书院任教。抗战胜利后,曾参加河南省治蝗委员会任专员。解放后返母校东吴大学生物系任讲师、副教授。1952年全国高等院校院系调整后,在江苏师范学院生物系任教授。1955年夏又随系科调整去南京师院任副教授、教授,长期兼任动物教研室主任。

尤大寿教授毕生从事教学和科研工作,他学识渊博,曾讲授比较解剖学、动物学、无脊椎动物学、生物技术、组织胚胎学、昆虫学、昆虫分类学、高级无脊椎动物学等课程。诲人不倦,深受同学们的爱戴。他平时备课认真,特别是在解放初期缺乏中文课本时,更是费尽心机,收集资料,自编教材印发给同学们使用。经过多年的努力,不断修改和充实,他和同事们所编的《动物学(上)》于60年代被推荐为全国高校教学用书,后又由高校教材编审委员会组织修订为《无脊椎动物学》,成为全国高校通用教材。80年代初,他又参与编写和主审了全国高等师范院校的《动物学(上)》教材,解决了当时的燃眉之急,为动物学科的建设和发展作出了贡献。

1962年在广州教育工作会议精神的鼓舞下,尤大寿教授在业师徐荫祺教授鼓励和指导下,毅然率领他的助手继承业师所开创的我国蜉蝣目昆虫分类的第二代研究工作,对我国中断了将近30年无人问津、十分落后的一个课题开展研究。标本一只只靠自己采,资料一篇篇收集。但艰辛的工作刚刚起步,就受到“文革”的冲击,并为此遭到批斗。党的十一届三中全会后,他振奋精神,加倍努力地又将这项研究开展起来。为扩大科研队伍,他还鼓励和组织更多的同事参与,并招收硕士研究生,培养接班人。他常说,“为了国家基础科学的发展,要把失去的宝贵时间夺回来”。他身体力行,不顾年迈,在盛夏还带领年轻人一起到野外调查,白天在溪边、湖边捕捉蜉蝣稚虫,晚上在无人处点灯诱捕成虫。由于当时工作条件较差,工作分外辛苦,一次外出回来,在长途汽车上受酷热中暑,到南京时只得直送医院急救。这种精神使周围的师生深受感动和教育。1984年他应邀赴捷克参加第四届国际蜉蝣学会,在会上宣读了《似河花蜉属的修订和两新种的描述》一文。这是中国昆虫学者第一次走上蜉蝣领域的国际讲台，对与国外同行建立联系、开展学术交流起到了很好的促进作用，收到了良好的效果。他对蜉蝣的研究成果累累，在业师徐荫祺教授的鼓励和指导下发表论文20多篇，载于《动物分类学报》和《南师大学报（自然科学版）》等。他还花了大量时间和精力，与同事们一起编写了《中国经济昆虫志·蜉蝣目》，使有关教学、科研和生产等岗位的同志能正确地鉴别常见的蜉蝣种类，为开展进一步的研究奠定了基础。《中国经济昆虫志》于2000年被评为中国科学院自然科学奖二等奖，2001年被评为国家自然科学奖二等奖。

尤大寿教授热爱祖国，热爱党，热爱社会主义，热爱教育事业，政治上要求进步，工作中认真负责，生活简朴，平易近人。他于1959年光荣加入了中国共产党。

尤大寿教授除教学、科研外，还积极参与江苏省动物学会、昆虫学会的工作，被选举为江苏省动物学会副理事长、江苏省昆虫学会理事。

胡正海教授

胡正海，男，1930年生，浙江湖州人，1949年就读于东吴大学生物系，1953年毕业于江苏师范学院生物系（现为苏州大学生命科学学院），同年支援西北建设分配到西北大学生物系任教。1957—1959年在北京大学生物系进修植物形态解剖学，1959年返回西北大学继续任教至今。现任西北大学生命科学学院教授、博士生导师、植物研究所所长、植物学博士点和植物学全国重点学科的学术带头人。

胡正海教授曾先后兼任生物系主任、西北大学教学委员会副主任、学位委员会委员、学术委员会委员，陕西省教委、卫生厅、医药局高级职称评审委员，中国科学院系统与进化植物学开放研究实验室学术委员副主任，国家自然基金委员会评委，国家教育部生物教学指导委员会委员。他还兼任中国植物学会常务理事，陕西省科学技术协会委员，陕西省植物学会理事长，陕西省药学会常务理事，陕西省科普作协常务理事，《西北植物学报》主编，《中草药》、《中药材》和《中国生漆》副主编，《中国野生植物研究》和《西北药学》杂志顾问，《植物学报》、*Cathaya* 和《中国民族及民间医药》杂志编委。

胡正海在大学任教56年，曾讲授植物学、植物解剖学、植物学技术等5门本科课程，并为硕士生和博士生开设5门课程，先后培养了15届43名硕士、15届27名博士。毕业的研究生分布在17个省市，都已成为高等学校和科研单位的学术骨干，其中26名已晋升为教授和研究员。由于教书育人成绩显著，胡正海获得西北大学教学质量优秀奖，并被授予西北大学师德标兵，培养研究生的经验总结获得陕西省优秀教学成果奖。

胡正海长期从事结构植物学的研究工作，重点研究经济植物的发育解剖和被子植物比较形态学。他在植物分泌结构、异常结构以及药用植物的结构与主要药用成分的关系等方面取得系统的、创新性的成果。他先后主持国家自然科学基金项目11项，发表学术论文340余篇，出版《植物异常结构解剖学》、《中国药用植物种子的形态鉴别》等3本专著。胡正海先后获部级鉴定成果2项，国家科技进步奖三等奖1项，陕西省和宁夏回族自治区科技进步奖一等奖各1项，教育部自然科学二等奖1项，陕西省科技进步奖二等奖2项、三等奖5项，商业部科技进步三等奖1项，陕西省自然科学优秀学术论文奖一等奖7项,并先后到德国、日本、以色列、美国进行学术交流。

由于教学和科研成果显著,胡正海先后9次被评为西北大学优秀教师。1985年首届教师节,被陕西省政府授予"陕西省优秀教师"和"陕西省劳动模范"称号。1990年被国家教委和国家科委授予"全国高等学校先进科技工作者"。1991年获国务院授予的政府特殊津贴,同年被中共陕西省委和省政府授予"陕西省有突出贡献的专家"。1992年被陕西省科学技术协会授予"陕西科技精英"称号。2006年被陕西省政府授予"陕西省教学名师",陕西省总工会授予"陕西省师德标兵"的称号。

臧穆研究员

臧穆,男,1930年生于山东烟台,1949年就读于东吴大学生物系,1953年毕业于江苏师范学院生物系,1955年入南京师范大学生物系。1973年调中国科学院昆明植物研究所。曾任植物分类研究室副主任,隐花植物标本馆馆长、研究员,《真菌学报》、《云南植物研究》和 *Mycosysytema* 副主编。《林木兰根技术》1983年获国家科委科学技术二等奖,《中国西南地区高等真菌重要类群的分类与新化学成分研究》2004年获国家自然科学二等奖,《中国西南地区 Cordycep sinensis 的形态与系统发育》2003年5月31日获日本菌学会平塚奖。

1983年主编的《西藏真菌》、1996年主编的《横断山区真菌》和2006年主编的《中国真菌志二十二卷牛肝菌科》等三本专著,均在北京科学出版社出版,为我国真菌学研究奠定了基础。

80年代后20余年,臧穆主要研究牛肝菌目的华牛肝菌属和绒盖牛肝菌属和其他科的虫草菌属、华鸡纵菌属、藓瓣菌属、花盘耳属以及有关担子菌类,共报告两个新属和90余种新种,发表论文数十篇,代表性论文20篇刊载于《真菌学报》、《云南植物研究》、*Fungi Sci*、*Mycotaxon*、*Mycosystem* 和 *Bull. Nat. Sci. Mas* 等杂志。他培养研究生4名,2名已成博导。

归鸿教授

归鸿,男,江苏常熟人,1948年于江苏省立常熟中学毕业后考入金陵大学肄业,1950年就读于东吴大学生物系,1953年毕业于江苏师范学院生物系,留校任助教。1955—1983年任南京师范学院生物系助教、讲师、副教授、教授、硕士生导师。在此期间,除教学、科研外曾兼任系副主任、党总支书记、代理院长。1984—1997年任南京师范大学校长、党委常委、南师大学术委员会主任、南师大理科学术委员会主任、南师大学报(自然科学版)主编、校务委员会副主任等。获江苏省政府颁发的1985年度科技进步奖、中国科学院2000年自然科学奖二等奖、国家自然科学奖二等奖(均为参与者之一)。享受国务院政府特殊津贴。

30年来,归鸿在业师徐荫祺教授指导和尤大寿教授率领下,组织了由第三代助教和研究生参加的团队,分赴海南、福建、安徽、河南、江苏等省野外山区、溪边和湖边展开了全面广泛的蜉蝣采集工作,发表了蜉蝣10余条科属数十种新种和22篇论文;并对蜉蝣五种稚虫描述和制订中国蜉蝣目稚虫科检索表,以及长江下游陆生等足目进行了研究,共撰成9篇论文,都发表在《动物分类学报》和《南京师范大学学报(自然科学版)》。

归鸿主编《中国经济昆虫志》第48册蜉蝣目(科学出版社1995版)和《昆虫分类》上下册(南京师范大学出版社1999版)。他还担任《江苏省志·生物志·动物篇》副主编(凤凰出版社2005版),参编《动物学》上册和《无脊椎动物学》。

1993年,归鸿应邀赴美国缅因州参加第七届国际蜉蝣学会。

归鸿教授前30年是系的党政领导和无脊椎动物学与昆虫学的教学科研骨干;后14年是南京师范大学行政、教学、科研的第一把手,成绩斐然,也是尤大寿教授蜉蝣课题的核心人物。他为党、国家、母校、恩师作出了贡献,也是双肩挑的典范。

周开亚教授

周开亚,男,浙江奉化人,1950—1952年在东吴大学生物系学习。1953年毕业于江苏师范学院生物系,1955年入南京师范大学工作至今。1979年创建了南京师范大学生物系鲸类研究室,现发展为南京师范大学动物遗传资源研究所。他所主持的动物学科于1985年被评为江苏省省级重点学科,保持至今,并于2007年成为国家级重点学科。周开亚主要研究领域为水生哺乳类的保护生物学和两栖爬行动物学,发表了许多分子系统发生和分子系统地理学研究论文。1986年以来他主持完成了7项国家自然科学基金面上项目,2项国家"八五"攻关项目专题,2项国家环保局项目,1项农业部渔政局项目,2项日本丰田基金会项目,1项世界自然基金会(WWF)项目,4项香港海洋公园鲸豚保护基金项目。他主持完成了国家自然科学基金重大项目子课题《中国动物志·鲸目》等和《中国动物志·蜥蜴亚目》中壁虎科的编研工作。他已发表论文353篇(国内267篇;SCI 86篇),2005年以来,在SCI源期刊发表的论文超过30篇。周开亚科研成果显著,获国家自然科学奖四等奖、国家教委科技进步奖一等奖、江苏省科技大会奖、江苏省科技进步奖特等奖、三等奖和四等奖。他已培养博士30名和硕士31名,现有3名博士生和6名硕士生在读。

忆几则老师的往事

东吴附中52届　刘樵良

（一）大侦探和小偷

——忆程小青老师

我从小喜欢看侦探小说，当得知程老师来上我们语文课时，非常高兴，期望一睹这位霍桑的助手——包朗的风采。然而当时霍桑的侦探小说在图书馆已不出借，因此，在上课时，除了讲解教科书上的内容外，几乎没有听到有关侦探的故事。在我的记忆中，仅有一次，他讲述了他的挂表失而复得的故事。由于当时怀着很大的好奇心在聆听着，在过去了50多年的今天，还能依稀地回忆起故事的梗概。

一天程老师在逛街时，他的表被小偷扒窃了。这是伴随他多年的心爱之物，他总想设法把它找回来。然而，在茫茫的人海中，怎样能找到那个小偷呢？他顿生一计，去玄妙观附近的一个擦鞋摊擦鞋。在擦鞋过程中，与擦鞋人闲聊，逐步取得擦鞋人的信任。然后，请他打听一下他的那个丢失的表的下落，并允诺若能将该表完璧归赵，定将支付一定酬金，以表示感谢。果然，过了不久，那个擦鞋人把表取了回来。这个心爱之物又回到了程老师的身边。

听了这个故事以后，当时我多少感到有点失望。大侦探没有能把小偷抓出来，绳之以法，为民除害，以伸张正义，采取的是一种妥协的方法，使人扫兴。

在以后的人生经历中，遇到的诸如此类的实际问题实在太多了。有些事情本来是是非很清楚的，然而，在不讲法制，或者是有法不依、执法不严的社会里，真是秀才碰着兵，有理讲不清。实在无奈，有时还不得不采取妥协的办法。回想起程老师的这段故事，当时这样做是理性的。程老师的目标是找回心爱的挂表。这样做可以较小的代价，很快如愿以偿。如果当时设定的目标是抓小偷，不仅要花费较大的代价，而且，即使小偷抓住了，是否能找回挂表还是不确定的。大侦探抓住一个小偷，能对当时社会的进步有多大的贡献?!

（二）人民是愚蠢的，还是善良的？

——忆范烟桥老师

范老师上课的特点之一，是经常组织课堂讨论——这就是50多年后的今天倡导和推行的“互动式”教育。记得有一次范老师把他创作的弹词开篇拿到课堂中来讨论，开篇的内容大概是揭露反动会道门（一贯道）毒害人民的勾当。开篇中用了“毒害愚民”的字句。陈光华班长当时就提出“愚民”二字有贬低劳动人民之嫌，建议改为“良民”，因为人民是善良的。范老师觉得有道理，欣然接受了这个建议，把“愚民”改为“良民”。

现在回头来反思一下，范老师原来的措词，也不是没有道理的。在我们的一生中，经历了不少运动。其中有些是运动群众的所谓“群众运动”。在所造舆论的驱动下，不是出现了许多违反自然规律和经济规律的傻事和蠢事吗？从“大跃进”中的全民大炼钢铁到“文革”中的献忠心、跳忠字舞，早请示、晚汇报等等，有的老师被迫害致死，遗书中还端端正正写着“无产阶级文化大革命万岁！万万岁！”的字样。这些事实如果能如实地记录下来，我们后代看了以后，一定会感到，这些人怎么会这样愚昧无知，简直不可思议！然而，对于我们经历过这些运动的一代人来说，留下的是辛酸和眼泪。

（三）科学和民主

——忆刘恩同老师

刘恩同老师的形象在同学的印象中是比较深刻的，胖胖矮矮的身材，在厚厚的镜片后面闪烁着一对炯炯有神的眼光。至今在我的脑海中还时时浮现出刘老师讲述伟大的五四运动的情景。他举起了紧握的拳头，用高昂的声音，喊出了五四的口号：“打倒孔家店，推崇赛（Science）德（Demoncracy）两先生。”年轻的我开始理解科学和民主的涵义。显然，当时的理解仅仅是书本上的描述，是极为肤浅的。

经历了数十年的风风雨雨，对科学和民主的理解也逐步深化。今天，虽还不敢说这种理解已非常深刻，但我深深感到，科学和民主对于我们这个古老的中华民族来讲，实在是太重要了。人民是善良的，但如果没有科学头脑和民主意识，那么人民仍可能受骗上当而任人摆布，以致干出许多蠢事来。

我们生长在一个动荡的时代。从日本侵华一直到“文革”结束，几乎没有安定过。新中国成立以来，我们的国家发生了翻天覆地的变化，在各个方面都取得了巨大的成就，这是举世公认的客观事实。但与此同时，也付出了沉重的代价，如同我们现在在评估中国的GDP那样。当前，以胡锦涛为总书记的党中央，提出“科学发展观”和“推进民主政治”的口号，是非常正确的和及时的。从过去的经历中深深体会到，从书本上的科学和民主，转变成为政府官员口头上的科学和民主，最后成为老百姓生活中实实在在的科学和民主，是一个漫长的、复杂的过程。

（四）做人当学马寅初

毕业以后，一直在高校工作，培养什么人——是有文化的劳动者，还是社会精英——一直是争论的热点。改革开放以来，有一点已达成共识：学校的首要任务就是要培养学生懂得怎样做人。正如母校校训所示（UNTO A FULL GROWN MAN）。在最近上海教育电视台播放的“一代名师”节目中（以下简称“名师”），有一个片子较全面地介绍了马寅初先生的一生。在该片最后提出了“做人要学马寅初”,回答了应该做什么样人的问题。

记得在念高中时,我有幸在林堂的礼堂中聆听过马老的演讲。当时,杨永清校长介绍说,马寅初先生是东吴前身中西书院最早的学生之一,是东吴的老学长。

在马老的演讲中,有一个小故事,至今还有印象:浙江山区物产丰富,但交通不便。农民靠双肩挑担,翻山越岭,把粮食运出来。由于路途漫长,途中农民用所挑粮食来充饥。这样,当农民到达城镇时,粮食几乎已消耗殆尽。

解放初期,百废待兴,国家在经济方面有一些困难。马老的演讲,使大家了解,这些困难是旧社会留下的、暂时的。他对新中国前途充满希望和信心。

大约两小时的演讲很快就过去了,留在我记忆中的马老是一位满怀热情、性情耿直、值得尊敬的老学长。

风云突变的1957年,对于我们这一代知识分子来讲是难以忘却的。时任北京大学校长的马寅初和他的“新人口论”受到了严厉和广泛的批判。据“名师”称,这种所谓批判“事实上是谩骂,全国铺天盖地所有报刊都在骂,其所用语言已达到无以复加的程度”。在如此巨大的压力面前,马老当时在《新观察》上发表声明:“八十老翁,单枪匹马,出来应战,血战到底,直到战死为止,决不投降。以理压人,以权压人,而不以理服人,实属可笑!”

当时曾有一位领导私下对他讲:“如果写一个检讨,安排你为全国人大副委员长,以后什么事也不用管了。”然而马老不干,并说:“真理在我这边,一万年以后还是这样。我不写检讨。”后来,他被迫离开了北大校长和人大常委会委员的职务,并被剥夺了学术言论的自由。从此,在政治和学术论坛上销声匿迹了。

80年代初期,因科研协作关系,我结识了上海科技情报研究所的一位年长的高级工程师,后来才知道他是马老的大女婿。在闲谈中,他讲了马老的一些鲜为人知的故事。即便在史无前例和惨无人道的“文化大革命”中,马老始终没有认过错、低过头,也从来没有说过违心的话。这在像他这样的大家中,实属罕见。这也增加了我对这位老人的崇敬之情。

事实上,“新人口论”是马老作为当时全国人大常委会委员,在全国深入调研的结果。他在著作中提出了提高人口素质和实行计划生育的建议,是完全符合我国国情的科学和合理的主张。尽管马老在当时受到了不公正的谩骂和攻击,中国人口还是按马老所揭示的客观规律在快速增长着,从而严重地影响到中国的国计民生。1974年,政府才不得不提出计划生育的政策。尽管如此,直到1979年,在陈云同志和胡耀邦同志的关怀下,才正式为马老平反,他的“新人口论”才得到充分肯定,他第三次回到北京大学,被聘为有史以来北京大学唯一的一位名誉校长。

从1957年开始批判“新人口论”,直到1974年开始实行计划生育政策,整整延误了17个年头。错批一人,多生几亿。不仅由于人口的增加,对国民经济发展带来压力,而且由于“只能生一个子女”的政策,对人口的结构产生影响,这种影响随着时间的推移,对社会的发展将呈现出越来越严重的后果。人口的数量和质量已成为中国可持续发展的一个重大问题。

20 世纪 80 年代中,我参加了国务院发展中心下达给我校的一个课题——“2000 年中国社会经济发展的系统动力学模型”。在这个模型中有一个人口子模型。当时,国务院发展中心告知我们,到 2000 年,全国人口设想控制在 12 亿内。然而,模型运行结果表明,即使实行一对夫妻只能生一个子女的政策,由于当时基数太大,到 2000 年人口至少为 12.5 亿。由此可见,独生子女政策是无奈之举,不得已而为之。如果早在 17 年以前,听从马老的建议,由于那时的人口基数还不太大,不仅人口数量可减少,而且人口结构也可能更趋合理,当前的计划生育政策可较宽松些,不至于造成“计划经济时代生育无计划,而在市场经济时代却实行严格的计划生育政策”这样的局面。

马老于 1982 年 5 月与世长辞,活了 101 岁。在他一生中,经历了军阀、国民党反动统治以及解放后新中国时期。这里只介绍他人生中的一小段经历,这段时期也是我们这一代人亲身经历的时期。

不论哪个时期,马老都充分表现了一个社会科学家维护学术尊严、舍命不舍理的非凡勇气和铮铮铁骨。

“养天地正气,法古今完人”。学校应培养如马寅初先生所说的“不屈不忍,有一股正气精神,要为真理而斗争”的新一代大学生,而不是听话的乖孩子,没有灵魂而任人摆布的螺丝钉。

“名师”最后称,马寅初先生为国之瑰宝,当然也是北大的瑰宝,也是我们母校的瑰宝。希望这个瑰宝能在母校的校园内展现出来,使之发扬光大。

风流人物数今朝

断指再植的先行者——黄硕磷

黄硕磷是我校附中高中(1935—1938)和理学院生物系(1938—1941)的同学。当时正值抗战时期。太平洋战争爆发,学校被迫停办。1942年他转入上海德国医学院习医。抗战胜利后,他以优异成绩毕业于国立同济大学医学院。

他从医已50余年,任上海市第一人民医院整形外科主任医师,兼原上海医科大学外科、骨科教授及研究生导师。他是我国手外科的先驱。在20世纪50年代初他就钻研手外伤的处理和修复。1954年,他成功地施行了首例脚趾移植术再造拇指。经传媒报道后,全国各地手外伤病人都来找他医治,使他积累了丰富的经验。当时他就研究将断肢重接植到原位的方法。曾有仅留有一厘米皮肤和一条小静脉相连的不全断掌,经他将血管缝接后再植成功的例子(1959年3月,病员徐妙庆,高桥化工厂工人)。同时他也开展了自体和异体手指骨、关节、肌腱综合组织用皮管套接法移植到断指原位或拇、手指的缺损部的研究和实践(中华医学会国庆十周年成果展览会展出)。

为了使手外科获得发展,1960年,他联合几位整形外科和骨科专家一起在上海市第一人民医院举办了一期既有讲课又有手术示范的手外科学习班,培养了不少手外科人才。

80年代初,他更采用显微外科技术将游离的拇趾带趾甲的小片趾骨和小片趾骨的皮瓣包裹冷藏的异体手指骨、关节、肌腱综合组织再造拇、手指,使再造的拇、手指形态逼真,感觉和运动功能更为良好。这项创新获得了上海市科技进步奖。目前已再造了240余例,成功率96%。许多国家的电视、电台、报刊都予以报道。在他的论文发表后,德国、美国、日本、智利、菲律宾等国的学术团体都邀请他去讲学,美国手外科学会请他去为手外科医师进修班授课。芝加哥大学、斯坦福大学、犹他州大学等请他以客座教授身份去讲学。Mosby出版社请他任《手外科年鉴》特邀编委。日本东洋整体术学院聘请他为名誉顾问。

他为人谦和,工作认真细微,悉心为病人解除病痛。在参加抗美援朝手术医疗队时曾立二等功。他曾当选为人民代表、政协委员和上海市先进卫生工作者。他是中国民主促进会会员。他曾担任上海市委医药卫生委员会主任委员,中华医学会上海市外科学会委员、整形外科学会秘书、手外科学会副主任委员和顾问,中国修复和重建外科学会上海分会主任委员,卫生部手功能重建重点实验室顾问,《中华手外科》杂志编委和顾问,《修复重建外科》杂志编委等职。

他年逾80仍热忱服务于手外科事业，依然参加专家门诊，有时还为病员施行手术，深得病人信赖。

顾可权教授

顾可权，1914年生，江苏人，1938年毕业于东吴大学化学系。华东师范大学有机化学教授。曾任光华大学南通学院教授、上海商品检验局化工处主任、杨氏化学治疗研究所及永明化工研究院的研究员。历任华东师范大学化学系有机化学教研室主任、高分子化学教研室主任及有机合成研究室主任，并先后担任上海市科学技术进步奖评审委员会医药和化工专业评审组成员；中华人民共和国教育部高等学校化学教材编审委员会委员；《农药选编》外文版（Selected Paper On Pesticide）主编；（中科院有机所）《有机化学》杂志编委；《英汉化学化工词汇》审校成员；全国高等师范专科学校有机化学教材主审；《辞海》编辑委员会编委兼分科（有机化学）主编等。

顾可权教授在数十年的科研工作中为我国的农药开发和科研作出了杰出的贡献。他曾发明抗癞皮病维生素——尼克酸的新合成法，在国内较早开展拟除虫菊酯的研究，并合成了多种高效低残留的拟除虫菊酯；发表了《含氟除虫菊酯全合成》等有关拟除虫菊酯方面的论文20余篇；编著《重要有机化学反应及其应用》、《有机合成化学》、《拟除虫菊酯》、《分子重排反应》等著作，主编《英汉常用化学小词典》、《辞海》（有机化学部分）等20余种著作，并获2项专利发明。近年来的代表性著作还有：《我国合成拟除虫菊酯发展近况》（《自然科学年鉴（专论）》）；*Synthetic Pyrethoid Research and Development in China*（第八届国际农药化学会议，1955年美国）和《杀虫杀螨，低毒多功能拟除虫菊酯的研究》等。

顾可权先后在1977年被评为上海市先进科技工作者；1985年、1986年两次荣获国家教委优秀科技成果奖；1986年获化工部、国家科委、国家计委颁发的溴氰菊酯（“六五”攻关项目）成果奖；1986年获国家教委高等学校理科化学教材编审委员会贡献纪念奖；2003年获中国化工学会农业专业委员会颁发的中国拟除虫菊酯发展30年杰出贡献奖。1992年获国务院高等教育事业特殊津贴。

他多次参加了国际纯粹和应用化学联合会（IUPAC）召开的国际农药化学会议以及中日农药技术座谈会，并两次赴日进行除虫菊酯研究的学术交流。

老骥伏枥、创新不止的许之森老人

许之森老学长，今年已届93岁高龄，却仍耳聪目明，思路清晰，手脚轻健。他1934年毕业于东吴大学比较法学院。在校期间于1931年应考交通银行，以第一名被录取聘用，之后历任该行行员、行员律师，直至1943年。1945年抗战胜利后恢复律师职务，仍兼任交通银行行员律师及若干其他银行企业的法律顾问，并当选为上海律师公会委员和监事。

解放后，于1954年调任延安中学任语文教师，1957年改任上海建青中学教研组长和区中心教研组负责人，1982年退休。

退休后，他壮心不减。当年又任长宁区教育学院上海电视大学“中国文学史”辅导教师、求是补习学校文科班讲师，又于1984年被上海建青实验学校返聘为英语教研顾问，期间把创设低幼英语课程作为全面英语教学改革的起点。许老在研究了二次大战之后，美、英教育界对英语教学从目的到要求、内容到方法所经历的前所未有的变化，总结和归纳创造了低幼英语“三平行线”的教学法，彻底放弃了遵循传统模式进行的教学方法。所谓“三平行线”教学法，即是按照教学进程安排教学内容为主线，以生活内容为主题，让学生练习说话，以娱乐游戏为主体，让学生歌唱舞蹈为两条辅线进行英语教学。该教学法取得很好的教学效果，得到国内外教育界、学者及联合国教科文组织代表的赞赏。

此外，许老在1986—1989年担任上海振兴比较法进修学院“香港法”学科客座教授、上海大学“香港法”研究室顾问。1991—1992年上海社会科学院“太空法”学科客座教授、《中外投资法比较研究》副主编。1992—1997年，由上海社会科学院法学所特聘为“香港法律研究”课题组成员。1997—2002年，由北京中国政法大学特聘为其编辑的《英美法词典》审稿。同时，参加翻译、编写或校订已出版的书籍还有《香港的法律》、《各国宪政和民商法要览》、《国际法公约集》、《香港法简论》、《外层空间法》、《中外投资法比较》、《幼儿学英语》、《英美法词典》等。

许老真可称得上老骥伏枥，壮心不已。这不仅是许之森老人的荣誉，也是我们东吴校友的一份光荣。

（摘自《东吴上海会讯》2004年第1期）

陈宝珊先生与引进版物理学

生物系48届　陈丽琏

先父陈宝珊先生(1896—1979)1923年毕业于苏州东吴大学物理系,学习成绩优异,留校任教,从此毕生在母校从事教学工作和行政工作。他秉性诚朴,对工作勤勤恳恳,忠于职守,对学识刻苦钻研,刻意进取,对学生循循善诱,可以说他在东吴大学和江苏师范学院,贡献了毕生的精力。

20世纪30年代,他在东吴大学附属中学担任物理学主要任课教师。当时社会上有识之士爱国心切,在"教育救国"、"科学救国"呼声日盛的背景下,教育界不乏洋为中用之举措。先父首先选择引进美国哈佛大学由勃拉克(Black)和台维斯(Davis)两位学者编撰的英文物理学课本。他一人着手将英文教本译成中文本,以供国内高中学生使用。凭着先父良好的英文基础与扎实的物理学知识、孜孜不倦的治学精神、精益求精的工作作风,他日以继夜埋头苦干。此时我尚年幼,正就读于苏州景海女子师范中学的附属小学,目睹先父在炎夏挥汗撰写,有时先母在旁挥扇驱蚊送凉,严冬则赖炭盆生火,双手擦掌取暖,有时甚至废寝忘食。如此多少个白日长夜,经过年余时间,眼见案稿日积成堆,终于完成了洋洋36万字的物理学译本,由苏州文怡书店出版发行。当时不仅上海、苏州地区各中学纷纷采用,全国各地如南京、北京等地也慕名前来订购采用,在30—40年代风行一时,颇有影响。

先父的敬业精神由此更拓展到化学方面。他与东吴大学化学系毕业的同仁金立藩老师一起合译美国哈佛大学由Black及Conant合编的实用化学,出版后曾风行一时,许多学校都采用为教本。

回顾往事,深感先父的敬业精神、治学风尚对我的人生道路、教学生涯起着极大的示范和鞭策作用。先父传承了东吴精神,我引为骄傲。作为东吴学子的我,自当奋发有为而自勉。

忆傅季重老师

法学院52届　许其潼　许其澄

傅季重(1920.11—2001.2)早年以优异成绩毕业于东吴大学法学院,后留校任教务处注册主任兼讲师,除授课外,具体负责日常教务工作。1946年至1947年间,一面工作一面在母校继续攻读研究生,并获硕士学位。新中国成立后,作为“有一定政治和法学水平”的青年教师,经学校推荐赴北京学习。回沪后为适应国家教育与科研事业的需要,先后至华东政法学院、上海社会科学院哲学所工作。由于当时教授不多,他作为一位年轻的副教授承担过多项不同课程的教学科研任务。1984年被任命为哲学所副所长,1987年经上海市高级职称评审委通过,聘任为研究员,1988年当选上海市第七届政协常委。

傅老是一位广受欢迎的好教师。1952年全国高校调整,华东政法学院是一所新校,要开的课程很多,虽然有些课程并非他的专业,但是他根据工作的需要,凭借深厚的文化功底,认真钻研,积极承担。他在教学中,善于将理论问题与当前现实、党和国家的方针政策联系起来,加深同学的理解,运用一些浅显的实例说明一些深奥的理论原理,帮助学生克服学习中的畏难情绪;在带研究生时,常常平等讨论,释疑解惑,针对问题循循善诱,深得同学们的爱戴。他所带的学生有的已在党和国家的重要岗位上任职。

傅季重是一位理论研究的探索者和组织者,作为上海社科院学术委员会成员,他规划哲学所的科研,为开展国内外的交流做了大量的工作。他的主要专业是逻辑学,国际上逻辑学从传统逻辑发展到现代逻辑,成为一门拥有多分支的学科。他除了自己撰写一批论著,在《辞海》等重要著作中担任哲学逻辑部分的主编外,还主持、举办了多期学习班,帮助一批同志掌握了这些基本知识和理论,在此基础上不少同志逐步深入地开展了多方面的研究,将上海市逻辑学推到一个新的水平。辩证逻辑是一门正在探索并有待建立和完善的新学科,这是他的主攻方向,也是他研究工作的主要贡献所在。他做了许多探索性、开创性的研究,并在组织和推动全国辩证逻辑方面作出了杰出的贡献,因此曾当选为上海市逻辑学会会长、中国逻辑学会副会长、中国辩证逻辑研究会会长。

惋惜与怀念

——追思龚景浩先生

戴行钺

龚景浩,1932 年生于上海,曾就读于苏州东吴大学附中,后入东吴大学,继之兴趣转移,考取北京大学西语系英语专业,毕业后留校任教。

1974 年,他赴哈佛大学深造,1976 年考入"美国之音"担任文学评论节目撰稿人。1985 年被联合国世界银行录用,从事中国贷款项目的笔译。1991 年携夫人段文慧女士返回祖国,之后潜心从事中国古典诗词的翻译。2006 年的寒冬腊月,龚景浩先生驾鹤西去,享年 74 岁。作为他早年的学生和此后数十年的至交,我心中的感受可以概括为两个字:惋惜。

惋惜其一:祖国失去了一位优秀的英语教师

龚先生考入北大西语系英语专业时,已有十年英语基础。他在大一时演出莎翁《威尼斯商人》,饰演主角夏洛克(Sherlock),观众莫不为这位一年级新生字正腔圆的英语拍手叫好。他的语言与文学水平在大学四年又有飞速提高。从 1952 年入学至 1956 年毕业,他师从俞大絪、张谷若、李赋宁、杨周翰、赵诏熊、吴兴华及美国教授温德先生(Robert Winter)等西方语言大师,并师承各位名家的学术精髓。毕业留校后,为了提高教学质量,龚先生发奋自我进修,博览英美文学作品,尤其是小说和散文,同时在国学上也暗下功夫。每次借书往往用尽借书卡,一借就是几十本。1956 年至 1965 年是先生学术造诣由必然王国进入自由王国的飞跃阶段。他向老师请教,并继续钻研书本知识。经过这番锤炼积累,先生不仅教基础课得心应手,而且教高年级也挥洒自如,可谓"能上能下"。对此笔者有切身体会,深受其益。当时,有一则"青年教师为副教授改作文"的轶事在燕园流传颇广,这位青年教师就是龚先生。在此不妨摘录李赋宁先生为龚景浩译作《英译中国古词精选》所写序文中的一小段:"1964 年暑期,高教部委托北大举办全国高等学校英语专业高年级英语师资培训班,龚景浩当时尚为一名青年教师,但由于他的英语语言水平造诣深,教学经验丰富,曾独立担当一个班的精读教学(包括领导课堂讨论和批改英文作业),教学效果极佳,受到学员们的普遍赞扬,被誉为难得的高年级英语教师。而那些学员中大多数人的年龄和资历都超过了他(多为讲师,甚至还有副教授)!"天才加勤奋造就了先生在英语教学领域的独树一帜。

惋惜之二:祖国失去了一位优秀的翻译家

在翻译界,有的口译突出,有的笔译优秀,但两者俱佳的可谓凤毛麟角,而龚先生则是一位难得的多面手。先生平时奉行“拿来主义”,博览群书,收听各类英语广播,故而词汇量大,知识面广,口译笔译方面几乎没有能难倒他的。1973 年两位美国经济学大师访问北大,一位是诺贝尔经济学奖得主,另一位是加尔布雷恩。加氏以倡导“用控制物价来抑制通货膨胀”而闻名于世,还曾任美国驻印度大使,此外又是一位诗人。两位学者应邀在北大演讲。他们的演讲既专业又有文采,凡英语不过硬或经济学的门外汉都不堪当此类翻译重任。果然,原定的翻译一开始就结结巴巴,继之不知所云,最后知难而退。此译员从上台到下台不过几分钟。此时火烧眉毛,只得请龚先生救急。龚先生不负众望。他神态自若,翻译得明白晓畅,如行云流水,效果极佳。报告结束时听众热烈的掌声至少有一半是给这位出色的翻译的。散场时听众得知这位力挽狂澜的翻译乃是中国土生土长、北大自己培养的人才时,无不惊喜交加。此次译事之后,燕园内众口相传,西语系出了个姓龚的高级翻译。

龚先生对中国的传统情有独钟,因而在晚年致力于译介中国古典诗词。他的译文自然、畅通,而且十分忠实于原文。这一切盖来源于先生精通中国古典文学,且在英语语言及文学方面有深厚造诣。三年前,有一位美国教授曾给我来电,盛赞龚译《英译中国古典诗词》,希望能向龚先生请教中国古典诗词的翻译问题。可惜此时的先生已顽疾在身,不可能“谈剑论道”了。

英语国家的人士高度评价龚先生英语造诣的事例远不止此。外交部长李肇星曾充满自豪地给我讲述下面这桩轶事:上世纪 80 年代末,作为新闻司司长的他接待一个“美国主编协会”访华代表团。期间谈及华人在美国如何与当地人用英语沟通的问题时,代表团团长说他有一个中国朋友在世界银行当翻译,其英语水平超过代表团中任何一位主编。此言令肇星司长大吃一惊,忙问此君姓甚名谁。团长答曰:Mr. Jinghao Gong(此时龚先生已就职世行)。肇星司长边笑边回应:“龚先生是我的大学老师。”这一出乎意料的回答不禁令团长脱口而出:”No wonder……”(难怪……)

惋惜之三:祖国失去了一位忠诚的儿子

“文革”期间,先生因家庭出身等原因备受压制,无法施展才华。1974 年在父亲的资助下赴哈佛大学法律系进修,随后在该校教育系攻读硕士学位。1978 年毕业,随即进入“美国之音”,担任文学栏目撰稿人。1985 年以优异成绩考入联合国世界银行,承担中国贷款项目的汉译英工作。

世界银行的工作极其繁重,而且牵涉门类众多。先生的工作是直接为祖国服务的,所以他不要求配备助手,一切都由自己承揽。长期的紧张工作损坏了他的脑神经,诱发了日后的帕金森氏综合征。

1990 年春节,祖国遭受特大洪灾,对于灾民的遭遇,龚氏夫妇心痛不已,两人亲自到使馆捐出一万美元。

1991年春节,先生携夫人段文慧回归祖国。先生从此为弘扬中华优秀的传统文化而潜心翻译古典诗词。

此后,中国再度遭受水灾,先生又累计捐款四万元人民币。先生热爱祖国与人民的拳拳赤子之心与日月同辉。

时值先生逝世一周年,谨以此短文聊寄哀思。

怀念张梦白先生

张雪根

张老梦白先生2002年7月26日逝世,享年92岁。老人家生前是我校历史系教授、东吴大学校友总会会长、苏州市海外联谊会副会长;也曾为苏州市政协常委,是苏州市政界和知识界知名度很高的人物。送别之时,海内外校友云集苏州。东吴大学校友总会和苏州分会撰写挽联:“养正气法完人敬业劝学联谊双溪七十春秋永念系母校,沐春风沾夏雨恩深情长感被四海三千桃李放声哭梦师。”用典东吴大学校训校歌,称颂张老品德业绩,寄托校友哀思。张老驾鹤西归,留下了他丰硕的学术成果,留下了他牵线搭桥引来海内外捐建的多项建筑物和奖学金,留下了他和师母捐设用来嘉惠后学的张梦白顾念椿奖学金,留下了他爱国爱校爱生、生命不息奋斗不止的许多佳话,也给我们留下了绵延不尽的思念。

张老担任东吴大学校友总会会长是众望所归。他曾担任过东吴大学校长室秘书处主任秘书,又讲授美国史等课程,桃李遍天下。蒋纬国在东吴附中和东吴大学念书,张老两度为其师。张老和费孝通、赵朴初、雷洁琼、孙起孟、倪征日奥同窗同事,情谊至深,几十年如一日,互相关心,在海内外校友中诸老并称,风范同景。当年他和费孝通、赵朴初等五位青年教师在东吴校园内栽种的几棵香樟树如今根深叶茂,已成为校园中一道历史韵味浓长的独特的风景线,象征着我校这棵百年大树底蕴深厚又充满生机。他与台北东吴大学董事长王绍堉是好友,与多任台北东吴大学校长交往,不仅老东吴校友尊敬他,台北东吴大学校友也尊他为师。1996年,一位在马来西亚发展事业,毕业于台北东吴大学的杨先生慕名来校看望张老,见过后他动情地说,台北东吴大学是我的母校,大陆东吴大学是我的祖校,张梦白先生是我的祖师,见到祖师十分荣幸。

张老1987年送走最后一名研究生,从教师岗位上正式退休,时年77岁。在此以后的日子里,他不计报酬,义务服务,全身心扑在东吴校友联谊工作上,每天坚持到校友会办公室处理事务。校友来访每位必见,校友来信每件必复。他独特的东吴大学历史背景、他的人格魅力、他对东吴大学历史资源的辩证理解与扬弃,使他当之无愧地被尊奉为东吴大学标志性人物,成为东吴大学校友寻梦追梦圆梦连结苏大的桥梁。他拥有历史,但不囿于历史。他是东吴老人,又是苏大赤子。他情系东吴,更爱苏大。张老告诉过我们,新中国诞生的那一天,他正在留学归国途中的轮船上。在浩瀚的太平洋上,他看到了新中国朝阳喷薄而出的第一缕阳光。“长风破浪会有时,直挂云帆济沧海”。从那一刻起,他立志要为新中国的教育事业贡献自己的一生。也正是从那时起,他开始了执着的追求。特别是进入晚年后,他把全部精力倾注在为校友服务、为苏大服务的努力中,把满腔的热情和深邃的睿智融进了联谊双溪,推进祖国统一、民族振兴的事业中。他以他的人生理想、人格魅力和勤勉操劳,感动着吸引着众多校友情系东吴,热爱苏大。他是东吴苏大的感情连结点。张老曾以80以上高龄两访台北东吴大学。台北东吴大学是1951年由东吴大学旅台同学会逐步发展建校的,根在苏州。第二次访问台北东吴大学时,张老已是90岁了。如此高龄出境访问,上级有关部门是特批的。2000年春,他与市、校领导一起赴台参加了3月16日台北东吴大学举行的建校百年庆典活动。在整个庆典活动中,他是当然的明星。登台亮相讲话、种植纪念树、不停地与师生合影等,也让他忙了一阵子,台北东吴大学更多的师生也有幸目睹了他们耳闻已久的东吴大学祖师的风采。

张老晚年参与组织的令他最高兴的重大活动有三次。一次是东吴大学建校90周年纪念活动。这次纪念活动是我校与东吴大学校友总会一起组织的。几十年来首次举办较大规模的东吴大学纪念活动,让海内外校友欢欣鼓舞。重返母校,一个个像返老还童似的,"老夫聊发少年狂"的不在少数。费孝通先生在纪念大会上作压台讲话,兴致所至,讲起当年的校园故事来,竟一发而不可收。一直到他的秘书上台提醒他预定的午餐时间已过了半个小时,他还余兴未尽。那次活动让校友们还感欣慰的是,大家看到了一个忙里忙外、精神矍铄的张梦白先生。

第二次是赴北京等地会见校友,通报苏大百年校庆筹备情况,听取校友建议。2000年1月中旬,张老以90高龄飞赴北京会见校友。冬日的北京寒气袭人,但新华社办公大楼会议室里却是春意盎然。一群老人,鹤发童心,其乐融融。到会的有当年参与东京审判日本战犯,后来又以80以上高龄担任海牙国际法院大法官的著名法学家倪征日奥先生,原中央监察部副部长冯梯云先生,新华社原副主编姚云先生,中国著名妇科医学专家宋鸿钊院士,北京理工大学校长朱鹤孙教授等二十多人。大家对张老90高龄仍来北京会友,十分感动。他们时而执手相问,时而感叹唏嘘,时而神采飞扬,交谈着,问候着。费孝通、赵朴初、孙起孟、雷洁琼四老由于健康原因未能到会相聚,第二天,张老急着逐个上门看望。

第三次是苏州大学百年校庆活动。2000年5月18日,我校百年校庆盛典揭幕。这是四校合并后的新苏大的一次盛会,海内外新老校友、领导代表和社会贤达真的是群贤毕至、高朋满座。张老协助学校接待东吴大学校友。他是苏大校庆中的几个大忙人之一。许多大的庆典活动要他出场,校友们要一一见面。而且,东吴大学校友在东吴饭店和市会议中心分两处下榻,他来回奔波于两头。他还特别关心台北东吴大学的校友。董事长王绍堉是老朋友当然要陪,刘源俊校长是他后来访问台北东吴大学时结识的新朋友也要亲自关照,还要接受其他来宾和媒体的采访和询问,每天忙到深夜才歇。两天下来,嗓子终于失声了。为了保护他,我们想着法子编着借口想让他歇下来,可他偏偏像个孩子过年似的,哪里热闹往哪里赶。校友们惊叹他一个90岁的老人清瘦的身躯里竟然积聚着如此巨大的耐力。校庆,让我校焕发出更加蓬勃的生机,让各前身学校的校友们以新的理念倾情倾力认同关注和支持母校,校庆也让张老实现了多年的宏愿,以盛典的方式迎接校友重返母校,欢聚一堂。他满足又兴奋,居然在连续十来天,每天十几小时的忙碌中挺了过来,真让人难以想象精神的力量竟有如此神奇,信念的光彩竟会那样绚丽。

张老是仁者，又是智者，他是我的良师益友。1995年至2002年，作为学校机关部门负责人，我兼管各前身学校校友会和学校海外联谊会的工作。张老自然是我们要重点关心的。时光流逝，我们之间的感情与日俱增，从开始的相敬如宾发展到后来的相知互助，让我比别人更深地感受到了他的人格魅力。张老是全校师生尊敬的长者，他的内心世界丰富、博大而深邃。他是愿意与人分享快乐，甘愿独担忧愁的人。他要提出一项要求或者发表一种工作见解，必定是委婉的，末了还要加一句“无啥道理格”。他以自己独特的儒雅刻意塑造一种和谐的工作环境，唯恐因为自己的随意而影响或伤害了什么。而张老对于我，却是有何心事都愿意对我一吐为快的。历史的、现实的、家庭的、社会的都会讲。可以这样说，东吴园，东吴校友的逸闻轶事，我是知道的较多的后辈人，因为张老人称我校历史的活字典。张老对我的信任也帮助我得到了广大校友的信任，使我在与校友们的交往联谊和工作协调时自如了许多。张老的工作作风给人印象最深的当数敬业勤勉、举轻若重、事必躬亲，而他的原则性和敏感性只有我们接触深的人才会更多地体会到。“诸葛一生唯谨慎，吕端大事不糊涂”，张老是兼有的。校友们乐意把他与费孝通等同誉为著名社会活动家，他是当之无愧的。

张老2002年6月15日病倒住进了医院。住院期间，省、市、校各方面领导和校友都去看望，校友们的慰问信雪片似地飞来，上海校友会负责人黄履中、向平、俞仁良等代表会长顾念祖并受托代表各地校友会来苏看望慰问。看到张老的病情，知道他来日不多了，不禁个个流下泪来。因为我们的感情，也为了那一份责任，我和部里的同事每天到病房看望他。他在弥留的日子里，只要从深睡或昏迷中醒来，总要问张部长来过没有，这让我十分感动和感激。其实，我要感激他的，又何止于这份感情。学校海外联谊工作多次受到省市领导的批示表扬和主管部门的嘉奖，张老的贡献是最大的。面对张老，想到即将阴阳相隔，内心酸痛至极，徒叹人生无奈！

张老走了，一去已近五年。“人间平地亦崎岖，叹银汉何曾风浪”。我们还祝张老一路走好。

2006年10月

蒋纬国与张梦白的师生情

先是同窗后是师生

张梦白教授生于1910年,他原籍江苏常州,自幼随父母迁居苏州。1917年,他进东吴大学附小就读,年仅11岁的张梦白考入东吴大学附中,且深得任课老师的赏识。1926年,张梦白高中毕业,升入东吴大学的大学部,主修政治和文学。

1928年秋,东吴大学的大学部和中学部录取了200多名新生。蒋纬国(当时学名蒋建镐)也在其中,进入东吴附中初一读书,尽管蒋介石在北伐战争后掌权于古都南京,已经是当时中国赫赫有名的头面人物,但对他的次子蒋纬国在苏州上学,并没有特别的关照。国民党要员于右任、孔祥熙、孙科和许多社会名流的子弟都在东吴大学就读。

蒋纬国刚进东吴大学附中时,张梦白已经在读大学三年级。

1930年,张梦白大学毕业,获文学学士学位。正巧,东吴附中一位历史教员讲课不得要领,学生意见一大堆,校方只得在一年聘用期满后解聘。一位大学部的历史教授推荐张梦白"补缺",学校考察后正式聘任他出任东吴附中主任教员。

此时蒋纬国升入初三,历史课教师正是张梦白。张梦白教授回忆说:蒋纬国念高三那年,世界史的课程又是我担任的。后来,蒋纬国升入东吴大学,第一年学理科,主修的是物理,第二年忽然转到文科。"世界通史是文学院的必修课,所以我又一次教他,前后三次都是连续两学期的课程。这样,蒋纬国在东吴从初一念到大四的八年中,我和他有六年的师生关系。"

提起蒋纬国的学习成绩,张梦白教授坦言:属于中等,既不拔尖,也不落后。蒋纬国的多数课程在70分至80分之间,过关不成问题。然而,蒋纬国对课外活动的兴趣极为广泛,也极有水准,如果打分,当在90分以上。无论体操、游泳、拳击和吹军号、演话剧等,他都是积极分子,有时也喜欢骑马、划船,他最喜爱的是体操项目。学生叠罗汉表演,他总是骄傲地站在最顶端。后来双杠和吊环的动作相当漂亮,是他的"拿手好戏"。

也许是年龄相近的缘故,蒋纬国和老师张梦白结下很深的感情,是球场的队友,平时的朋友,在一起无话不谈。1936年秋,蒋纬国结束东吴学业,经上海启程赴德国学习军事。此后两个人天各一方,达10年之久。

1948年夏,张梦白通过考试赴美国留学深造,入纽约哥伦比亚大学研究院历史系。一年后,获文学硕士学位。也就在这一年,中国发生翻天覆地的变化,国民党政权风雨飘摇,人民解放军正在横扫大江南北,很多人劝张梦白留在美国,他具备留下来的条件。张梦白不为所动,费尽周折返抵祖国,仍在东吴大学任教。而此时,蒋纬国早已随父亲蒋介石去了台湾。

50 年后的相见

1990 年 11 月,在台湾的东吴老校友俞国尧回苏州家乡探望,与张梦白相会在苏州大学。俞国尧是蒋纬国的至交,也是张梦白的好友。俞讲述了蒋纬国近况。张梦白教授托他给蒋纬国带去苏州特产香木片的小挂历,还带去了问候的口信。

俞国尧返回台湾后,把母校和校友的情况转告蒋纬国。听说了张梦白教授身体健朗,仍主持东吴大学的校友会,蒋纬国非常欣慰,他很快就给张梦白来信致谢,语气十分恭敬,像过去那样执弟子礼。他还附寄一份"概历",向老师详述了个人走过的足迹:自母校读物理学系,再加修政治、经济、社会等课程后,于 1936 年奉父命赴德学军,先入伍,再进军官学校。后又受美军有关战斗、战术、战略和技术教育等多方面的训练。1940 年回国后长期在军队中服役。抵台之后负责三军战略教育等各种训练。公余之暇,整理经验,从事著述,或应邀至大专院校讲学,担任硕士、博士论文指导。他以三星上将于 64 岁时退役,70 岁时除役,转任文职。

蒋纬国也坦陈了家庭的变迁:"先室石静宜于 1953 年 4 月因心脏病在台北逝世,此予我在心情与生活上莫大创伤与无比冲击!"经过一段不短的岁月,于 1957 年与广东梅县人、母为德籍之丘如雪小姐结婚,1962 年得子,取名孝刚。

同时,蒋纬国寄来本人照片两张,一张是他的西服便装照,上面亲笔题写上下款:"梦白吾师赐存","受业蒋建镐敬赠";另一张是他的军装照,穿着三星空军上将装。

1993 年 3 月,张梦白教授应台北东吴大学校长章孝慈的邀请,前往台湾参加庆典活动。那天,当张梦白步入宴会厅时,与许多来宾一一握手。这时蒋纬国赶到了,一见面就大步向前,喊着老师的尊称,与张梦白热情拥抱。

两天之后,蒋纬国又与几位老校友一起,专门宴请张梦白。蒋纬国把他写的著作、文章和笔记本、台钟、特制领带等纪念品,赠张梦白留念。和张梦白相聚,他口口声声"老师"。

张梦白希望蒋纬国能返回故土,返回母校,蒋纬国点点头说:"一定的,一定的。"张梦白返回苏州后,他与蒋纬国音讯不断,彼此牵挂。

1996 年,蒋纬国委托夫人丘如雪携儿子参加赴大陆的旅游观光团,特意绕道苏州探望母校。张梦白陪同蒋纬国夫人参观了校园。丘如雪告诉张梦白,蒋纬国一心想回大陆,看看老房子,看看念书的地方。只要两岸的政治气候许可,一定要回来的。

不料,蒋纬国夫人走后不久,张梦白接到台湾俞国尧校友来信,告知蒋纬国经体检发现患有血管瘤。

1997 年,蒋纬国因病逝于台北。

蒋纬国生前曾对张梦白说过,他在东吴大学念了八年书,"东吴"是他唯一的真正母校。

(摘自《传记文学》2001 年第 11 期)

忆施季言老师

生物系 37 届　段恭毅

施季言老师，江苏海门人，1919 年获苏州东吴大学生物学系硕士学位。他是东吴大学第一位生物学研究生，也可以说是全国第一个生物学硕士。他是东吴大学理科的奠基人、生物学家祁天锡（N·G·Gel）的第一个硕士研究生。施季言的硕士论文是有关豆类的研究，他还对当地粮食作物作了集中的系列研究，并于 1919 年在美国的《水稻杂志》上发表了研究成果，在当时曾引起了包括美国科学家、农业部专家在内的广泛关注。可是施季言先生在母校东吴服务，放弃了科研教学工作，当了事务处主任，大半生献身于学校行政管理工作，把东吴大学的后勤事务搞得非常出色。我想这是因为他热爱母校，眼见东吴当时正处在发展阶段，事务管理非常迫切需要，而施季言先生富有行政管理才能。我在苏州天赐庄东吴大学求学生活多年，很钦佩季言老师的一切后勤事务管理。管理校工，似乎他采用当年城市大旅馆雇工的方式，校工都有保证人，工资菲薄，而校工都愿意久留，遵守学校制度规则，做好工作，绝少辞退。使校工安心工作的办法，一是学校圣诞节发放奖金，二是管理学生宿舍的校工每学期结束时获得致谢仪；三是允许校工集体在校内设小卖部，供应学生需要的种种食品，获利不菲。校工分文武职，文职服务于各办公室，穿白色长袍；武职管理宿舍、健身房、花房、食堂、水灶等。校园环境维护，由事务处调配工人劳作。东吴校工，几乎全是海门人，施先生的同乡，有乡谊。施先生酷爱花木，故校园绿化极好，花房栽培时花的品种很多，四季都有鲜花美化校园、教学楼及会客室，有时举办花卉展览会，接待市民参观。事务处对学生食堂及校工办的小卖部管理很好，价格公平而保证质量，学生制服、运动衫裤、运动穿的乳胶底皮鞋等，都由事务处指定的经协议好的商家承办，价格合理，质量保证，这些商家乐于在东吴年刊上登广告助资作回报。

我不知道什么缘分，施季言先生对我特别关爱，从中学到大学师生交情一直很好，在学校虽然常见面，很少交谈，若在花房遇见则谈兴较浓。我因家长爱种花卉，自幼即喜花卉栽培。我高中和大学时，有三次承蒙季老师招我到螺丝浜他家欢度圣诞节，宾客都是师长辈，我极不自在。抗日战争期间学校迁湖州时，施先生为男女同学安排的宿舍及包给饭馆的膳食甚好，施先生和我是 1937 年 11 月 17 日最后撤离湖州的，幸亏施先生与湖州福音医院洽商而得支援一辆卡车撤离到安徽宣城，带走了一批临时逃到湖南的同学和他们的家属，我和施先生在汉口又相遇了，他又安排我暂当临时工得以糊口。1938 年间，我在成都度日困难，施季言和朱约翰两位老师都在重庆工作，多次劝我去重庆工作以改善生活，我难于放弃科教工作而谢绝了两老师的关爱。1946 年初，我回到故乡小住，遇同岁同学吴天锡传达季言老师嘱托，他邀我到奉化溪口为蒋介石办好武岭农场。季言老师到台湾后，竭力策划在台恢复东吴大学，终得如愿。施季言老师一生在东吴献身，我脑中时常浮现季言老师的音容笑貌，不胜怅然。

2009 年 3 月 1 日

回忆张汇文老师

法学院51届　蒋鸿礼

东吴大学创办迄今已110年,我于1951年从法学院毕业也近60载,校友们相聚忆及往事,津津乐道,趣味横生。大家一致认为,母校的教育、老师的指导、同学们的帮助使我们受益匪浅。法学院的课程有许多是比较法学,我国实行拨乱反正、对外开放政策后,许多校友把在母校所学的法律知识应用于工作实践中,起到了积极作用。提及母校校友们,当然忘不了老师,在我印象深刻的老师中,有一位张汇文老师使我们常常在念。

张老师开的课如国际组织条约研究、国际公法专题研究和条约研究等,每次上课座无虚席,内容丰富,法律与现实之案例相结合,同学们极感兴趣。我听过他的很多课程,由于他的指导对我们帮助极大,毕生工作受惠良多。

我在1951年正值毕业分配之时突然患病,休养一年多才恢复。当时我无工作,与陈焕道学长(法学院50届毕业,现已作古)常去福州路书店买法律书籍。在旧书店碰见多位老师,如杨兆龙老师、卢峻老师,张老师也常去旧书店买书。我家与张老师府上相近,常去请教,比较熟悉。

张老师学识渊博,为人诚恳、和蔼,对我们后辈指导,至诚提携,使我忆及母校,总想起张老师。张老师在东吴授课时间不长,许多同学不熟悉,作一简单介绍以为纪念。

忆父亲程克让

物理系49届　程蕴玉

父亲程克让,1897年生于江苏省武进县。他先在家里念私塾,父亲的四叔曾在苏州东吴念过书,回家后夸这学校好,因此家里后来把父亲送到东吴生物系学习。他是东吴1921年生物系唯一的毕业生。后曾在苏州桃坞中学教过两三年书,以后一直在东吴附中教生物课程。

很多人只知道东吴的法学院有名,其实东吴大学的生物系也是很有名的。生物系除生物本科外,还设有医预科,三年医预科后,成绩优秀的可以荐送北京协和医学院深造。此外生物系另设有生物材料供应处,拥有好多经验丰富的制作技师,专门制作生物标本,除供应全国广大地区外,南洋和欧美各国亦争相来订购所制造的生物标本。

父亲是生物系毕业的,自然也养成了制作生物标本的爱好并承继了师长们的技术。他除了认真执教中学生物课以外,很注重做生物实验和亲自制作动植物标本。记得我还在小学念书时,经常听到中学生们推开我家的后门,大声喊着:"程先生,我抓到一条蛇,给你做标本!""程先生,我这里有一只蝙蝠!"……我也曾为我父亲用纱网捕捉了很多彩色大蝴蝶,一次还偶然抓到一只比巴掌还大的绿色粉蛾,还有一次我在池塘里空手抓到一条约有9厘米长的小鱼,都成为我父亲的标本。他还教给我制作蝴蝶、蜻蜓和小鱼等标本的方法。每次出外散步,父亲一定注意路边或野外的动植物,看到没有见过的生物,马上采回来,查阅一本很厚的植物或动物学辞典,查它的名称、类别和性能等,有些还制成标本。在孙堂的楼上走廊的南端,父亲保管一间不小的标本室,放着不少生物标本。在抗战之前,已积累很多年的教学经验以后,他编写了一本供高中生物实验课用的实验教材,由苏州文怡书店出版,非常实用。我曾听他说过:有人让我去大学讲课,我才不去呢,教这些中学生真有意思。

1938年后,东吴附中在上海租界校舍办学,但学习条件较差,每天仅上半天课。我读高一时,教生物的刚好是我父亲。环境虽差,父亲还是想方设法借来了几台显微镜,给学生们轮流做生物实验。两人合用一台显微镜,一学期做了十多个实验,如解剖鲫鱼、青蛙等,观察其内部结构;学习使用显微镜,并且在显微镜下观察实物并绘图,例如,观察自己口腔内表皮的单个细胞、草履虫和绦虫节片等,每个实验都要求画下图来。

有一件事令我极为遗憾:在"文革"期间,我把父亲βββ学会的金钥匙给弄丢了。父亲在大学的成绩很好,因此他是某国际生物学会的会员。这个学会的会员每人拥有一枚βββ学会的金钥匙。钥匙的形状是一根直的杆上绕着一条蛇。我母亲把它交给我,并嘱咐我一定要保存好,这是父亲的荣誉,也是父亲唯一的遗物。抄家之前我把它埋在家门外的泥土里。事后我去寻找它,真遗憾,翻遍那块土都没找到。我一直埋怨自己,当时太慌张,如今懊悔也没用,真是对不起父亲。

父亲不太善于交友,所以他朋友不多。唯一的知己也是在东吴生物系毕业但晚他几年的王绶基先生,我称他为“寄爹”。在抗战之前,与他之间的往来很多。他还曾坐过乡下小道上独有的独轮车到我们常州乡下老家去过。东吴附中在上海租界办学时,王家也住在上海,和我家常有来往。父亲去世后往来就少了,以后干脆断了信息。1992 年,我终于找到了王家在杭州的住址。这年 10 月,我和老伴李梅林终于按址探访了几十年没见面的老人。寄娘宋怀初(景海女师的毕业生)已卧床不起,王老先生已 87 岁高龄,但还动作灵活,居然能像年轻人一样骑着自行车到处购物。由于我们相隔几千里,没能常常去看他们,两年后就再也没有信息。好在我还是见到了他们的最后一面。

父亲是一个一丝不苟、办事极为认真的人,律己、律人都很严格。他原名程瑞林,因不满意自己太不肯谦让而改名为程克让。他对学生要求也很严格,在学校是有名的严师,对我更是从小就管教得很严厉。记得 10 岁以前,我做错了事是一定要受到处罚的,每次都让自己打自己的手心,然后站到墙角去反省,反省后要告诉父亲错在哪里,以后如何改正等等。又记得我念初中时,只会写正楷字,一次父亲让我开个信封,信是寄给我的堂叔父程春林的,那时我刚学会把“春”字写成草体,因此信封上写的是草体的程春林。父亲看了很不满意地说“别人会不认识这个字的”,让我重新开个信封。这对我的影响很大,直到现在,我总注意自己写的字一定能叫别人认得出,能看清。

我认为父亲在家庭里做的最重要的一件事,是把持住我和继母之间的关系,要我们像亲生母女一样。父亲再婚时我才 5 岁。父亲特别注意母女之间感情的培养,让我从小就十分尊重继母,也要求继母必须爱护和关心我。在我长大参加工作以后,继母大部分时间和我住在一起。她带大了我的两个孩子,我的两个孩子也和外婆特别亲热,所以别人都以为我们是亲生母女。继母去世后,有人问起我和继母间的事,旁边一位经常为继母治牙的牙医知道我们竟不是亲生母女后,惊讶得张口结舌。

1934 年,父亲曾患肺结核病,经长期调养,约一年后完全恢复健康,并养得很胖。由于日军侵华,1938 年我们到上海时,环境艰困。记得那时父亲月工资是 60 元,我们全家四人住一间小屋,每月得交 24 元房租。除去房租,剩下 36 元得供全家的衣、食、车费等,实在显得拮据,因此父亲设法兼点课,以增加收入,当然营养方面就顾不上了。1942 年,他结核病复发,但为了一家的生活,只能带病奔波上课。出门上课去像个正常健康人,但回到家里就是个重病人,连在床上躺下都得我母亲托着他的背,让他慢慢躺下,就怕咳血。后来,为了节省,全家挤到舅舅家居住,好省去房租。但挺到 4 月,父亲实在不能再继续执教,全家无奈回到常州乡下老家。由于我们家房屋已全都被日军烧毁,只能住在外婆家。我外婆早寡,就生我母亲,生活也不充裕。当父亲清楚自己已病入膏肓时,最揪心的是我们母子以后的生活没有着落。我虽已 18 岁,但尚未高中毕业,弟弟才 10 岁,母亲 34 岁,从未出外工作过。母子三人以后怎么办?当他神志还很清醒时,嘱我拿来纸和笔,他口述由我笔录下致东吴大学杨永清校长和东吴附中孙蕴璞主任的遗书,内容是:请求东吴的领导能给予我和弟弟学习的机会。当时杨校长在美国,这信就寄给了孙先生。这年 9 月 10 日,父亲与世长辞,年仅 45 岁。

我们非常感谢东吴大学、东吴附中、许安之先生以及父亲生前的同事们，在父亲去世后的最艰困的时期，帮了我们不少忙。尤其感激孙蕴璞先生不负先父所托，在我和弟弟的学习与生活上出了不少力，不仅让我读完了中学，安排了工作，使我得以自立生活，还让我读东吴大学并顺利毕业，弟弟也能在东吴附中毕业，后来毕业于大连工学院。如此，父亲的在天之灵当可安息了！

2009 年 2 月，新加坡

缅怀吴天锡学长

法律系46届　居同匮

吴天锡1916年出生于江苏吴县平望镇，1928年考入苏州东吴大学第一附中。1934年升入大学部经济系。1937年抗战爆发，学校停课，撤向内地。他辗转湖州、宣城、汉口、韶关、湘、桂、黔，约在1939年抵达重庆。他在东吴校友会任总干事，参与募捐复校，在当时东吴、沪江两大学校友会组成之联合法商学院修满学分，在中华大学完成毕业论文，东吴大学复校后被授予经济学学士学位(1942)。1945年抗战结束，在渝机构次第复员，天锡亦回上海，在中央信托局任职。翌年东吴前法学院院长吴经熊出使教廷，为天锡洽得奖学金。先在国内学习意大利文三个月，趁中信局参展米兰国际展览会之机，入意大利都灵大学研读，1949年底参加毕业论文答辩，被评为满分，即席授予经济学博士学位。随后即取得美国签证去纽约，当时国内大学毕业生留美者众多，在纽约亦有东吴大学校友会组织，天锡参与集会，被推为总干事(1950)，自此积极参与校友会活动。

初到纽约的一段时间是相当困难的，他曾提及“当时自己遇到的困难，吃的苦，你们是想象不出来的”。白天打工，晚上在纽约大学研究所继续进修，曾当过编辑、美国防部语言学校教授，也去过加州为朋友管理林场、牧场。1954年入美国籍，先后在几家保险公司担任稽查审核工作，1981年退休仍不时被邀协助稽审工作。吴天锡爱好运动，特别是打网球，退休后坚持每天行走十英里。1995年10月5日，在寓所附近人行道上突遭车祸造成重伤，延至10月29日伤重不治，距美东吴校友会为他庆贺80寿诞仅数月之隔。

吴天锡学长“对工作实事求是，对政治并无兴趣，有几次做官之良机均未应命。对于钱财，决不妄想，也不愿从商。出国留学并未用家中一文，在外半工半读，省吃俭用，生活无忧，凡事尽心尽力，给人以好印象”(摘自《吴天锡自传》1999.9)。与天锡交往几年中，观其言行，所言不虚。他待人和蔼、诚恳，好学不倦，忠于职守，自持节俭，助人为乐，他凭自身的勤劳，历尽艰辛，在纽约保险业界得到很高评价。天锡虽然生活无忧，但身后并无多大财富，仅有安身之处。但他手足情深，为二弟移民美国作了详尽安排，惜乎未能在美国团聚。天锡有一女寄梅，自幼随奶奶、叔叔在上海生活长大，1964年参军，分配至新疆建设兵团，“文革”中受到父亲海外关系牵连，1982年移居美国。

吴天锡始终参加校友会活动，在不同历史时期，包括重庆复校、台北复校以及80年代争取恢复上海东吴大学法学院的活动，以校友身份多方联系，全力以赴。吴天锡1954年取得美国公民身份即作香港、台湾之行。在台湾见到阔别多年的亲友、同窗好友，看到建议多年恢复之东吴大学法学院已首先恢复。1958年去台时，外双溪校舍已落成使用，全面恢复了东吴大学，在以后的发展中更成了台湾著名私立大学。国内改革开放后，放宽出入境，出国已30余年的的吴天锡于1981年直飞上海。1981—1995年间7次回大陆，每次都回故乡平望镇看看，真是“儿童相见不相识，笑问客从何处来”。

由于时间、情况的变化，与校友联系不便，每次来上海均委托东吴上海校友会代为邀聚，去其他各地，也同样办理。为促进东吴大学法学院在上海复校，除与上海校友会积极商讨外，在纽约、台北多次与东吴大学杨其铣校长、蒋孝慈校长、王绍堉董事长寻求对东吴大学在大陆复校的支持，在纽约美东东吴校友会时，积极参与各项活动，整理了旅美校友通讯录，为美东吴校友会筹备建立东吴山庄，为在苏大内筹建“东吴之家”与苏大领导及张梦白老师等积极商榷。值东吴大学110周年校庆之际，缅怀吴天锡学长之东吴情结，志此以为楷模。

注：本文取材于：《吴天锡自传》(1999年9月文)；《寒窗十年忆东吴》(吴天锡文)；《东吴大学校史概述》(刊于东吴大学美东校友会成立10周年，1998年刊)；乃弟吴天镛先生提供“关于吴天锡生平事略”通讯。本文多处引用吴天锡原文，特别是有引号处。

“军中女药王”俞惠琴

俞惠琴，第88医院药剂科主任药师，现为医院高级顾问、药剂科技术指导，享受国务院政府特殊津贴。她先后被评为“全国三八红旗手”、“全国巾帼建功标兵”、军区优秀知识分子标兵、联合国世界妇女大会杰出女性、中国妇女500杰等；先后入选《中国当代名人大典》、《英国剑桥大学世界医学名人大典》、《中国妇女儿童事业成就大典》、《中国巾帼大典》等；连续两次获中国科学技术基金会药学发展基金委员会“药学发展奖”提名奖，2001年获中国药学发展医院药学工作成就荣誉贡献奖；先后荣立二等功两次、三等功一次。

2005年新年伊始，77岁的“军中女药王”俞惠琴老人又获喜讯：她潜心多年研制成功的舒脑欣（心）滴丸获得了国家级新药证书，在人类医药史上又增添了一种特效新药。近几年，年事已高的她退而不休，不但没有歇脚，反而有一股快马加鞭的劲头，年年有新成果问世。近年来，她还获得了一项军队科技进步二等奖、三项国家发明专利，为人类的健康事业做出了突出贡献。

俞惠琴于1951年从苏州东吴大学理学院药学专业毕业后，便投入到救治抗美援朝志愿军伤员的战斗中。当时医院药品极度缺乏，伤病救治非常艰难。当她看到受伤官兵们的痛苦之状，而没有足够可用的抗菌消炎药品时，感到非常心痛：自己是学药的，而手中却没有药品可用，不能失职啊！从此，她便投入到了新药的研制之中。在当时艰苦条件下，她用较短的时间，合成了呋喃西林原料并制成系列制剂，用于救治前线转送回国的志愿军伤病员，解决了当时临床急需。从此，她更加刻苦钻研业务，不断学习新理论、新知识，熟练地掌握了本专业各项业务技术，新剂型、新制剂、新品种接连不断地被研制出来，而且一干就是半个多世纪。

为了保障官兵的身体健康，她对部队医疗体系作了调查，发现战士一年四季普遍穿胶鞋训练，不少战士患有脚癣病，影响训练、站岗与休息。通过处方设计、工艺研究、药效学试验，她制成了疗效显著的“脚癣灵液剂”；还研制了夜间站岗和野外执勤防治蚊虫叮咬的“特效花露水”。夏季来临时，她及时把这些药品送到连队，直接应用于卫勤保障，深受官兵好评。春夏季节，传染性眼结膜炎（红眼病）会迅速蔓延，为了寻找“克星”，她筛选多种中草药，从中提取抗病毒有效成分，制成了“复方佩兰滴眼液”，对“红眼病”的治疗及遏制传染起到了较大作用。

读一下俞惠琴从事医药工作的简历，也许会对她研制药品、成果的叙述感到枯燥，然而当了解到患有高血压、冠心病、胆结石等多种疾病的她，曾先后做过10次手术，连自己的孩子都几乎没有照顾过，倾尽心血搞研究，研制的新成果新技术又救治过无数病人的生命时，又会对她的崇高形象感到肃然起敬。20 世纪 60 年代初，她开展层析技术，应用于常见药物中毒（有机磷、催眠镇静剂）的快速分析，为抢救中毒患者提供有力的依据。70 年代初，她为野战麻醉所需研究了中药麻醉剂，创造性地研制成功了麻醉效果好的静脉用中药麻醉剂。同年，为解决中药麻醉腹肌松弛的不足，她研制成功了肌肉松弛剂"汉肌松"，提高了野战外科的麻醉水平，引起国内外的关注。1978 年，她制成了复方川芎注射液及滴丸剂，应用于临床治疗神经衰弱引起的失眠、腰腿痛、血管硬化性头痛、头晕、记忆功能减退等疾病。1979 年，她研制了复方二参注射液的处方设计及提取工艺，为心肌梗塞病人的抢救起到了重要作用。接着，她针对常见的创面感染、烧伤、褥疮等疾病，研制成功吡哌酸骨架型外用散剂，对局部感染的常见致病菌有明显的抑菌和杀菌作用，对于战争条件下的战伤、烧伤等感染的治疗起到积极作用。这项成果于 2002 年获国家发明专利。她研制的吡哌酸耳用滴丸剂（新药"沃泰欣"）具有高效、速效、长效作用，获军队科技进步二等奖，并获得国家新药证书和国家发明专利。

为了解决中老年患者缺血性脑、心血管疾病，她研制成功新药"芎归（舒脑欣〈心〉）滴丸"，被国家药品监督管理局新药研究管理中心批准纳入国家新药研究基金项目给予资助，实现了军区药学研究方面零的突破，获国家发明专利和国家新药证书及生产批准文号，创制了具有中药传统特色和现代科学技术进步相适应的新剂型、新制剂。

她研究的许多成果都是军内外最早研究成功的，有的技术是她花费了一二十年的心血才完成的，可她却无偿地提供给了国家和军队。有人说，俞惠琴研制出来这么多成果，随便卖上一种新药技术，就够吃上一辈子的。可俞惠琴却没有这么做，她每一次研制的新药问世后，都毫不保留地奉献给了病人，奉献给了国家药学事业。

前几年，她退休了，可她一天也没有停止过研究工作。她的老家在上海，几个子女也都在上海，且都已功成名就，都盼望着父母双亲早日回到上海，享受天伦之乐。可俞惠琴总觉得自己手里的工作还没有做完，每当看到自己研制的一项项新药品新技术用于救治患者时，她就感到由衷的欣慰，更感到需要做的事情还有很多很多。

半个多世纪以来，她在苦心研究药学的同时，还甘当人梯，倾尽所能地搞好传、帮、带，注重在工作实践中培养中青年技术人才，严格要求他们进行科学研究，使不少同志不仅提高了科研能力，还取得了一串串科研成果。

（摘自《东吴上海会讯》2008 年第 1 期）

身世凄楚的女作家施济美

沈　寂

上世纪40年代初，上海完全成为沦陷区。就在这最严酷的年代，一时荒芜的上海文坛出现了几位女性作家的名字：杨秀珍、施济美、程育真、俞绍明、郑家瑗等。凑巧的是她们都曾就读于东吴大学，因此被称为“东吴女作家”。

施济美的小说都有一个平凡而动人的故事，文笔清丽而不雕琢。描写的人物，只有淡淡的哀愁，没有媚俗和颓废，有对世俗的感叹却不消沉和绝望。她的作品寓意着对理想的追求、对真情的讴歌和对人性的召唤，使读者在令人窒息的黑暗环境里眺望即将来临的曙光。

施济美的父亲施肇夔，是顾维钧的得力助手，当时远在法国。施济美大学毕业后，挑起全家的生活重担，在中学当国文教师，写作是她的业余爱好。在清苦繁忙的教学生涯里，她辛勤而严谨地在文学园地种植了一朵朵鲜丽沁人的花朵。

1944年初夏，我接到她托人送来的一纸便笺，要我到她教学的正中女中去代课。当我上课到一半时，有日本宪兵到学校来逮捕施济美，我因此知道她在教学和写作之余，还在秘密地从事抗日活动。事情平息后，因我替她代课，她来向我道谢，我告诉她一年前我也曾遭日宪兵逮捕。由于受到同样遭际，我们便结下了共患难的友谊。

抗战胜利，我主编《幸福》杂志。施济美先后为我写了三个中篇：《凤仪园》、《圣琼娜的黄昏》（后改名《三年》）、《群莺乱飞》（改名《十二金钗》）和一个长篇《莫愁巷》，这是施济美在创作上的“黄金时代”。这几部作品比她过去的小说故事更哀婉动人，人物更亲切深刻，意境也更幽邃高尚，令人阅读时爱不释手，读后回味无穷。我原先以为是作者更成熟，因此作品也更成功。可是当我了解她从未告人的身世后，才省悟她本人的遭遇和笔下的作品有着千丝万缕的心灵联系。她的初恋情人，激于爱国热情在内地求学，千里相隔，情书来往，互寄情怀。不幸他遭敌机轰炸而遇难，从此人天永隔、千古遗恨。最为悲痛的是她要瞒住情人的父母，不得不摹仿他的笔迹假造平安家书，慰藉期待游子佳音的一对老人，而她自己也为了对爱情忠贞不渝，便守身如玉，终身不嫁。她曾写过一篇散文《岸》，将自己的处境比喻为永远孤独地站在一边是悬崖绝壁、一边是浩瀚大海的“岸”上。悲痛的初恋成为她埋在人生道路上痛苦的种子，在时代风雨中茁长出一朵朵美丽的鲜花，也就是她笔下一篇篇寄托她相思和哀怨的文章。小说里的人物有她自己的影子，她也通过小说抒发出蕴藏在她心坎里的隐忍和怅恋。

解放初期，她的作品被批判为“小资产阶级情调”。她从此搁笔，退出文坛，投身于教育事业，桃李天下。不料“文革”中她又被诬为“修正主义教育路线”，遭到非人的磨难和侮辱，被逼悬梁自尽，弃世而去。

现在，上海古籍出版社编辑的民国女作家经典小说《虹影丛书》，施济美的《凤仪园》终于问世。她的一篇篇动人的小说一定能再一次感动千万读者，也会使人们知道上海曾有一位身世悲哀却享有盛誉的著名女作家施济美。

（摘自《新民晚报》1999 年 1 月 24 日“十日谈”，有改动）

何福源烈士传略

李干(亦发)

1929 年 2 月 9 日,何福源出生在姑苏城外。当他在苏州读小学的时候,苏州被日寇占领,全城陷入恐怖之中。少年时期的何福源耳闻目睹日本帝国主义的暴行,在幼小的心灵中就萌发起抗日救国的志向。

家属与亲友在何福源烈士墓前祭扫

1938 年秋,他随母迁居上海父亲处,后就读于麦伦中学(现在为继光中学)。这是一所早有我党地下组织存在、由著名民主人士沈体兰先生担任校长的进步学校。当何福源进入高中二年级读书的时候,日本无条件投降。抗日战争胜利了,举国欢腾。何福源参加了学校举行的各项庆祝活动。满以为从此以后,国家即可进入和平建设的时期。但事与愿违,不到一年,国民党反动派背信弃义,挑起了全面内战。

面对国民党反动派的奴颜婢膝和倒行逆施,何福源不畏强暴,奋起斗争。1946 年 12

月，北平发生美国兵强奸北大女学生沈崇的事件，全国人民无比愤慨。麦伦中学成立抗暴委员会，何福源被推举为该委员会的主席。他对国民党反动派拘捕、暗杀青年学生和爱国人士的卑鄙行径，以及为发动内战而对全国人民敲骨吸髓的压榨痛心疾首，在学生中大声疾呼：我们要和平，反对内战；要民主，反对迫害；要生活，反对饥饿。并为此而组织了一个团结、教育同学，开展反蒋斗争的团契。为了加强与社会的联系，麦伦中学举办了民众夜校，招收贫苦工人和城市贫民中失学的儿童，对他们进行义务教育，何福源又被推举为夜校校长。

1947 年秋，何福源自麦伦中学毕业后，考入苏州东吴大学物理系学习。他一进入学校就与进步同学一起积极参加反蒋爱国的学生活动，从而结识了中共茅山工委在该校的地下党员、同学康少杰同志。这时的何福源政治上已日趋成熟，他日益深刻地认识到只有中国共产党才是中国人民的救星，因而积极追求进步。1948 年 5 月，经康少杰同志介绍，他光荣加入了中国共产党，成为东吴地下党的一位成员。9 月，建立茅山东吴地下党支部，何福源同志被任命为党支部书记。从此以后，他更自觉地以党员标准要求自己，孜孜不倦地学习马克思主义理论。他日以继夜地学习并潜心研究《大众哲学》、《社会发展史》以及列宁的《怎么办?》、《进一步，退两步》、《社会民主党在民主革命中的两个策略》等书籍，写了大量的学习笔记。在他的领导下，支部工作迅速展开。支部组织了秘密的社团新民社（即新民主主义研究社）；先后举办过东吴义校和东吴夜校，向社会上的青少年传播进步思想和科学文化知识；在组织上积极发展地下党组织；开展搜集国民党党政军警特的情报等项工作，输送进步青年去解放区培训，以壮大革命的力量。在短短 7 个月内，支部党员由 6 人发展至 14 人，同时输送了 4 名知识青年去解放区参加革命。

1949 年 3 月，当解放战争中的三大战役取得了伟大胜利，面临着“打过长江去，解放全中国”的战斗任务时，何福源同志与另一个同学、支委章腾文奉命撤离学校，去中共茅山工委辖地——丹阳农村游击区工作。尽管他那位作为实业家的父亲在这以前曾殷切地希望他走“实业救国”的道路，并多次向他许愿：“你将来大学毕业后，我设法送你去瑞士留学。”然而何福源同志认定，在当时情况下，实业无法救国，决意背着乃父，毅然走上了武装革命的征途。

3 月 12 日，根据党组织的指示，他与章腾文同志离开上海，记住了各种联络暗号及接头地点，顺利地到达了丹阳农村。他俩被分配在两个游击小组里工作。19 日，他与游击组长耿龙富一组 3 人到河阳村提取粮款，当夜住在四面无靠的一幢三间楼房里。20 日晨，不慎被国民党情报员夏洪发觉告密。当夜，驻丹阳的国民党雄风部队一个营 300 余人就将该村及他们的住房团团围住。21 日凌晨，敌人发起进攻，他们三人几次突围未能成功，于是以楼房为掩护，居高临下，与敌人展开激烈的战斗。战斗从凌晨一直打到下午四时，持续了 10 多小时，终因弹尽无援，寡不敌众，何福源同志身负重伤，昏迷不醒，被捕入狱；其他两位同志壮烈牺牲。

何福源同志被捕后，屡遭敌人严刑拷打逼供。他几次昏迷，几次醒来，始终没有暴露自己的身份，坚守着党的秘密，表现出一个共产党员宁死不屈的英雄气概，致使敌人无可奈何地将他关在一间空屋里。几个国民党士兵为此议论起来，“抓来的一个土八路，年纪轻轻,不知为啥那样给共产党卖命。这个土八路要不是伤势重,恐怕还抓不住。”

何福源同志被捕后,地下党组织随即派人追捕告密的暗藏敌人(丹阳解放后的第二天,那个告密的敌情报员即被我捕获,就地镇压),并设法营救何福源。后经一个年仅十岁的小学生周静的联络,何的家庭得知了这一讯息,亦通过各种渠道进行营救,何福源同志始被营救出狱。当他的家人至监狱去接他时,他已被国民党摧残得奄奄一息了,只能由人背着回到上海,经抢救方得脱险。解放后,他被评为二等乙级残废军人。

何福源同志伤势稍愈,即返回东吴大学学习,并担任党支部书记,继续做着党的工作。1951 年,他作为学生代表与当时的校长杨永清同到北京参加全国高等院校工作会议。1952 年秋,华东区开展高等学校院系调整工作,他又被选为苏南师范学院筹建委员会委员。院系调整后,东吴大学改为苏南师范学院,他又担任团委书记、青年科副科长、组织科副科长等职。

1953 年秋,因工作的需要,何福源同志被选送上海复旦大学进修理论物理。他愉快地放弃了原来担任的行政工作,背起书包,走进课堂,重新向科学的殿堂挺进。这时他意识到,现代科学技术在振兴中华、改变我国积贫积弱的面貌的过程中,将发挥越来越大的作用。因而他十分珍惜组织对自己的安排,在学习期间刻苦钻研,不稍懈怠。在党内他还担任中共复旦大学教师党支部书记,积极在知识分子中做发展党的工作。当时任复旦大学物理系讲师、后任复旦大学校长的谢希德,就是在他的工作下参加了中国共产党的。

1955 年秋,他自上海复旦大学进修后返回江苏师范学院,被评为讲师,开始从事教学工作。可是,江苏师范学院在开展物理教学中缺少高等物理实验室,组织要求他负责筹建该校实验室的工作。他愉快地接受了任务,常常工作至深夜,一心要把实验室尽快地建立起来。可这时,他的肾脏病发作了,医生嘱咐他卧床休养三个月。而他为了要完成尚未建成的实验室,却只休养了一个月,就带病进入实验室继续工作。在他和其他同志的共同努力下,实验室终于从无到有建立了起来,而他却从此卧床不起了。

他病了,全身虚肿无力,腰痛背酸,最后连行走也很困难,只得卧床休息。怎么办?他想:何不趁这个机会多学一点东西?于是他在床上堆满了书,复习过去学过的英语、高等数学、量子力学等,还自修俄语、“群论”、“矩阵”等,时刻准备着,一待病情稍有好转,就重返工作岗位继续工作。同事们见他那么勤奋自学,劝他安心休养,注意不要再把身体搞垮了。他却说:“一个人总不应该为活着而活着,我所以这样耐心养病,就是为了做准备,在将来能更好地为党为人民工作。”他卧床七年,用残疾的手写着一本又一本厚厚的学习笔记,还经常拖着沉重的身躯到教室了解教学情况,编写教材,向青年教师讲课。直至生命垂危,被送入医院检查,才发现他的脚里尚有许多细小的弹片嵌在脚骨内,无怪他行走起来不仅感到双脚沉重无力,且有压痛的感觉。还发现那两个曾被国民党匪军踢打受伤的肾脏,由于长期发炎都已肿大,肾功能已经丧失。至 1963 年 2 月 9 日,他走完了人生的最后旅程,与世长辞,享年仅 34 岁。噩耗传出,江苏师范学院师生无比哀恸,全院上下为他召开了隆重的追悼大会,师生们流着泪花向他告别。鉴于他是把自己年轻的生命无私地奉献给了人民的事业,经江苏省人民政府审定为烈士,将他安葬在苏州横山陵园。

何福源同志的一生是短暂的一生，但又是光辉的一生。他无愧于共产党员的光荣称号，是党和人民的好儿子。苏州烈士纪念馆中辟有介绍他生平的陈列窗，还备有录音带介绍他的事迹，用以激励人们，踏着烈士们的足印，为把我国建设成为富强、民主、文明的社会主义现代化国家而奋勇前进。

1991 年 8 月于上海

后　记

李干（亦发）同志撰写的《何福源烈士传略》（征求意见稿）发出以后，先后收到了何福源同志的爱人、原苏州东吴大学同学王瑞莲，胞弟谢华（何寿源），同学沈剑涵、胡乃、俞仁良以及何福源同志在原麦伦中学时的同学朱宗正、奚祥德等人的来信及走访时提供的材料。现根据这些同志提出的宝贵意见，对“征求意见稿”作部分修改、补充，形成本文。本文将送江苏省镇江市党史办，作为该办公室计划出版“城市秘密工作”专辑所列篇目中的一个材料。

谨对关心、支持《传略》撰写和修改工作的所有同学、战友表示衷心感谢！

章腾文 1991 年 10 月于镇江

忆黎绍良

石圭林

我与绍良同志结为终身伴侣已超越半个世纪。在半个多世纪中,他坚定的革命意志和高尚的革命品德,一直感染着我,激励我在革命道路上奋勇向前。

绍良同志的青少年时代,中国正处在民族危亡、反动统治极其黑暗的年代,也是我们党领导的中国革命斗争最艰难的时期。在党的教育指引下,为了中华民族的独立和解放,为了实现美好的共产主义理想,他在东吴大学读书时,就和刘济钧、陈立复等同学参加了学校里的进步组织"海燕社",争取民族解放,讨论如何投入到学生爱国运动中去等问题。

抗战胜利后,他积极参加地下党领导的学生运动、反内战运动。1946 年,在学运中经刘济钧同学介绍加入了中国共产党,成为一名光荣的共产主义战士,开始了他为革命战斗终身的历程。

入党后,组织关系当即转到市学联,在学联从事统战联络部门的工作。1947 年毕业后,在上海海关接受党的任务,进行地下斗争。同时与胞弟黎绍端开办"黄河书店",主要任务是秘密发行进步书刊,其中有香港出版的党的刊物《群众杂志》,该刊物通过在邮局工作的地下党员唐弢的关系,以"留局待领"的邮件为名,从香港发运到上海邮局,再由唐弢通知绍良、绍端兄弟前往领取,然后秘密销售。每期 1 000 册,从中送给地下党学委 10 册。兄弟两人冒着极大的风险,为党团结群众、宣传进步思想和传递信息长达一年之久,结果还是被特务跟踪,于是立即采取措施停止发行,随之"黄河书店"停业。

解放后,绍良被派往上海市军事管制委员会参加接管工作。完成接管工作后,派到市外贸局、市计委工作。他党性较强,政策水平也较高,工作踏实,能团结同志,每个阶段都是很出色地完成组织交办的各项任务。

1960 年,因工作需要,绍良被调往广州军区,肩负党的使命,外派从事对敌斗争工作。

十年浩劫期间,绍良受到严重迫害,被非法关进广东监狱 25 个月,与家庭完全失去联系。在监牢里身无分文,衣无替换,没被褥被单,没肥皂草纸,没牙膏牙刷,总之一无所有。垫的是稻草,盖的是报纸,身心受到极大的折磨和摧残。这些他本人从来不提,还是从他铁窗难友处得知的。在极其冤屈、恶劣的困境中,绍良十分坚强,他坚信党和党的政策,再次经受住了严峻的考验。

"文革"结束后,绍良得到平反,恢复名誉,调回上海,与分居 18 年的家人重新团聚。对于过去非常人能忍受的生活,非常人能经受的磨难和考验,他都挺住了,对家人,对妻子,对所有的亲朋好友、同学、同事,从来没有流露过委屈抱怨情绪。每逢有人问及他的痛苦遭遇，他总是说：“俱往矣，能活下来，就是最大的幸福。”

1986年绍良离休后，长期担任离休支部书记，积极为离休老干部服务，当时单位未建老干部活动室，很长一个阶段，离休干部组织生活都是安排在我们家过的，至今有的老同志说起那段生活还倍感温暖。绍良同时在东吴大学校友会和上海老干部集邮协会任劳任怨地开展工作。在社区他关心六位孤老，问寒问暖，送衣送钱，连续20余年请孤老们吃年夜饭，使孤老们感激万分。特别是他很关心老年人的晚景，经常轮流上老干部、老校友以及孤老们家中探望。我见他体力日渐衰退，提醒他要重视自己的健康，他的回答是：自己有困难自己克服，别人的困难要尽力帮助。他一生做到急他人所急、想他人所想，不考虑自己的利害得失。

我与绍良相濡以沫，互敬互爱，互相尊重，从未发生过争论和不愉快的事，他对我关心爱护备至，他既是我的伴侣，也是我的良师。“文革”中，因受牵连，我身处逆境，他在何方我全然不知，造反司令部曾反复勒令我与绍良脱离关系，我不曾彷徨，不曾动摇过我对绍良的信任，我始终认为他对党无限忠贞，对家庭极其负责，他是一位完全可以信任的好党员，一位终身值得信赖的好丈夫。

绍良同志革命立场坚定，使我深深感动。他对同学、同志、同事、亲戚、朋友热情、诚恳、和蔼、谦虚，他一贯看别人的长处多，不背后议论别人的短处，帮助别人解决困难的事情多，做过之后别人不可能从他口中得知，而只能从接受他帮助过的人那里才知道。他的思想、修养、品德使我深为敬佩，他的高尚的革命情操使我深受教育，他的一生为人是我永远学习的榜样。

2009年

解放前在东吴法学院学习时两件事情的回忆

法学院51届　浦增元

一、《东吴生活》被封闭，进步同学被捕

1948年5月，东吴大学法学院第一次普选产生的学生自治会诞生了。在5月24日全院庆祝大会上分发了学生自治会学术股编印的第一期《东吴生活》。学术股接着举办了一系列座谈会，主题有"反对美国扶植日本"、"今日知识分子应走的道路"、"学生·学校·社会"、"宪法与人权保障"等。"宪法与人权保障"座谈会邀请著名律师、爱国民主人士史良（新中国成立后首任司法部长）参加，给我印象更深，座谈会上不少发言曾摘载于《东吴生活》。我那时还参加过其他一些进步活动，如为悼念浙江大学学生会主席于子三被害而佩戴着黄花停课，为反饥饿、反内战而游行示威等。东吴同学能够享受到一丝民主自由的新风，内心比盛夏的骄阳还热。不料刹那间逆风乍起，正在蓬勃发展的学生运动备受摧残，学生自治会被解散，《东吴生活》被封闭，国民党"特刑庭"乱抓人，东吴法学院也有几名进步同学被捕，其中包括同我比较熟悉的，特别是学生自治会学术股负责人骆家骐。我在他被捕前两天还去看过他，同他一起商讨如何在经济困难的情况下进一步办好《东吴生活》等问题。他是一个孜孜不倦、非常热情和能干的学生干部。由于我保存着一套完整的《东吴生活》（包括停刊前的六期和解放后复刊的五期），前些年他曾向我借去复印。这是见证东吴法学院学生运动的珍贵史料。

二、史霄雯同学遇难

我1947年考入东吴法学院时，由于家境清寒，曾经半工半读。1948年申请得到青树奖学金。这个奖学金由资本家章荣初资助，各大学都有名额。得奖的学生组成青树同学会，由交通大学化学系学生史霄雯担任总干事。他除了负责交大学生自治会学术股的工作外，还在青树同学会成员家中举办各种活动，使我们这些获得奖学金的同学深感肩负重任，要不辜负这个时代，必须参加生气蓬勃的学生运动。我当时具体负责了《青树通讯》的编印工作，并把自己的部分藏书捐献给同学会图书馆。

1949年4月26日，国民党反动派在交大下毒手，逮捕了一批进步学生，史霄雯在"黑名单"中名列前茅。当时他机智地藏身厕所，避开了这场浩劫，可是两天以后被一个特务同学在电车中用手枪逼走了。被捕后，他备受酷刑，坚贞不屈，5月21日与交大另一位同学穆汉祥一起被杀害在闸北宋公园内（宋公园当时是国民党的刑场，因有1913年被暗杀的宋教仁的墓在内，改名宋公园，解放后经市政府扩建，改名闸北公园）。我接着在青树

同学会整理了史霄雯的遗作，有关方面随即在宋公园内挖掘出了史、穆二烈士的遗体，6月5日举行了史霄雯、穆汉祥烈士的殡葬仪式。队伍从上海殡仪馆灵堂出发，游行三小时，绕道至交大校园举行追悼会和葬礼。史、穆二烈士的灵柩在解放军乐队高奏的《国际歌》乐曲中徐徐葬入墓穴。在追悼会上，中国新民主主义青年团上海市工作委员会书记张本讲话，其中有一句"党员与非党员的血流在一起"给我的印象特别深刻。因为史霄雯就义时并不是共产党员，而且他还参加过"三青团"，走过一段曲折的道路。然而一旦有了正确的方向，能为真理而斗争，以至献出自己的生命，视死如归，怎不令人敬仰！只是他们没有亲眼看到上海的解放(5月27日上海解放)，更没有看到新中国的诞生，就过早地离开了我们。今天在交大的校园里矗立着的"史霄雯穆汉祥二烈士之墓"的墓碑上，有当时上海市长陈毅的题词。我有时去交大还要亲临凭吊。60年前的往事历历在目，值得怀念。

五月的回忆

文学系 47 届　申高山

“团结就是力量……这力量是铁……这力量是钢……向着法西斯开火……”愤怒的吼声，响彻交通大学校园的夜空。

1947 年春天，国民党反动派撕破和谈伪装，借助美帝国主义反动势力，向解放区发动全面进攻——反人民的内战。在蒋管区，搜刮民脂民膏，镇压民主运动，一片白色恐怖，祖国处在存亡危急关头。爱国的青年学生，在地下党领导下，开展和平民主运动，响亮地提出“反对内战要和平”、“反对独裁要民主”、“反饥饿向炮口要饭吃……”等口号。

就是这个不寻常的春天，上海交大学生自己开火车去南京请愿。南京大学生也集会游行，反动派屠刀指向学生，制造了震惊中外的“五二〇”惨案。上海学生在地下党、“学联”的领导下，开展了声势浩大的声援运动。

5 月末的一天，我接到朱良同志交给我的一个特急任务，两天内要印好 10 万张传单——上海学生告全市人民书。上海学联领导正在筹划一次全市性的大行动，一定要按时完成这一宣传传单的印刷任务，限时交卷。朱良同志只交给我一个简单的信息：“去文汇报社找宣乡同志。”

在外滩文汇报社的一个简陋的办公室，我找到了宣乡同志。他高高的身材，在深度近视镜的深处，流露出同情而又焦急的目光。根据当时文汇报的处境和设备条件，在这样短促的时间内，要完成 10 万份传单的印刷是有困难的。他介绍我到一个可靠的印刷厂去联系。我记得在闸北区一个老式里弄里，找到了印刷厂的同志。两个师傅看了传单稿子，简单地商量了一下，就说：“我们想办法，工人学生是一家嘛！”那种对学生同情，对反动派憎恨的正义感，深深地感动着我。他们两人立即去排字拼版，但他们的印刷机器一天内要印完 10 万张是不可能的。接着，他们介绍去联合晚报社印刷。联合晚报社是轮转机，设备好，而且晚报下午三时左右即可落版，接着印 10 万张传单，一二个小时即可完成，时间有保证。两位师傅还补充一句：“都是自己人……放心好了。”

第二天下午 6 时左右，我早已准备好一辆出租车，在联合晚报社门口，将数十包印刷品（包装成讲义印刷品）尽快装上车，从江西路延安路口，驱车直奔西区交大，车在暮色中疾速飞驰，我期待着胜利在望的喜悦。

“快！车子一直进去，停在文治堂门口，有人接应。”朱良同志早已等候在校门口，这时我才意识到校门口的情况反常：学生纠察队数十人注视着进出的车辆行人，气氛十分紧张。后来知道，反动派军警已包围交大，“飞行堡垒”就在校门两侧停着，他们准备下手啦！

学联代表和交大同学正在文治堂开会，具体安排明天的行动。

“特务冲进来啦！特务打人啦……”在校园的西北角，30 多个特务拆了一个篱笆洞钻了进来，冲向文治堂会场，企图冲散会议。他们手持木棍，见人就打。

其实他们大门进不来，只能偷偷摸摸钻篱笆洞。

“快！动员同学，目标文治堂，把特务赶出校门，保卫学生代表……”不知谁在高声喊着，现场指挥着。紧接着“铛铛铛……铛铛铛……”，校园的钟声大作，急促而又有力的回响在夜空，徐维诚同志和我们几个，直奔交大学生宿舍，动员大家立即去文治堂前校园广场集合。

“团结就是力量”的歌声越来越响亮，人越集越多，把文治堂团团围住，几十个特务被围在门前的人圈中。“狗特务打人，砸烂他们的狗头……狗特务滚出去！！”

同学们的歌声、口号声，愤怒的激情，使特务闻风丧胆。

“狗特务从狗洞里钻进来，把他们从狗洞里赶出去……”特务丢掉木棍，活像丧家犬，缩成一团夹着尾巴往后退，人群随着愤怒的喊声往前赶，一直把他们全部赶出篱笆洞。

“我们胜利了……”交大是坚强的民主堡垒。

解放后，有过一部电影《保密局的枪声》，其中一个场面，描写学生与反动军警斗争的事，我想就是上面所述我亲身经历的 1947 年不平凡的 5 月在交大发生的一幕的艺术再现。

追忆张瑚班长和“海燕社”

经济系47届 刘济均

上海沦陷，东吴大学、之江大学、圣约翰大学、沪江大学四所学校留沪的教职工联合举办华东联合大学。1943年9月，我进入华东联大经济系，系主任蒋嘉祥是原东吴大学的教授。

张瑚和我同是一年级的同学，我们同坐一课桌，他的功课门门都是五分，待人亲切，关心班级工作，被大家选为班长。

那时上课借用爱文义路（现北京西路南汇路口）的民房，与正养中学共用教室。没有活动场所，到上课时候进教室，下课就离开，同学很少有交流的时间。张瑚能抓紧时间，交流听课笔记，听取课程意见，集中反映给老师和系主任。还组织印同学通讯录，出版班刊《热风》，组织大家投稿，刻蜡纸、油印，每学期出一期。同学们都感到他是一个热心的好班长。张瑚住在他姐姐家，姐夫钱瘦铁是有名的画家，住在辣斐德路（现复兴中路）、马思南路（现思南路）附近的一幢花园洋房。张瑚好客，邀我们到他家去喝茶，有时也遇到他中学的同学，有比较法学院（东吴法学院）的孙杭，华东联大教育系的沈延羲（又名沈子复），美术专科学校的翁逸之。那时上海是沦陷区，同学们深感国家危亡的威胁，深深忧虑国家民族的命运，迫切探求救亡的道路和方向，关心时局。大家在一起自然经常谈论、探讨、交流。在这基础上，大家感到应正式组织一个座谈会，扩大一些人参加，集思广益。

第一次座谈会由孙杭召集，借孙杭父亲办的一所在南阳路的女中进行，由孙杭主讲，主要介绍儒家哲学思想，并建议命名座谈会为“论进社”。由于大多数人不赞成，第二次由张瑚主讲高尔基的文学名著《海燕》诗。海燕与大海搏斗的激情使大家深受鼓舞，大家同意座谈会冠名为“海燕社”。孙杭由于观点不合，逐步淡出。集会地点改在沈延羲教书的一所学校，以后相继座谈过费边学派、亚当·斯密原富主义学派、凯恩斯与罗斯福新政、费尔巴哈唯物论、黑格尔辩证法、马克思资本论，有时也谈抗日战争、苏德战场、太平洋战场形势，参加人员也逐步扩大，东吴大学的有陈立复、金明运、黎绍良，圣约翰大学有郭逢三、成幼殊，沈延羲的弟弟沈延成、金昀远的弟弟金声远、沈延羲的朋友曹美全，每次参加的有十人左右。

参加海燕社的活动，扩大了眼界，增强了学习社会科学、文学、历史知识的兴趣，激发了阅读有关书籍的愿望，但大家感到买书困难。于是，张瑚、沈延羲商量，决定开一个旧书店，大家把自己的书拿出来作为投资，还可向社会收购一些书，书店开在钱瘦铁住处沿马路的汽车间内，定名为“海燕旧书店”。一部分不便公开的进步书籍存放在住房室内，这样增加了交换书籍，满足了大家阅读的期望。

1945 年夏，钱瘦铁告诉张瑚，旧书店已引起日本人的注意，有人调查书店情况。为避免发生意外，书店停业。张瑚听从大家意见，离开上海去了抗日根据地，从此失去联系。海燕社也缩小范围，仅少数人在家中聚聚。日本投降后也就各自参加各学校的学生运动了。

“文化大革命”结束，曾偶然遇到钱瘦铁的侄子，据说张瑚进了抗日战争根据地，在皖西敌后。解放战争中，大军过江后，随部队进了福建后留在厦门，任厦门大学党委宣传部长，在“文革”中受到冲击，遭批斗。据说已经在运动中去世。英年早逝，非常可惜。

张瑚同学是一个有作为的青年，有一片爱国热情，一心追求进步，探索正确道路和方向，努力学习理论，不断提高思想认识，热情待人，诚心诚意为大家服务，为国家、民族不怕牺牲，积极贡献。这样的有志青年没有能在祖国社会主义建设中发挥更大的作用，实在太可惜了！

东吴法学院 49 届毕业生的桑榆生涯

法律系 49 届　史凤美

艰难的青春时代

抗战爆发后，沦陷区高校纷纷内迁云、贵、川各地办校施教，清华、北大、南开等名校因陋就简在昆明成立了“西南联大”，上海的私立大学也不落后，如大夏大学迁到贵州。部分无法入川的教授，在沦陷后的上海，坚持联合并改名办校，胜利后回归。东吴、沪江内迁后合组联合大学，1944 年在重庆开办夜大学招生。东吴大学办法律系（习惯称东吴法科），开办夜校是东吴传统，学制五年。当年东吴法律系聘请的教师，多为著名企业的从业者，只能利用晚间兼职授课，而学生多来自有上进心的社会青年。

我们法学院 49 届毕业生于 1945 年在重庆入学。当时东吴法律系借用了重庆都邮街附近一所小学校授课，学校与一电影院为邻。晚上上课时，正好也是电影上映时间，电影中的对话和音乐从电影院传出，产生极大的干扰，但是很少见有逃课去影院者。

重庆是座山城，马路都是上坡下坡，都邮街地处市中心，学生如居嘉陵江南岸前往上课，需搭过江轮渡；如居北端，从曾家岩等处赶赴学校，行走需一小时左右。山城交通落后，为赶去上课只好匆匆就食，有时还饿着肚子。赶时间去上课只有靠步行，雨雾天、泥泞路，其苦难言。

1945 年日本投降，东吴学子东下上海或其他地方，多数在 1946 年 1、2 月间到达上海，去学校报到，法律系的上课地点先在西藏路慕尔堂二三楼，以后搬到昆山路。

又苦读四年，时为解放战争时期，有正义感的同学有的参加了地下组织反对国民党反动统治，也有的参加解放军南下。1949 年 5 月，修满五年领到法学士文凭的只有少数人。

49 届东吴法律系学生毕业后的工作去向，原来有工作单位的固无需安排，其他的人则按当时形势需要走上不同岗位，分别去了近十个省市，大部分进入了文教、商贸系统。

昔日班长，今天领军

49 届乙班从一年级起班长是江德康，今已 84 高龄，一直为同窗们辛勤服务，数十年如一日。

江德康是上海市第一商业局的党员干部，1985 年 60 岁退休后，即被一外贸公司聘用，频繁地参与境内外召开的贸易洽谈会。1990 年被聘为珠海的贸易代表，1993 年被聘为上海某外贸公司的外贸实务指导。1992 年当他得悉上海东吴大学校友会批准成立，旋即设法开展活动，联系了在各地及上海的同窗，作为代表与上海校友会挂钩，从此成为49届团队领军，为同窗校友联系，成为他生活中日常事务之一。江德康广事收集，以《敝帚自珍》题名编辑了三期班刊发送给同窗。“敝帚”是比喻，以小人物为定位，“自珍”却包含了“养正气、法完人”的校训教诲，以资互勉激励。他与在沪同学们过生日、参加聚会，也常去上海同学家作家访，对患病同学关怀备至，对同学们的生日他从不遗忘，以其善于舞笔书画之长，为他们送去自制精美贺卡或条幅。一位85岁同学收到的珍贵寿礼，是一幅红底用金粉缮写的百寿条幅，情深意厚感人肺腑。

对于师长，49届学生有深厚的尊师情缘。法学院院长盛振为是东吴大学资深行政领导，自30年代起历任东吴大学法学院教授、教务长、代理院长和院长等职，培育出了不少精英人才。他后来受了不公正待遇，失去人身自由。然而这没有影响师生情谊，盛师获释回家后，江德康相约两三友好同窗去探访。1987年老院长90高龄过生日时，49届学子集体前往他家祝贺，并抒诗敬贺，充分道出了恩师高贵的品德：

法学开先河，育才桃李多，
谢师雨露恩，同颂期颐歌。
荣华不解愁，育才呈风流，
无意论是非，情深在法囿。

一捆创多彩人生的“敝帚”

1949届法律系学子多出生于20世纪20年代。改革开放之后，他们进入花甲甚至古稀之年，且多在平凡的工作岗位上退休。但是他们的理想抱负未失，事业创造心不泯，追求体现人生价值之念切切，一意以行动践行之。

汪维扬，曾在法院工作，1957年“反右”时遭受了22年不公正对待。平反之后，从劳改地调至上海高级法院工作，退休后定居杭州。1981年参加了杭州长征业余学校筹建工作，后出任校函授部专职副主任。1989年，学校升格为长征财经进修学院，专任经济法及财政金融教师，编写了《经济法讲义》等教材。

骆家骐，原在银行工作。离休后受聘于上海市法学会主办的“振兴比较法进修学院”，从事教务工作十余年。其间他被推选为虹口区民革法制工作委员会委员，由他撰写的反垄断、反倾销等提案15件被政府采用，并已制订相关法律。

周柏金，大学毕业考入上海中国保险公司。1950年公司总部迁北京，后又因保险业务撤销，被调往财政部。“大跃进”时下放锻炼，后又去新疆支边，筹建新疆外贸运输公司，组织土产运往苏联，抵偿抗美援朝时所欠苏联的债务。1978年退休，落叶归根回江南。1984年受聘南通市司法局，筹建南通市对外经济律师事务所，聘为特约律师，工作8年。

徐俊民，从上海社会科学院研究岗位退下后，执掌律师工作。

高志宽，出任广西壮族自治区梧州人民法院民庭庭长。退休后任数家公司的法律顾问。

此外，在文化宣传部门服务的49届学子，也体现人生的不同价值。

黎树棠，是资深新闻工作者，取得法学士文凭后即独自赴香港，毫无背景进了《文汇报》馆，从一般工作人员到担任要闻科主任。他爱国爱港，香港回归前后，他进行了许多回归的宣传报道。退休后笔耕不辍，担任好几家报章杂志的特约编辑。

毕世明，1990 年 65 岁时从国家文史委员会常务副主任岗位上退下来，为原单位续聘，任编审，又工作 5 年，同时担任《体育文史》杂志主编，还担任了几个体育社团的理事，编写了一些体育史方面的文章，1997 年才离休。

史凤美，1949 年入京，进入中央外资企业局工作后，调中侨委华侨投资辅导委员会，参加调研工作。她是《华侨使用国有的荒山荒地条例》、《华侨投资于国营的华侨投资公司优待办法》、《凭侨汇证供应物资的办法》的始作俑者之一。1961 年调中国新闻社为专稿编辑，“文革”期间在“五七”干校。1973 年下放，重新分配在江苏南通医学院做资料工作。她体弱多病，接受过十次大小手术。退休后笔耕不辍。2003 年 83 岁时，还编写了《东吴校训，召唤学子》，刊于香港《地平线》月刊（见《东吴会讯》总 36 期）。

在人民教师岗位上耕耘的多位学子，也多有感人事迹。

何志德，曾罄资办小学，后移交给区教育局。1982 退休后，受大庆教育学院之聘，负责小学语文教育工作，两年时间走遍八个采油区，对教育设施等问题提出改进意见。1984 年从大庆返沪后，在民革爱国教育社等单位发挥余热，借他平时在气功方面学有心得，先后趁赴日本、美国探亲之便，传授气功并为华人治病。

戴镳纯，1983 年在上海大场中学退休，应聘新疆独山子一中任教高中英语，后又在国家海洋局上海办事处充当译员。他法情不断，1997 年还应金融法研究会之约，写了《稳步发展沪台金融合作的前景与法律基础》一文。

顾其公，退休后曾先后在无锡轻工职大及仪表局科技英语进修班教授英语，在中国国际贸易促进会等外贸业务单位发挥余热达 11 年之久。

在金融系统服务的有周中汉和李家安，李家安在民主党派机关发挥余热，任南京市民革第二支部主任委员，任职期间积极参政议政，数次被评为民革先进个人。

东吴法律系末届桑榆生涯中各人的表现和追求，推动力来自何方？是母校东吴校训的教导。

京沪学人的世纪悲情

沙　林

他们不得不"继绝世,举逸民"。薛波说:我们必须请出老先生,我们可以创作,我们有这个权利,因为我们编词典。但我们创造之后读者能不能接受?什么人能定夺?必须很有学养、很有道义的人去定夺。我们中国人曾经对英美法研究达到的那个高度,我们不想叫它倒退。

但是,东吴的老人在哪里?"半个世纪的波澜把他们冲到四处流散"。

东吴大学——1900 年美国田纳西大学在苏州、上海建的分校,1952 年与圣约翰、金陵、沪江、燕京等 13 所教会学校一起烟消云散。它的法学院曾在中国名盛一时,毕业学子为沿海大城市法律、政府各部门所重用,律师界尤为看重,曾有"南东吴北朝阳"之称——当时东吴"出产"大律师,北京朝阳大学多走出大法官,朝阳后来也无踪无影。

海峡两岸的许多名人出自东吴法学院或曾在其中任教者,计有雷洁琼、费孝通、赵朴初、梅汝璈、李浩培、杨铁梁、金庸等。有意思的是,台湾几届司法部长都是东吴学人,王宠惠即是其一,他把世界两大法典之一的德国民法典译成英文,被美国人认为是世界上译得最好的英文版。他的下任查良鉴也出自东吴法学院,他没有其弟的侠肠义胆去走武侠一路。

那个世纪的某些时候,东吴学人在中国显得极其珍贵——使用英美法程序的东京审判是他们荣耀的时刻。当时偌大的中国很少有人能担当起我们这个受难的民族讨伐元凶的角色。国民党上层十分着急,蒋介石点名从东吴找人。结果应了"养兵千日,用兵一时"这话,世纪之初建校的东吴,40 年代方显出非她莫属的气概——去东京的中国法官、检察官大都来自这所大学法学院。

50 年后,他们已是垂垂老者,但仍为国家倚重。90 年代香港法的审校多出自他们之手,那些英文的,过去他们熟悉的东西,今人很少知晓。老人们在自己的小屋里挣扎着看稿,而且不要一分钱,国务院的嘉奖来了,他们也仅仅一笑。

在几十年的运动中,他们风雨飘摇,是最无助的人,竟得以高寿而且内心保留了天真和感激。打倒"四人帮"后,在一次聚会上,许德珩先生环顾左右的七残八老道:法律界深受折磨,比文艺界更甚,但他们都沉默不语,外人不知道罢了。1949 年后,他们留在大陆的有的成了劳改犯,大都改了行,如去做英语教师,只有少数人有幸做本专业工作,其中有倪征日奥。50 年代初正做俄语老师的他,由周总理亲调北京任外交部顾问,海牙国际法庭恢复我国席位后,英语纯熟的他不得不以 85 岁高龄就任该院法官,一直干到 91 岁。接替他的李浩培也是东吴大学的,他在海牙国际法庭任上逝世,享年 91 岁。

并不是他们非要挣这十万美元的年薪，而是能够在那种环境中以学养和经验应付自如者就那么几个人。

东吴人与《英美法词典》有很深的渊源。40 年代，东吴法学院教务长鄂森组织潘汉典等四位学生打算做一本这样的词典。但战火连天，他们开一次会还要躲到租借地，于是他不得不作罢，以后谁也不做这个梦了。最初的动议者鄂森结局很惨，大概死在监狱中。当年他可是风流倜傥，业余兼律师，铁嘴利舌，钱赚得不少，开着私人汽车到处交游。他出资赞助成立华东足球会，还是一位热心票友，唱京剧老生。他心慈性善，对人宽厚，经常接济人。解放后，因他"拜过老头子"入狱，"文革"后期，因他家有老母，经济困难，东吴一些校友凑些钱送去，谁也不会忘记他当时的慷慨和宽厚。

《英美法词典》把东吴的人聚合在一起，香港大法官杨铁梁是《英美法词典》的顾问，与他同班同学的余振龙也是顾问。余是上海社科院法学所的老人，80 年代初就以与人编著《国外法学译丛》闻名法学界，东吴之兴废皆在他眼里。他说，东吴法学院出过学界名人，也出过一些花花公子，那是有钱人送来的子弟，旨在镀一下金，他知道谁有真本事，因此为北京的编辑组推荐精英，出力不小。

他说你知道蔡晋吗，88 岁，满腹经纶，解放前做过民政厅长，可是以后 40 年在一个中学教英语，一直到退休。退休后到了上海社科院法学所，重又接触法学，他很兴奋。他走很远的路去上班，没有工资，只有月票补贴，开始是 4 元钱，年复一年，一直拿到了 25 元。

这个蔡晋使后生薛波那经过"文革"后期冷酷岁月磨得"油"和"硬"的心震动不小。他说，我们没有钱，中秋节只能给每个老人寄一只月饼和一张荣誉证书。他们收到了，蔡老人给我回了信。

"他的小电视机绝对没有 14 英寸大，我们去时正开着，才知道是黑白的。"薛波回忆起给蔡先生送稿子："后来我们才知道，老先生眼睛不行了，头昏，那密密麻麻的英文字母实在难为他了，但不好意思拒绝我们。他悄悄求了好几个人，想让他们干，但没有成功，就又自己干了起来。那实在是煎熬自己，现在的年轻学人绝对不会这样，随便找个理由就可以把活推还我们。他不提这事，把译好的稿件寄来，那是怎样的活计啊！细细密密，清清楚楚。"

关键是，一开始大家都知道，干这活是没有钱的，只落个空名，但这个名对一个 90 岁老人有什么用？可他还是干得那么仔细，别人搞得一塌糊涂的东西，到他手里就变得有条有理。

50 年来，他和老伴住在新闸路一里弄的底层小间，一直到有一天，老伴走了，只剩下他一人独守小黑屋，一人窸窸窣窣弄点吃的。有时他到外面买一碗馄饨，买一只饼，一个中学退休教师的工资只能如此。

过去他身体硬朗，一年四季冷水洗身，近两年他受不了了，只能用烫婆子里的凉水擦擦。终于，他再也挤不动车了，告别了法学所，不再拿 5 元的月票补贴了。

他用最后一点余力干完了比他小 60 岁的北京小伙交给他的活计。

"我和潘先生到上海请东吴老人们,竟然没人知道卢峻,中国仅有的几个哈佛法学博士之一,前中央大学法学院院长。"薛波感慨之至:我们只能到图书馆里找到灰尘落满的书,这是卢峻写的?竟然写出这样的书?这是他躺在床上在度最后的岁月。屋子很热,空调都买不起,相依为命的女儿前几天才买了个巴掌大的小电扇挂在床头。他不敢去医院,也买不起药,唯有母校哈佛没有忘记他,每年给他寄法律报告,请他重访母校,但他去不了了。

我走近他的床头说,世人可能会忘记了您,国家也可能忘记了您,不管什么原因,现在确确实实忘记了您,但登峰造极的学问您做到了,把中国人的脸露足您也做到了。所以您务必要参加我们的工作,这是年轻一代的真诚,也是社会的真诚。如果这种真诚没有通过政府传递给您,您记住,我们是年轻一代,我把我的真诚以及背后许许多多年轻学人的真诚通过我的嘴传给您。你不但是一个时代的象征,也是一段历史的象征。我们今天这个项目,想以此为载体,表明中国人对英美法的研究,包括对知识的研究,对人性自身的挑战曾达到了相当的高度,我们也只能仰目,必须把您的名字写到我们书上,把你们的历史用我们的书告之世人。

泪水在我和他的眼里转,他紧紧抓住我的手,通过他颤动的嘴唇我知道,他说我答应。

他说你跟我女儿联系好,如果我不行了别把稿子丢了……

另一个90老人周枏的家也令人难忘。走上黑漆漆的工人居住区南昌路某号一个小阁楼,一个小老头正要关灯……他颤颤巍巍,声细如蚊,说我就是。谁能想到这就是享誉海内外、中国目前唯一研究罗马法的老学者周枏!就是20世纪30年代胡适在中国公学最后一个得意门生、比利时鲁汶大学博士、30年代始写《罗马法原论》、兼厦门大学法律系主任的周枏。

解放后他被遣到青海师范学院图书馆,70年代末被安徽大学收留了,重返教坛。

当初整栋楼都是他家的,现在只有十几平方米的小阁楼,一个破黑白电视,一个破冰箱,我说你怎么不去找找领导,这房子……他连说不要的,不要的……商务印书馆馆庆,他说他也参加了,还给了一本书呢!那个眼里放着特别满足的光。我心里想算什么呀?54元钱一本的《现代汉语词典》!你现在请我到东京开会,我也不会激动。我们说:北京来的,他说:北京来的?竟然激动至极。他病在床上半年,手颤抖,写出的字已经无法辨认,由81岁老伴誊抄后交用。他把上下两册《罗马法原论》稿酬全捐给了商务印书馆。他老伴说:周老每当有人找他干事总觉得很光荣……一个89岁的老人,得了帕金森症,一只眼睛看不见!潘老师有些哽咽,说你看看,你看看。

我们去的当天夜里,周老激动得一夜没睡着,第二天昏迷了。醒来抱着脑袋强看了两行稿子。第三天我们去了,他抓着我的手微弱地说:对不起同学,我确实看不了稿子!我说您就看几个条目就行了,我们把您的名字列上。他说做就是做了,没做就是没做,否则对不起将来的读者。

回来后我跟司法部的处长,同是研究罗马法的专家黄风说,您每年至少去一次意大利吧?出国不计其数,该风光的都风光了,包括我,想去哪就去哪。可您知道周先生什么样子吗？您作为他的继承者，知道周先生的情况吗？我说了上海的情况后，黄风足足两三分钟没有说话。后来说了一句：这就是为什么我们的学问超不过他们，我们没有他们这一辈人的品行。我们可能出现学者，但出不了大家，这不是产生英雄的时代。

外国人来了，从眼睛里看出充满了尊敬，中国的法律学术大会上周枏被所有的人簇拥在中间。黄风说：周先生对罗马法不需要看任何东西，他脑子就是词典。未来三五十年再也不会出现这样一个人物了。

所以说我们的工作已经完全超越了这个书籍。通过这个工作挖掘了一个精神宝库，看到久已失去的高风亮节。"东方时空"也好，"东方之子"也好，你采访张三李四、王二麻子，为什么不能访访这些人？

十几个东吴老人聚集在上海社科院一个小会议室，没空调，热得要死。老先生热烈得很。开完会在南市小餐厅吃了每人十元钱的盒饭，哎呦，十块钱，这些人哪一个都是重型炸弹，我们真凄惨！

上海审稿者平均年龄 84 岁，世纪末的悲哀。他们给我们做这个世纪法律的总结。

英国文化参赞戴维信到编译小屋转了一圈后，不置一词，回去后就拨来 15 000 美元。

他说："用两种概念不同的语言交际，困难重重，需要一个桥梁穿越四维时空。"

他听了那些学了他们国家法律而受难一辈子的中国老人的故事后说，这是一个悲剧。

"参与东京审判的五个中国人有三个参与我们的编辑，"薛波得意地说。

当时来自东京的中国检察官办事处秘书高文彬，今年 76 岁，精通英语、日语。他与同仁一起在东京审判上经历了英美抗辩制种种紧张的较量——东京审判是无罪推定，28 个日本战犯每人配有一位日本律师、一位美国律师。美国律师都是非常有名气的，为他们的雇主辩争不遗余力。开始时中国检察官在列举证据方面不利，比同一法庭上的俄国和英国检察官差得很多，后来换上倪征日奥、高文彬他们，紧急启用外国记者、中国商人做证人，——他们曾辗转找到流落回故乡德国的拉贝，但被持基督教泛爱主义的他善意拒绝——终于使差一点逃脱死刑的坂垣征四郎和南京大屠杀元凶松井石根走向绞架。他们秘密协助中国法官梅汝璈，多次在东京召开记者招待会，要求起诉裕仁天皇，但因与麦克阿瑟意旨相悖而不成。解放后因跟他关系好的一个教师是"特嫌"，他被判在鄱阳湖劳教 27 年。80 年代初期平反。

还有一位东吴不能忘的老先生是盛振为，97 岁，20 年代美国西北大学法学博士，东吴法学院院长，一个虔诚的基督徒，曾著《证据法学》、《英美法的审判制》等多部著作。1949 年为侍奉在沪的年迈双亲，辞谢了台湾大学聘其为校长的邀请。后被打成"反革命"，历时 30 多年，理由是镇压学生运动。80 年代，其女儿找出当时报纸证明他反对镇压学生运动，遂平反。在为《英汉法律词典》工作几天后去世。

北京，潘汉典夫人接到老人去世的消息，不敢拿给丈夫看，知道他会受不了。他每年总是第一个接到老人的贺年卡，他说，哎呦，老人可是我老师的老师啊！

后来他还是知道了，因为有两个 70 多岁的上海老人给他打电话，他们在电话里泣不成声："盛先生怎么走了？50 年前在重庆，那时我们学校迁到那儿，我们还是孩子，回来晚了就爬墙。盛先生怕我们摔了，出事，就等在门房里。一次半夜一点，我们悄悄地回来，盛先生抓住我们，他说你们出来求学多不容易，被日本人赶到这里，父母不在身边，我就是你们的父母……"电话那边哭成一片。

这个词典已经编了四年了，人一拨拨离去。老人在去世，新人也要离去。词典副主编牛凤国已经考了托福，词典一成，即去美国。薛波要去哪，行踪未定，浪迹法学界……

这段经历不过是人类长河的一小朵浪花，一切的人，曾经在这个短短的人生聚会中喜怒哀乐、挣扎奋斗的人都要分手离开。

（摘自 1997 年 12 月 4 日《文学报》）

被遗忘30年的法律精英

一、一本词典引出一群老人

这是一本有史以来中国最大的英汉英美法词典，460多万字，所收词条达到4.5万多个，是日本出版的《英美法词典》的3倍。

词典的最后校样已经完成。在没有政府支持，没有经济资助，没有鲜花和掌声，甚至连正规办公室都没有的情况下，两代学人在默默无闻中历经九载寒暑的呕心沥血之作，终于接近了尾声。

国家司法部一位司长评价说："这是个很奇怪的事，一部具有国家权威的词典，却由一群无职无权无钱的学人和老人编撰，他们做了我们整个司法行政教育系统想做而做不了的事。"

这本书后面，有一群几乎被人们遗忘的老人。

这是一些响亮的名字，一些在1949年以前就已成为法学权威的前辈名宿。

盛振为　美国西北大学法学博士，东吴大学前教务长兼法学院院长；

周　枏　比利时鲁汶大学1934年法学博士；

卢　峻　美国哈佛大学1933年法学博士；

王名扬　法国巴黎大学1953年法学博士；

蔡　晋　东吴大学1933年法学士；

许之森　东吴大学1934年法学士；

卢绳祖　东吴大学1934年法学士；

徐开墅　东吴大学1940年法学士；

王毓骅　美国印第安那大学1949年法学博士；

俞伟奕　东吴大学1944年法学士；

郭念祖　东吴大学1946年法学士；

陈忠诚　东吴大学1947年法学士；

周承文　东吴大学1944年法学士；

高文彬　东吴大学1945年法学士；

……

这行名单还可以开列很长，他们几乎全是东吴大学法学院毕业生。

东吴大学法学院，1915年成立于上海，是当时中国在教授中国法之外唯一系统地讲授英美法的学院，解放前中国最著名的法学院之一。

从20世纪30年代到90年代,国际法院一共有过6位中国籍法官,从顾维钧开始,一直到1997年联合国前南国际刑事法庭法官李浩培,都是东吴法学院的教授或毕业生。

该校校史上最值得夸耀的一段是在1946年:东京审判采用的是英美法程序,由于一时找不到合适的人选,当时的国民党政府急了,最后,蒋介石点名从东吴大学要人,其结果是,中国赴远东军事法庭的法官、检察官、顾问等人,几乎全部来自该校。

然而,这些20世纪上半叶中国法学界所能奉献出来的最优秀人物,"1949年后,他们中留在大陆的却几乎都做着与法律无关的事:英语教师或者劳改犯——对师生而言,与东吴法学院的关系成了一种罪过。在1957年'反右运动'以及'文革'期间,很多校友遭到迫害。"(引自《培养中国的近代法律家——东吴法学院》,第293页,康雅信著)

这些卓有学识的才智之士,他们的后半生是怎样的?他们以及家人怎么度过那个风雨飘摇的年代?

二、他们的晚年

由于编撰词典的缘故,中国政法大学的薛波曾30多次到上海造访这些老人。

周枏,年过九旬,被当今法学界喻为"罗马法活词典"。1929年受胡适推荐,留学比利时,成为1949年前获比利时鲁汶大学博士学位的5个中国人之一。不久前,商务印书馆出版了"百年文库"丛书,作者都是王国维、胡适、陈寅恪等百年中国学术史上的名家,而周枏是丛书作者中在世的唯一一位。

如此一位法学大师,薛波怎么也没有想到,他竟生活在那样的环境里:上海南昌路282号,一栋破旧的两层小楼房。楼道阴暗,木质楼板年久失修,走上去吱吱作响,墙角到处是蜘蛛网。周枏就住在二楼一间十几平米的房子内。一台黑白电视,一个单开门冰箱,就是周楠的全部值钱家当。

50年代中期,正在最高法院西南分院工作的周枏,突然被下放到青海师范学院图书馆。从此,在距离故乡上海数千里的地方,周枏度过了20多年近乎青灯黄卷的生活。直到1980年,周枏进入安徽大学。在安大工作10年直到退休后,由于没有房子,周枏只得回到上海。现在,周枏先生又搬回了安徽女儿家,由于行动不便已坐上轮椅。而上海居所终年不见阳光,到女儿家也只是实现了户内晒晒太阳的愿望。

在哈佛大学博士卢峻先生家里,唯一的电器是一部巴掌大的电扇,12元钱买的。90多岁的卢峻一目失明,戴着用旧信封糊住边框的眼镜,蜷缩在被子里。有病了,不敢去医院,也吃不起药。谁能想到,这位早已卧床不起的清瘦老人,居然是直到去世《哈佛法学评论》都每期给他寄样刊的大学者,中国仅有的几个哈佛法学博士之一、前中央大学法学院院长。

面对另一位1944年获得东吴大学法学士的老人时,薛波发现:他上衣的五个扣子,竟然都不一样。也许,30年代曾为浙江地方法院和上海特区法院法官,1957年后执教于上海向阳中学的蔡晋先生,是晚景最为凄凉的一个。他和小儿子一家住在一起,一个小房间,竹屏风后面一张床板,很薄的被子,这就是他的卧室,里屋住孙子和孙媳妇。一个破旧奶粉罐,装着蔡晋的全部"贵重"物品。病重后的蔡晋住在上海南京西路的一家社区医院里。如果不是上海社科院某负责人为其疏通，是难以入住的。即便这样，他也只能被安置在一个封闭的阳台里。

弥留之际，薛波去医院看他，目睹了难忘的一幕：蔡先生孤独地躺在阳台一角，而另一角，恰是护工的休息处。

当《英美法词典》的编撰工作接近尾声时，蔡晋溘然长逝。陪伴蔡先生进入另一个世界的，除了他的1933年东吴大学法学证书之外，还有他亲自审订的《英美法词典》稿件，49页，被轻轻地放入他的灵柩内。

三、被改变的命运

在上海、南京、杭州，薛波走访了数十位东吴学人，几乎每个人都有一段不堪回望的过去。

盛振为，东吴大学首任华人教务长及后来的法学院院长，曾著有《证据法学》、《英美法的审判制》等。后被打成"反革命"判处在甘肃劳改10年，后因宋庆龄说情，6年后才被释放。到了80年代获平反。

高文彬，81岁，曾任远东国际军事法庭翻译、中国检察官秘书，当年他从卷帙浩繁的资料中找出了证据，将土肥原贤二、板垣征四郎这两名原可能逃脱罪责的战犯送上绞架。1952年后高先生被打成"反革命"，在鄱阳湖修大堤，一修就是28年，每天挑土几十趟，累得连早晨上工的击锣声都听不见。80年代初获得平反，有关方面要给他补偿损失，他说："我人生中最好的时光，能用钱补回来吗？"最后他没要。

俞伟奕，日寇侵占上海期间，他埋头治学，继续攻读获硕士学位。抗战胜利后从事律师和法律教育工作。1949年后，因有参加东京审判的同学留在日本美军基地工作，在历次政治运动中被斗，一度连生命都无法保全。

周承文，1969年后回老家湖州乡下做村文书。80年代末，被聘到当时的杭州大学教书，成为浙江省起草涉外法律文件的专家，"写的英文，就像报纸上印出来的一样"。曾长期住在团结户里，共用厨房卫生间，每间房只有七八平米。

王毓骅，美国印第安那大学的法学博士，在街道副食门市部工作许多年，直到80年代才到南京大学任教。

徐开墅，抗战后的东吴大学教授，1979年后，他以上海社科院无编制的特约研究人员身份，为上海的法制重建殚精竭虑。1999年去世时，一些人才知道他当了30年的中学教师。

"他们是无辜的。"2002年10月上旬的一天，在中国政法大学那间小小的词典编辑部里，《君主论》等名著的中译者——中国政法大学教授潘汉典先生对记者说。他今年81岁了，也是东吴大学毕业生中不多的从事法律教育的幸运者，他因接触苏联法律较早，幸而躲过了那场灾难。潘先生谈到动情处，甚至落泪了，为他那些受难的师长和系友。

（摘自《南方周末》2003年1月9日）

慈父般的恩师孙蕴璞先生

物理系49届　程蕴玉

孙蕴璞

孙蕴璞先生1890年生于江苏省常熟市。大约1910年到苏州东吴大学求学，毕业后留校工作，任数学老师，后升任教务主任，数年后任东吴大学苏州第一附属中学的主任（相当于中学校长）。

1937年秋，日军侵占苏州东吴校园。孙先生随即组织了一批师生到浙江南浔，找地方继续办学。以后战事扩大，威胁到杭州一带，孙先生又带领附中师生到安徽黟县继续办学。1938年春，杨永清校长等东吴大学的领导回到上海租界复校，电请孙先生等回上海，于是孙先生在该年7月带领黟县的师生们陆续来到上海，继续办学。1941年12月8日，日军侵占上海租界，东吴大学和附中都停办，此时孙蕴璞和陆季清两位领导把附中的原班人马组织起来，借静安寺锡珍女中的校舍开办了正养中学，在敌伪时期不再用东吴附中的名称。在那非常时期，学校对外事务交涉相当困难，范烟桥先生曾主动提出：我当校长吧，我不怕和日本人打交道。1945年8月，抗日战争胜利。11月，东吴大学校方派孙蕴璞、钱长本和许安之三位先生返苏州办理收回校舍，筹备招生。该年12月，东吴大学和附中按时开了课。1952年8月，全国高等学校进行院系调整后，孙先生调派到苏州市第一中学任教数学。在苏州一中时，孙先生加入中国民主促进会。1960年退休，1971年1月21日逝世，享年81岁。

孙先生育有多个子女。大儿子名梦环，二儿子名朔冀，老三是长女美成，老四是次女淑章。有了二男二女之后，认为已完成一篇文章，故老四名淑章。但过几年，又添个女儿，该庆祝一番，故名庆英；想不到以后又生两个儿子，大的名华岱，最小的儿子是在安徽黟县生的，故名华黟。以后美成、淑章、庆英也分别改名为华真、华善、华美。我小学四年级开始就常和孙淑章以及吴栎斓（吴献书先生的女儿）在一起玩；在学校里从初二到高二我和淑章一起挨着坐，我们是亲密的同学，又是好朋友。所以到她家，我总随淑章称呼她的兄弟姐妹为大哥、二哥、三姐、五妹、大弟弟和小弟弟。大哥曾在部队服役，以后转到地方工作；二哥曾在蒋纬国部下的机械化部队服役；大弟弟幼年患脑膜炎，病愈后失聪，以后在扬州某聋哑学校任校长；小弟是医生。

我高中一年级时，孙先生教我数学，他给我的印象是一位面带笑容、从不急躁、和蔼可亲的老师。他总是不慌不忙地讲课，即使我们被叫上黑板做算题，他也不让学生感到慌张。他又是一位很能干的长者。他比我父亲还年长六七岁。1937 年秋以前，孙先生是苏州东吴附中的主任，我父亲是附中的教员。那时我还是个孩子，经常听到父亲夸孙先生办事能干。

1942 年 4 月，父亲已病得无法再执教时，我们全家回到了常州乡下的老家，住在外婆家（外婆早年守寡，仅生我母亲一个女儿。她的生活本来就不充裕）。当年 8 月，我的一个堂姨病故，我父亲哭得极为伤心。其实他伤心的是看到自己已无法康复，为妻儿的未来揪心——我高中没毕业，弟弟才小学四年级，母亲是家庭主妇，从未出外工作过。那时他知道自己已病入膏肓，但是神志很清醒。几天后他嘱我拿来纸和笔，他口述由我笔录下致杨永清校长和孙蕴璞主任的遗书。主要内容是：要求东吴的领导能给予我和弟弟学习的机会。当时因为杨校长在美国，这信就寄给了孙先生。该年 9 月，父亲去世，他的棺木钱还是用正养中学全体教师的捐款来偿付的。

1942 年底，孙先生从正养中学来信嘱我第二年春节后到上海复学，读高中三年级春季班。正养中学免了我的学杂费，许安之先生回美国时给我留下了伙食钱。此外，孙先生等校领导与上海卫理公会的谢颂三牧师和师母商量为我解决了住宿问题。从 1943 年 2 月中旬直到 8 月底，高三春季班不间断地上课，因此到 8 月底，同学们通过紧张认真的学习，终于完成了高中三年级的全部课程，我当然也取得了高中毕业的文凭。

我学习的事刚结束，9 月 2 日，孙蕴璞先生又亲自领我去上海万化制炼厂会见厂领导陈调甫经理。陈经理也是东吴大学毕业的，他同意把我留下，但再三说明他们厂从来不收女的当学徒或练习生，是孙先生的面子才收下。又说明晚间必须在办公室搭地铺睡觉。由此可见孙先生又不知花了多少口舌，为我能自立生活下了多少功夫。

当我在万化制炼厂工作的某天，孙先生来找我要和我商量一件事，他告诉我：东吴大学部规定，在东吴附中毕业的前三名，上大学可免交学费，我的同班同学 × × ×（已忘了姓名）得了第四名，而我是第三名。这位同学家境较清寒，又想念大学，孙先生问可否将这个第三名的名额让给他。我当然同意啦！首先，不是孙先生他们的照顾，我根本不可能来上学，那么这位同学肯定是第三名；另外，当时孙先生已经为我安排了工作，能自立生活，我已心满意足，是第三名还是第四名对我没关系。但从这件事上，我们可以看到孙先生对学生的爱心，无论是谁，无论何时，只要有可能帮一把，他肯定就会帮一把的。

以后我因故离开万化制炼厂，经由叶治镰先生介绍到黄兰荪先生的合成化工厂干了一段。这时上海遭到轰炸，家母一定让我回老家当小学教师，因此回到了常州乡下。叶治镰先生和黄兰荪先生也都是东吴大学的毕业生，这些东吴老前辈们也给了我很多照顾。

1945 年 11 月，一个好消息传来：苏州东吴大学复校了。家母和我都兴奋不已，马上向亲友们借了 20 元钱，去苏州找孙先生，商量我和弟弟去苏州学习的事。当我见到孙先生时，他一口答应了我俩在东吴上学的事，并且可以免我俩的学杂费，条件是我必须在办公室每星期工作 16 小时以偿付我和弟弟俩的伙食费。这真是天大的喜讯！由于我当时幼稚无知，在去苏州的路上把借来的20元钱让小偷偷走了。孙先生知道我丢了钱，在和我谈话以后特意留我吃了午饭，又给我车资和零花钱，使我回到了家。

1946年春，我和弟弟来到苏州时，孙先生早已在东吴大门西侧的大楼里找了个小套间给我俩居住，室内床、桌椅等一切齐备。当时孙先生非常忙碌，除负责全校大学、中学的全面复课外，还掌管着繁杂的总务工作。在这种情况下，他还要照顾我俩的起居生活，真是令人感激。

当我要办理入学手续时，不知道该选报哪个系。我父亲学的是生物，我在化工厂工作了较长一段时间，与化学有关，而我本人爱好数学。自己拿不定主意，我就去征求孙先生的意见。孙先生毫不犹豫地说：你当然报物理系啦！我想他是因为我高中三年级时物理成绩相当优秀的原因吧。我听了他的话，选了物理系。

1946年春到1947年夏，我一直和孙先生一家在同一桌吃学校的包饭，饭后经常去孙先生家小坐，所以和淑章的二哥、三姐、五妹都很熟。1947年，我也参加了二哥和三姐在孙堂同时举行的婚礼，还随淑章在婚礼上演了个小节目。我也常和孙师母聊天，孙师母经常犯头痛病，痛得很厉害，要连痛几小时。孙先生有严重的胃病，所以经常看到他在胃痛。每过一些日子，他就得自己配药以备每日定时服用。有一天，突然听说孙先生昨晚胃穿孔送医院了，我急忙去医院探望，还好，看到的是他正安静地躺在病床上。病发的过程是：半夜胃痛得受不了，突然不痛了，那是更糟糕的事，说明胃破了，因此得立即送医。还好送得及时，立即抢救，渡过了危险。

1950年秋，我远离苏州去沈阳工作，以后就很少有机会回到苏州。1961年夏的某日，我曾匆匆忙忙地回苏州一天，也是匆匆忙忙地在双塔附近定慧寺口找到了孙先生的住处，见到了孙先生、孙师母和三姐。以后再也没见到他老人家。

回想起来，先父与世长辞后是我最困难最无助的时候，连基本生活都快没有了着落。在这最艰困的时刻，孙先生不负先父所托，想办法解决了我的食宿，使我得以中学毕业。接着又亲自给我找一份可以自立的工作。1945年冬当东吴大学和附中在苏州复校时，又亲自解决我和弟弟两人的学习、伙食和住宿问题，使我实现了上大学的梦想。我对东吴有着报不完的恩，而孙先生则是以慈父般的关怀和照顾使我得以健康顺利成长。我实在无法用言语来表达内心对他的感激之情。

孙先生1957年被划为"右派"。当为"右派"平反时，他早已离世。"文化大革命"中，他和潘慎明先生、曹爱芳女士等都受到了极大的迫害。孙先生长期从事教育工作，一直是苏州东吴附中的主任，相当于中学校长。解放前蒋纬国在附中毕业，以后又在东吴大学学习，1946年他还回东吴母校做过报告，再加上东吴有很多美国教师，如许安之、戴荪等老师，这种种不是他能控制的历史旧事竟使孙先生在1970年被关牛棚，受到精神和肉体上的迫害。待运动过后回到家中，他已经神志不清了，之后一直卧床不起，1971年1月含冤与世长辞。特殊的历史时期使得做了一辈子好人的他在晚年没能过得幸福，这是我始终不能释怀的遗憾。

2009年2月，新加坡

注：本文曾参考《东吴大学建校九十周年纪念刊》的有关内容。

教诲有期　受惠无穷

——纪念范烟桥先生逝世四十周年

东吴附中50届　朱家灏

范先生是继程小青、金立初、程育真等先生之后，执教我们班的国文老师，直到我们毕业，告别东吴附中。

早在正式成为他的学生之前，我就知道了先生大名。首先是学唱先生作词的歌曲，无论是《拷红》，还是《花好月圆》……先生写景抒情、感悟人生，人情味浓而不矫揉造作，朗朗上口而不刻意雕琢。和当时充斥社会的靡靡之音大相径庭的是，先生写的歌词健康积极、讲究品味、自然流畅、文学性强，通俗而不粗俗、庸俗、媚俗，给人以美的享受。之所以能在平民百姓中广为流传，包括令文化较高的老中青年为之倾倒，奥妙何在？没有深厚的文化底蕴，尤其是古典诗词的修养，要写出这样诗情画意、雅趣无限、韵味十足、动人心弦的好歌，是根本不可能的。先生不愧为在本人的社会责任感、艺术素养和受众的欣赏习惯、审美情趣之间，找到了最佳结合点的一位了不起的高手。当时，爱唱先生不少好歌的我，还是个幼稚少年，但痴迷不让成人。用今天时髦的话说，是先生的忠实粉丝。奇妙的是，当我做数学家庭作业时，如能从收音机中收到先生的好歌相伴，脑子就特别好使，且屡试不爽。想不到少年时的这一课余癖好，竟发展成我对歌唱艺术的终身追求，以至耄耋之年，依旧热情不减，兴趣盎然。由热爱艺术而热爱生活，为我启蒙者不是别人，正是先生。

先生是位多产作家。报刊上、书架上、银幕上、电台里，常能接触到先生涉猎诸多领域的精神产品。久而久之，我便受到了潜移默化的影响。记得进入高中之前的那个暑假，我也学着写稿，并向当时的《苏州新报》投去。起初是杂感、游记之类的短篇，后来是两个中篇连载。写稿用的是印有东吴校名的稿纸，居然不退不改，篇篇照登。但我父亲对此并不看好，认为这种“雕虫小技”，作为闲暇时练练笔头，未尝不可，如果沉醉其中，甚至飘飘然忘乎所以，难免影响学业的全面发展，得不偿失。父亲也曾供职东吴，熟识范先生，深知要像先生那样以文学创作立足社会，实在不是件容易的事：既不具备先生那种书香门第的显赫出身，又无先生那种难得的禀赋和人情练达的丰富阅历。于是，我进入高中后，便一心扑在功课上，再不为“爬格子”费时伤神了。但对先生的仰慕之情，不减反增。

我是走读生，百步街是必经之路。每次走到12号先生寓所门前，总想进去看一看，这位被称为“江南才子”的社会名人，究竟是怎样的一位先生。直到毕业前一年，先生正式为我们任教，才有了零距离的接触。当年先生50多岁，一副茶色墨镜，一口茶色牙齿，给我留下了香烟抽得很凶的第一印象。平顶短发,爱穿长袍,看似比西装革履、西式分头的程小青先生年稍长些,其实还小程一岁。先生精力充沛,不爱坐着讲课。操一口带有同里口音的苏白,糯中有刚,语音沧桑,但不失轻松。我总是竖耳细听,唯恐漏了什么。先生一手漂亮的板书,潇洒大方、老练耐看,至今还能记得那字体模样。每听一课,就是一趟享受。当时唯一感到不够满足的是,先生分析课文,只往深里开掘,却从不横向联系本人作品,更不用说自己的阅历了。若干年后,我自己当了教师,才认识到这正是先生的可敬之处。不事张扬,不在学生中标榜自己,这也是师德的体现。

先生的作文讲评,特别受到欢迎。他对同学们的写作情况了如指掌。针对倾向性问题,每作深入剖析,必能击中要害。可见他事先批阅作文之细。这对一位社会活动频繁,时间特别宝贵的作家来说,颇不容易。从中不仅可见先生培育后代的高度责任心,也说明身为作家而又热心教育,必然会把自己的创作心得、实践体会,融进课堂上的作文指导,耳提面命、薪火相传。

先生除了教我们国文,还担任级任老师。不仅教书,且擅育人,包括对毕业班同学的升学指导。校方在每次大小考试之后,必将各门成绩,连同级任老师的评语,函告学生家长。我们在校的最后半年,即1950年的上半年,就先后收到三份附有先生评语的成绩报告单。当时没有电脑,评语都由先生用毛笔或钢笔手写。当年先生的手笔真迹,我已珍藏了半个多世纪。由于上有先生为我指出的缺点和提出的希望,一直被我视作一笔不可多得的精神财富(见附件)。

先生与我们零距离相处的这一年,正是解放初的社会转型期,也是师生们观念大转变的重要时期。在学生眼中,面对新社会的各位先生,态度是各不相同的。有的先生迫切追求进步,如饥似渴地学习进取,力求尽快跟上形势。大部分先生谨言慎行,以知识分子特有的冷静,观察着、思索着,逐步适应着变化中的社会。也有个别先生对新政权抱有成见,情绪抵触,甚至在学生中说一些不负责任的话。好在高三的学生已经有了一定的分辨能力,在我看来,范先生属于第一类。他对新社会的满腔热情,给我印象深刻,影响不小。记得有一次,他要我星期天去校外出席一个形势报告会。他自己因要参加另一预定的重要活动,嘱我做好听讲纪录,回来向他转达。

同学们面临毕业和升学,思想情绪不免有些波动。有过兴奋和激动,也曾困惑和迷惘的我,引起了先生的注意。当他发现我正为毕业后学工还是学文拿不定主意而苦恼时,先生耐心地开导了我:文科和工科,都是社会需要的,过去如此,今后也不会改变。学什么需要因人而异,要从每个人的实际出发,包括基础、志趣、发展前景等。先生根据对我的了解,提出了我更适合向文学方面发展的建议。不久,学校发给我一份奖状,允许我直升大学本部(即入文学院或理学院),并全免第一学年学费。

照例说,困扰我已久的升学去向问题,可以画上句号了,可是我却报考了上海交大的纺织系。当时的想法是:学工并不妨碍我对文学的爱好和追求,却有了将来得到个比较可靠的饭碗的可能。如果真的与文学有缘,将来这方面有发展前景,也需要一个比较稳定的工作岗位作为生活的依托。生活底子厚了,才能有效地避免充当为鲁迅先生所不齿的“空头文学家”。我在被交大正式录取后,去向先生告别。先生没有因我未听他的建议而不快，只是勉励我进了交大，别忘了扬己之长。先生的大度和对青年学子发自肺腑的殷切期望，令我终身难忘。别后未能联系，当我后来离开交大参军后第一次回家探亲时，准备拜访先生，而先生已离开母校，出任文艺界的领导去了。

先生于“文革”初期的1967年3月28日病逝，享年74岁。听着今天仍在电台播放的“浮云散，明月照人来……”先生的音容笑貌，他那茶色的眼镜、茶色的牙齿……又浮现在我的眼前。一个为社会提供精神享受的人，人们是不会把他遗忘的！

受先生面对面直接教诲的日子，屈指可数；但其影响，惠及我的终身！先生不仅帮我提高了学识能力，扩大了生活视野，更重要的是先生的言传身教，让我明白了不少做人的道理，主要的是，不忘适应社会的需要，从本人的实际出发，走自己的路。为了适应社会需要，就要终身学习，不断攀登，与时俱进！先生不仅教我这样做，自己首先做出了榜样。一个在旧社会摸爬滚打了几十年，早已功成名就，又在有生之年与时俱进，为新社会的文化建设殚精竭虑、积极贡献的人，一个怀有社会责任感、正确价值观和科学发展观的人，决不是一个平凡的人！

先生教过的学生，浩如烟海，我就是沧海中的一粟。人微言轻，不能尽述先生伟业之万一。今天回忆所及，聊表一个平凡学子对师长的思念之情。

附1

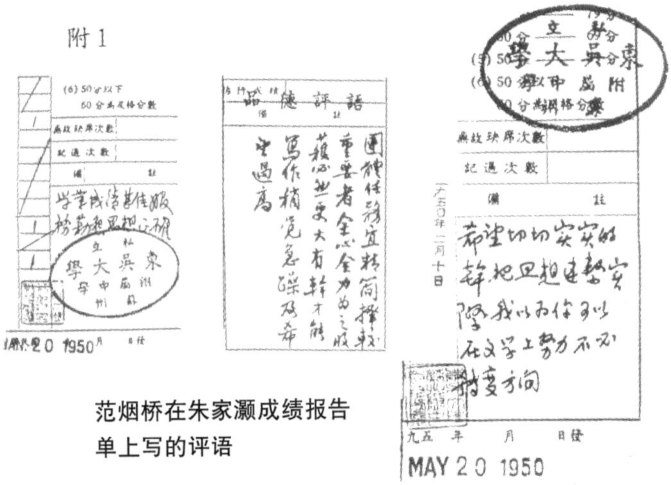

范烟桥在朱家灏成绩报告单上写的评语

附2

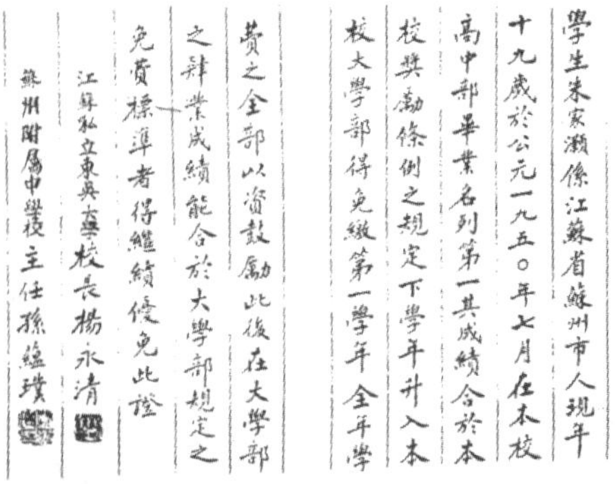

學生朱家灝係江蘇省蘇州市人現年十九歲於公元一九五〇年七月在本校高中部畢業名列第一其成績合於本校獎勵條例之規定下學年升入本校大學部得免繳第一學年全年學費之全部以資鼓勵此後在大學部之肄業成績能合於大學部規定之免費標準者得繼續優免此證

江蘇私立東吳大學校長楊永清
蘇州附屬中學校主任孫蘊璞

东吴附中发给朱家灏的奖状

教书、著书、藏书

——回忆我的祖父范烟桥

范存业

在我上大学期间，1981 年夏天，在苏州度过了一个特殊的暑假。近 90 高龄的祖母因病住进苏州人民医院，我奉父母之命从武汉去苏州陪伴照顾。邻床一位中年女患者向我证实祖母的身份后，翘起大拇指说："范烟桥顶顶好！"这个情形我至今难忘。

我出生在外地，仅在三岁时在武汉见过一次祖父，倒是在许多照片上感受了习惯戴着墨镜、看上去不苟言笑的老人家的威严。印象中祖父是位终身从事教育、学养很深的学者和文人。没想到和蔼可亲的老人在"文化大革命"中受到的冲击也波及到了在武汉工作的父亲。在父亲服务的一家大型发电厂里铺天盖地的大字报中，批判直指具有"鸳鸯蝴蝶派"背景的祖父的文章格外显眼。这促使我下决心去了解真实的祖父。

听说"文革"中祖父的几千册藏书曾经被查抄没收，落实政策后有关单位征求家属意见，家属按照祖父的嘱咐全部捐赠给了苏州大学图书馆。那些藏书有何价值吗？我联想到曾经见过某大学学报的一篇论文，作者说范烟桥是苏州屈指可数的著名藏书家。1992 年秋天，带着这个问号，我在拜访了祖父母的家乡吴江同里和松陵后，专程去尚未拆迁的苏州书场，重温祖父终生热爱的温润优雅的评弹，然后去苏州大学，向图书馆的管理员提出了解有关情况的请求。听了我的介绍，管理员说，范烟桥为家乡的贡献可大了！我给你看看一样很有价值的东西。在他从档案室里捧出的大堆书籍中，我看到了《南社雅集》的装订本，厚厚的足有十几本。仔细一看，全部是祖父担任南社秘书时记录的每次参加者的签字名单。我更记得苏州的亲属介绍说，"文化大革命"初期，祖父预感山雨欲来，曾经在居住 45 年的温家岸 17 号"邻雅小筑"居所的小小假山里，连续三天将自己视为心血的所有著作，包括从 1915 年起 50 年没有间断过的日记、手稿、文友的信札、很多书籍付之一炬，多么令人痛心啊！至今为止，我也仅仅只保存着他老人家生前频繁使用过的一盒造型各异的印章（见附件）。

我收集了许多关于祖父生平的书籍和回忆文章，凭个人印象，从职业角度来看，可以划分为两个时期。应该说最初踏上社会到 50 岁以前这段时期，祖父是专注投身于教育事业的。我的叔叔范崇济曾在一篇回忆文章中这样比较中肯地评价自己的父亲："由于很早就从事教育事业，从教小学一直到教大学，毕生专业是教育而不是文学，他才深刻地体会到基础教育的重要。"虽然祖父曾在文艺创作上投入了大量精力并扬名苏沪文坛，但他始终以教职为主，对家乡教育事业的经营功不可没，其中留下了许多可圈可点的故事。

1907 年，14 岁的祖父就读于同川公学后，对文史地理和诗歌小说产生了兴趣，曾深得金松岑先生的喜爱。四年后以优异的成绩考入吴县长元公立中学(苏州草桥中学前身),与后来成为历史学家的顾颉刚、教育家的叶圣陶、画家的吴湖帆与陈俊实、书法家的蒋吟秋、作家的郑逸梅、小说家的江红蕉等同学。

辛亥革命后,草桥中学复课,因学潮中校方与学生形成僵局,祖父辍学回乡。秋天转入杭州之江学堂,翌年改入南京民国大学。二次革命爆发,学校迁上海,祖父没有随去。回家向表舅钱祖翼学书法,自此结束学生时代,转入自学阶段,并开始投身教育事业。

1914 年,祖父到吴江八坼第一小学任教兼八坼女子小学教员,此后任八坼乡学务委员、吴江县劝学所劝学员、吴江县第二高等小学历史教员、第一女子小学国文教员。1917 年编写作为课本的《吴江县乡土志》,内容涉及河流、交通、教育、行政、自治,还有县属同里、盛泽、黎里、震泽、芦墟、平望等乡镇基本概况。在此期间,他初涉笔墨,向上海《时报》副刊《余兴》投稿,得到主编包天笑的赏识并约稿,祖父就此写出弹词《家室飘摇记》十回,讽刺袁世凯的皇帝梦。首次投稿获得成功后,开始学写小说,《小说月报》采用了他的几篇短篇小说。

1926 年,祖父去济南助编《新鲁日报》副刊《新语》。1927 年回苏州,期间断断续续用了 3 年时间,完成 20 余万字的《中国小说史》,此书出版后影响至今。他也从喜读小说到喜写小说,再到研究小说。在小说上的造诣,使他声誉越来越大。

1928 年春,祖父被聘为正风中学国学主任;秋天,经陈去病介绍到上海持志大学讲授小说;应包天笑、江红蕉等友人力荐,祖父接任《小日报》主编;1930 年,世界书局在苏州设编译所,祖父受约任局外编辑;1931 年冬,祖父开始担任他一生中从事教育时间最长的东吴大学附中国文教员。

母亲也算是地道的苏州人,曾经是 40 年代后期祖父在东吴大学附中教授过的学生,她回忆说祖父上国文课时通常是身着长袍,配戴墨镜,形象威严,但几节课下来,学生们的紧张气氛一下子烟消云散,因为祖父丝毫没有一点架子,让学生们十分轻松。尽管他允许学生看其他书籍杂志甚至打瞌睡,但他的授课仍然受到学生们的欢迎,这大约是由于他毕竟也同时身为作家,擅长构造故事情节,而且同学们都知道祖父在上海明星电影公司为大明星周璇写过十几首脍炙人口的流行歌曲,甚至连那些调皮捣蛋的学生也会注意力很集中地听他上课。母亲当年的同学曾经于 2008 年 10 月聚会杭州西子湖畔,这些年近八十的老人们对此均有同感。

1932 年祖父同时受聘到东吴大学讲授小说课程。为了讲课方便,他撰写了用作讲义的《民国旧派小说史略》10 万字。他把小说划分为两大类:一类是旧派小说,包括鸳鸯蝴蝶派、武侠小说,代表人物周瘦鹃等;一类是新派小说,即是政治小说、平民小说,代表人物鲁迅等。1961 年该书整理定稿后被魏绍昌编进《中国现代文学资料丛刊(甲种)》。此后他又写作有《中国小说史话》2 万余字,分 30 个小章节,一个月内连载于唐忍庵的《中国日报》。1933 年,祖父写作了《诗学入门》,编辑了《销魂词选》,由中央书局出版。以历年笔记整理成专集《茶烟歇》,由中孚书局出版。《茶烟歇》比较著名,章太炎、吴湖帆题字作扉页,本书收集了他近 40 年的见闻,200 多篇随笔,很多人物轶事,如况周颐、石达开、翁松禅、胡雪岩、陈蜕庵、苏曼殊、汪笑侬、毕倚虹、吴湖帆等都有涉及;另有小说家言,涉及《孽海花》、《三笑》、《珍珠塔》、《儒林外史》、《品花宝鉴》等作品；还有饮食之道和典故，如谈拙政园、燕子矶、瞻园牡丹、莫干山日出诸景物，述碧螺春、鸡头米、麦芽塌饼、闵饼、状元糕、鸭馄饨与喜蛋等。

这个时候祖父已人到中年，久经历练，阅历甚丰，应该说进入了他的创作高产期。据父亲范崇海1975年的回忆分析，20世纪30至40年代，祖父身为一个抚养7个孩子的大家之长，又处于抗日战争爆发引发社会局势动荡阶段，养家糊口压力很大。与此同时，祖父一路走来，写作上发展顺利，名气大增，创作欲望十分强烈，一发而不可收。另一个特点则是，祖父几乎同时在教书和电影编剧两个行业穿梭奔走，辛勤忙碌，颇有成果。

1934年，祖父为《苏州明报》副刊《明晶》撰写长篇小说《花草苏州》，连载数月。

1936年，祖父擅长诗词评弹的素养和酷爱历史的背景使得影剧界对他产生浓厚兴趣，屡屡与他接触，他被召至上海，任明星影片公司文书科长。编辑《明星实录》10万余言，并代主编一年的刊物《机联》。

1938年，舅父严宝礼在上海创办的《文汇报》，招他任秘书；在上海他协助杨锡珍筹办锡珍女学。

1939年，祖父着手将叶楚伧所著小说《古戍寒笳记》改编为电影剧本《乱世英雄》后，又为国华影业公司改编电影剧本《西厢记》、《秦淮世家》、《三笑》等，创作电影剧本《无花果》、《解语花》，电影上市后受到好评。周璇主演的《西厢记》，主题歌《拷红》、《花好月圆》在国内流行开来。

1940年，祖父除了继续在东吴大学主讲小说课外，又于次年在东吴大学附中迁至上海改组后的正养中学教书，经大家公推为校长，直至1946年附中迁回苏州方辞去校长之职，继续在校教授国文。

抗战胜利，《文汇报》复刊，祖父兼任《文汇画报》编辑。此时撰长篇小说《石破天惊》，连载于兰州《西北日报》；还在小报用"唐风阁会人"笔名写随笔《苏味道》，介绍吴中食品，人称苏州美食家。

此时的祖父笔耕甚勤，除在东吴大学继续讲授小说，还为春明书局编尺牍七万多字；为《新闻报》副刊《新园林》长期撰述；为十余家小型报刊写作小品文；辑短篇小说《花蕊夫人》，由日新出版社出版；为《文汇报》编辑《国货展望》。

1947年，所撰电影剧本《陌上花开》，经洪深、吴仞之修改，由香港大中华影业公司摄制，易名《长相思》；这年在家乡同里与杨天骥一起出面发起创立仁美中学，杨天骥为主任校董，范烟桥为责任校董。

新中国成立后，祖父的资历和名望为他提供了全面服务社会，建设家乡文化事业的新机会。先任苏州各界人民代表会议代表，1950年任苏州市文联副主席；1952年调往苏州高级中学任教，又被任为苏南行政公署文化教育委员会委员，被省人民委员会任命为苏州市文化处处长，1956年参加中国民主促进会，任民进苏州市委副主委，中央候补委员。市文化处改为文化局后，任局长，又任江苏省文联副主席。1957年，祖父任中国民主促进会江苏省委员会常务委员。1958年，祖父改任苏州市文物管理委员会副主任，1959年任江苏省政协常委。

年过半百的祖父在担任繁重公职之余，仍然以饱满的热情不辍写作，为评弹演员唐耿良写作《太平天国》，为《新民晚报》副刊《新评弹》写评话弹词理论和反映新人新事的短篇评弹与开篇；辑成《人民英雄郭忠田》，苏南人民出版社出版；1955 年又撰《李秀成演义》，连载于国外华侨报；为香港《大公报》副刊撰写随笔。所撰的《唐伯虎外传》连载于香港《新夜报》，其短篇小说集《花蕊夫人》由上海文化出版社再版。《唐伯虎外传》改写为《唐伯虎故事》后，由江苏人民出版社出版。晚年虽然身体日益衰弱，犹奋力写作，写成章回小说《韩世忠与梁红玉》、《南冠草》、《苏州四才子》、《北行杂诗》、《苏州新咏》等著作；并辑《拙政园志》、《苏州景物诗辑》。此时他被称为"苏州四老"（即范烟桥、周瘦鹃、程小青、蒋吟秋）之一。

值得一提的是，祖父还倡议在文庙设苏州地方志博物馆，后移在东北街忠王府，更名苏州博物馆，内设苏州"历史文物陈列室"和"太平天国苏福省革命文物陈列室"。柳亚子逝世后，祖父赴北京，向柳亚子的夫人郑佩宜征集到文物 1 000 多件，在博物馆设了"柳亚子先生生平事迹陈列室"，并附"张应春烈士事迹陈列室"，还将资料运到柳亚子、张应春的故乡吴江进行展览。

作为土生土长的苏州人，祖父对家乡感情极深，一生教书育人，勤奋耕耘，著作等身，尤其在小说创作与研究、电影剧本和旧体诗词创作、报刊杂志编辑、地方文献收集、文物保护等方面，卓有成就，贡献很大，回报甚丰。令人惋惜的是，他准备晚年出版的诗集、文稿尚未问世，即受到"文革"冲击，1967 年 3 月 28 日在忧郁中病逝于苏州寓所，终年 74 岁。

2009 年 3 月 30 日

附范烟桥篆刻印章

烟桥

烟桥居士

烟桥学书

范

花鹊

履南

烟桥

烟桥六十以后作

旷怀

古训是金

温故知新

同南社印（倒印）

范氏珍藏

烟

忠信笃敬

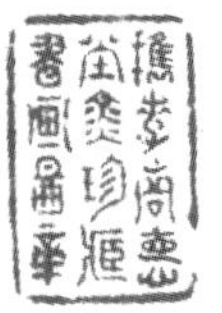
樵李商德唐金珍藏书画图章

记范烟桥、程小青两位老师

东吴附中45届　王　火

抗日战争时期,从1939年到1941年,我在上海东吴大学附属中学读书,从初中到高中。东吴附中是因苏州沦陷迁到上海租界来的。初中部当时借一个教堂——慕尔堂(在虞洽卿路三马路口,现西藏中路)上课。大约在1940年,由于学生多,高中部就在南京东路山东路之间的慈淑大楼四楼上课。在初中部上课阶段,程小青和范烟桥两位老师都给我授过国文课。范烟桥老师后来还在高一继续教过我一段国文。

程、范两位,当时都是名人,都是作家。在他们来上课之前,就已知名。因为我那时爱看小说和电影及报刊,程小青老师翻译的英国柯南道尔著的《福尔摩斯探案》和他创作的《霍桑探案》我都读过。《福尔摩斯探案》好几册,惊险有趣,启发人智慧。《霍桑探案》有30册,故事70多个,不如福尔摩斯探案精彩,但也很好看。程先生还写过不少电影剧本,像《雨夜枪声》、《董小宛》等。所以对他不免有点仰慕。而且我们同学中传说着程老师实际本人就是"霍桑",会破案,会侦探,精明强干。范烟桥老师的名气是因为他当时常写电影剧本、写歌词。例如周璇主演的有些电影就是他写的剧本,唱的有些歌曲也是他写的歌词。我记得高一时还读过范老师写的一本《中国小说史》,书不太厚,内容如何当时也不会评价,但那时对我这样一个高一学生来说,已觉得范烟桥老师是极有学问的人了,心里自然也多了几分尊敬。

程、范两位,外形极不相同。那时程先生大约四十几岁,范先生则年岁要大不少。程先生个儿不太高,头发稀疏了一些,但还是黑色的,人瘦而有神,行动灵活,总是穿西装,从未见他穿长衫或长袍。范先生则总是穿中式服装。他短发已花白,个儿较高大,视力不好,总戴一副茶色墨镜,显得老态,冬天时还爱戴一顶土耳其式高高的黑羊羔皮帽子,围一条鼻烟色围巾,来上课时总提一只装得鼓鼓的公事包。我当时常想象着他那包里肯定装有电影剧本。程先生脸上常露笑容,范先生则难得见笑容。程先生说他祖籍是安徽,但从小生长在上海,也算上海人。由于他长期在上海、苏州工作,授课时讲一口流利的带点苏州味的上海话。范先生是道地的苏州人,讲的话里有浓重的苏州口音。说实话,当时对两位老师期望可能太高,听他们讲课总希望听到讲些生动有趣的事。可是实际上他们从不显山露水谈自己的创作,总是就课本讲课本,使我觉得平淡枯燥。印象中程老师的英文挺棒;范老师的古文根底很好,有时看到他在《申报》、《新闻报》上发点诗词之类,在黑板上写的板书也漂亮。

那时,上海早已沦为"孤岛",但日军还未进租界。东吴附中的慕尔堂和慈淑大楼校址都在公共租界上。慕尔堂是个美国教堂,东吴附中是个教会学校,有点受外国保护的意思，我们的老师中也有美国人，一个瘦削而年岁大的名叫文乃史，一个胖胖的约摸 40 岁左右的名叫许安之。学校里要学生参加“主日学”、“圣经班”、“唱诗班”，并要学生在星期日上午做“大礼拜”。名义上并不强迫，实际上实行的是“积点制”，就是每参加一次上述活动就有一个“点”，积满几十个“点”才可有毕业资格。但程小青、范烟桥两位老师从未在课内课外宣扬教义或劝学生信教。而且他们各有一件事给我留下深刻印象。一件关于程先生的事是：大约在初三，他组织了一次作文比赛，题目是《论爱国》。那时正在抗日，我参加比赛，热血沸腾地写了一篇文章，得了第二名，由他发给了一张奖状，当时我很高兴。另一件关于范先生的事是：1941 年 12 月 8 日，日寇发动珍珠港袭击后，太平洋战争开始，接着日寇海军陆战队就进入了租界。日寇进入租界在南京路举行入城式时，我与同学在慈淑大楼四楼上俯瞰到日寇耀武扬威进军的场面，义愤填膺。当天公共汽车停驶，有些路段日军已布岗放哨，同学来的不多，那时教我们国文的不是范老师，是王佐才老师。王老师下课后，范老师也来了，叮嘱我们下课回家时路上小心。不久，他与一些爱国老师自动组织起来，告诉我们学生，日本人进了租界，慕尔堂已被日本兵占领，美国老师文乃史和许安之被抓入集中营了。今后，日本人必然要进行奴化教育，派日本教师来教日文并监督学校。为了不受亡国奴教育，东吴附中将改名为“正养中学”，另觅新址上课。范烟桥老师被大家推举为“正养中学”的校长。我在“正养中学”上了一段时日的课。那时程小青老师也到“正养”教书。到次年，我感到“孤岛”形势恶劣，夏天时就离家独自千里跋涉去了大后方。离别时我还特地去看望了范、程等老师，向他们辞行。从那至今，一晃竟是 60 多年了！

我从事文学创作，是从上世纪 40 年代中开始的。是否受过程、范两位老师的影响，也许是有一些的。因为他们是搞写作的，又教过我国文，自然会有影响。但我从开始创作以后，走的又是同他们不同的道路。我在开始创作时，受过地下党同志的影响，又读到过《在延安文艺座谈会上的讲话》，并且逐渐懂得含有贬义的鸳鸯蝴蝶派和礼拜六派是怎么一回事。而且，后来读中国的现代文学史时，总是看到对鸳鸯蝴蝶派和礼拜六派的批判，而且发现程、范两位先生或被简单一提，或略而不提，而在我的感觉上则觉得对这两位先生或批或略去都未必公允。

我知道，程小青老师解放后是民主党派成员，上世纪 60 年代初曾寓居北京，后又回苏州居住，但那时我在山东。我也知道范烟桥老师解放后在苏州也曾得到过一定的尊重。他与程小青、周瘦鹃先生在苏州也常来往。但我却没有机会同他们见面。“文革”中，两位老师都受到了残酷斗争，说他们是“反动文人”。范先生终于受不住折磨死了（约是 1968 年），令人心酸。当时的范先生该是 80 多岁白发苍苍的老人了！他岂能受得了这种令人发指的斗争！？程先生可能由于年龄比范先生轻些，据说是捱到“四人帮”被粉碎那年病故的！

在我国现代文学史上，作为文学流派而存在过的鸳鸯蝴蝶派，早已是历史的陈迹。鸳鸯蝴蝶派是一个以主张文学的娱乐性、消遣性、趣味性为标志，在旧中国文坛上发生过较大影响的文学流派，但它的作用、它的影响、它的作品、它的盛衰、它的成员的构成，均需科学地、历史地、实事求是地具体研究和分析。比如程小青先生，有人称他为“中国侦探小说第一人”，这并不过誉。他第一个把福尔摩斯探案翻译到中国来，这也是很大的贡献。他一生创作了众多的侦探小说，除《霍桑探案》外，还译著有《斐洛凡士探案》、《圣徒奇案》、《格格探案》、《大树村血案》、《生死关头》等作品。谁也不能排斥侦探、推理小说是小说中的一个应该具有一席之地的品种。何况他又是一个爱国的教育工作者。他的功过似乎再明确不过了！

而范烟桥先生，他是鸳派作家中的早期代表作家之一，在步入文坛之前及稍后，曾是以柳亚子为首的进步文学团体“南社”的成员。辛亥革命之初，他是反对清王朝，拥护武昌起义、反对袁世凯称帝的，也就是说，是拥护旧民主主义革命的。“五四”后思想政治倾向上可能交织着出现保守性、落后性与一定程度的进步性，做出简单化的论断而不考虑其复杂性也是片面的。抗战时期，他在“孤岛”上仍写过些风花雪月、才子佳人的古装电影剧本，但也要具体分析，他在“孤岛”上坚持不与敌伪政权同流合污，并抵制投降和反共卖国的汉奸作品，他做“正养中学”的校长，留给我的是一位爱国的有正气的老师形象。

（摘自天津 2004 年 8 月 16 日《今晚报》）

中国的福尔摩斯、霍桑探案作者——程小青

程育真、程黎明、徐礼周

程小青

20 世纪初:英国柯南道尔创作的侦探小说《福尔摩斯探案》进入中国后,给中国的文坛带来了新的变化。20 年代前后,一本中国人创作的、带着浓郁的江南特色的系列侦探小说《霍桑探案》,奇峰崛起,风行全国,一时间洛阳纸贵,取代了福尔摩斯。这位开中国侦探小说创作之先河的,是被人们称誉为"中国的柯南道尔"的大作家程小青。

程小青(1893—1976 年),原名青心,别署茧翁,上海人。幼年孤贫,赖母哺育成长,读过数年私塾。他虽没有进过正式学校,但天赋聪明、勤奋好学,在 16 岁时,就向上海的《申报》、《新闻报》、《时报》副刊及其他小说杂志投稿,并得到了时任商务印书馆出版的《小说月报》编辑恽铁樵先生的培养与鼓励。程小青自学成才,精通国学、英语,1916 年 23 岁的他定居苏州,担任天赐庄东吴大学苏州附中国文教师,兼英语课教师和西籍英文教师的中文课,同时开始了他的中国系列侦探小说《霍桑探案》的创作。程小青是中国 20 世纪的一位多才、多艺、多产的著名作家,他的侦探小说、侦探电影以及历史剧和现代剧等著作,不仅影响到苏州、江南地区,而且遍及全中国,尤其是惠及中、青、少年学子。

霍桑的由来

上海《新闻报》副刊"快活林"首次举办小说征文活动,规定应征文章每篇字数不得超过 2 000 字。正因翻译《福尔摩斯探案》而对侦探小说颇有兴趣的程小青不由怦然心动,灵感大发,他想:既然福尔摩斯故事深为读者喜爱,何不自己也创作出一篇中国的侦探小说、塑造出一个中国的福尔摩斯的形象来呢?

于是,程小青模仿《福尔摩斯探案》的结构与方式,以主人公为第一人称,配一个助手,开始了他的创作。落笔前,程小青思忖:征文字数只规定在 2 000 字内,大侦探连同他的助手的姓名字数多少,肯定也要估算在内的,假如小说中的人物姓名都只用两个字,可以把节省出来的字数用来充实小说的内容,可以更充分展示叙述情节与细节。为此,程小青毅然命名作品中的大侦探为霍森,助手名包朗。小说完成后,他数了字数,不多不少

正好2 000字，符合征文的要求。这就是程小青系列侦探小说《霍桑探案》的处女作《灯光人影》。

《灯光人影》很快就被《新闻报》副刊以征文的形式刊登出来了。程小青欣喜若狂，跑到苏州街头报摊上买了一份，来了个先睹为快。但浏览完全文，他大感意外：怎么大侦探霍森的名字变成霍桑了呢？想必不是排字工人的误排，便是编辑擅自作的改动。当时，程小青想致电报社，请他们更正。转念一想，也罢，这是文艺作品，要求编辑刊出更正启事一是麻烦，二也似不必，何况霍桑的这个名字又无损于作品的内在含义。所以，程小青干脆将错就错，在后来的系列侦探小说中，一律延用了霍桑这个名字。于是，大侦探霍桑的名字就在以误传误中诞生了，成为程小青笔下永生的主人公，与程小青的名字永远紧密地联系在一起。

霍桑问世后，有的读者以为程小青为大侦探选用这个名字，是借的美国著名小说家霍桑的音译来吸引读者，还有些上海的读者则认为霍桑两字是上海话"吓伤"的谐音，大侦探一出场，那些蝇营狗苟的作案者岂不要吓得魂飞胆丧吗？其实，程小青为他的作品中的主人公取名时，是经过种种考虑的。至于他经过了什么考虑，为什么要用霍森这个名字，恐怕这将是程小青为后来的研究者留下的一个永远的谜。

业余兼做侦探

侦探小说《霍桑探案》闻名遐迩后，它的作者程小青也成为了家喻户晓的知名人物。有不少人认为程小青本身就是一个侦探家或者至少干过侦探工作，《霍桑探案》就是作者的写照，霍桑就是作者的化身。故而，时常有熟悉或不熟悉的人这样问他："程先生，最近在侦查什么案子？"有一次，东吴大学的一位教师满头大汗地跑来找程小青，说学校里一台分析天平被窃，要求程老师帮助破案。程小青诧异地问他是否找错了人，同时声明自己并不是侦探。但那位教师还是接着说道："程先生请别推辞，如果你不是侦探，为什么霍桑探案能写得那么专业、那么神？"

其实，功夫在事外。程小青为写好这部系列侦探小说，确实下了一番功夫的。自他的系列侦探小说处女作《灯光人影》发表后，他就下决心把"霍桑"这个传奇人物塑造下去，创作出系列故事，让霍桑像福尔摩斯那样，凭着高度的智慧，遵循科学规律去除暴安良、伸张正义，为受着种种冤曲迫害的小人物吐一口气。为了丰富法学知识和提高写作技巧，程小青考取了美国某大学的函授生，专门进修罪犯心理学和侦探学。他研究了美国的《法医学》、法国的《犯罪心理学》和美国学者韦尔斯的《侦探小说技艺论》，还研读了我国古代法医名著《洗冤集录》。他决心用手中握着的这把法医学的金钥匙，去开启侦探小说这扇神秘的大门。

所以，尽管程小青确实没当过侦探，但他却从侦探小说中懂得侦探的调查求证、分析推理，遇到一些社会上疑难的案件，把思索的结果提供给对方，有时竟真能奏效。

程小青有位至亲的太太，一天清晨，发现藏了20年的一枚钻戒不翼而飞，怀疑被女佣所窃，找程小青研究。程小青了解到，钻戒在前一日晚上临睡前还戴在主人的手指上，家中门窗又无破损，隔日早晨起身洗过了头才发现失踪。因而他经过推理，断定戒指决非女佣所偷，要求至亲一家从家中屋后的阴沟中仔细寻找。后来，至亲家人果然在倒洗头水的阴沟中找到了钻戒，并向程小青致谢。程小青解释说：戒指戴了20年，当然很光滑，而洗头必用肥皂，肥皂性滑，戒指再为乱发所牵，就很容易滑入洗头的污水中了。

有一次晚上，程小青骑着老头牌邓禄普车胎镀铬自行车来到苏州市中心的公园电影院。这家电影院是程小青和南社社员钱泽云、翻译家叶天魂、苏报编辑徐碧波集资合办的，所以他们三天两头要来电影院坐坐。这天，他把自行车停放在电影院大门旁侧，用链条锁锁住。电影散场出来时，程小青发现刚才停放在那里的自行车已不翼而飞。他向周围的人们询问，大家都说未曾留意，也提供不出什么情况。于是，"霍桑"遇贼的消息不胫而走，传遍了苏州城。当时，程小青想到了报警。但转念间，却鬼使神差地想到了自己在霍桑探案中塑造的那两个无能的侦探长汪根林和警长倪金寿，他担心自己的这起失窃案，在苏州也遇到类似汪根林那样的无能侦探。所以，他决定不报案，亲身体验一下当侦探的感觉。

程小青对丢车的前后过程先作了初步分析。当时公园电影院门口经常停放着三四辆成色较新的自行车，而从来没有听说过被偷去。如今偏偏他的那辆被窃，这不大像是贪财起念的案件，多半是酷爱这款新出厂的镀铬自行车，却又无钱购买的青年人干的蠢事。根据他已掌握的苏州城内行驶的自行车的牌号、规格，程小青又作出分析，得出三条假设：一，镀铬自行车在苏州极稀少；二，自己不经常骑车到别处去，作案者可能就住在公园附近，或者经常走过公园电影院；三，作案者得手后，一定把车辆改头换面，不可能就照样骑着上街，否则必然败露。

分析决定后，程小青以公园的电影院为轴心，由里向外，走访各街巷、小店与摊贩，他把自行车的牌号、特征与标记都告诉他们，请他们随时留心，提供有关线索。他还到附近的自行车修理铺去打听，有没有不该修理而被送来修理的自行车，或是调换某些零件的自行车。

日子一天天过去，但老头牌自行车仍影踪全无。家人都对此灰心丧气了，唯程小青依然信心不改，他认为小偷为避风头，肯定不会一下子就骑车上街，只要车子在苏州，日后一定会露出破绽。一天，程小青走过五卅路一家自行车修理店，发现店内墙壁下，放着一副刚刚涂上黑色磁漆的自行车挡泥板。而挡泥板的反面，那发亮的喷漆还在闪闪发光，整块挡泥板丝毫看不出有任何破损之处。新的挡泥板再重新涂上便宜、易操作的磁漆，这件反常的事使程小青顿时感到奇怪与蹊跷。

在向周围店铺调查时，一家烟酒店的老板告诉他，说他曾看见一个青年骑着一辆把手、轮圈雪亮，没有挡泥板的自行车经过这里。程小青把这两件事联系起来，当即有所悟：难道那副新漆的挡泥板是从这辆车上拆下来的吗？是偶然还是巧合呢？程小青立即折回那家自行车修理店，向修车工人打听："师傅，那副挡泥板是什么牌子？什么人拿来的？"修车师傅告诉程小青："后挡泥板上印有一个老人头的商标，是一个青年男子拿来的，要我在挡泥板上手工罩上一层黑漆。"

事到如今已十分清楚，给好好喷漆的挡泥板再涂上黑漆，显然是偷车贼想遮人耳目，贼人心虚的表现。于是，程小青问清楚那个青年男子前来取货的时间后，就提前到修理店去等候那人了。

果然，到时候有个青年来取挡泥板了。这个小伙子经不住程小青的几下盘问，就老实地带领程小青到他家里去，推出那辆失踪的老人头自行车。车子完好无损，只是缺了一副挡泥板。小伙子当即承认了自己利令智昏，干了一件犯法的事，他给挡泥板上黑漆，就是想遮人耳目的，想不到他最后败露就败露在这一招上。事后，程小青则念其年轻初犯，教育一番后，就结了这起案子。

《霍桑探案全集》奇峰崛起，风行全国

英国柯南道尔所著的《福尔摩斯探案全集》共54篇70多万字。程小青创作出《伯项圈》、《黄浦江中》、《八十四》、《轮下血》、《裹棉刀》、《恐怖的话剧》、《午后的归宿》、《白衣怪》、《催命符》、《矛盾圈》、《紫信笺》、《魔鬼双花》等70多篇侦探小说，洋洋300多万字，篇篇情节扑朔迷离、奇妙曲折，人物性格鲜明、命运扣人心弦。其篇数与字数就早已超过了柯南道尔，一时间洛阳纸贵，霍桑取代了福尔摩斯（笔者当时正值初中年代，下课铃响不久，即见图书馆里抢着排队借阅《霍桑探案》，记忆犹新）。全国解放后，侦破小说改称为惊险小说，程小青更努力创作，如《她为什么被杀》、《大树村血案》、《不断的警报》、《生死关头》等一批惊险侦破小说，各册的销量都达到20万册左右，其中《大树村血案》第一次印刷就销售了22万多册。

多才、多艺、多产作家

1926年，上海商务印书馆活动影戏部摄制的《母之心》，是陈趾青根据程小青的原著改编而成的，由杨小仲导演，邬丽珠主演。程小青喜闻自己的作品能搬上银幕，对电影创作产生了浓厚的兴趣。程小青涉足影坛，先从自己熟悉的侦探案件着手，1931年着手编剧。当年，他先为明星影片公司创作了《窗上人影》，为友联影片公司创作了《舞女曲》。这两部新颖的影片一公映，卖座率很高。以后，程小青又为明星影片公司编写了《可爱的仇敌》，为海岩影片公司编写了《江南燕》，为国华影片公司编写了《血泪鸳鸯》。1941年这一年中就创作出了《新美人计》、《夜深沉》、《奈河天》、《金粉世家》、《梦断关山》、《故城风云》、《雨夜枪声》、《梅花》、《红泪影》等九部影片。抗战期间先后创作了30多部电影剧本。

程小青除创作侦探小说、侦探电影剧本外，还创作古典历史剧和现代剧，知名的有《孟丽君》、《梅妃》、《杨乃武》、《董小宛》等。此外他还翻译与创作了大量的中外文学作品与电影文学剧本。程小青是20世纪中国一位多才、多艺、多产的著名作家。

程小青被选为省、市政协委员

1958年，程小青参加中国作协江苏分会，还被选为江苏省、市政协委员及民主促进会江苏省委员。

1959年，被国务院邀请前往北京参加建国十周年庆祝活动，并参加天安门观礼。

“文革”遭难

“文化大革命”中，造反派揪出苏州的“三家村”，代表人物是鸳鸯蝴蝶派周瘦鹃、范烟桥与程小青。操纵这场批判运动的不是别人，正是“四人帮”的张春桥。张在上海接见苏州的红卫兵时别有用心而又声色俱厉地挑唆道：“苏州不是也有‘三家村’吗？有个鸳鸯蝴蝶派吗？还没有批斗呢！”于是，70多岁的程小青在劫难逃，被造反派抄家批斗、游街、戴高帽……1976年10月12日上午9时，患肺炎的程小青经医生全力抢救无效，瞑目长眠，享年84岁。苏州市委统战部主持召开了程小青的追悼会。

程小青的墓志铭

“有一位正直而善良的作家在此长眠，他曾经走过漫长的人生之路，艰难、曲折、自强不息，用一枝秃笔，与邪恶卑劣搏斗。他写下了著名的《霍桑探案》，企图揭开一切罪恶的底细，但愿他留下的智慧能使善良的人们变得更聪明些。”

这是中国作协副主席陆文夫1987年为程小青撰写的墓志铭。

拨乱反正

“文化大革命”后，群众出版社、中国文联出版社、中国国际广播出版社、漓江出版社等都再版了《霍桑探案全集》。中央电视台、上海电视台还拍摄了电视剧。

1998年，全国首届侦探小说大赛在北京人民大会堂隆重举行，程小青是唯一的杰出贡献奖获得者。程小青呕心沥血创作的、被全国人民喜爱的《霍桑探案全集》被评为佳作奖。

程小青一生不遗余力，用一支秃笔刻画出一个活生生的、人民喜爱的、除暴安民的霍桑。今天，它依然是教育引导青少年的正直聪明、不畏邪恶的良好教材。历史、人民永远纪念他。

（程育真、程黎明为程小青亲属，徐礼周为东吴附中46级）

附程小青诗词两首

七 律·七十述怀

少小孤寒门祚单，年华七十几辛酸。常多鬼魅挑心眼，偏寡亲知掬心肝。
午夜咿哦忘漏歌，晓窗挥洒惜春残。沧桑世局曾经历，冷暖人间欲话难。

一 剪 梅·咏茧庐

桥畔幽居鲟水西，曲岸风微，小巷人稀。向阳庭院有花蹊，春日芳菲，秋日纷披。
尚阁窗前绿树低，晓接朝曦，暮送斜晖。闲来读画更吟诗，家也怡怡，国也熙熙。

怀念我的父亲张旭民老师

东吴附中50届　张四美

父亲张旭民原籍江苏常熟，1904年出生在一个书香门第家庭。自懂事开始，就接受私塾教师严格的“四书”、“五经”等传统文化的教育，至14岁时在文学方面已有了一定的基础，并有着浓厚的兴趣。而那时外来文化早已传入我国，不少城市办起了像东吴大学那样的“洋学堂”。东吴认真严谨的办学精神，新颖合理的课程设置以及雄厚的师资力量，已逐渐取得了各界的认同和肯定。父亲就在这种情况下被送入了东吴大学附中一年级，中学毕业后又直升大学，毕业时获文学学士学位。接着他又被母校聘任为附中教师。

1937年，日本帝国主义发动全面侵华战争，东吴不得不暂时停课，师生纷纷逃离苏州。我们一家逃到了太湖中的洞庭山，但父亲始终心系东吴，当听说附中在浙江南浔办学时，他即赴南浔继续任教。不久，附中又转移到上海，易名“正养中学”，他又随校到上海。抗战胜利后，东吴复校，师生回归苏州，父亲也同到东吴，直至1952年全国高等院校院系调整宣告东吴结束、附中解散为止。其后，被分派到江苏师范学院任教。所以，父亲是受东吴培养，而又为东吴服务至最后一刻的东吴学子。他既是我们的师长，又是我们的资深学长和校友。

父亲是我班平面几何学的任课老师，所用教材是已被指定了多年的《3S平面几何》。这对一位45岁的老教师来说，可谓已驾轻就熟，甚至倒背如流了。上课讲解清楚，重点突出，逻辑性强。可是每当开学时或每次考试、测验后，甚至每次上课前，他都要对着点名册（记分册）琢磨些什么。我曾问过他为什么，回答是：“教师必须及早认识学生，了解学生，这样才有利于与学生沟通和督促学生认真学习。”他认为考试、测验是检验教学质量的重要环节，既能检验学生学得怎么样，又能检验老师教得好不好。所以务必通过这个环节掌握学生学习的情况，以便帮助学习和改进教学。

平面几何课的习题课是最令人难忘的课，也是老师精心设计的课。那一天，在四壁都是黑板的教室里，大多数同学要在同一时间走向黑板，完成老师指定的某一题目，完成之后还要面向全班同学作一番解释。做错或做不出的同学将在众目睽睽之下聆听另一同学的补充和订正。我想该同学当时会想些什么，以后会怎么办，这是不言而喻的了。这个方法对教学的推进很有作用。它还可以防止不做作业或抄袭作业等弊病。

父亲不但悉心钻研教法，而且要求严格，即使是某些细小的基本要求亦决不含糊。记得有一次，我把解题的格式写得乱糟糟的，解法也不够精练，父亲没有批评，而是将一份符合要求的答卷放在我的前面，让我通过对照之后，找出差距用心改正。这种正面教育的方法，效果显著，学生亦得益匪浅。

父亲非常在意学生的进步和期盼学生有个理想的将来，每当有人能以最简单明了的方法解答一道题目时，他就会由衷地高兴；如果一些附加题能被同学理解接受时，他将喜形于色；他对于勤奋好学、成绩优良而思维活跃、又敢于发表自己看法的同学尤为喜爱，他常赞扬像李乐民、戴家熊、戴家兴、席溥泉、席兴荣等同学，指望我等能好好向他们学习。孟子讲，君子有三乐，其中第三条是得天下之英才而教育之，父亲有同感啊！

东吴严谨的学风和老师们的认真教学，造就了一批又一批的杰出人才。就我班而言，就有不少同学考上了清华、北大、交大、浙大等一流名校，更有一批觉悟快而早期投身革命的同学为社会主义建设作出了不朽的贡献。

父亲虽已西去20余载，如果他能看到东吴学子人才济济和在各个领域中的卓越成就，以及得知事隔半个多世纪的今天还有学生在想念他，想必会含笑九泉了。

父亲年轻时性格开朗，兴趣广泛，为人和善，工作之余喜欢唱唱昆曲，寒冬腊月爱去黄天荡打野鸭。但最经常的是摄影，其技术之高超非属一般，遗憾的是多数照片已在日寇侵华时丢失了。退休后，除了漫步庭园和在茶社会友外，还加入了沧浪诗社，并常以吟诗为乐。

1986年3月，父亲在苏州故居无疾而终，享年83岁。同年10月安葬在常熟虞山公墓。

父亲的一生是平凡的一生，他在平凡的教育事业中默默地奉献了一切。

文乃史魂归东吴园

东吴附中52届　史美敏

文乃史

1974年秋，我从北京中央广播事业局调到苏州市政府外办工作，当时主要任务是接待西方自费旅行者，在这个岗位上干了六年。“文革”后，国门渐开，西方人，尤其是美国人蜂拥而来。1977年秋和1978年春，我两次遇到并接待了来华旅游的文乃史的儿子（以下简称小文，以区别其父，其实他年龄已不小了）。

第一次小文大约是来探路的；第二次小文携带了其父的部分骨灰（另一半已在美国入土安葬了），悄悄撒落在东吴校园，以完成其父的遗愿。

1977年秋，国内各大城市开始大搞涉外旅游，上海相关部门率先与欧洲最大的一家游轮公司建立了业务合作关系。该公司麾下的三艘豪华游轮（记得有一艘叫“海上之星”）每年定期从美国港口载客环球旅行。船在上海港口停靠三四天，上海旅游部门安排客人上岸参观、游览和购物等；其中有一天带他们来上海的后花园——苏州作一日游。

小文第一次就是随这些美国人来苏州的。他们一共约有200人，平均年龄七八十岁，最老的90岁以上，坐在轮椅上观光游览。地方上很重视这次任务，铁路局为他们挂了专列接送。我在导游接待时得知其中有一个客人能讲地道的苏州话。中午客人被招待吃地方风味菜，我盯上了他“陪餐”。只见他长得身高六尺，熊腰虎背，很像一个职业橄榄球运动员，但开口却是又糯又软的苏州话，令人忍俊不禁。他自报家门说是退休外科医生，早年在苏州生活过，其父是东吴大学教授文乃史等等。我告诉他我曾经就读于东吴附中，解放前后在校园内经常见到他父亲，还有他母亲，当年我们称她为“文师母”。小文十分惊讶，想不到事隔几十年，在万里之外还有人知道其父母。由于时间紧迫，他没有提出要旧地重游，看看东吴大学遗址。

不到半年，小文又随一个美国旅行团来华旅游，这次在苏州停留两天。一到苏州他就告诉国际旅行社全程陪同，他带来了其父部分骨灰，想撒落在东吴校园内，希望彼等协助。他说他不搞任何仪式，不惊动任何人，一撒了事等等。北京全程陪同者与地方导游接待人员商量后，同意其要求，君子成人之美嘛！由于是低调办事，私了此事，我们斗胆决定，不向地方有关部门和北京国旅总社呈报，免得节外生枝，使事情复杂化了。第二天清晨,北京全程陪同者带小文逛街,悄悄进入东吴校园,撒了骨灰,了结了这件心事。上午我登上旅游巴士带客人出游时,陪同者告诉我此事已办妥了,我也没有细问,“灰”落何处,如今已成了一个谜了。

这段往事,知晓的只有三四个人,关键人物小文恐已不在人间,我现在道来,没有证人和旁证资料,算不得“正史”,但作为东吴“野史”,在同门师兄师妹间传开来还可以吧!我想,不少人对这位东吴洋老人的最后归宿或许还感兴趣。

特怀脱·拉马·许安之

玛格丽塔·许安之·默塞斯密斯

我的父亲特·拉·许安之,1883 年出生于美国佛吉尼亚州拉特福特。他全家都是虔诚的基督教徒,特别是他的母亲,很想成为一个传教士,并去其他国家帮助需要帮助的人们。但她忙于社区工作及多产的 7 个儿子。她名为拉马的儿子继承了她很多的奉献精神。他早年热衷于教育年轻人,在一个星期日学校里教 7 岁的孩子并为城里的童子军工作。

在进入大学时,他专注于英语教育,并在弗吉尼亚州沙仑的罗诺克学院获得文学士学位,在普林斯顿大学获文学硕士学位。他亦在乔治亚州堪特勒神学院学习。1918 年他去中国,在东吴大学教英语。一到那里时,他遇见了梦格丽塔·玛丽·派克小姐。她在苏州是一位幼儿教师。她是苏州医院(博习医院)(Soochow Hospital)柏乐文医生和诺拉·凯脱·朗勃斯·派克夫妇的独生女儿,后者是于 1854 年去中国的卫理公会传教士的女儿。拉马和丽塔 1919 年在苏州结婚。由于派克家属在苏州很有名望并受人敬爱,因此婚礼成为一件大事。下面我摘录几段刊登于 1919 年 12 月 16 日罗诺克时报上有关婚礼的报道。

"在婚礼仪式举行之前,派克医生用中国习惯宴请了数百位中国客人,包括城里的高层绅士、东吴大学的学生及景海师范学校的学生。亮丽的灯笼照亮了医院及派克的住所,在那宽敞的地方举办的大场面的中国宴席接待了约 500 位客人。在席间,穿着绣花丝袍的中国男孩乐队迂回在宴桌之间,演奏中国的流行乐曲,在搭建的一个帐篷里接待绅士、杂耍者和魔术师。

柏克医生和夫人整天接待大量的城里来道贺的中国人,因派克家属是在苏州最早的外国居民。

在柏乐文家中宴会之后,客人们加入拥挤着的人群进入教堂,由于有童子军、E. V. 琼斯、R. D. 斯马脱、戴娜和弗朗尔斯·南斯等教授以及接待员专门负责安排拥挤的人群,在 7 时 30 分时近 1 000 位客人已就座。

绣饰华丽的新娘轿子中叮呤呤的铃声宣告了新人们的到来,因为这对新人是按照典型的中国方式行事的。但这欢乐如画的中国式婚礼活动并未进入教堂,而举行了一个庄严而美好的仪式。"

在教堂进行的仪式是传统的基督教婚礼仪式,由派克夫人的哥哥 W. R. 蓝勃斯主教主持,也就是这个 W. R. 蓝勃斯医学博士创建了苏州医院(博习医院),并将派克医生引入他的工作。许多中外友人将礼物抛向这对新人。

在我父母婚后十年，他们有了五个孩子：W. 赫格脱、P. 克来蓬、N. 奥丽维娅、W. 蓝勃斯及 M. 派克。我是最小的一个，出生于 1930 年。我父母在他们教书和传教之外，亦十分注重对孩子们的教育。我父亲在华期间最难受的事是长时间与在美国的孩子和家庭分离，这是由于日本的侵略战争引起的。但只要有可能，他就用书信和诗与家里联系。

我父亲于苏州执教时，他很高兴能把英语的技巧传授给学生，亦乐于和他们相知并鼓励他们成为一个有多方面能力的人。我所记得的东吴大学的校训是"Unto a Full Grown Man"，我认为它的意义是人们应在人生的许多方面发展，并在他力所能及的范围内作出贡献。我有一本 1935 年的《东吴杂志》，其中有一篇我父亲写的文章，讲的是关于"惠寒小学"的事，这是一所为没有能力负担学费的学生而设立的学校。许多东吴大学的学生志愿在这所学校和一所社区夜校执教。

1937 年日本轰炸苏州后，我的家庭避难到莫干山。那时美国和日本尚未进入战争状态，故作为美国公民，我的父亲能劝说日本兵要尊重莫干山地区为一个安全避难所。在许多日子里，我父亲拿着美国国旗下山去和上山的日本兵相见。在山上还另有一个美国家庭，但我们也保护那些逃避战争恐慌的中国人。在 1938 年春，我们被劝说至上海租界定居下来。在此行程中，我们成功地护送一批年轻妇女通过日本控制区平安地到达上海。

为了安全起见，我父亲在 1940 年把我们全家带回美国。但他在 1941 年春回到上海，继续在避难上海的东吴大学执教。后来他计划随同东吴大学西迁，并持有一张 1941 年 12 月 8 日离沪的票。但这一天正好是日本轰炸夏威夷的日子，并将美国推入战争。上海租界被日军占领后，我父亲被日军逮捕，后又被送至浦东的集中营。集中营生活很艰苦，但父亲仍对需要学习英语的人进行帮助。其中一个是水手，他说我父亲是第一个对他感兴趣的人。集中营的人把他们的经历称为上"浦东大学"。

1943 年，在集中营关押了 7 个月后，我父亲乘格立普旭姆号战俘交换船回到美国。全家欢迎他回来，他就读于纽约联合神学院一年。1945 年 6 月 3 日，被他母校——在佛吉尼亚州沙仑的罗诺克学院授予荣誉博士学位。

1945 年夏，他飞越喜马拉雅山抵达重庆，在那里他担任国民政府与在重庆的美国军队之间的联络官。在战争结束后，他如愿被送返苏州。那时他有一段时期还是美国军队编制，他也乐于从事军队中的军人俱乐部工作。在上海有许多美国士兵，由于战争已结束，他们无所事事，但他们有兴趣学习一些有关中国的东西，所以我父亲把这些休假的士兵组织到苏州旅游。我父亲对中国的历史和非常特殊的苏州文化感兴趣，他非常高兴能把这些知识推介给这些新的旅游者。

在我父亲和军方的关系结束后，他帮助重启东吴大学。在学校里有很多事要做，对我们家的住所也要进行整修。最后于 1947 年 8 月，我母亲、祖母(84 岁的 W. H. 派克夫人)及我与父亲重聚于苏州我们的家。我很快于 1948 年毕业而离开在上海的美童公学。我于 1949 年 1 月回到美国，我祖母于 1949 年 7 月在苏州去世，而我父母于 1949 年离开中国。

1952—1958 年，我父母在非洲南罗得西亚服务。他们在那里交了朋友，但中国人始终是他们最亲密的朋友。我父亲退休后患有很多种严重的疾病，但他保持乐观主义精神，继续享受家庭之乐，听音乐、写书信及诗歌。他于1970年去世，而母亲在1973年逝世。

我很高兴获悉苏州大学在2010年将举行建校110周年纪念。苏州大学已经发展壮大，并继续作出有价值的贡献，我的父亲定会含笑九泉。我的家庭及我本人曾欣慰地于2007年访问了苏州，受到了热诚的接待。我们为即将到来的纪念节日送上热烈的祝贺。

（本文原文是英文，由吴耀乐翻译）

纪念许安之先生

东吴附中49届　陆克亮

附中49届同学张宗祁医生约我在欢庆母校——东吴大学110周年校庆之际,写一篇纪念许安之先生的文章,推却不了,只好勉为其难。毕竟要回忆的是60年以前的事情。好在同学们提供了不少资料,现在将它们整理于下,藉此表示我们对许安之先生的深深怀念。

许安之先生(Dr. Dwight Lamar Sherertz,1893—1970),美国人,出生在一个虔诚的基督徒家庭,在一个充满了信仰(Faith)、希望(Hope)、爱(Love)的环境中成长。尤其在其母亲积极参与社会服务的博爱精神影响下,很早就有志于教育事业。早年就读罗诺克学院,取得学士学位后,继而进普林斯顿大学取得硕士学位。后又在艾莫雷大学、哥伦比亚大学进修神学,获得牧师资格。1945年罗诺克学院授予他荣誉博士称号。

许安之先生是美国基督教卫理公会的传教士。1918年来到中国,在苏州东吴大学附中教英语。第二年,与Margarita Park小姐结婚。隆重的婚礼,轰动了当时整个姑苏城(Margarita Sherertz女士所写文章)。Park小姐是苏州原博习医院的创办人Dr. Park(柏乐文院长)的女儿,生在中国,会说一口流利的苏州话。她是一位儿童们喜爱的幼儿园教师。

许安之先生来的时候,中国是一个半封建、半殖民地国家,是一个贫穷而自大,落后而自信的大国,是一个遭受世界列强欺凌的国家。他想用信仰、希望和爱来帮助中国摆脱这种局面。后来,中国发生了许多变革,经历了辛亥革命、军阀混战、国民党执政、日本侵华战争、第二次世界大战以及共产党领导的解放战争和中华人民共和国成立等各个历史阶段的重大变迁。苏州解放的时候,他目睹了解放军严格执行三大纪律、八项注意的优良作风,感触很大。他曾高兴地和大家一起参加过庆祝解放的活动。但是后来我国实行向苏联一边倒的外交政策,他成了一个不受欢迎的人。于是在1950年底,他和他的夫人不得不遗憾地离开了他们热爱的工作了30多年的中国,回到美国。一年之后,于1952年,他又带了夫人一起去了非洲的罗得西亚,在一所师范学校任教,并在一座教堂担任副职牧师。同时,他夫人在那里创办了一所幼儿园,直至1958年退休回国。

1937年,日本全面侵华,日军在华施行抢、烧、杀等丑恶行径,令他感到非常不安。于是他利用美国侨民的身份,数次向日本军队交涉,尽可能地保护中国百姓少受灾难。苏州沦陷之后,东吴大学被迫迁往上海,在当时的租界地区的慈淑大楼和慕尔堂租屋继续办学。许安之先生没有回国,仍和大家一起上课、教书。1941年12月,太平洋战争爆发,日军进入租界地区,侵占了慕尔堂。许安之先生和所有留在上海的英美人士都被关进了集中营，失去了自由。经过不断地交涉和斗争，度过了长达七个月之久的苦难日子，许安之等才被释放，遣返回国。

由于他了解中国，又会讲中国话，所以在1945年初，美国政府派他随援华美军飞到重庆，担任同中国军队的联络官。为时不久，日本战败投降，战争结束，他就立刻回到苏州参加东吴大学复校的筹备工作。当时的校园被日军糟蹋得满目疮痍，房屋需要全面修整，设备需要重新添置，工作量相当大。经过他们的共同努力，很快，东吴大学及附中，于1946年春季在原址开学上课了，学校走上正轨。

1947年夏天，许安之先生利用暑假回到美国，将他夫人、小女儿Margarita以及年已80多岁的岳母Park老太太接回苏州——他们热爱的、熟悉的、有许多朋友的第二故乡。

我们是附中49届的学生。许安之先生教我们班的耳口课(Oral English)，类似现在的听说课(Listening and Speaking)。耳口课是他长期探索和研究而创设的一门课程，别的学校没有这门课程。上课不用教本，他用讲故事的方式先讲，然后提出问题和学生一起对话、讨论。有时选一篇英语课上的课文，让学生轮流朗读，及时纠正不正确的语音语调。教学中突出多音节单词的重读音节。"得得当得"的教学特征，给学生们留下了深刻的印象。每周两节课，但几乎每周都要进行一次听写训练。他把课上的内容编写了四五个句子，进行听写，目的是可以了解学生在哪些地方学习比较困难、容易出错，从而研究如何改进。改革开放后，不少同学在工作中用上了英语，成了这方面的骨干，他们都说能够得心应手地使用英语，忘不了许安之先生的耳口课，真是得益匪浅。

许安之先生在中国的30多年里，他曾一次又一次地在经济上资助过许多学生，并且选拔优秀青年，推荐到美国留学深造。他不要回报，只是勉励他们好好学习，好好做人，养天地正气，法古今完人，将来服务于社会，认真工作，善待他人，为把世界变得更加美好而作出贡献。

许安之先生有一个美满的家庭。1969年，是许安之夫妇他们结婚50周年。12月25日，他们的五个子女各自带了自己的小家庭前来祝贺他们的金婚纪念，一共23人，他们以家庭祈祷开始，唱赞美诗，祈祷、祝福。然后讲以往的故事，讲了许多在中国时候的朋友和事情，热热闹闹，尽享天伦之乐。孙辈们不时地发出惊讶的喊声。最后，为了表达对久别的中国的留恋，他们特意选择了一家中餐馆，品一顿丰盛的中国美味佳肴。当餐馆人员知道了这个美国大家庭的长者曾经在中国工作30多年，感到非常钦佩，纷纷前来向他们表示祝贺，祝他们健康长寿，阖家幸福，并共同期待中美关系早日恢复正常。

Margarita Sherertz的丈夫是一位生物学教授，鸟类学专家。改革开放以后，曾14次带领学生到中国访问和考察中国鸟类。Margarita也好几次陪同前来，也到过苏州大学参观访问，会见了许安之先生以前的老朋友和老同事，其中包括张梦白先生。

许安之先生不仅是一位教育家，一位文化交流的使者，他也是一位诗人。他写了许多诗文，有些还谱了曲，供唱诗班歌唱，供大家阅读，从一个侧面反映了他那具有高度信仰、希望和爱的精神的崇高思想境界。

风雨王公权

东吴附中50届　朱家灏

2007年10月，东吴附中50届同学相聚无锡，负责接待的是当地学长王公权。无锡之行，无论在吃住行玩方面，还是在叙旧联谊方面，可以说与会者个个叫好，人人满意。至今每忆及此，还是对东道主充满了感激之情。彼此毕竟分别已近60年，沧海桑田、往事朦胧，60年的经历、变化，只靠相逢几天的接触，是很难解读和感受的；何况老王又是个处事低调、不事张扬的人。参加编书以来，又看了有关老王的一些资料，颇受感动，自觉有责任把王公权介绍给与我一样60年未再谋面的学长们。

怀揣残疾证的热情东道主

在无锡，我们见老王拄着拐杖，只知道他是个严重的关节病患者，其实他受伤痛之扰已好几年。退休后听说登山有利健身，就跟着别人天天爬登惠山，自认为身强体健，每次小跑着上下山，一步能跨两级台阶。坚持数年后，膝盖疼痛日益加重，以致双腿不能伸直，行走必须依靠拐杖。2003年，无奈做了人工膝关节置换手术，残联为他发了残疾证。

老王身残志坚，该做啥还是做啥，没有退缩，没有消沉。无锡聚会，他老早作了准备：预定食宿、安排集会、确定游程、联系交通。在宾馆，他事无巨细，亲自过问，力求大家满意；在景区，他陪着大家充当向导，帮忙摄影；在途中，他不要别人照顾他的残疾之身，反过来关心体贴别人，无微不至。他的目标只有一个：为大家服务好。他做得很多很细而说得很少，朴实得如同随便可以在街头田间碰上的腿脚不利索的拄拐老汉。

耄耋旅游摄影家

老王热爱生活，酷爱摄影，是无锡摄影界的名人。曾担任《中国当代摄影家作品鉴赏集》编委，现任无锡市老科协摄影研究分会名誉会长、中国老摄影家协会会员。

改革开放后，老王即去港澳，继之新、马、泰、韩国，继而又往西欧十国、南非、澳大利亚、新西兰、俄罗斯……线路由近至远，范围越游越广，足迹遍及四大洲。为了出国观光和同各国人民及同行交流，老王和夫人侯婉珍平时省吃俭用，克勤克俭，几乎不上馆子，一日三餐粗茶淡饭，穿的是粗衣布衫，出行坐公交……

作为东吴校友，去台湾旅游是他早有的梦想之一。2008年6月，夫妻俩终于作为两岸三通后首批赴台旅游人士，前往宝岛观光会友。他说："与分别已60年的少时同学相约，去台会面。白天和老伴随团队旅游，晚上大家就在我的旅店聚会。回忆少年梦，共聚少时情，顿时找回了年轻时的活力，真是欢乐无比。"

每次出去,他总是硕果累累,满载而归。近几年已在无锡举办过"王公权欧洲行摄影展"、"王公权南非行摄影展"、"王公权俄罗斯行摄影展"、"王公权台湾行摄影展"等。展出均免费招待观众,自掏腰包添印、上框、布置、编写说明和讲解词、印发请柬,有时还要付场地费。老夫妻俩在影展期间,亲自讲解,亲自搞卫生,亲自迎来送往。不管风霜雨雪,自带饮食,渴了喝杯白开水,饿了吃口自带饭……展出期间,观众络绎不绝,赞扬有加。留言中有人写道:"参观以后,好像自己亲临其境到了那里一样……不仅技术精湛,而且无私展出,精神可嘉。"谈起办展的初衷,老王说得朴实无华:"外面的世界丰富多彩,希望我的照片能鼓励更多的老人多出门走走。"对老王作品的评价,东吴大学无锡校友会会长潘承俭、助理陆克亮认为:"他的作品风格清新,画面简洁,形象生动,极有艺术感染力。"

专家型的企业家

老王离开东吴附中后,毕业于江南大学电机系。改革开放后,作为无锡一家制冷空调成套服务公司的总经理和总工程师,老王是无锡最早的一位制冷专家。

身为制冷专家和企业家的他,办事处世另有一种风格。

20 世纪 80 年代,无锡一家年创利近亿元的微电子公司,需要一台大功率的冷冻机,找到老王。此前老王在北京开会时,曾与美国某公司有过协议,由王介绍业务,后者给以 5% 的外汇报酬。于是,通过电报、电话和接待,老王为微电子公司向这家美国公司购进了一台价值 20 万美元的大型冷冻机。后者的总工程师来锡后,老王直接把他介绍到买家公司,自己不但不收取分文报酬,还为这买卖倒贴了一笔邮电费和招待费。又如,建造耗资亿元的无锡大饭店和梁溪饭店,一种客房需用的风机部件,价值 40 多万元,经老王介绍,由苏州的电表厂供货。作为注册的中间商业单位,可以合法收取一笔批零差价。但老王分文不取,双方非常感谢。再如,雄伟的无锡新火车站落成,帮助火车站安装空调的市安装公司,因买不到大型空调机向老王求助。老王及时帮助解决了问题,又是一项无偿的服务。

在无锡市众多制冷空调销售企业中,像老王那样既是行业专家,又是企业家的人物,可谓是凤毛麟角。两种优势加在一起,使产品经销既保证了优质,又价格公道。老王的公司一年内就承接大小业务 500 多笔。

这种 50 年代知识分子特有的事业型性格,的确是中国式的特殊锤炼的成果。

1959 年冬,无锡发生了贮藏了几十万市民食用肉的 500 吨冷库冷冻机不能正常运转的事。如不及时修复,500 吨肉食将变质报废。这十万火急的大事惊动了中央商业部(机器是商业部从东欧引进的),立即派出专家赴锡抢修,结果无效。市委书记焦急地问:当地就没人能修?市科委推荐了已被归入"右派"的王公权。书记建议找来试试。老王作了仔细检查,终于找出毛病,一夜未眠,设计零部件并投入精细制作。经过一天的修理,机器转动了。部、市有关领导大喜过望。

一个电机系毕业生,怎么成了制冷行业的权威?

原来王公权最早是无锡纺织印染厂发电部门的技术人员,但对制冷机发生了兴趣,而当时的无锡,这还是个空白。于是他去了上海,先后在三个厂(冷气机厂、电冰箱厂、冷冻机厂)从学徒工做起,学到了制冷的专业知识和装配、修理各类机型的操作技能,回锡后成为全市仅有的一名制冷业的行家。养兵千日,用在一时,终于在无锡市第一台大型冷冻机的修理中大显身手。

"左"倾路线的牺牲品,改革开放的受益者

当1959年为500吨冷库修复冷冻机时,老王还是个尚未摘帽的"右派"。机器修好后,中央商业部有意调他去部里工作。由于大家知道的原因,老王不仅没调成,连冷冻机的边也沾不上了!等着他的是进"五类分子学习班"。此时,日夜鼓噪的是"以阶级斗争为纲"!

一个知识分子最大的痛苦,就是不能以己之长报效祖国。他偶然听到电力部某工程处在新疆招收技术工人,便毅然前往投考。在几百名应考者中,只有老王一人被录取为八级电工,坐飞机去南疆负责一个火电厂的建设,享受工程师待遇。王公权兴高采烈,只要能和电机打交道,即使远离温暖家庭、如画太湖,也都值得……可惜好景不长,一张三寸长的纸条从无锡厂里飞去,老王又被押解回锡,差些被投入劳教队伍。当市府知道这名500吨冷库冷冻机修复者的遭遇后,让他进了农场。他每年要为农场净挣好几千元的冷冻机修理费。因为当时无锡这方面缺少技术,冷冻机坏了仍要找王公权,而他每次要价都很低。

平静生活过了不久,"文革"来了。作为"反动技术权威",老王顺理成章地又被折腾得死去活来。

"文革"结束,刚满50岁的老王拖着病体,被通知退休。他发誓再也不弄冷冻机了。冷冻机变成了他手中的照相机。他到风景如画的鼋头渚一住数年,成了个业余摄影家。

改革开放的春风,融化了知识分子那颗被冻僵的心,改变了王公权不再过问制冷技术的誓言。他又开始创业了。当业界再度关注王公权时,他已不仅是一位技术权威,同时又是一位知名的企业家了。

风风雨雨几十年,王公权的身份不停地在变,始终处于动态之中。只有一点未变:不管干哪一行,他都要干出点名堂来。

音容宛在——忆校友吴朝昌同学

吴庆荣

1951 年,我就读于昆山路东吴大学法学院会计系。当时校园不大,有一个篮球场,旁边有一块空地可以打打排球、羽毛球。

我们利用课余时间,大概有六七个同学正兴趣盎然地打着排球。突然不知是谁打了个高球,恰好落到一位路过的女同学头上,这时大家都懵住了。被砸的女同学,手捂着头,嘴里在嘀咕着什么。我们几个同学你看我、我看你,也不知道是谁无意间闯了祸。这时吴朝昌同学走上前去很礼貌地鞠躬并对她说:“对不起,这球是我打的,请你原谅我。”这种勇于承担责任的行为让我们很感动。虽然后来这位女同学并没有计较,但对我们玩球的同学来说总觉得很内疚。这件小事给我留下了很深的印象,时隔 50 余年仍然记忆犹新。

吴朝昌同学个子矮矮的,圆圆的脸上戴着一副眼镜,温柔的笑容很有亲和力。他为革命和祖国建设奔波了 50 多年,从华东建筑工程公司到洛阳拖拉机厂,一心一意为祖国的振兴而努力。终于在有生之年回到故乡——上海。在校友的聚会上,回忆着曲折的人生经历,真是恍如隔世啊。

2006 年年末,听说吴朝昌同学已经到了胃癌晚期。我曾约了几位同学去他的住处探望,一个活泼开朗的青年,变得白发苍苍,目光呆滞且行动不便。令人感觉留给他的时间已经不多了,我们真是唏嘘不已! 春节前约两星期,突然接到他已辞世的噩耗,真是让我非常痛心!

吴朝昌同学,祝你在天堂之路上一路走好!

怀念席溥泉

东吴附中50届　席兴荣　沈惟忠

其一

溥泉胞兄大我仅一岁又半,1945年同入苏州东吴附中初二级就读,自此两人同食、同宿、同教室,朝夕相处,历时四年,人称“席氏昆仲”。我俩虽一母所生,但性格迥异,彼好静却勤奋,余好动且贪玩,但彼从不以兄责弟,而以其榜样时刻影响于吾,使吾一改转学东吴前之怠学恶习,尚能尾随“好学生”之列,岁岁捧奖状回家。溥泉兄屡评为甲等荣誉生,我仅列乙等。

兄之勤奋体现在学业之刻苦与生活之勤俭,节假日亦不稍怠于学习,在校多年除偶而看“善后救济总署”播放的免费电影外,从不花钱买票进影院;除星期日去望星桥买一小包花生外,从不乱花钱。住校期间,他坚持自己洗衣补袜,当吾之洗衣作坊折子将写满之时,其折上仅寥寥几次大件送洗。为节省纸张,彼经常“一纸三用”,首用铅笔、次用钢笔、再以毛笔练字后弃之。于公于私,一生保持节俭,作为富家子弟,实难能可贵。乃至告别人世之时,仍穿一身中山装而去。

溥泉胞兄自幼爱读圣贤之书,知书达理,学以致用,自家庭至学校,从军队到地方,始终追求真理,是非分明,表里一致,言之必行,为人正直,坚持正义。抗日之初,避难于乡(洞庭东山),时读小学,见“一贯道”猖獗,愚弄乡民,整日叩头求神而不务正业,吾兄嫉恶如仇,在家书写“一贯道是邪教”等小标语,到处张贴散发,其忧国忧民之心延续一生。苏州解放前,他在东吴附中积极投入反蒋、反内战、反饥饿、抗议美军强暴北京女大学生等爱国学生运动。1948年东吴大学部组织学生自治会时,附中亦积极响应。溥泉兄在竞选中当选为班级学生会主席,成为班级学生民主运动领军人物之一,积极参加苏州解放前夕的护校应变活动。解放后,他担任附中青年团支部组织委员,后又响应团组织号召,于1950年参加中国人民解放军空军航校,成为革命军人。

“文为学者,武当空军”乃吾兄学生时代之宿愿。既进航校,经苏联专家之培训,发奋苦学,成绩优异,一心早日翱翔蓝天,为解放全中国杀敌立功。奈何命运不济,先被诬为“假团员”,后又不准其飞行,加之对其封锁母亲得重病继又亡故之消息,在“整风反右”运动中不免坦陈对领导之意见。虽外调结果团员属实,但仍被转业至河南,先至某合作社,后因洛阳新建第一拖拉机厂需技术人员,被调该厂高周波科工作,遂弃喷气发动机而改学柴油机专业。为适应工作之需,无师自通俄文,虽其发音无他人可懂,但其笔译苏联技术资料颇有贡献。正当意气风发被评为“建厂学习标兵”之际,却被加“右派”之冕。

下放当工人,工资降级(从72元降至47元)。但吾兄不改其勤奋品德,利用废料亲手设计和制造自动喷砂机,将该厂从事喷砂之工人从恶劣劳动环境中解放出来。“戴帽”二十余载,经受了错误之政治打击及穷困之生活磨难,在其最艰难之时结婚生一对孪生儿子,起名为“务工”和“务农”,在吾兄言传身教下现都培养成拖拉机厂骨干。可见其报效祖国之志不减,参军时服务工农之心不变。最令吾铭心感动者,乃在其入不敷出、穷困难熬之际,仍省下钱来帮助幼弟读大学;在“文革”中我亦挨整之际,把吾顽劣长子带去洛阳调教成为“三好学生”和青年团员。

幸乎!粉碎“四人帮”之后,拨乱反正,云开日出,重见光明。吾兄获得彻底平反,虽年过半百,更尽心尽力,不减当年,连续三载被评为数万人大厂之标兵,获“厂劳模”之光荣称号。年至花甲,光荣退休,在当地一小厂任总工程师,亲手设计、试制及推销多种生产装备,并亲自去现场指挥安装、调试,以及售后维修服务。其中最令其自豪者乃亲自开发设计自动医用铸钛机,填补我国空白,质量超过国外同类产品。虽经常出差,彼只住低档招待所,购金属零部件靠手提肩背,从不叫出租车,每月仅获津贴数百元。我曾劝他如此低价劳动力不干也罢!彼曰:我有退休工资,发挥余热为的是帮助别人,不是为钱,闻之无不为之感动。余思彼之一生乃光明磊落之一生,正气浩然之一生,也是遵循母校东吴校训之一生。吾为有溥泉胞兄而骄傲!伟哉吾兄! (同窗、胞弟　席兴荣)

其二

时光匆匆,岁月易逝,转眼间告别母校已逾59载。回首往事,最使我久久不能忘怀的是同窗五载的席溥泉,他既是我的学长,又是我的战友,更是我的良师。

记得1946年1月我到苏州东吴附中就读初二时,很快相识了席溥泉,我们俩同班、同宿舍,朝夕相处,形影不离。他年长我两岁,比我成熟得多。他勤奋好学,积极上进,品学兼优,待人厚道,平时乐于助人,是我们班上的优秀学生。当时我年仅14岁,学习成绩欠佳,老师上数学课,有时听不懂,回到宿舍不会做几何题,一时思想挺苦闷。溥泉学长见此情况,急人所急,忧人所忧,主动放弃休息时间,为我细心辅导,耐心讲解,仔细分析难题,不厌其烦,直到我真正弄懂会做为止。我正是在他的热忱帮助之下,对数学逐渐产生了兴趣,成绩得以逐步提高,每当父母见到我优良的成绩单时,分外喜悦,倍加赞扬。从此,我更加热爱数学,终于打下了良好基础,想不到一个幼时徘徊迟疑于数学天地之外的少年,日后竟然成为从教20余年的数学老师,抚今忆昔,又怎能不使我从心底感激当时心贴心地帮助、手把手地教我的溥泉学长呢!

溥泉学长不仅是学业上的佼佼者,而且是个为人正直、思想进步的优秀革命青年。当时正值解放战争年代,国民党日益腐败,人民处于水深火热之中。他是高中班级学生会主席,也是新民主主义青年团支部组织委员,他积极参加青年学生爱国运动,热情进行爱国宣传。其实我思想比较幼稚,分不清敌我,辨不清是非,他给我看艾思奇的《大众哲学》、毛主席的《新民主主义论》等进步书籍,带领我参加学生爱国活动。记得有一次晚上他特意找我谈话,讲青年人要爱国,投身革命行列,为祖国解放事业出力,“国家兴亡,匹夫有责”等道理,使我思想上受到很大启发。经过一段时间学习,我有了较大进步,他又不断鼓励我，介绍我参加了青年团。他既是我入团的介绍人，也是引路人，从此人生的道路上开始迈向革命的第一步。

时至1950年1月，我们国家加快了空军建设步伐，从学校中选调了不少知识青年进入空军，学校团组织推荐我和溥泉兄至苏南军区党委报到，体检和政审合格后，分配到杭州笕桥空军基地学习，从此我俩从同窗校友变成军中亲密战友。不久他升任班长，我在他领导下进行学习。那时我18岁，一直过惯了"衣来伸手，饭来张口"的少爷生活，对部队生活很不习惯，工作中也遇到了不少困难。首先是劳动一关，而溥泉兄劳动、学习样样干在前，学在先，带领全班冲刺向上，没有一点少爷架子。当我在前进道路上遇到困难时，他又热情地伸出手来。有一次星期天，上级要我们到机场除草，有一定劳动强度。班内战士拿起镰刀，唰唰割草，速度很快，而我从未摸过镰刀，心慌意乱，手握镰刀，如同拿切菜刀一样，一根一根地切草，直割得腰酸背痛，满头大汗，又慢又累，还落在别人后面一大截，一不小心镰刀还把手割出血来，至今手腕上还留下一块疤。溥泉看到了，非但没有笑话我，而是走过来手把手地教我如何用镰刀割草，把镰刀放在草根上，用力一下唰唰地把草割去了，这样又快又好又省力。经过我一步一步实践，终于掌握了窍门，跟上了大家的步伐，很快完成了任务。从此我就决心多参加劳动，多学会些本领，不管种树、帮厨干活还是担土，不怕苦，不怕累，努力锻炼自己。后来到1950年10月，溥泉兄被选调到沈阳航校学习技术，我被分配到哈尔滨航校学习技术，虽然身处两地，但我仍牢记他给我的帮助。在航校学习时，我不甘落后，取得了优秀成绩，提前毕业，被分配到飞行大队工作。在搞航校技术工作中，我仍不忘溥泉兄教我理论结合实践，学以致用，刻苦钻研，经苏联专家培养帮助，我成功制作多项航空无线电测试设备，部队为此召开了现场会，得到了赞扬，先后多次立功并取得了空军"五好红旗手"称号。

昔日的情景，一幕幕如在眼前。我发自内心地感受到，在母校，他是我挚爱的学长；在部队，他是我信赖的战友；在长期的交往中，他是我敬重的良师。"师者，所以传道授业解惑也。"无论是在东吴附中，还是在军旅生活，抑或此后的岁月中，无论是"传道""授业"，还是"解惑"，溥泉堪称是我的"良师"，他乐我所乐，忧我所忧，急我所急，帮我所需。尤其在青少年时代，我每前进一步，无不浸透着溥泉兄的智慧、汗水和心血！在我们握别后的漫长岁月中，溥泉兄虽身处逆境（被错划"右派"20年），但仍然不改志向，平反之后又忘我工作，屡有出色创造和贡献。他的精神，他的意志，他的品格，一直激励着我在人生的道路上，继续迈出新的步伐。

溥泉兄不幸过早离开了我们。2008年10月13日，我们10位同学专程前往浙江慈溪溥泉兄墓前悼念。在墓前，我们不禁忆起了臧克家的名诗："有的人活着，他已经死了；有的人死了，他还活着。"溥泉兄是后一种人，他永远活在我们同学心中，活在我们战友心中，活在许许多多熟知他的人的心中！

（同窗、战友　沈惟忠）

“怪佛”陈乃圣

陈其瑞

整理旧物，偶然见到一帧齐璜（白石）绘画、柯璜题词的碑刻拓片。那是20多年前苏州书画篆刻家矫毅先生赠我的。画中人物不是别人，正是我的堂叔，人称“怪物”、“乞丐”的陈乃圣先生。拓片记载了陈乃圣与“两璜”（齐璜、柯璜）的书画因缘。

陈乃圣，20世纪30年代可说是苏州一位家喻户晓的人物。他原是东吴大学学生，白天在校读书，晚上却去拉黄包车。一次乘车的正是自己的大学教授。当乘客下车付车资时向那车夫一瞥：咦！这不是我的学生密斯特陈吗？于是大为恼火，认为大学生拉黄包车有辱斯文，有伤校风。回到学校，也不听学生申辩，决定将他处分。此事被新闻记者获悉，刊登在报纸上，一时坊间传为笑话。

陈乃圣行为怪僻，还不止这一时一事。譬如他常年每天只吃一餐，每餐要吃五六碗。他穿的衣服，有时见有比自己穷困而挨冻的便脱下相赠，而到了添衣季节，才想到要重新购置，人起绰号“陈怪佛”。他又酷爱书画艺术，却无力购藏，便以“乞丐”名义，向歆慕的著名书画家索求。他还把求得的绘画作品请人刻为石碑，在老宅建祠堂时陈列起来，并拟建成一石刻艺术馆。

陈乃圣为索求书画，每天要发出很多信件，信中还附宣纸和回件邮票，就这样许多名画家的画居然都让他得到了。如徐悲鸿就为他画了一帧“乞丐”造像，画中的乞丐挟着几件画卷前行。此画后由苏州刻碑名手黄怀觉刻成石碑，拓片传世。陈乃圣还将它装在框内，挂在寓所。其他如北京的惠孝同、苏州的王个簃等名画家的画也都让他求到了。但不随便将画送人的吕凤子的画和悬有润格一定要收钱才给画的齐白石的画却得不到。

吕凤子那时在中央大学任教。陈乃圣每隔一月就要给他写一信，一连写了两年，画家都没有回信。后来他索性到南京中央大学拜访画家，仍不予接见。陈乃圣坚持每月必去，终于一次在门房间见到了他。在“乞丐”向他倾诉仰慕之情后，凤先生终于被眼前这个忠实的“粉丝”所感动，为他画了一张画。陈乃圣得画后，即请苏州“师竹居碑帖店”店主杨文卿刻成石碑，并拓片寄给画家。这样吕凤子和陈乃圣结成了友谊，又给他画了耶稣、孙中山、马克思、列宁和毛泽东像等等。

至于齐白石的画是怎样得到的，已难以考证。齐白石赠给陈乃圣的画，画的就是陈乃圣本人肖像，画中的陈乃圣身穿僧服，作坐姿，头微仰，上题篆书“怪佛”二字，下署“齐璜”。柯璜则在上端题词：“此佛降世，颇多怪行，作诗写文，感化世人。诗作生命歌，文写大墓铭，人都称之怪佛。”下署“辛巳春柯璜题”。可见柯璜对陈乃圣的言行是十分熟悉的。

陈乃圣1976年病逝于上海。他终身未娶，晚年生活由亲人照顾。

（摘自《新民晚报》2009.4.18）

三、东吴情愫

怀念东吴

冯梯云

光阴荏苒,50 多年过去了,但在东吴大学学习的每一个日日夜夜却常常萦绕在我心中。那些老师、同学们的笑语言谈,犹如昨日往事,历历在目。在那里,我第一次接触到了西方法理和哲学理论,结识了许多知心朋友,找到了终身伴侣,学到了为人之道。和诸多学友一样,东吴的学习历程对我半个世纪的人生之路产生了重要影响。

东吴大学不仅是一所教书的学校,而且注重对学生的道德、人格教育,视育人为首要任务。校训有云:“养天地正气,法古今完人。”“正气”两字博大精深,以正直、正义、正大光明为主旨,“完人”两字更是在诸学子心中树立了理想的道德规范。校训决定着学校的办校方针,体现着数千年来民族文化中的优良教育传统,百年来历久弥新,与当前精神文明建设的主旋律相互呼应。东吴大学培养一个学生不过是四五年的事,但她对学生的影响是长远的,对社会风气的影响是深远的。建校以来校友中涌现了大量的人才,为社会做出了杰出的贡献,他们中有政府高级官员,有知名的高级学者、国际大法官、大律师,更有无数为社会无私奉献的校友。一个学校出这么多的人才,以一校之风影响社会之风,不能不说是我们的骄傲。

我是 1944 年考入东吴大学法学院法律系的。东吴大学法学院本部在日本占领区,租借了爱国女中上课后又改在西藏路慕尔堂(即现在沐恩堂)。授课时间大多安排在下午 3 点半以后。这种安排是为了照顾学校的教授们。校方聘请的教师多为上海知名的学者、专家、大律师等社会名流,他们中不少人在社会上另有职务。大律师、大法官们上午需要处理公务和各方面的交际,下午 3 点以后才能腾出时间来讲课,故而形成了下午开始上课的制度。

当时的法律系名家荟萃,课程非常精彩。到今天,很多先生们讲过的内容仍犹在耳,回味无穷。讲民法的张正学先生、曹杰先生,讲刑法的俞承修先生,讲杜威实用主义哲学的傅统先生,讲政治学的吴芷芳先生等,都是上海数一数二的学者、名流。讲语文的是文学专家王佩诤先生,他治学扎实、刻苦、严谨的精神给我留下深刻的印象。“治学和做人是一个道理”。我从他的言传身教中学到了“严谨做人”四个字。傅统先生讲课精彩,本是抽象的人生哲学,他深入浅出,娓娓道来,同学们听得津津有味,经他教授,我知道哲学是一门真正的人生艺术,是学问的最高境界。这也为我日后学习辩证唯物主义、历史唯物主义打下了基础。解放后,有一阵子批判实用主义哲学,由于我已对实用主义哲学有所了解,批判能有针对性,这归结于傅先生的教学。吴芷芳教授讲的政治学,重点讲西方政治体制,介绍美国宪法以及总统制、英国的内阁制、瑞士的联邦制等政治制度。这些知识到现在对认识美英的所谓“民主、自由、人权”都还很有用。另外还有社会学、罗马法、比较法学、国际公法、国际私法、海商法、契约法等基础课程大大拓展了我的视野。法学院授课教材大都是英文，学生在模拟法庭上用的均是英文。这样的学习，为我们的英语打下了扎实的基础。

解放初，学校学的西方法理和哲学理论没有用了。现在随着改革开放的不断深化，我国在国际舞台上的地位不断提高，对外政治、经贸交往活动日益频繁，这些理论和知识对于知己知彼又有新的意义。我在监察部分管外经贸、海关等部门时，东吴大学的专业知识对我仍有很大的帮助。

应该说，大学开设的西方法学不仅在当时的社会环境中需要，就是现在，随着政治、经济全球化的发展，我国又加入了世贸组织，掌握国际间交往的有关法律法规，了解世界经贸法则和惯例，对于发展国家经济、促进国际贸易也十分重要。经验告诉我们，在改革开放中，从事政治、经济工作的干部也要懂一点西方政治、经济和法律常识，以利于工作。国家正在加大力度培养既熟悉中国国情又了解西方法制体系和法律制度的专门人才，各文科和综合性高校也都值得考虑设置相关的专业。由于各类学校在解放后此类学科的教学与研究中断过一段时间，目前我国这方面的人才还是缺乏的。我认为，老同学们如有可能把自己这方面的认识、感受与经验作些介绍，对国家的改革开放和经贸发展是有用的。

在东吴大学，我的收获很多。我学到了如何用刻苦的精神求学。后来由于我要到宁波主持正大火柴厂，没有完成在东吴的全部学业，但我永远怀念在东吴的那段美好时光。

记忆鳞爪

东吴附中47届　李根深

1947年，我毕业于苏州东吴大学附中，距今已一个甲子有零了！当时还是个未经世事的少年，如今已成为年届耄耋的老人，怎能不感慨系之呢？

我是在1946年下学期从苏州吴县县立中学转学到东吴的。好端端为什么要转学呢？这得说明几句。在日伪统治时期，我已经接受不少进步爱国思想，知道国民党的统治是专制独裁、腐败的。县立中学在抗战胜利后将由国民党政府接收，我如果继续在该校求学，很有可能被迫加入"三青团"，甚至你自己都不知道，却已被他们登记为团员了。对此，我是深恶痛绝的。所以，我一听到东吴迁回苏州，便和几个志同道合的同学一起转学了！

当年秋天，我去了一次东吴，打听迁校的确切日期。当时校园里一片狼藉，满目荒芜，体育馆还充斥着马粪的臭味，游泳池周围野草长得有齐腰高，日本伤兵带血的纱布、纱包到处可见，不少大楼的窗户也是破损的。

在东吴学习时间虽然只有短短的一年半，但对我说来，这是永远值得回忆留恋的一段历史。就是在这段时间里，我建立起并形成了自己当时的人生追求和目标——竭尽全力考入上海交通大学，全身心地投入进步学生运动，为国家的民主、自由、富强献身，学成后做一名踏实肯干的工程师，编织我实业救国的美梦。

东吴的学习环境是优越的：有美丽静谧的校园，有高水平的教师队伍，有内容充实并文化多元的图书馆，还有大学水平的实验室。课余生活也是丰富多彩的。东吴的学习气氛是自由宽松的，留的作业并不多。为了达到我的目标，我有充裕时间可以自由徜徉在我自己设计的学习内容、学习方法中。我深切知道，如果我只掌握课堂上的教材，交大是很难考入的。所以，我选择了几本数学、物理的参考书作为补充，自己啃，经常干到深夜。不少时候，上数理课我也不去，在图书馆、家中自己钻研，觉得这样学效率高，收效大。我之所以能做到这点，应该归功于东吴提供的条件：丰富的图书和自由的环境。实践证明这样做是有效果的，有一件小事说明了这一点。交大入学考试的数学题有一题是：用斜交坐标系（不是正交）写出圆的普遍方程式，我做来就毫不费力，因为在补充材料中提及过它。物理试题也有类似情况。

我是不信教的。入学时还担心在教会学校是否每星期日一定要进教堂做礼拜。入学后，我问了教导主任庞龙先生。他回答说："你不信教，强迫你去做礼拜，我们基督徒是不能这样做的。"

东吴的老师的确是高素质、高水平的群体，他们都能用言简意赅的话把教材的核心内容反复表达得很清晰，而把丰富的枝节只是提纲挈领地罗列出来，留给学生自己去思考、掌握。东吴的教学不是强迫式的要你接受一大堆现成的知识，而是首先引起你的兴趣，开个头，只把核心内容讲透，通过学生自己的思考来咀嚼它、消化掌握它。教你的是思路（approach），而不是一堆死知识。这是我对东吴教育最欣赏并肯定的一点，也是我终身受用的。

教师中至今留给我最深刻印象的是美国人许安之先生。他教我们“英语耳口”即 Oral English。他是一个虔诚的基督徒，总是一脸慈祥的笑容，操一口稍带外国腔的吴侬软语。跟他学习后，校正了不少我原来发音的错误。后来我在工作中接触不少英美人，用英语同他们交流或谈判时，往往受到他们对我语音的肯定，此时我会马上忆及许先生当时对我发音不厌其烦的耳提面命的校正。不知为何，许先生对我似乎特别关怀照顾，我记得当圣诞节来临时，他要我到他宿舍去，用英文写一封三四百字的信，寄给他熟悉的美国朋友（一位孤寡的老人）。许先生先介绍了他的事迹，然后说：“用你自己真诚的感情写，表达你对一个把一生都献给上帝的信徒的感想与态度。”信发出一个月后，我收到了这位长者的回信，并寄给我两双尼龙丝袜——当时刚流行——作为送给我的圣诞礼物。

当时还有位历史老师，名叫胡钟达，好像是北大毕业生，很年轻，只有 30 岁左右，教我们西洋近代史。事隔 60 年了，但我至今还清晰地记得，他的课讲得实在太棒了。特别是讲法国大革命，原原本本，旁征博引，材料翔实，人物生动，观点新颖，娓娓道来，故事性、科学性浑然融为一体。当时用阶级分析的观点剖析历史，是十分难能可贵的。事过几十年后，我在报上读到文章赞扬他对蒙古史的研究成绩，才知道他在内蒙古大学当副校长。后设法联系，未成，系一大憾事也。

再说范烟桥先生。我看过鲁迅的不少文章，有批评当时“鸳鸯蝴蝶派”的，但范先生给我的印象却很好。他课文讲解透彻，评论公允，在分析课文时又加入了他对写文章的经验之谈，对我启发很大。对作文的批改也十分到位，我认为他不是“冬烘”先生，也不是媚俗趋利的文人，而是一位有原则、能跟上时代潮流、有学问、有品位、值得尊敬的一代文士。听说“文革”时他终遭厄运，怎能不扼腕长叹！

拉杂写来，字已过千，就此打住吧！事隔多年，记忆或有谬误处，请学长们指正。

饮水思源忆东吴

化工系48届　郁铭芳

1938年,正值抗日战争时期,在上海湖州旅沪中小学校小学五年级读书的我,也是和东吴大学有缘分,居然直接升入东吴大学附属中学初中一年级读书(当时小学是六年制)。那年夏季,我因生病(伤寒症)未赶上小学五年级的期终考试和补考日期,学校要我重新读五年级。当时我的好胜心很强,坚决不愿意再去读五年级。后来,我的叔叔知道了,他是东吴大学法律系的毕业生(当时苏州东吴大学及其附属中学因苏州被日军侵占,避难到上海继续办学),就去和东吴大学的老师联系,得到附属中学的同意,就成为初中一年级的学生。这样我不但没有留级,而且还跳了一级。在意外的惊喜中,我和东吴大学结下了不解之缘,从初中到大学毕业,在东吴读了十年书,于1948年成为东吴大学化学工程系毕业生。

回忆六七十年前的往事,很多已经淡忘了,只能记得一些对我印象较深、影响较大的事。

初中一年级上课没几天,课堂上来了一位外国老师。这是我第一次和外国人接触,我小学没有学过英文,心情有些紧张。没有想到他用中国话自我介绍:他的名字叫许安之,是来教我们英语发音和简单的口语的,英文语法由其他老师教。他教我们一学期的英语,对待学生和善可亲,为我们的英语发音和口语打下了很好的基础。1980年我第一次去国外考察,参加了纺织工业部组织的合成纤维科学技术代表团去美国,在美国麻省理工学院访问时,我向一位美国教授提出了一个问题,他在答问题前就说"你的英语讲得很好"。其实我大学毕业后30多年从未用英文讲过话,就只有英语发音较正确而已。这是许安之老师教授的功劳。

张旭民老师是我的初中数学老师,他常常在教课之后的空余时间做一种数学测验游戏,名为"Head Mark"。结合数学学习的进度,他在黑板上出一题目,要我们在三分钟内做好,到时他在黑板上写出正确答案,做对的同学可以超越做错同学的座位而向前移动,升到最前一位的同学可以获得一个"Head Mark",然后退到最后一位,游戏继续进行。这一游戏大大提高了我努力学习数学的积极性。

徐景韩老师是我大学一年级的数学老师,教授微积分,在一次期中考试后,发批改后的考卷时,发到最后一张,走到我的座位前说,"这次考试有一位同学考得很好,一点都没有错。"他把一张考分为100的考卷交给了我。我想这是数学老师们多年来辛勤教授的效果。

顾翼东老师是化学系主任,对我国化学科研技术有重大的贡献,1980年当选为中国科学院学部委员(1994年起改称院士),是我大学四年级毕业论文的指导老师,对论文的立题、研究方法和目的，以及论文的审核都给了我很多的指导。1952 年我国高等学校院系调整时，顾老师调到复旦大学工作。复旦大学为他 90 岁生日举办庆祝会时，我也被邀请去复旦祝贺。1995 年我当选为中国工程院院士后，他生病在家休养，我去他家拜访，向他汇报我当选院士的情况，他感到十分欣慰。

在东吴十年，还有很多老师为我的成长付出很大的心血：蒋吟秋、程小青（语文），缪廷辅（英文），陈宝珊（物理），严志弦、汪葆浚、孙令衔（化学/化工），张梦白（历史）等，他们的形象永远铭刻在我的心中。

1927 年，杨永清先生接任东吴大学校长，他是任东吴大学校长的第一位中国人。他以我国民主革命先行者孙中山先生所题的“养天地正气，法古今完人”为校训，使我深刻地认识到做人要有正确人生观，要以现代和古代德才兼备的伟人为榜样。

正是学校和老师的辛勤教导和培养，使我在踏上社会之前在化学这门科学上打下了很好的基础。

东吴的十年从 1938 年到 1948 年，是从抗日战争到解放战争，国家极端艰难的时期。东吴大学避难到上海，没有固定校舍，更没有图书馆、体育馆，教室都是租来的，每年都要学校的老师们想方设法去找合适的校址上课。慕尔堂、大陆商场（慈淑大楼）、上海东吴法学院、育英中学等都有我们的足迹，中学上化学课时没有实验室，老师为了便于学生对化学的理解，就在教室中做了一个简单的化学实验：把两只装有无色液体的试管倒在一起，液体竟然变成红色，又倒入另一只试管中，又恢复到无色了。实验用来说明经化学反应能够产生新物质。这个化学实验使我对化学这门学科产生了浓厚的兴趣，我明确了到大学一定要读化学的想法。

大学毕业后正迎来了社会主义新中国的诞生，我在上海的一家纺织厂工作，亲身体会到工人阶级不怕牺牲的革命精神。在中国共产党的教育和培养下，我在 1954 年成为一名光荣的党员。

建国初期，纺织产品不能满足广大人民的需要，买布需要布票。国家为了解决人民穿衣问题，决定要发展合成纤维，当时欧美发达国家已有生产。1957 年底，上海纺织工业局响应国家需要，决定成立筹建处，从局内抽调有化学基础的技术人员做筹建准备工作，我有幸作为首批人员（共 11 人）参加了筹建处。1958 年初，建立了上海合成纤维实验工厂，开展锦纶（美国杜邦公司商标名 Nylon）、涤纶（杜邦商标名 Dacron）、腈纶（杜邦商标名 Orlon）等品种的研究工作。我担任中心试验主任，负责科技工作。当时国家号召要“解放思想、自力更生”，通过大家共同努力，采取土法上马的方法，于 1958 年底即在自主制造的土法纺丝机上纺出了国产第一根合成纤维，并由加工厂制成渔网，在北京国庆十周年展览会上展出。在上海市场上开始有了国产尼龙丝袜。我国空军所需降落伞用的锦纶长丝原由苏联供应，50 年代中苏关系恶化，苏联逐渐减少供应。国家纺织工业部在 1960 年下达我厂建设一套年产 100 吨锦纶长丝和年产 500 吨锦纶短纤维的生产装置。1962 年，由我国自行设计、自己制造设备的锦纶长丝和短纤维车间建成并投入生产，解决了国防军工降落伞原料的需要，涤纶、腈纶等项目也陆续取得成功。1964 年，国家科委主任聂荣臻元帅莅临考察后，建议上海市领导将其改组为上海合成纤维研究所，我担任副所长兼总工程师,负责科研工作。

虽然在东吴大学读书的时候,教科书中没有有关合成纤维的科技资料,感谢母校为我打下了坚实的化学知识基础,我边学习边研究,在其他技术人员和工人的共同努力下完成了任务,为我国合成纤维的发展做了一些开拓性的工作。

现在我已年过八旬,回忆过去东吴十年,感慨万千,唯一遗憾的是没能在东吴大学苏州校区上过一堂课。抚今追昔,十年岁月,光阴流逝,感恩母校,感激恩师!

当年我在东吴大学求学

陆亨俊

1948年夏,我在上海高中毕业,考入苏州东吴大学中国文学系。9月初,在为期三天的“新生入学周”上,由美国教师戴荪教我们新生唱校歌,校歌共有四节,前三节分别唱颂文、理、法三个学院,第四节是校友对母校的怀念。“养天地正气,法古今完人”是东吴的校训;“中西文艺,并蓄兼输”则是校歌中阐述的文学院的宗旨。

东吴大学原是美国基督教卫理公会办的一所学校,说得确切一些是一所美国学校。1900年创办时,是在美国田纳西州州政府注册立案的,前三任校长都是美国人。一直到国民革命军北伐后,校董会推举中国人、东吴毕业生杨永清为校长(原美国人校长为顾问),并于1929年8月向南京国民政府注册立案,算是一所私立学校,继续接受美国教会的津贴。宗教不列入课程,但校内仍公开活动。我在入学以后,随处可以感到美国和教会的影响。以校歌来说,词写得很古雅,曲则是选自教会的赞美诗。

在“入学周”上,校领导、老同学分别致欢迎词,学校各有关部门介绍各项规章制度。这些大多是官样文章,大家兴趣不大。重点是第三天上午各系的系主任分头和各系的新生见面,具体介绍本系的特点、课程设置、师资状况以及解答学生的问题。

中文系的系主任是凌敬言先生,那时候我们称老师都叫“先生”,而凌先生第一次和我们见面点名时,叫男生都叫密斯特(先生),女生都叫密丝(小姐),很客气,也很有洋味。凌先生说,东吴大学是一所教会大学,重英文,但也十分重视国文教学,创办之初就提出“国文乃立国之本,无国文则无以自立”,国文是文理各系学生必修课。他说,你们都有一定的英文基础,更要把国文学好。他还举杨永清校长为例,杨校长是1909年东吴的毕业生,获文学士学位,并被选送到美国多所大学深造进修,获硕士和博士学位。他的博士论文主题是“四书”中《大学》所论述的“大学之道,在明明德”,受到很高的评价。

其实,凌先生自己也属同类型的学者。他是吴江人,舅舅是著名诗人柳亚子先生,母亲也是一位才女,可说是书香门第出身,从小就有深厚的国学基础。他却考上了东吴大学,专修教育学,辅修中国文学。1928年毕业后,又到北平的燕京大学研究院进修。所以他鼓励我们不但要“中西文艺,并蓄兼输”,而且要努力做到“学贯中西”。

大学里学中国文学有一个特点,越是低年级越是要学深奥的古文,到高年级才学近代易读的文章。凌先生在学术上的成就突出在元曲和明清散曲上,可是要到高年级才开课。不过他也给我们低年级开《诗经》。他讲的《诗经》确实十分精彩,他不但介绍毛亨、朱熹等古代名家对各诗篇的“旧注”,还介绍近代学者的新见解,特别是闻一多先生的研究成果,像《七月》、《东山》等讲得非常有感情,给我留下极为深刻的印象。他还叫我们读一读倪海曙的《苏州话诗经》，以开阔思路。

国文系一年级的国文是选读曾国藩编的《经史百家杂钞》，由金立初老先生讲授。金先生是一个典型的“老夫子”，50多岁，微胖的身材，一年四季穿着长袍，留着八字须。第一堂课上他就说，曾国藩这本书编得很好、很全，有许多好文章，你们以后可以经常翻读。我们上课主要是学楚辞和汉赋。这对我来说是十分乐意的事。我在上海读初中时正值太平洋战争期间，日本人强制学生学日文。不少有民族气节的学校和教师，大力加强学生的国文教学，我所在的初中除了正常的语文课以外，初一还学《孟子》，初二学《左传》，初三学《史记》，初二的暑期班还学唐诗，高中选读《古文观止》。现在能学《楚辞》，补上我所缺，当然很高兴。金先生教《楚辞》从屈原的《东皇太一》开始，教完了《九歌》，再教我国古典文学中最长的抒情诗《离骚》。在《离骚》中，屈原把他的身世、理想、痛苦、探索、追求与自己生命融为一体，内容博大精深，文采四溢，再加上许多神话和传说，真是丰富极了。我记得金先生把《离骚》讲了近一个月（每周四学时），意犹未尽。

大学二年级的一门专业课是范烟桥先生教的古诗，教材是清朝苏州人沈德潜编选的《古诗源》。范先生在早期就参加了柳亚子先生为首的爱国诗文团体“南社”。他是个多产作家，而且涉及小说、电影、诗歌（歌词、评弹）、新闻各个领域。那时候一曲《拷红》（电影《西厢记》插曲）和《三轮车上的小姐》真是风靡一时，用现在的话来说，他实在是通俗歌曲作词的先导。范先生眼睛不好，整天戴着一副茶色眼镜，看上去文质彬彬，可讲起课来却精神十足。在第一、二堂课上，他先界定了“古诗”的范围，并列举了《击壤歌》、《大风歌》等典型诗篇后，就切入正题，讲授《古诗十九首》、《陌上桑》、《古诗为焦仲卿妻作》等名篇。范先生有丰富的教学经验，知识面宽，讲课生动活泼，读诗抑扬顿挫。他的课是很受欢迎的。

还有一位受学生欢迎的老师是教文字学的蒋吟秋先生。我们在入学不久就知道他是苏州图书馆的馆长，在抗战期间为了防止日寇的掠夺和破坏，他组织和运输几十箱珍本和善本图书到太湖的西山保护起来，是一个很有民族气节的学者。他是苏州著名的书法家，尤精篆书，在绘画、金石、碑拓等方面也都有造诣，在学术上他致力研究《说文解字》。所以，他教文字学这门课有雄厚的基础。蒋先生教文字学从文字的起源开始，讲象形文字、甲骨文，再讲到篆隶楷草文字的演变，也对一些典型的字体作专门的讲解和剖析。他讲课主要靠学生做笔记，也发少量的讲义，这些讲义都是蒋先生自己刻的钢版，主要是各种字体。蒋先生课外平易近人，是一位慈祥的长者，一口标准的“苏州官话”，上课时娓娓道来，有条有理，一清二楚，听得十分舒服。苏州著名作家周瘦鹃是蒋先生的挚友，蒋先生每年都要带我们中文系的新生到周先生家去参观他的盆景，听他讲讲园艺之道。我对此也很有兴趣，我在一年级时候去了一次，到二年级时又和新生去了一次，得益匪浅。

从1949年秋开始，学校把国文系改为文史系，增加了有关历史的课程。当时在师资中最主要的是张梦白先生。张先生是1930年东吴的毕业生，主修历史，以后他一直在中学和大学教历史课。1948年被保送到美国哥伦比亚大学研究院历史系进修，1949年夏获硕士学位。当时苏州、上海都已经解放，张先生冲破阻力，于9月启程，取道香港，历尽周折，于11月初到达天津。回到学校后，我们文史系全体师生40来人举行了欢迎会。张先生不顾旅途劳顿，第二周就上课。他教的是《世界通史》，开宗明义，他就指出，我们学习历史、研究历史，是为了“以史为鉴”。他讲课资料丰富、生动，从埃及和两河流域的上古史讲起，一些重大事件讲得犹如说故事。张先生一生致力于研究世界史，1952年院系调整后，他留在江苏师院和苏州大学，一度担任历史系领导并指导多届研究生。

在文学院的新生中，有几门公共课是必修的，那就是人生哲学、中国通史、英语和体育。当年文学院招生的有中文、社会和经济三个系，所以上公共课时都是上大课，或混合编班。在人们的印象中，东吴是教会大学，英语课的分量一定很重，其实并不如此，除了文学院的英国文学系以外，文理学院各系都只有一年级时每周四节课的英语。可是除了中文系以外，特别是理学院高年级的专业课都是用英文教材，有的教师还用英文讲课。东吴的英文程度较高主要是入学的门槛较高。我的英语主要是中学打的基础。初中学的是林语堂编的《开明英语读本》，到了初三还上每周一节英语背诵课，每篇都不长，文字都很美，像林肯在格地斯堡的演讲，提出“民有、民治、民享的政府”，初中生都要背。到了高中，英语课本都是世界文学名著，世界地理、世界史也是英文本，连物理、化学、数学（三角、大代数、解析几何）也是英文的，而且是原版。教师上课中文夹着英文讲，考试时却全用英文。这当然学得很辛苦，不过总算也熬过来了。到大学里学英语就比较轻松了，我们学的课本是《欧美短篇小说选》，学得不太累。

岁月匆匆。这些都是五六十年前的陈年旧事了。其实我在东吴读书还不到三个学期。1949年12月，组织上把我从学校调出到新民主主义青年团苏州市委工作。但是，在东吴这段日子在我脑海中留下极为深刻的印象。我怀念这些日子，我怀念我的老师，我怀念我的同学，我也怀念我的母校东吴大学。1956年8月我被调到南京工作，离开了我曾经学习、工作和生活8年的苏州。

1984年，东吴大学北京校友会成立，许多几十年不见的师长和老同学见面了。那一天，老一辈的校友费孝通、雷洁琼、孙起孟和几位著名学者来了，年近九旬的前理学院院长沈青来先生也来了（他活到99岁），那时候，经济系主任张祖尧先生、社会系主任钱长本先生、会计系（法学院）主任李文杰先生也都健在，而且都生活在北京。大家畅叙别情，好像又回到了年轻的日子。我们文史系的同学特别怀念我们的系主任凌敬言先生，1952年院系调整后，凌先生到南京师范学院任教，1959年因车祸不幸去世，终年只有56岁，真是令人惋惜和哀伤。所幸的是他的遗稿《撷芬室文存》、《海浮山堂词稿》等五本著作经他子女和友人整理后出版了。

1996年4月，我被聘为苏州大学的兼职教授，回到久别的母校。当时学校领导还为我举行了一次小型的仪式，向我颁发聘书和校徽。过去我的授业老师大都已经作古了，只有张梦白先生还健在，他也参加了那次仪式。在会上我的发言除了对学校对我的聘请表示感谢外，我还讲到，不久前，日本历史学家森本哲郎写了一本《一个通商国家的兴亡》，叙述的是地中海古国迦太基的历史。迦太基是腓尼基人于公元前814年在北非（位于今天的突尼斯）所建的一个城邦国家，居民善于经营商业，到公元前4世纪，经济相当繁荣，成为地中海的强国，与当时的希腊人争夺地中海霸权。公元前29年，恺撒大帝征服了迦太基，这个曾有近800年历史的古国就灭亡了。这本书中指出迦太基只注意经济发展，不重视文化发展，虽然有过辉煌的历史，但是一旦灭亡，也就烟消云散，很快被人们所遗忘。而在同时期的希腊十分重视文化事业的发展，并把经济活动作为文化发展的手段，开创了古希腊文明的黄金时代。后来希腊虽然也亡于罗马，但其优秀遗产却被罗马所继承和融合，永存后世，成为人类共同的财富。书的寓意是很清楚：一个民族、一个国家以至一个地区，如果只注意经济发展而不重视文化建设，不但经济成果不能巩固，而且整个民族、国家和地区都会沦落。

我在会上说，苏州有非常丰富的文化遗产，人文荟萃，有十分深厚的文化积淀，是一座宝库，也是苏州的优势。我们要珍惜它、保护它，更要发展它，要使它无愧于我们的民族，无愧于我们的时代。从历史的长河来说，文化是比较稳定的，有的是永恒的；经济是基本的，但是是发展变化的，有的是暂时的。我说我是学文史的，我希望苏州大学发扬东吴大学重视国文和英文的传统，办好文科各专业，为祖国的文化事业作出贡献。我讲完后，张梦白先生上来与我握手说，讲得很好。我说，“以史为鉴”，作为文史系学生交的一份考试答卷。张先生说可以满分，我说，勉强及格吧。说得周围的同志都笑了。我也很惭愧，来去匆匆，只讲了两次学，兼职教授实际上是挂名的。

2000年，苏州大学庆祝东吴大学建校100周年的时候，我再一次回到了母校，遇到了一批来自全国各地和海外的老同学。我们到了当年男生宿舍维格堂、文学院教室林堂、理学院实验室葛堂、体育馆以及仁寿亭、龙泉草坪等地，寻找一些年轻时的旧梦，了却一些怀念之情。在一片欢歌笑语声中，我们不由想起校歌的第四节：“春风感被，化雨沾濡。永念系东吴。”

（摘自《苏州杂志》2006年第2期）

人体组成的五星红旗

舒　适

对年轻人来说，国庆是打记事起就有的节日，可是我对国庆的记忆却是从中年才开始的。新中国成立以后，年年欢庆，我还是觉得弥足珍贵。

作为一个中国人，我童年的记忆中较多的倒是国耻纪念日。我6岁来到上海，住在法租界，每年只有7月14日法国人的国庆。后来日本人侵略上海，我们就更无尊严感了。1946年，我因不满国民党反动统治而去了香港，后来进了永华影业公司。可是在香港住了几年，我没一点归属感，总觉得寄人篱下。

到了1949年，全然不同了。广州解放了，我们在港华人欢呼雀跃。我参加了各界慰问团，由工人们带头，几百人浩浩荡荡踏过罗湖桥。在广州，我们受到群众和华南文工团团员的夹道欢迎。在他们一声声“欢迎人民艺术家”的欢呼声中，我的眼泪忍不住流了下来。我为自己高兴，更为祖国高兴，只有新中国才有这样万民欢腾的景象。那天不是10月1日，但对于33岁的我来说，那场面就是我的第一个“国庆”的记忆。叶剑英同志热情接待了我们，表示如果在香港受到什么伤害就回来，大后方人民会支持你们的。我们还与解放军座谈，听着他们勇夺城池的神话，看着他们整肃的军容，我打心眼里为人民军队自豪。从此以后，我的命运也越来越紧密地和祖国连在一起。

1950年，中国大陆已经解放，但港英当局却敌视中华人民共和国，不允许在港挂五星红旗。三联书店挂起国旗，又被强令撤下。我们二十几个电影界的热血青年听到这个消息，非常气愤。港英当局不允许我们升自己的国旗，我们却偏要升五星旗，而且还要到香港最高的太平山上去升。我们乘着郊游，上了太平山顶。在摄影师蒋伟的提议下，我们以人体组成五星图案，大星由多人拼成，小星由一人充当，我们还拼成“人民”字形，蒋伟用相机记下了这两个画面。每当我看到这两帧照片，不由追思从前，至今想来仍有壮怀激烈之感，当年的心系祖国、心系人民之情几十年未变。

1952年，正值抗美援朝高潮，永华影业公司因为拒拍进步电影而导致大量著名影人拂袖而去，加之公司效益每况愈下，老板便寻找借口，一方面拖欠员工工资，一方面逼迫影人拍摄反动影片，因此而激发了“永华欠薪工潮”。工潮大约坚持了一个多月，电影界、新闻界全力以赴声援，最终以永华老板答应发薪而告终。但是老板与港英当局的关系显然非同一般，而港英当局也早已对我们虎视眈眈。其实，罢工之前，因永华的老板反对进步，我已离开永华。那年1月10日凌晨3点，我从朱石麟处回家，刚睡下，就有人打门，是房东小姐起来应门的。她很镇静，见过世面，反复验看打门者的证件。我当时想，不好，“他们”来了，幸好我对此早有准备，已将家属送回上海了。几名彪形大汉进来，也没说什么，展开一道“圣旨”就念了起来，大意是宣布我和另9个影人为大英港督“不感兴趣的人”，宣布“永久驱逐出境”云云。香港的1月照例是很冷的，我只记得囚车在凌晨无人的路上狂驰，前面有一个大洞，寒风狂灌，冻得我哆嗦起来。中途转了个什么地方，然后就到了当时的分界线“打鼓岭”。看，嘿！司马文森、白沉、齐闻韶、马国亮、杨华都到了，刘琼夫妇算是“优待”，先到了罗湖车站，我们可惨了，得从打鼓岭的铁丝网破洞里钻过去，然后涉水过小河，到了深圳。我们就这样像“走私”一样走过来了，到大陆这边一看，营房里什么都准备好啦，干净的被褥、稀饭馒头，连热腾腾的洗脸水也倒好啦！什么是祖国，什么是自己人，在这一刻，有了最直接的感受。

1997年，香港回归，我真是高兴极了，没想到在我有生之年还能看到这一天。最后一任港督黯然离去，我40多年的怨愤终于涣然冰释。1997年的国庆节，我心里特别高兴，今年澳门也将回归。我坚信，总有一天宝岛台湾也会回到祖国的怀抱，那时的国庆一定会更圆满、欢乐。

（摘自《解放日报》1999年国庆征文“我和祖国”）

爱东吴,爱同窗,赞顾娟

经济系46届　顾　浩

2003年12月29日吾会年会,大会即将开始前,校友们纷纷在缴纳会费,行列中一位52届法学院毕业的顾娟学长慷慨解囊,捐赠人民币5 000元。为此顾念祖会长在大会发言时特表深切谢意,并称此举为“雪中送炭”。

顾娟学长乃吾会理事,对母校校友会有深厚感情,她已多次成千上万元捐赠吾会。

2004年11月27日的第四届理事会上,顾娟学长有过“我爱东吴”的即席发言,号召大家共同来更加热爱东吴,当即得到了主持会议的向平副会长的赞同和响应,建议当年的年会主题就定为“爱我东吴,团聚年会”,立即得到在场全体理事的一致赞同。此情此景,让人油然联想到多少年来有多少东吴人前赴后继,以赤诚爱东吴母校之心从各个方面作出的杰出贡献。

历史证明,由于有类似顾娟学长一样的爱东吴的东吴人的无私和努力,才会有“东吴比较法进修学院”的创建,才会有校园的“东吴之家”的拔地而起,才会在天赐庄内建起超千人座位的大会场“存菊堂”,才会在城河边出现雄伟的“王健法学院”教学大楼……如果将时空更拓展些,台北的东吴大学不也是由多少东吴人之群策群力、坚持不懈、精心筹划、精心培育才有今日之辉煌吗!一切的一切未尝不是“爱我东吴”魅力所致。

最近细读附中同窗所集体编写之《情系东吴》文集和台北东吴大学编撰之《东吴菁英》,真是篇篇无限深情,字字激动心扉。总的感受集中到一点:我们东吴人萌发出来的“我爱东吴”之魅力以及由此而凝聚成的璀璨成果必将永垂青史。

顾娟学长是明代御医顾邦贤之后,自幼承传祖辈高尚医德和精湛医术。母校毕业后,她另辟蹊径刻苦钻研中医中药卓有成就,因治愈了不少海内外癌症和疑难病患者而被誉为“巾帼神医”。正由于她掌握了精湛的医术,又怀有对母校的深厚情谊,因此多年来她曾为不少同窗解脱了病痛,甚至挽救了生命。

曾记得杨同学心血管病多次病危,每次她闻讯都是立即赶到病榻边,悉心把脉诊治给药,从死亡边缘挽救了他的生命。汤同学也是在病况紧急关头得到她的悉心治疗,得以转危为安。更有外地同学慕名特来求助者(其中还包括有家人),江苏太仓高同学即一例。高同学是从吾会会讯报道中得悉此情况,为了他爱人的淋巴肿瘤特至函吾会,请求帮助联系,经她悉心治疗病况大有好转。环顾周围受惠于顾娟学长药到病除者也大有人在。更使人感动的是她都不收分文诊药费用。

顾娟学长也已年逾古稀,但仍孜孜不倦于中医药的研究,她多次出国参加世界中医药的学术交流活动，很有成果，颇获好评，也获得不少殊荣。1996 年成功访美，曾获我国驻旧金山领事特函赞扬：“顾娟医师高尚的医德和精湛的医术令我深深钦佩，我为中华医药有顾娟医师这样的弘扬者而深感自豪。”

顾娟学长是我们校训的实践者和传颂者，“养天地正气，法古今完人”，也是我们东吴学子所应共勉。

我爱东吴——献给母校110岁生日

法学院51届　顾　娟

在东吴大学校友会的一次会议上，主持人要我讲几句，我以“我爱东吴”作即兴发言，引起了与会校友的强烈共鸣。

是的，我是那么深切地热爱着我的母校东吴大学。

说起来也是因缘际会。我出生于“福寿堂”世医之家。我的祖先顾邦贤是明朝万历年间的御医，他悬壶济世，研制了医治疑难杂症的多种秘方，并于1582年创建了“福寿堂”，经常为当地贫苦百姓送医送药，《通州地方志》有“百姓乡亲皆往福寿堂拜谢邦贤”的记载。

“青山依旧在，几度夕阳红。”福寿堂祖医传到我手里，已经历了整整14代。我5岁开始随父学医，逐渐掌握了“脉觉学”和祖传的方剂。

从昆山路上英国人办的教会学校善道女中毕业后，同时有三家大学向我发出录取通知书。从世医之家的渊源看，我更应进入医科大学，结果还是选择了东吴大学法学院。这当然有多种原因，但其中一个重要原因，是我喜爱我们的东吴大学。

我喜爱东吴光荣的校史。这所成立于1900年的教会大学，素以校风严谨、教学严格、学科齐全著称。在“五四”运动中，东吴师生高举爱国大旗，与全国人民共同奋斗，给帝国主义与封建军阀势力以沉重打击；在“五卅”运动中，东吴师生踊跃募捐支援上海工人；在一系列爱国运动中，东吴师生始终以高涨的激情积极参与，他们的爱国情怀深深激励、鼓舞着我。东吴，成了我热切的向往和无悔的选择。在我当时的心目中，用学得的法律为人世间仗义执言，这与“扶正祛邪”、治病救人的祖传医学有着异曲同工之妙。

我喜爱东吴独特的校训。英文校训“UNTO A FULL GROWN MAN”，为的是陶冶学生健全的人格；中文校训“养天地正气 法古今完人”，是1927年杨永清先生当选东吴首任中国籍校长时修订的，而我恰好是1927年出生，我觉得，“养天地正气，法古今完人”的校训，仿佛是为激励我而度身定做的，是母校对我人生旅途馈赠的最珍贵的礼物。

我喜爱东吴慈祥的师长。东吴大学以培养众多人才和对社会的积极贡献，赢得了应有的历史地位。有数十位美籍教师在东吴校园里任教授课，有章炳麟、林语堂、潘序伦、雷洁琼等数十位中国名流在东吴校园里辛勤耕耘，更有一批批祖国栋梁之材在东吴校园里脱颖而出，他们中包括费孝通、谈家桢、赵朴初、董寅初、李政道、蒋纬国等，他们的故事，为东吴史册增光添彩，更催后来莘莘学子深思和奋进。

对于我来说，还特别想提到杨兆龙、孔大仲、潘兆生等几位教授。在东吴大学的大三期间，我的小哥哥在政治运动中遭诬陷，我虽然暂时没受到连累，但情绪上一蹶不振。是杨兆龙、孔大仲、潘兆生这几位老师及时给了我极大的关怀，他们用普希金的诗歌《假如生活欺骗了你》鼓励我："……忧郁的日子里须要镇静。相信吧，快乐的日子将会来临，心儿永远向往着未来，现在却常是忧郁。一切都是瞬息，一切都将会过去，而那过去了的，就会成为亲切的回忆。"为了毕业后的工作，他们还建议我转入会计系。岁月流逝那么多年，这几位老师絮絮相谈时的音容笑貌，恍然眼前。

我喜爱东吴真诚的校友。不仅在大学期间，在走上社会多少年以后，甚至两鬓斑白时，东吴校友们相见，依然是那样的亲切，情感依然是那样的真挚。

20 世纪 90 年代初，报刊上接连发表了《与癌魔打交道的人——记福寿堂中医传人顾娟》、《巾帼神医顾娟传奇》等报道，因其中提到我毕业于东吴大学，当时任上海财经大学会计系主任的黄树颜学长读报后，立即给几家报社写信，通过记者牵线，终于使我们校友重逢。

当有关部门在香港为我举行学术研讨和"祝康会"时，也是东吴校友的新华社香港分社高级研究员黄玉麟夫妇协助张罗，全程陪同。当时任我们校友会秘书长的顾浩学长，也特地赶到香港，代表校友会，给了我高度评价和热情鼓励。

1996 年 7 月起，我接连三次赴美国参加学术交流和发表《中医药对癌症肿瘤的独特疗效》的演讲，并获得世界传统医学杰出贡献金奖，因此引起当地许多媒体的关注和报道。中国驻旧金山领事评价说："以往国内的来访者，往往是围着'老外'转；顾医生这次来，却是'老外'围着她团团转。"几乎每天都有报纸刊登对我的专访。这当中，还有早已在美定居的东吴校友陆素琴等，联名在《世界日报》刊出了《欢迎巾帼神医、癌症权威顾娟大医师来美参加首届世界传统药学大会——杏林之光》的整版广告。浓浓的东吴校友情令我深深感动。

2008 年 10 月 11 日，是我们上海顾氏福寿堂药业有限公司开业 10 周年。顾氏福寿堂是新中国成立以来上海的第一家私人国药号。在庆祝大会上，市委组织部老部长、九旬高龄的周克来了，上海市文史研究馆老馆长王国忠、现馆长吴孟庆来了，中国侨联副主席杨玉环来了，我们东吴大学校友会的校友们也来了，其中顾念祖会长还做了热情洋溢的发言。

可以这么说，在我人生的重要时刻，往往都有我们东吴的校友伴随着我，给我信心、勇气和力量，与我一起分享成功和喜悦。一位叫芳威廉(William B. Fenn)的博士在《教会大学在变革的中国》一文中说："教会大学的贡献，是培养了一大批有良好训练且在社会各层面有很大影响的男性和女性，而这正是国家最需要他们的时候。"我觉得这正是对我们东吴校友恰如其分的评价。

我爱东吴，所以，我热切盼望着将现有苏州大学恢复更名为"东吴大学"。因种种原因，东吴大学在 1952 年调整、移交给了苏南师范学院，随即又改名为江苏师范学院，以后再改办为苏州大学。其中的风风雨雨、沧海桑田，令人感慨万千。

2000 年，我应邀参加苏州大学百年校庆大会时在想：其实，建校百年的不是苏州大学，而是我们东吴大学啊！因此，我给教育部领导写信，表达了要求恢复“东吴大学”名称的强烈愿望。我们都是一群东吴校友会的“老人马”，基本都属于“年事已高”行列，世事已经看淡，心情逐渐归于平静，所谓“与世无争，与事无求”。如果说还有什么想“争”想“求”的，那就是期盼母校尽早复名，“名正言顺”。

——这是因为我们深深地喜爱着母校东吴大学啊！

2008 年 11 月

我在东吴的大学生活

化学系40级　史毓民

1940年秋季，我念完了高中，毕业时已经是中国共产党员，组织上动员党员考理工科，因为当时大多数党员考的是文科。听了组织上的意见，在组织的安排下，去了南京路慈淑大楼的东吴大学报名，报考的是化学系，后来接到了通知，就这样我就进了东吴大学的校门。

南京路慈淑大楼是一栋办公大楼，我记得当时有好几个大学在这里上课，东吴是其中的一所。化学系“40班”大约有40多名学生，大多数是女生。有一位叫严明霞的女同学，东吴停办后她在沪江大学继续读化学，我和她后来在解放区新四军部队再次相见，并且在同一个后勤部门工作，这是我唯一能记住姓名的东吴化学系的同学。

化学系主任是顾翼东，我们念的是汪葆浚编的厚厚一大本书。我们班人多教室小，显得很拥挤，做实验还要到别的大楼。实验室是几个学校共用的，轮流排班使用。学校唯一的活动场所是在离慈淑大楼不到一站路的慕尔堂教堂。当时，中共党员大都有一个基督教徒的身份参加活动。

太平洋战争爆发前，党的活动开展得较为频繁。在东吴，党开展群众工作主要通过基督教团契这种形式，组织大家参加团契，通过团契，同学们参加各种活动：球赛、游园、听讲座等，从中团结、教育同学理解党的抗日统一战线政策，反对日本帝国主义的侵略战争。我和另一个同学参加并组织了以“康乐”为名的团契，在我们周围大约有四五十位不同班次、学系的同学参加各种活动。

整个在校期间，在我的记忆中是忙忙碌碌，紧张而有序。大一的功课大都是延续高中的课程，课外有足够的时间组织大家搞活动。大学期间同老师接触不多，还记得的有杨永清校长、顾翼东教授、汪葆浚老师，老师们的讲课认真，显然是做过很好的准备的，同学们的课堂秩序也很好。对我来说，这段时间里在党性锻炼、群众工作的经验和收获等方面都是得益匪浅的，也是我生命中难忘的一段时光。

太平洋战争爆发后，租界为日军占领，上海的形势进一步恶化。党及时提出长期隐蔽的方针，大部分公开活动停止了。这时候东吴大学也被迫停办，部分同学转到沪江大学继续学习，我辍学回家寻找职业养家，踏上了在旧社会谋生的道路。1941年年中，终于在一家小化工厂找到一个练习生的工作，从此，我的职业掩护是化工厂的员工。在日军残酷统治下的上海，我依靠微薄的工资养家，并继续在工厂工作，以团结教育群众。直到1944年底，组织上安排我去解放区参加新四军。

值此东吴大学诞生110周年之际，我作为一名不称职的校友，在长长的几十年中时刻都想着那段充满朝气的学校生活，时刻都记得亲爱的母校所给我的爱和快乐。片段回忆，祝母校兴旺发达，培养出更多的有用人才，为祖国的伟大事业作出应有的贡献。

百寿忆母校

会计系41届　李时辉

一

今年是2009年,我活到99岁了。我生在1911年11月,就是农历辛亥年9月,正巧是“四九”相逢。我与东吴母校的关系,从初中开始。我是松江人,在小学毕业后即考入东吴初中,在松江有一所教堂,名乐恩堂,设立的一所初中,就是东吴大学第五初级中学。

在1927年毕业后,因家贫无力入高中,在翌年参加一次小学教员鉴定考试,以后数年就在松江小学任教员。小学教员要鉴定,有效期为五年,期满再要鉴定考试。当时遇到一位在上海敬业中学任教的朋友,介绍我可以入敬业中学师范科,如能考入,免收学费,而且供给膳宿,毕业后即可获得上海市从事小学教员的资格,可以在各小学执教。

我有幸考入就读,1932年高中毕业,那时我21岁,即由上海市教育局分派在小学执教,担任教员、教务主任等职。

直到1937年在本市小学任教务主任时,看到报上有东吴大学法学院的招生广告,于是就去报名,经过考试、录取后即在法学院会计系就读。那时正值抗战时期,学校在西藏中路,慕尔堂教堂为临时校舍,每天下午开始上课,至晚上八时结束。

我白天在学校工作,下午即去东吴上课,好在距离很近,小学校在延安中路陕西路口,到西藏路乘公交车很方便,就是半工半读,直至1941年毕业,即从事会计工作。所以我一生有两个职业,前半生是教师,后半生是会计师。一生得益,不可忘也。

二

我一生中除执业两个工作外,业余的爱好值得一提:我喜欢旅游。在单位工作时间,遇到假期即外出,前后到过苏州、镇江、扬州、南京等各城市,有时到沪杭线的嘉兴、杭州、宁波、奉化等地。我游览过的景观城市,在南方到过广州、肇庆、佛山,西南方到过贵州、昆明、重庆,沿长江到武汉回沪。北方到过天津、北京、张家口,西北方去过洛阳、郑州、西安。我也去过湖南韶山毛主席故乡,参观了数个陈列馆。

我在旅游时,登过好几个山峰,如东岳泰山、南岳衡山、西岳华山,以及庐山、黄山等。有登山的经验,锻炼身体,获益不少。在去泰山时,从晚上乘火车到兖州住夜,第二天乘长途汽车去曲阜拜孔庙,游孔林,再回兖州乘火车去泰安,在招待所住夜,清早上山。爬山一天,傍晚登山巅,在招待所过夜。第二天清早服务员招呼旅客起来,早上四时即上山顶,坐观日出。

我一生中初次从泰山之巅看到太阳从东方升起。日出时，青天划出一道亮光，太阳缓缓出现，一跃一跃地慢慢升起，不久天空就亮了。看到太阳从东方升起，真是愉快，一生仅此一景，颇为壮观。

还曾去西安登华山，先乘车到洛阳参观龙门石窟，再乘去西安的车。传说华山一条道，其实登华山并不危险。上山时，山间一条通道，路确实甚狭，只容一人通行，如果二人相遇要侧身而过，两边有山，不怕跌落。相比而言，黄山观看日出是很危险的，因为山道两边，并无山壁竖立，仅在道边有一条铁链作为扶手，沿扶手上行。我曾去过黄山两次，都不敢上山观日出，因为我一人出行，自信生命是第一位的，切勿冒险。

三

我一生经历了两个世纪，自 1911 年出生到明年 2010 年，我是百岁高龄了，整个 100 年就是跨越了两个世纪。在这百年中经历了很多变故。当我出生时，孙中山领导的武昌起义成功，不久袁世凯在北京篡权，引起军阀混战，民不聊生，其后蒋介石在广州出师北伐，在南京建立国民政府。

后来遭到日本侵略，在东北炸死张作霖以后，日本利用清代末代皇帝傅仪建伪满州国，并逐渐向南扩展，侵占了大部分国土。蒋介石被迫迁离南京，在西南重庆建立陪都，直到日本天皇无条件投降，二次大战结束。

当时国家的新时代已露曙光，毛主席领导的中国共产党经过二万五千里长征，在延安建立了革命根据地，开始领导全国人民进行解放战争。

四

全国解放，万民欢腾，中华人民共和国成立了。虽然经过了短时间“文化大革命”的动乱，但自改革开放以来，至今已达 30 年。在中央领导下，我国人民正在向前迈进，今天获得巨大的成效，国富民强，经济稳定发展，人民安居乐业，老有所养，社会和谐。我有幸活到今天，明年从 99 岁跨入 100 岁高龄。我的座右铭四个字——“勤静乐寿”，即每天勤锻炼身体，勤阅读，勤广交益友，心情安静乐观，能益寿延年。我已经达到了目的。

我但愿有朝一日，无疾而终，乃是一生中最大的幸福！

2009 年写，时年 99 岁

法学院会计系 53 届部分同学合影

半个世纪的同学相聚(50 年进入法学院会计系)

我所经历的“最后一课”

东吴附中46届　张鸿馨

60多年过去了，一切仿佛就在昨天。

1941年12月8日拂晓，大约4点半左右，一阵震耳的炮声惊醒了我。母亲起床和邻居交谈了几句，回头对我说：“再睡一会吧，大概是日本人演习，没事。”我这年12岁。

这天是星期一，我和邻居的孩子们仍照常去上学。我读的是东吴大学附属中学初一年级春季班。全面抗战一开始，东吴大学及附中从苏州迁来上海租界，文、法学院和附中借用虞洽卿路（现西藏中路）汉口路慕尔堂（今沐恩堂）上课，教室分布在大礼拜堂南北两侧的三层楼房内。我们班的教室靠近虞洽卿路汉口路转角，可以看见跑马厅全景和西藏路南北通道。这天，全班同学缺席不多。我们这些十二三岁的孩子，平时都在急急忙忙地背单词，为的是在课堂上应付英文阅读课戎更生先生的提问；今天却不同了，三三两两在议论着天亮前的炮声，说法多种多样，或说日本人演习，或说中国飞机轰炸，日本人开高射炮等等。

戎先生约30多岁，中等个子，很瘦弱，深度近视，像是姑苏人氏，上课认真而和蔼，音量不大，音色却很美，大家喜欢听他朗诵英文。这一天，他没有像往常那样用英语和学生互问早安，却首先在黑板上写了“最后一课”四个大字，转过身来，面容严肃，双手按在教桌上，两眼环视全班，突然像岩浆喷发一般，激愤地说：“同学们，日本人已经在太平洋上向美国开战了，天亮前的炮声，就是黄浦江里日本兵舰向英、美兵舰开炮。日本人立刻就要占领租界，‘孤岛’立刻要沦陷，我们大家要做亡国奴了！”这时，一位姓张的女同学喊道：“不！我宁愿做黄河里的鱼，不愿做亡国奴！”这是爱国歌曲《黄河之恋》中的一句歌词。全班顿时情绪激昂。戎先生挥手示意大家安静，和蔼又深情地说：“这堂课是我们的最后一课了。你们年龄还小，中文还没学好，日本人就将强迫你们学习日文，让你们忘掉中文，达到灭亡中华民族的目的。”他顿了顿又说：“犹太亡国千年，犹太民族至今犹存。他们散居世界各地，在外虽讲当地语言，但回家必定讲自己的希伯来语。你们千万不要忘记我们祖先留下的丰富的中国语言。今天是最后一课了，我们来再读一遍 The Last Lesson（最后一课）。你们都不是小弗郎士，用不着责备自己，但是应该永远记住韩麦尔先生的话。”

接着，戎先生用英文朗读《最后一课》中最重要的一段话，但他将其中的“法国语言”改成了“中国语言”：“中国语言是世界上最美的语言——最明白、最精确，我们必须把它记在心里，永远别忘了它。亡了国当了奴隶的人民，只要牢牢记住他们的语言，就好像拿着一把打开监狱大门的钥匙。”反复朗读后，他像请求一样，亲切地要求每个同学依次朗读。有几位家长陆续进来接孩子回家，并建议戎先生放学。戎先生一边礼貌地点点头，一边照旧“next”（下一个），比平时更认真地纠正每位同学的发音、语调。我平时朗读得不好，今天因为戎先生已经多次纠正前面同学的读音，我很珍惜这最后一课，一直轻轻跟着读,所以轮到我朗读时,读得比平时好得多。剩下的几个同学正待朗读时,突然,从窗外传来“哒、哒”的皮鞋声,由远渐近。大家探首一看,只见由膏药旗前导的日本海军陆战队正沿着西藏路自南向北推进,路上见不到行人。果然不出戎先生所料,黄浦江里的炮声过去只不过4个小时,日寇就冲进了租界。同学们顿时紧张起来。但戎先生似乎什么也没看到,仍“next”招呼下一个同学,同学们看到老师这般镇定,也就慢慢地定下心来。

这时,日本兵在汉口路口停步立定,两个汉奸跑到慕尔堂大门前,把封条和告示贴在铁门上。因为慕尔堂是美国基督教卫理公会的财产,日美既已开战,慕尔堂便成了“敌产”。杀气腾腾的敌人就在窗口之下,戎先生却从容不迫,音量又高起来,他要我们深明大义,爱中华民族,不做汉奸,坚持抗战,直到胜利。最后,戎先生深情地重复着韩麦尔先生说过的一句话:“School is dismissed,you may go!”(放学了,你们走吧!)在课文中,韩麦尔先生这样说完后,小弗郎士依依不舍地走出了韩麦尔先生家园里的教室。可是,我们怎么走呀?大门已经被封了。想不到戎先生不慌不忙,带领我们从小楼梯下到这座楼的东首小院子里,从汉口路的边门走出了慕尔堂。我们已在慕尔堂读了将近一年书,我少年好动,我们好多人都曾经爬上钟楼,却都没有注意到这扇边门。临别时,戎先生一再嘱咐我们要避开日本人,早早平安回家。

12月8日这一天,日伪占领了租界里的巡捕房、银行、大企业、报社以及所有行政机构。直到15日,银行才开始限额提款,《申报》、《新闻报》也在这天复刊,但已成为日伪的喉舌,同时通令英、美侨民限期登记。我们只得停学在家。约过了个把月后,东吴附中的老师们联合成立正养中学(此校名出自东吴校训“养天地正气,法古今完人”),共推范仲淹后裔范烟桥先生(化名范贲若)为校长。

慕尔堂已成为“敌产”,正养中学没有固定校舍,只得借用其他中学的空余时间上课,每天只能上半天课。直到1945年抗战胜利,正养中学又恢复为东吴附中,重回慕尔堂上课为止,其间五易校舍。由于家长信任东吴附中,信任东吴附中的老师们,所以全校流失的学生很少。我们进入初一是东吴附中,高中毕业持的还是东吴附中毕业证书。

1941年12月8日“最后一课”之后,我们再也没有见到戎更生先生。戎先生是个爱国志士,“孤岛”沦陷,他就去了大后方,以后音讯皆无。60年过去了,直到今天,只要是东吴附中的同学会面,总会情不自禁地怀念戎更生先生,怀念那“最后一课”。这些当年无知的孩子,如今都已是老态龙钟,自念一生之中,或多或少为祖国做了一些有意义的工作,这与“最后一课”的潜移默化的影响是分不开的。

后　记

1999年5月,雷洪(周家复)从北京远道来沪参加纪念上海解放50周年的活动。5月30日,雷洪和沈家麟两对夫妇来舍间叙旧。多年不见,畅谈甚欢,不约而同地深切怀念起大义凛然、临危不惧的戎更生先生。他俩嘱我成文留志。本文在《上海滩》杂志2001年8月号刊出后,戎先生的胞妹和侄子主动与我联系,他们以有这样一位爱国亲人为荣。得知戎先生后来是苏州中学的英文教师,已于“文革”中去世。现请《东吴春秋》编者转载此文,以飨东吴学子,我为能有这样一位深明大义、置生死于度外的老师而自豪!

天网恢恢　疏而不漏

法律系45届　高文彬

1945年的冬天,对我个人来说,是一个令我终生难忘的好日子。之所以这样说,首先是因为这年8月第二次世界大战结束,日本战败,向盟国无条件投降,中国人民经过8年艰苦卓绝的抗战,终于赢得了全面、彻底的胜利。其次是庆幸自己在当时动荡不定的时局下,能克服困难、坚持学习,终于在东吴法学院读完全部四年课程,取得了法学士学位。

1946年春,盟国(中、美、英、苏联)根据1945年7月6日发表的《波茨坦宣言》,对日本战犯要实施严厉的制裁,远东盟军统帅美国麦克阿瑟将军据此成立远东国际军事法庭以审理日本战犯。法庭设在日本东京涩谷区原日本陆军省旧址。法庭的法官与检察官来自二战期间曾参与对日作战的11个国家(中、美、英、苏联、法、荷兰、加拿大、澳大利亚、新西兰、印度和菲律宾)。法庭长为澳大利亚法官魏勃爵士,检察长为美国律师基楠。中国政府派往该法庭的法官为梅汝璈,检察官为向哲浚。受审的被告(即战犯)共28名,其中有日本前首相4人,前外相2人,前大使数人和前日本陆、海军高级将领等。由于2名被告病死狱中,1名被告发疯(实际上是装疯),实际受审者为25名。在我国犯下策划"九一八"事变等罪行的土肥原贤二及坂垣征四郎以及对1937年南京大屠杀应负主要罪责的原日本华中派遣军总司令松井石根及其幕僚长武藤章等均在其中。

法庭的审讯工作于1946年5月3日正式开始,至1948年11月12日结束,历时2年6个月。法庭对罪犯的罪状溯自1928年1月1日(即日军在东北皇姑屯炸死张作霖之日)起至1945年9月2日(即太平洋战争结束)止。根据起诉书所控告被告的罪行性质可归纳为三类:(1) 破坏和平罪;(2) 违反人道罪;(3) 违反战争法规和惯例罪。法庭共开庭818次,受理证件达4 000余件,判决书长达1 200多页,法庭宣读判决书花了10多天,真可说是人类历史上空前大审判。欧洲纽伦堡和东京的两大审判为以后联合国宪章中制止侵略行为与和平解决国际争端这些基本原则的确立奠定了基础,因此是具有划时代意义的。

可以告慰的是,通过中国法官和检察官两办公室全体工作人员的不懈努力,涉及侵略我国的战犯如土肥原贤二、坂垣征四郎、松井石根和武藤章等4人均被法庭判处绞刑(其他被判处绞刑的有东条英机、广田弘毅和木村兵太郎等3人)。应该指出的是,上述两办公室的工作人员基本上都是我东吴法学院历届毕业的校友,如中国法官秘书方福枢、杨寿林;中国检察官首席顾问倪征日奥,顾问桂裕、鄂森,秘书裘劭恒、高文彬。

写到这里，不禁想起我东吴校歌中的两句话：“法治兴邦，培材沪上，几辈已前驱；古今完人，天地正气，更勉以同符。”

回首东京往事，感触良深。那次对日本战犯的审判再次向世人昭示：“多行不义必自毙。”今日日本的当政者如果不听邻国的好意规劝，汲取历史教训，而执迷不悟，坚持走军国主义道路，则东条英机等战犯的可耻下场，就是他们的明天。

同窗之情

东吴附中52届　杨得其

在祖国绚烂多彩的文字里，为了表达人间关系的感情，有着很多带“情”字的词，诸如“亲情”、“友情”、“爱情”、“恋情”、“同情”、“怨情”、“恩情”、“旧情”、“热情”、“温情”、“痴情”……然而似乎没有一个表达同窗之情的词汇。

在情感迸发的唐诗三百首里，诗圣、诗仙的千古绝唱中竟然也没有讴歌同窗之情的佳作！《古文观止》从“周文”到“清文”同样也看不见一篇描写同窗之情的！这是为什么？为什么？不会是古人没有这方面的作品吧？好像是选编者的偏废或者疏漏……

但是同窗之情在戏剧里的待遇就绝然不同了。《梁山伯与祝英台》是最好的佐证。没有他（她）俩的同窗之情，显然不会有后来的事情。现代电视剧中涉及同窗之情的比比皆是。

回忆我们东吴附中1952届同学的同窗之情，真是自豪。尽管近年来校友聚会成了社会生活中的常态之一，但是我们聚会的光彩特别明亮，情谊之深可谓冠绝。

苏州沈仲棠、张文鋆、黄尚诚、朱卓如等同学几十年如一日，寻找同学，联络同学，印发资料；每次在苏州大的聚会更是十分忙碌；每次热情接待外地个别回苏州的同学。

胡慎敏发起编辑的纪念册，堪称一绝。凌莉莉的丈夫胡流泳先生也说：你们的纪念册搞得好，你们的聚会比我们大学同学聚会热闹。

远在万里之外的周玲玲年年都用电子邮件发来贺卡。2000年年初从加拿大回来，特地相约在上海。

远在千里之外的凌莉莉，有一次人不在香港，发去电子邮件却由她的公子作了回复。

周荣根在同学们的指点下，十六七年来找到了十几位同学……有一次在电话里对我说：又找到一个，真开心！听到他声情并茂的语言，我真感动极了。周荣根对上海近年来生大病的张勇和华邦杰基本上每周拜访一次；苏州的张文鋆和朱卓如也特地到上海来探望。

以上挂一漏万的叙述，已可见情谊之深。究其原因有二：有一批热心的同学；有一批热心的赞助者。

如果用简略的语言表达我们这一届中学同窗之情的属性，可能是：（1）无血缘关系，也无功利世俗；（2）懂事又纯正；（3）充满青春活力；（4）与师生情谊紧密相关；（5）记忆深刻；（6）最能倾诉不幸的遭遇。

目前的社会，到处是“情”，人际关系讲“情”，电视里也充满了“情”，以至讲“情”不顾“法”。这也许是对“文革”以前很多人“只讲原则，不顾情理”的反弹吧！随着政治文明、精神文明建设的进展,“情”与“法”的和谐总会到来。但是中学的同窗之情与法律、法规早已和谐相处了。

今年5月在苏州的聚会也许是今生最后一次大聚会了。许伟说:重活一回不可能,这次可以找回青年的活力。

搜索枯肠仍然找不到一个表达“同窗之情”的词。友人之间用“友情”,同窗之间却不能用“同情”。“窗情”、“学情”都不顺口。古代的学校称为私塾、学馆或者书院,同窗之情暂且称为“塾情”吧,当然还得留待文字学家和芸芸众生去创造。

回忆在东吴的日子

陈达夫

我于1947年9月进入东吴大学法学院法律系学习。入学后不久，我认识了比我高两级的佘贵林，他说话平和，为人朴实，对我很关心。有一次我终于对他说我想参加进步组织。这一年冬天，我获悉学院中的特务学生和院外的特务分子勾结，要逮捕佘贵林，佘贵林是在一些进步同学的掩护下离开东吴的。他在离别前后散发了一封长信，揭露了特务分子的阴谋并给以严重警告，富有文采，我看了深为感动。1948年1月末，我受邀参加一次集会，由陈芝兰报告上海市国民党当局动用军警力量残酷镇压赴京请愿学生的"同济惨案"，大家听了非常愤慨。有人提出要写信给国际学联控诉国民党反动派的血腥罪行。几天后，我在报纸上也看到上海市学联写信给国际学联报告"同济惨案"的消息。不久我又参加一次会议，侯锦林在会上宣布，我们这个集体的名称叫"民光团契"，对外是秘密的。从此，我成了民光团契的一员。民光团契的活动有好多次是在星期天，在本地成员的家中举行，有时也将聚会的地点改在其他场所。我记得有一次是请救国会"七君子"之一的史良律师作报告，还有一次是讨论国民党统治区的经济问题。随着蒋介石发动的反革命战争节节败退，国民党统治区的经济已处于崩溃的边缘。当时英国的《泰晤士报》评论说，即令亚当·斯密再世，也无法挽救国民党政府的颓势。有一次，包括民光团契成员在内的不少人到苏州春游，东吴文、理学院的同学们举行欢迎会，节目中，一位同学弹奏了一首贝多芬的钢琴曲。还有一次，团契的成员到霞飞路来德坊一家俄式餐馆聚餐，还有节目助兴。

1948年，上海市学联发起"红五月活动"。5月4日晚上，全市大中学校学生(包括东吴的民光团契成员和其他同学)参加了在交通大学广场举行的营火晚会，真是人山人海，声势浩大，上海市学联主席张渝民在会上讲了话。我深深体会到，个人的力量是微不足道的，革命群众的力量是巨大的。6月5日，上海市各大中学校学生在外滩举行反对美国扶植日本的示威游行，我至今还记得，东吴学生自治会主席毕世明(民光成员)和其他同学参加了这次游行。

1948年8月，在新学年开学前，国民党反动政府加紧镇压学生运动，在全市各大中学校逮捕进步学生。在东吴，民光团契的成员(除个别外)由于事前得到大逮捕的消息而幸免于难，但还是有我班同学陈定平、朱培根两人和其他班查鸿宝(民光成员)等四人被捕。

在全社会舆论的支持下，经过被捕学生家长的努力和斗争，被捕学生终于陆续获得释放。

民光团契的大部分成员在大逮捕后离开上海，到了解放区。

我参加民光团契和系列活动以后，认为民光团契的成员都是真实的人，思想进步，说真话，待人友好，愿意帮助人。

民光团契的活动既有严肃的政治斗争和专题讨论，这是主要的，又有生动活泼的文化娱乐，适合青年的特点和要求。对于民光团契的多数成员离开上海，我感到不舍，同时又为他们到了解放区而高兴。

1949 年 4 月，我加入了共产党，这是我梦寐以求的理想。我参加了宣传队。后来我才知道，民光团契成员中有不少是共产党员，民光团契是共产党的外围组织。

5 月 27 日，上海解放。有一天，我看到久别的佘贵林穿着一套解放军军装来到东吴法学院。我非常高兴，我想他的到来一方面是为了看望往日的同窗好友，另一方面更重要的是为了向特务分子示威，两年前他就是受到特务分子迫害离开东吴的。6 月间，我响应党的号召，参加华东军区南下服务团，来到福建。

从 1952 年 10 月起，除了“文化大革命”期间，我都在教育部门工作。1983 年 10 月离休后，我认真学习并拥护党的理论、路线、方针、政策，在新一代中央领导集体的正确领导下，祖国日益强大，人民生活不断改善，青年茁壮成长。这一切都使我欢欣鼓舞，心情舒畅。

在东吴的日子令我难忘。我感谢佘贵林、党支书孙廷珍、支委王敏琴及冯鼎芬对我的帮助和教育。佘贵林、冯鼎芬已逝世，愿他们安息。

我这个“职业”学生

陈古海

感谢校友会，在庆贺母校诞生110年之际，发起这次征文，促使我有机会对我四年的大学生活，作一完整的回顾。联想到在人生道路上的风风雨雨，引出了不少感慨。

（一）

为了叙事方便，我还是从中学时代说起。

我是抗战期间的1940年春在上海工部局华德路小学毕业的。

我学习成绩优秀，如果报考名牌中学，录取不在话下，但结果却选择了教学质量很一般的私立沪光中学。这是由于我二姐和哥哥早在1939年就参加了上海学生抗日救亡协会（简称“学协”），并于同年入了党。他们从革命眼光出发，推荐了当时这所有党的力量、学生抗日救亡运动搞得比较好的学校。

因为是春季，我跳了一级，插班初一下。开学不久，我就在班级里办起了壁报，引起高三年级的缪廉、张志尧的关注，他们找我谈话，接触了两三次，就介绍我参加“学协”，从此我走上了革命道路。他们都热爱文学，崇拜苏联，我深受影响。

暑假后，他们高中毕业了，离开沪光前，他们以组织名义指示我转到民立中学。在同年10月，我经范一夔介绍参加了共产党（他在第二年撤退到抗日根据地，不幸在一次战斗中遭到了日寇残酷杀害，壮烈牺牲）。

其时，我13岁，十分幼稚，自以为是个“革命者”，鄙视旧学校的教育制度，上课不专心听讲，课后从不复习、做作业，考试临时抱佛脚，凭小聪明蒙混过关。我热衷阅读文艺小说、练习写作，作品在校刊发表后，就飘飘然，可笑地夸口要做“鲁迅第二”、“中国的高尔基”。

不久，太平洋战争爆发，上海租界也为日军占领，政治环境更为险恶。我党对地下工作确定隐蔽方针，强调合法斗争，广交朋友，积蓄力量。

算下来，我的中学生活只有四年半，转了六个学校。初三是在育英中学，毕业后被学校视为C. P.分子而除名；转辅仁中学，因有几门功课不及格，我不愿补考，转壬午补习学校（即光华附中）。学期结束，嫌中学学制太长，跳越高二，转到中国中学，混到了一张高中毕业文凭。

总结我这四年半的中学生活，反省自问：在课堂上我究竟学到了多少基础知识？尤其联想到，当年同班同学早就能阅读原版的英文小说，而我的英语至今尚未过关，我惭愧，感叹“少壮不努力，老大徒伤悲”！但又自我安慰：我毕竟在课外阅读了一些马列主义基本理论和大量中外文艺书籍；同时还培养了我的社会活动能力，对我以后从事新闻事业还是得益不浅；再说，我为党尽了一分绵薄的力量。

（二）

我于 1944 年秋高中毕业，投考了四所大学：首先赴南京报考伪中央大学农艺系，未取；接着又报考了大同大学工商管理系、圣约翰大学医预科和华东联合大学药物系，结果都录取了。因为当时除了“国立”大学以外，所有私立大学唯恐招不到学生。抗战期间，人民生活艰难困苦，能有多少家长负担得起高昂的学费呀！最后我选择了华东联大，因为我父亲当时正开设了一家药厂。其实，从我的实际出发，也许选择中文系更合适，但我看轻文科，认为它没有出息。

入学第一年，我发起组织了一个带有教会色彩的团契，代替学生会，积极开展诸如联谊、助学、办刊、辩论会等活动，团结同学。我对课堂学习仍然搁置一边，结果学期终，一门主课（化学）挂了红灯，在同学们面前，真是羞愧难当！现在检讨起来，我不能把原因全归于搞地下工作，自己学习不用功，也是重要原因。

1945 年暑假，抗战胜利。为了迎接新四军接收上海，我们这些地下党员紧急动员，准备标语、传单，还在学校里与三青团员展开激烈辩论。过了几天，上级通知，中央决定新四军不进驻上海了。有些党员因此暴露身份撤离上海，我也险乎是其中之一。

第二学年，华东联大恢复原校名——东吴大学，迁至慕尔堂上课。因药学系停办，我转为化工系，依旧在班级开展活动，和物理系赵铮、缪德培等同学成立了课外兴趣小组“东吴无线电学会”。随之，他们建议创办一座广播电台。我一听认为是个好主意。当时，国共谈判破裂，内战爆发，我想到在国统区很需要有个宣传阵地，就向党支部书记张瑞芸请示，经地下学委研究，同意创办。于是我们就紧锣密鼓地忙碌起来，从发射机、播音室的设计、器材采购、制作、安装、试播，直到申请执照，都是我们这几个小青年没日没夜赤手空拳干出来的。那时，我哪能顾得上去学校上课，除了参加全校性的“反内战、要和平，反迫害、要民主”的运动以外，我已很少到学校去了。

电台终于在翌年 3 月 10 日热热闹闹正式开播。我们经常通过上海市学生团体联合会，约请各学校文艺团体到电台表演播出；还不时插一些新闻广播，新闻来源大部分来自《时代日报》、《文汇报》等“左”倾报刊。

可以想象得到，在白色恐怖下，我们这个广播电台的寿命怎能长得了？结果在 7 月底，国民党电信局会同淞沪警备司令部杀气腾腾地进入我们的广播电台，在发射机上贴上了大封条，予以取缔了。我们历经九个月的心血和我父亲资助的经费，也就此付诸东流了。我为之荒废了整整两个学期的学业。

第三学年，我重返学校。此时，东吴大学文、理学院决定迁返苏州，而三、四年级学生可留沪到圣约翰大学借读。我注册时，被告知因学分不够，只能算二年级学生，要到苏州继续就学。无奈，我只能服从。雪上加霜，我的党组织关系因几经转手而遗失。我以十分沮丧的心绪去了苏州。此时全国学生民主运动蓬勃开展，我很快从低落的情绪中扭转过来，积极投入运动，与三青团进行针锋相对的斗争。

在五四联欢会上，我在人群中突然发现了张耀祥。他就是最后和我接上党的关系、同意创办电台的上海地下学委领导，现他特地从上海赶来观察苏州学生运动。我好兴奋，抓住机会要求恢复组织关系。据事后告知，他回上海后，明确指示党支部支记诸葛生，指定由苏州的某党员和我联系。但十分遗憾，他却因为看到我经常回上海，谈论上海学生运动，自以为我的组织关系已在上海解决了，竟不与我联系。直至解放后，市委组织部按照中央精神，要我重新入党，使我在政治上和精神上造成了无法弥补的损失。

这年暑假，我在上海，冒着生命危险积极协助由我兄钟沛璋主编的《青年知识》半月刊工作，指导学生民主运动（即毛主席所称"我党的第二条战线"）。不料，就在我转学到圣约翰大学开学上课的第一天，国民党特务兵分两路，一路追踪到了我家搜查，并设暗哨严密监视，设法逮捕我；一路包围承印的富通印刷厂，见一个抓一个（即称谓"富通事件"）。幸好，我得到大姐及时报信，侥幸地逃脱了魔爪，到湖州躲避了三个月。此后，我还到仁余织布厂当过练习生。

又到了新学期开学，我到圣约翰大学注册，却被告知，因缺课太多而除名。此时，我感到十分迷茫，不知何去何从。恰在校园里遇到姚秀、戴平一，要我编辑《约大新闻》，我欣然同意。于是，白天我在学生会办公室搜集各地学生运动资料，编写稿件，晚上到民治新闻专科学校上课。就这样，混到学期结束，告别了四年大学生活。不久，撤离上海，去了解放区华中党校学习。上海解放时，我随军南下，参加筹备《青年报》。

（三）

在广播电视局岗位上离休后，我经常回忆起我的学生时代的经历，五味俱全，思绪万千。

当我回想起当年渡江南下，重回上海时，我兴高采烈，并为我在学生时代走上了革命道路而自豪过；但当我回想到 1957 年被打成漏网"右派"、"文革"中又成了"牛鬼蛇神"，我为在青年时代曾付出沉重的代价而懊丧过。

当看到我们的国家正朝着当年我追求的理想前进时，我喜悦；但当看到社会上还有这么多不如意时，我迷茫，但对未来仍充满憧憬！

很多时候，我为死难的战友默哀，也为自己的幸存欣慰。我在学生时代，结识了众多校友，分手后各奔前程，人生的道路上，其命运各各不同，有不少出类拔萃，成了精英（如院士、专家等）；也有的庸庸碌碌，虚度一生；还有的走入歧途，潦倒终生……而我总结一生，又该如何评价自己呢？思索再三，难下定语，只能说在芸芸众生中，是一个留下许多遗憾的凡夫俗子吧！

有时我还不切实际地幻想：如果真的还有来世，可以重新做起，我又将如何选择自己的人生道路呢？我是否能比今生多些成就，为社会多作些贡献呢？……

岁月易逝，一去不复返了。俱往矣，感慨也徒然！

但愿后来者美好幸福！

2008 年 11 月 7 日

能不忆东吴

化工系50届　吴耀乐

教育方式的特点

东吴的教育是采取浅而广、重实践的方式,使学生毕业时即具有较广知识面,有一定动手能力。我读的是化工专业,除了本专业的课目如机械制图、普通化学及物理、化工原理、有机化学、无机化学、化工计算、化工设计、工厂实习等,其他还设置了专业分析、定性定量分析、高等数学、材料力学、应用力学、热机、交直流电、理论化学等边缘课目,共计约30门课程,约150多个学分。特别值得一提的是:

各种化学、物理实验都安排单独一人做实验,自己操作,总结数据并撰写报告,这样对分析及化学合成等有了实际操作的能力;

工厂实习必须下工厂实地值班操作,结束后有关设备设计、物料平衡、能量计算都要写入实习报告,使学生有了一次与专业对口并联系工业生产的实践,对工厂有了一个初步的感性认识;

工厂实习、化学实验等报告均用英文撰写,且英语作为必修课要读三个学期,而德语作为第二外国语要读两个学期,教本全部是英文的,因此学生的外文能力较强,在踏上工作岗位时对查阅外文参考文献困难不大;

顾翼东教授开了一门"怎样查资料"的课程,不要小看这只有一个学分的课目,它使学生在校又有了一定的查找参考资料的能力;

体育课每学期只有一个学分,但是必修课,不及格不能获得毕业证书,因此大多数学生都有了较好的体质。

总的看来,由于东吴有上述的教育特点,东吴学子中出了不少人才就不足为奇了。

记琐事,忆老师

这篇短文,不是吹牛,说的是60多年前的实事。

说起"吹牛",大家都在用这个词,其实这个说法不很达意。记得教我数学的沈安石老师,有一次授课时见学生注意力不太集中,就讲了一个小插曲,说是有两个人比说大话,其中一人说:"喔唷唷,奈看,奈看,格只老虫比牛还要大!"(沈老师是苏州人,用的是苏州口音)沈老师解释道:所以平常的"吹牛皮"其实是勿对格,应该是"鼠牛比",鼠比牛大,这不是说大话吗? 所以"鼠牛比"较之"吹牛皮"更为确切。可见沈老师授课有方,用这样诙谐的方法使学生注意力集中起来,又使学生学到了说大话更为确切的表达方式。

张梦白老师是教我们历史的。我们奇怪为什么张老师对中外历史上的年份记得那么牢,原来他有一套记年份的办法。举一个例子。他说美国独立是在1776年,你只要记得苏州话"一切就切落来哉","一切切落"是"1776"的谐音,就不会忘记了。在讲到拿破仑时,他又授给我们一句英语文字游戏,说拿破仑在被俘后放逐到爱尔巴岛上后,他就无能为力了。这情况可用"Able was I saw Elba"来表达。大家可以注意一下,这句英语按字母、词序倒顺读都是一模一样的。这样我们既了解了拿破仑的结局,又学到了一句非常好的英语。

缪廷辅老师是教我们英语的,为了使学生有较正确的发音,常常"吊"学生轮流读课文。我是常常被"照顾"的一个。有一次我读到"heir"这个词时,很多人会读成"海厄",而我正确地读了"爱厄",缪老师随即给我一声"good"以资鼓励。我英语发音到今天还能这样正确,与老师的教导是分不开的。

如今,我已届耄耋之年。60多年前的事犹历历在目。我有今日的成就和地位,能不感激老师们吗?!

真才实学的沈济川教授

沈济川教授曾是化工系主任。他是一位有真才实学,有丰富实践经验的教授,是国务院任命的一级工程师。

国内第一家洗涤剂厂——上海洗涤剂厂就是他在解放初期带领了他的一批优秀学生建造起来的,为我国填补了一个很大的工业技术空白。后来又为上海肥皂厂设计建造了甘油回收装置。这是一个技术要求很高的三级真空装置,投产后为上海肥皂厂的原料综合利用及产品降低成本立了功。在20世纪60年代初,我在沈教授为所长的轻工业部食品工业研究所工作,有一次我在修理一台深井泵时,想尽了方法也没法修好。正为难时恰好沈教授来,我对他说了事情的前后,他对我说,你把泵启动一下。我照办后,他侧耳听了一小会,说:"你拆开泵看看活塞环。"拆开后果然发现活塞环有少许磨损,造成深井水抽不上来,换上新环后水就马上抽上来了。这事真使我佩服得五体投地,终生难忘。他单凭耳朵听就能找出毛病,这不是一般教授能做到的。

忆母校与师恩

法学院51届　施觉怀

母校自1900年由几所书院合并称“东吴大学堂”以来，至今已将有110年。由于其聘请中外著名教授，教材内容兼顾中外文化，形成其独特的优点，名声在外。我中学毕业后，本拟考理工科，因有人指出：“你从小学习传统文化较多，用其长处，不如考文、法之类学科。”加上我的姑夫任职国民党时期最高法院民庭，他清廉正直，声誉颇著，且文采斐然，对我也颇有影响。我遂放弃理工，投考法科。感于东吴声名，遂报考东吴，幸而被录取。入学后渐知，我数理化方面分数特高，而英文方面有差距。这件事对我以后很有影响，后来我从法院转入科技协会、冶金及建筑领域，之后又转到政法学院，从事与科技关系密切的专利法的有关工作。

1947年初，我进入东吴法学院。学校在昆山路，对面是一所教堂。进门第一印象是看到两面围墙中一幢不大的四层楼房，楼前一块空地，东边一个篮球场约占去空地三分之一多。换句话说，这块场地的总面积不过两个半篮球场。看来校舍不如它的名声大，心中不免有一丝失望。但四年中的经历，改变了我的看法。

入学第一年就上英美法大纲，由刘剑刚先生教。我入学时的英文水平，还只有看Thirty Famous Stories，Fifty Famous Stories（泰西三十轶事，泰西五十轶事）的水平，只记得华盛顿砍樱桃树的故事。面对英美法大纲，如看天书，只得靠字典生吞活剥。过了两年再看，这只是为初学者提供一些初步知识的读物。现在回顾当年这样安排，正是将初学者引入门的步骤。

后来盛振为先生为我们上国际法（International Law）和亲属法（Domestic Law），全用英文原版。盛先生常为学生们引用Justice Holmes和Justice Cardozo在判决书中的精彩判词，这也有助于提高学生对英文的欣赏水平。他讲课时只讲一部分，然后布置作业，要求学生们从第几页看到第几页，说下一堂课要提问，要学生们站起来用英文回答。我第一次被叫起来时，一句话也答不出，困窘地坐下。这种做法，逼学生必须纯熟地应用英语。

倪征噢先生先后为大家讲合同法（Contract Law）和国际法，也要提问，方式相似。这种教育方法和课本，逼我们字典不离手，居然慢慢地习惯了，不仅外文水平提高，对如何运用法律也有一些体会，知道世界是复杂的，法律不可能把万事万物都预先规定，要自己按照Common Knowledge（常识）和Common Sense（常识，尤指判断力）作出判断。近来我们提出“人性化执法”，与这种思路也有相通之处。最高人民法院的许多司法解释，也是把法律规定不够详密之处，用解释来加以补充。英美法体系中的判例法（Precedent）和Judge made Law与此有相通之处，但似乎尚不能照搬，特别是Judge made Law，因为要想这样做,审判员必须有很高水平。学过英美法体系,可以把这种方法作为研究材料。

除英文本法律书外,中文法律课数量更多一些。例如,俞承修(原国民党最高法院刑庭庭长)讲刑法,每堂课讲一些案例,口才特别好,大家像听故事一般,听过一遍,对刑法中有关规定也自然地理解。[①]又如,洪文澜(原国民党最高法院民庭庭长)讲民法,也条分缕析,前后贯穿,将许多法律关系纠缠在一起的事,分析得一清二楚。事实并不是按法律条文而发生,一件事往往牵涉到不止一类法律关系。曹杰讲民法,对法理的分析深入细致。东吴法学院这些教授的水平和教学方法,对我后来的工作有很大启发。东吴的外语课,直接由美国教授 Workman 担任。最后一年,杨兆龙先生讲 legal philosophy(法哲学),由于他通晓七国外语,对世界各国法律哲学家的理论都了然于胸,故能综合介绍,予以分析、比较。人们能理解学法律不仅仅是分门别类学懂几条条文,而应从总体上理解法律与整个社会的发展和现状相结合,还应理解法律的本质和目的。反观现代执法中有些人对具体条文相当注意,但对"公平""诚实信用"等较少注意,对"社会公共利益"等理解也不一致。这实际上涉及哲学问题。东吴法学院特地开设"法哲学"一课有独到之处。

说到对学生的影响,不能不提到盛振为先生。他的上代是基督教徒,他本人也是基督教徒。他 1900 年出生,1924 年毕业于东吴大学法科,旋赴美留学,师从当时世界著名的证据法权威,西北大学法学院长威格摩尔(Wigmore)。1927 年毕业,获法学博士后即回东吴法学院任教。1940 年继兰金和刘伯穆两位美国著名的法学家后,任东吴法学院第三任教务长,也是第一任华人教务长。随后又继吴经熊任法学院院长,直至 1950 年由杨兆龙先生继任第三任院长。其间盛先生又兼任东吴大学代校长。写有《英美法审判制度》和用英文写的《中国继承法原考》等。此外在东吴主办的《法学杂志》上也写些文章,例如 1934 年第二卷第二期上的《十九年来的东吴法律教育》等。由于他一直在第一线上课,又从事行政管理工作,著作不多,我考入东吴后,他仍同时为几个班级上课。

在他任教期间,培养出不少人才,其中广为人知的是倪征日奥先生和李浩培先生。两人先后任联合国国际法院和国际刑事法院的法官。

他曾有一句话,至今我记忆犹新。他说:"大学一年级时必须有最好的教授为你们上课。因为第一年的课必须上好,才能为今后的课打下基础和传授正确的观念。"他身体力行,在担任教务长和院长期间,一个人教几门课。他认为自己首先是教授,是教授兼院长,而不是院长兼教授。他同时关心图书馆建设,设法募捐,建成远东英美法图书最多的图书馆,并保送图书馆负责人到美国哥伦比亚大学留学,获得图书馆学硕士。他认为文法科的图书馆,类似工科的实习工厂,藏书类似机械设备。

盛振为时期还有两件值得称道的事。一是坚持学校独立,不再开设宗教课,课程由校方自定,不受教会影响。二是当年国民党上海市警察局找各大学校长开会,要学校在反共方面与他们合作,盛振为当场表态,学校是学术机构,不同意警察局进校抓人。当年报纸报道这次会议,登出了盛振为的表态。

盛振为不计开支,聘请不少名教授来兼任,有些不可能来校的名人,则请他们来校作专题报告,如胡适等。并安排教授整套法律体系,除讲授全套中国法外,同时讲授重要的英美法。虽教学时间较中国法少,但由于采用外文原版案例法,学生学起来仍感到费力。

这也许是东吴的传统。

与东吴关系较深的名人甚多，只能简略介绍，略举其名。由于东吴是学校，先从学术界谈起，如考古学家唐兰，经济学家秦柳芳、吴大琨，语言学家周有光，著名蚕桑专家郑辟疆、费达生（费孝通之姐，享寿百岁），美学教育家吕凤子，红学家冯其庸，国学大师饶宗颐、王蘧常，医学教育家杜子威，文学家、作家杨绛，妇产科专家宋鸿钊，血液病专家邓家栋，水利和地震学家汪闻韶（宋、邓、汪三人均为科学院院士，邓家栋又兼任中央保健局副局长）。[②]

全国人大有五个副委员长是东吴校友，他们是许德珩、周谷成、费孝通、雷洁琼、孙起孟。全国政协副主席中有东吴校友赵朴初、钱伟长、董寅初。进入政界的在香港有杨铁梁，在台湾有查良鉴等。

总的看来，东吴大学所培养的人才中，许多人曾为国家建设尽力，在国际上为国争光。其重要因素是它独到的教育体制，严格的教育要求，务实的教育内容和师生们共同的志向。正如校训上所说："养天地正气，法古今完人。"学校师生能以此自勉，出现数以百计的人才，是理所当然的，也是应当予以发扬光大的。

注释：

① 当代有些青年律师也可追继前贤，如中央电视台第12频道法制节目中，有个讲婚姻家庭的律师王芳，善于从一个案例中将涉及的各项法律条文加以综合引用。80年代我出访美国，他们的一些大学中也如此要求，当年东吴教学也是如此。因为事实不是按照某一条法律发生的，用case study可补讲解之不足。

② 以上资料均引自东吴大学北京校友会会讯。叶剑英同志并专门写了一首诗赠邓家栋同志："泽畔行吟放屈原，为伊太息有婵娟；行廉志洁泥无滓，一谈离骚一肃然。"

但愿人长久，千里共婵娟

化工系51届　顾德骥

1976年结束了10年“文革”的漫长岁月之后，祖国大地一片春回，特别是党的十一届三中全会精神的落实，神州大地沐浴在风和日丽之中，呈现了前所未有的蓬勃生机，我国人民看到了国强民富的美好前景。其后，随着改革开放和党的各项政策的落实，海内外的交流也极大地发展，科技文化教育事业受到重视和大力发展，知识分子的作用得到了尊重，禁锢了长久的思想有了很大的解放，许久未得到音讯的老校友老同学也渐渐恢复了联系，每个人都心情舒畅，一些校友中的积极分子聚在一起，自然而然地想起了同学会、校友会的事来。

东吴大学自1952年院系调整后，母校旧址已改为江苏师范学院（现为苏州大学），法学院并入华东政法学院，一部分理工科则分别并入复旦大学、华东化工学院和南京大学。经过“文革”浩劫，老教授中幸存的有张梦白、谈家桢、顾翼东、吴志高、盛振为、倪征燠、裘劭恒、顾廷龙等。校友中仅有一些系科班级搞过活动，如法学院的一部分、理学院的化工化学系51级的同学、文学院的经济系和附中的51级等，这些班级活动实际上都是校友会的萌芽。

在一次偶然的活动中，张梦白先生来上海，老学长滕家振与宋启辰夫妇、雷传湛、黎绍良、黄履中和理学院的杨笺康、吴耀乐以及顾浩、卞济川等都一起聚会见面，我也被邀参加了。这时就有人提出，组建东吴大学上海校友会的时机已经成熟，因为母校校友在上海、北京两地都相对集中，北京地区校友会已由诸葛淳、姚云、陆亨俊、朱鹤荪、曹辰等积极分子组建中，上海地区人数较北京更多，同学间也有此要求，而且多年来已有一些小型的分散活动。在讨论中大家一致认为，要请谈家桢老师登高一呼，将大家的热情调动起来。其后即由滕家振、雷传湛、黎绍良、黄履中、顾德骥、顾浩、杨笺康、吴耀乐、洪始等人在陕西路滕大姐家中举行了多次发起人的聚会筹备，后又增加了俞仁良、卞济川、顾念祖等学长参加，决定成立东吴大学上海校友会。整个筹建过程得到了苏州大学东吴校友会张梦白会长的热心支持。

当时要成立校友会也不是一件容易的事情，需要办理一系列的申请手续，因为这是作为一个社会团体来处理的，要向上海市民政局申请，还需要充分的理由，同时又要将分散在上海各个角落且久未联系的同学们一个个找出来，这些都要花大量的人力和时间去办。好在我们有一批积极分子。大家推请滕家振、雷传湛两位学长去做谈老的工作，顾翼东（是谈家桢的老师）也亲自登门拜访，希望他能出任第一任会长。考虑与台湾东吴大学的联络，会长更需要有号召力，这样大家都想到了一起，就是认为谈家桢老师是最合适的人选。因为他不仅是东吴大学的教授，而自己也是校友，并且在学术上、社会上和国际上都有知名度。幸运的是，尽管谈老的社会活动和科研任务都很忙，但为了母校的荣誉和推进上海校友间的友情活动，他慨然允诺了，这样就形成了校友会申报的基础。

经过一段时间的不懈努力，终于在1984年8月经由上海市民政局批准成立东吴大学上海校友会，记得是在1984年9月13日假座上海市政协礼堂举行了校友会的成立大会。至此，经过近年的努力，终于不辜负上海千余同窗校友的期望与重托，校友会如愿组成。其后在顾念祖、黄履中、向平、俞仁良、顾浩、卞济川、徐开墅等学长们的倡议下，又于1990年成功申报创办了东吴比较法进修学院，这也是校友会除了联谊活动以外的一个具有重大意义的回报社会、回报母校的创意。

现在校友会成立已20余年，进修学院成立后由于种种原因而停办了，但是在20余年的成长过程和进修学院风雨如晦的创业过程中，我们衷心感谢学长中的积极分子，也深切缅怀在此过程中作出卓越贡献而已经先期离开我们的滕家振、雷传湛等学长。

现在，校友会的活动已经成为上海校友与苏州母校以及我们血浓于水的海峡对岸的兄弟——台湾东吴大学的友情纽带，校友会的各项活动增进了老校友之间的生活乐趣，几十年的旧情得以继续。尽管校友们年华渐已老去，但校友会的友情以及东吴大学“养天地正气，法古今完人”的训导始终留在大家的心中。时值校友会成立20周年，我想借诗人苏东坡的《水调歌头》中的一句话来向大家祝福：“但愿人长久，千里共婵娟。”校友会将会永久铭记在我们每个上海校友的心怀。

老师,我们永远怀念你们

东吴附中49届　张宗祁

离开苏州东吴已整整半个世纪了,今天由附中提议,“情系东吴纪念集”征稿活动又使我回忆起当年天赐庄幽静的校园、宏伟的校舍、欢乐的中学生活、同窗五年的同学以及绝大部分已离世而我们永远没有忘记的老师们。这里我把当年在学校里老师和学生之间的趣闻记下来,以留作纪念吧!

周锡恩老师是中学舍监,同学们对他又怕、又爱、又恨。由于他面孔圆圆的,同学们给他提了个绰号“蟹壳黄”。今天很多同学可能已忘掉他的大名,但“绰号”永远不会忘记。1948年,一架飞机撞在子实堂宿舍背面的墙上,撞出一个大洞,后来破损的墙洞被水泥封好。当晚调皮的学生在上面画上“蟹黄”二字,这两个大字居然“流芳半个世纪”,直到几年前才被紫红色面砖覆盖掉。此外,他教我们地理课,要我们牢记世界三大米市,即西贡、曼谷、仰光,中国四大米市,即芜湖、无锡、长沙、九江,经过几十年我一直未忘记。2000年东吴100年校庆,巧遇周老师,我就问他当年你教我们中国四大米市和世界三大米市还记得吗?他笑笑回答“记不得了”,接下来彼此哈哈大笑。

范烟桥老师,文化界鸳鸯蝴蝶派元老之一。同学们又称他Velocity(速度),因与该外文前面发音“范老”有关,同事们给他的评价是“才子欠风流”,为人和蔼可亲。他教我们语文,有一次上课,调皮的同学们听见他从楼梯上走过来,就一齐唱起由他填词的流行歌曲《夜上海》,他进入教室后只能无可奈何地对我们笑笑,接下来就哄堂大笑。

金立藩老师,头发光亮,同学们称之为“桃子头”,上课不苟言笑,他教我们“范氏大代数”。有一次上课,课堂内不太安静,于是金老师停下来说“今天我来讲个故事吧”,接下去就开始讲:“从前有一个人去理发店理发,那天理发师心绪不宁,马马虎虎理了一下。理完后那顾客一声不响,随后掏出一块大洋给他,并声称不必找零了。过了一个月,顾客再次来理发,理发师没有忘记这位出手大方的顾客,这次他特别仔细。理好发,顾客很满意,随后摸出二角钱给他。当这位理发师百思不得其解之际,顾客笑笑讲:‘上次你给我理得马马虎虎,所以我付钱也马马虎虎。今天你理得很认真,那我也认真按规定价格付费。’”故事讲完,课堂内顿时鸦雀无声。我当时摸不着头脑,就问旁边一位同学怎么回事,回答是“傻瓜”。老师的意思是,你们不用心听课,我就马马虎虎教;你们用心听,我也用心讲。恍然大悟。

金立初老师,吴江人。和金立藩先生无血缘关系。头戴瓜皮小帽,每次上课,弯着腰,一头钻进教室,一屁股坐下来,头也不抬就开讲“之乎者也”的经文。下课铃一响,又低头弯腰,一声不响走出去。金老师满腹经纶,对我们这些小鬼讲课,无异对牛弹琴。期终考试，每人一篇作文，考试结果绝大部分同学一律60分，偶有65分及70分。

邓援老师，漂亮的少妇，经常面露笑容，但不知为什么绰号叫她“邓老太婆”。她教生物学，上课时允许同学举手提问。有一次讲到蚯蚓被切成两段后不会死，可以再生成两条蚯蚓，我听后十分好奇，于是举手发问：“那么切成一片片以后也能长成很多蚯蚓吗？”于是哄堂大笑。又有一次上课时实在无人提问，我又心血来潮提问老师：“昨夜我下肢抽筋，不知是什么原因？”她当然无法回答，这时一位同学插话：“你真叫隔忙头里髎牵筋呀。”全班又是哄堂大笑，以后再也不敢提问，以免出丑。

黄文望老师，教语文，圆圆的光头。上课时眼镜架在鼻尖上，左手拿课本，右手提着长袍，抑扬顿挫，声音宏亮，样子十分可笑。同学刘彪，有美术天赋，上课不听，坐在第一排，给老师画了一张漫画，惟妙惟肖。他教过的《阎典史传及圬者王承福传》，多年来我一直没有忘记。解放后曾任市一中校长，后因历史问题被解聘，甚至流落街头，十分凄惨。

董庆藩老师，教口语，刚毕业于圣约翰大学外文系，奶油小生，西装笔挺，年龄比我们大不了几岁，和同学亲如兄弟。第一次上课，课文是Rip Ven Winkle，描写一位怕老婆、爱管闲事的可怜的农民，有一次他跑到一座高山上，碰到了仙人，等到他再下山回到家里，世上已过去了几百年……讲课十分生动。解放初我来到上海念医科，在长乐路上又见到董老师，几年不见，他已略显苍老，牙齿掉了两只，还热情地和我聊了很久。“文革”后期，我通过在公安局工作的病友，找到他解放前在延安西路的住址，于是登门拜访。开门的是董老师的哥哥，待我说明来意后，他告诉我董老师解放后去了香港，后来又去了台湾工作，前几年因患癌症去世。

顾鸿藻、缪廷辅老师，都教过我英语，当年的课本是《有志竟成录》、《世界短篇小说精选》、《大学英语作文》等，当年那些世界名著，印象极深，迄今还能记得大概内容，特别记得的是“圣诞述异”(Christmas Carol)。在1948年圣诞节前后，缪老师讲“圣诞述异”课时，课堂内鸦雀无声。记载“圣诞述异”的这本书我一直保存好，“文革”后才送给同学史奇珪牧师。

许安之先生仅教过我几次课，但是有一次我抄书时把美国名校Harvard and Yale拼错了，被罚抄20遍，结果又抄错，再罚抄100遍，迄今一直牢记。又记得许老师讲中文里洛杉矶Los Angeles和落基山Rocky Mountain老是使人搞错，但英文就完全不同，不会弄错。

多年以后，尤其是“文革”以后，很多同学有机会出国，由于在中学里打好了英语基础，出国后语言上不觉得多大困难，后来异口同声，感谢东吴母校当年的培养。

潘承筠老师，教化学，娇小可爱，年轻漂亮。记得有一次化学考试，有一道题目是如何不用鼻子“闻”来鉴别稀盐酸和稀硫酸，全班只有王学仕同学回答正确，答案是各加入氯化钡($Bacl_2$)少许，与稀硫酸结合成白色硫酸钡沉淀，而稀盐酸无反应。几十年后我碰见王学仕同学，问他是否还记得这件事，回答早忘了。潘老师婚后调无锡市工作，“文革”中饱受冲击，最后患老年痴呆症，实在令人惋惜。

陆增礽老师，教物理，思路清晰，教课深入浅出，什么“右手定律”、“惠司顿电桥”、交流、直流等，同学们听得个个出神。后来我们班上很多同学报考大学物理系，就是受到陆老师的影响。他也有一个笑话，说是他教无线电，但自己不会装无线电。他有一个哥哥叫陆增祜，在大学当职员，却会装无线电。他生平最崇拜萨本栋博士，经常提到“萨本栋物理学”，但萨博士究竟是中国人还是外国人，迄今我未弄明。“文革”中陆老师用铁锥自杀去世，据称自杀所用铁锥的重量，在自杀前进行过精密计算。

回忆在“文革”期间，批判师道尊严，不尊重知识，对老师进行羞辱、批斗和迫害。全国学术专家、教授被迫害自杀致死者不计其数，这是中国人民的浩劫、悲哀。今天，黑暗的日子终于过去了，老师们终于又受到了尊重，但愿这种可悲的运动一去不复返。

老师们，同学们永远怀念你们！

母校，我们依恋着您

张国芳　蒋木青

东吴大学生物系53届毕业班同学，50多年前在校学习期间，就是一个充满友爱、活泼、团结的班级集体，活跃在东吴大学的校园里。1953年夏天毕业后，听从组织分配，分到全国十多个省、市的高校、中学或科研单位工作。50多年来，他们在各自的工作岗位上历经艰辛，在党和政府的领导关怀以及个人的努力下，在教育、教学或科研等工作方面做出了一定的成绩，有的成为了著名的学者，有的成为了著名的教育工作者，例如，宋大祥同学和周开亚同学分别荣获中科院院士或终身教授的称号，归鸿同学荣任南京师范大学校长之职。

进入20世纪90年代以来，由于年龄的关系，大部分同学先后退休，但同学之间的友谊仍如50多年前那样活跃、那样深厚。人道是“人生易老，友谊长在”。从1993年以来，在归鸿、周开亚、余子林和蒋木青、田展人诸同学的倡导和组织下，先后在南京和扬州、苏州、上海、西安、芜湖等地聚会了六次。每次聚会后都由专人将活动情况写成纪要，寄发给参加或未能参加聚会的同学阅读，使同学间的友谊得到了进一步的加深。与此同时，定时定期组织全班同学书写有关个人及家庭成员的生活或工作等情况的稿件，编印成“通讯”寄发给全班同学，以便相互交流信息，1997年开始至今已编写12期。在此，特别值得一提的是：余子林和归鸿两位同学，多年来不论在组织同学聚会还是编辑稿件等方面都发挥了极其重要作用。

为了便于母校的老师和广大同学能更全面地了解我们这一群“老学生”的晚年生活，借此母校110周年校庆来临之际，特将2003年10月间于苏州母校第六次聚会情况，扼要介绍于后：这次聚会共有24位老同学参加，分别来自西安、保定、太原、武汉、成都、杭州、上海、南京、昆明、苏州和芜湖等地，他们克服了年老体弱、路途遥远的困难，回到了阔别50多个春秋的母校——具有百年历史的苏州大学的怀抱。

母校的领导和老师们，对于我们这一群已满头银发、两鬓斑白的老学生的到来，非常重视、非常高兴，给予了极其热情的关怀！在我们到达的第二天即10月10日上午，即派专车，在生命科学学院周副院长的陪同下，送我们到各个校区参观。我们一跨进这古老的校园，绿荫和肃穆相互交织而形成的温馨气氛使我们陶醉，我们感到无比的欣慰。秋天的阳光照射着道路两旁的丽花嘉木和欧式建筑风格的林堂、葛堂和孙堂，睹物思人，50多年前的情景一一浮现在眼前，同学间纯洁的友谊，不知愁为何物的率真，是多么令人难忘。我们个个都沉浸幸福的回忆中……

在南校区生命科学学院校园内具有古色古香、典雅而朴素建筑风格的可园杏林厅，举行了隆重的欢迎座谈会。会上，郭副校长、统战部王部长、生命科学学院周副院长和东吴校友会沈雷洪会长先后发表了热情洋溢的讲话。他们的每一句话语都打动着我们每个人的心，我们感到无比的温暖，深深体会到母校母亲般的关怀！特别使我们感到欣喜的是：苏大生命科学学院的建立，标志着苏大人在办学理念上，紧紧抓住了时代的机遇，跳出了过去单纯局限在人才培养方面办学的旧框框，大踏步地跨上了“集科学研究、人才培养和新品开发为一体”的新办学理念。我们深信，在上下齐心协力、努力拼博精神的感召下，苏州大学暨生命科学学院进入国内一流、世界一流大学和学科之林的日子指日可待。

母校是个读书的好地方，也是个认真教学、钻研科学、出人才出成果的好地方。根据粗略统计，生命科学学院及其前身学校的生物系，100 多年来培养了我国生物学界的历代学术精英不下几十位，其中先后当选为中国科学院院士或学部委员者就有 9 位之多。一个系科、一个学校能培养出如此众多的学术精英，这不能不说是一个国内其他同类校、系难以超越的事实。纵观母校在一定时间内培养出的众多毕业生，之所以能在学术上有如此优秀的成就，当然是与母校的精心培养和老师们的教导分不开的。所以说，毕业生的成就也就是一个学校教学质量和教学成果的体现这句话，将永远是检验一个学校或一个系科教学质量的标尺。我们更要高声地说：母校，我们将永远牢记您和老师们的教导，我们永远永远依恋着您！

浓浓师生情

——东吴大学上海校友会的一个校友小组

法学院 52 级　纪之泽

我于 1952 年考入东吴大学法学院，校址在上海昆山路，当时编为法乙一班，院长杨兆龙兼班主任。杨老师戴着一副金边的眼镜，神采奕奕，为人诚恳好学，和蔼可亲。开学时他向我班介绍教学概况，并了解每个同学的生活学习情况，极为关心。杨院长学有专长，精通法律，曾获美、德等国法学博士，通晓八国语言文字，学识渊博，造诣颇深。本应教我班主课马列主义法学基础课程，后改教俄语。不久，改请一位苏联籍老师上课，语言不通，很难听懂，班级同学提过意见。1952 年下学期，全国高校院系调整，杨老师被调往复旦大学教俄语去了。他虽然离开了我们，但心系东吴，关爱学生，知我们初读俄文有困难，不辞劳累，利用休假日和晚上，走进学生家中，循循善诱，耐心辅导，使我们进步很快，受益匪浅。他是值得我们怀念和尊敬的好老师。我班是东吴大学法学院最后一班学生，次年，全部并入华东政法学院。

华东政法学院（现改为华东政法大学），校址在万航渡路，即圣约翰大学的旧址，校内风景优美，建筑古典别致，院长魏文伯。我们读的全是苏联课程，联共党史，苏维埃民法、刑法，以及马列主义法学理论，等等。毕业后，各奔工作岗位，忙于学习与工作。之后运动不断，同学之间很少往来和联系。“文革”后，江哲晖、沈锦芳两同学发起组织东吴老同学联谊座谈会。1991 年由我编印通讯录，原留存法乙一班同学名册共 46 人，只联系到 20 多人，住学校附近的人较多，彼此了解，感情融洽，毫无拘束，畅所欲言，真实坦率，以诚相待，但都已垂垂老矣。老同学欢聚，特别开心，每隔数月召集会餐、旅游、联欢、舞会等活动。开始只有 10 多位同学，后来逐渐增至 30 多人，十几年来，年年如此，从未间断，心情舒畅，保持身体健康。由于年岁增长，人数逐年减少，有的同学年老体弱行动不便，有的出国定居，有的重病住院，还有的不幸去世。我们曾向先后去世的徐萍、蒋宏澎、王育祥、谢荣昌、徐德义五位同学表示悼念，并祝愿现在住院的马自新、王家华两位同学早日恢复健康。以上工作均由沈锦芳同学负责，长期以来他从不怕辛苦，不嫌麻烦，尽心尽力为小组同学服务，获得大家一致好评。我们这个小组目前人数虽然不多，但同学之间的情感却越来越深厚。当此和谐社会，正值母校 110 周年校庆之际，愿我们的生活越过越好，健康长寿，愿祖国繁荣富强。

1952 年全国高校院系调整，东吴大学法学院一年级乙班第六第七学习小组部分同学留念。9 月 21 日摄。第一排右第一位蹲者纪之泽提供

1952 年全国高校院系调整，东吴大学法学院一年级乙班第六第七学习小组部分同学留念。9 月 21 日摄。第二排左第一位坐者纪之泽提供

情系东吴

忆 萱

每当我回到苏州葑门附近旧名为天赐庄的东吴校园，就像回到了养育我的老家，倍感亲切。

先从旧天赐庄的概况说起。据说天赐庄是在废墟上建立起来的。上世纪 30 年代的时候，学校的东边是苏州的内城河，河边从水埠台阶上来，接着是一条路。路的南边是东吴大学，北边是景海女子师范学校（景海女师），再往北是女师的附属小学。当时房屋的两旁都是农田。再往北是苏州的方塔老钟楼，景海女师的西边是博习医院，再往西是圣约翰教堂。

19 世纪末，美国的一些传教士来到中国的上海和苏州，于 1900 年在苏州筹建了一所大学。苏州古称东吴，故起名为东吴大学。除大学以外，还建立了附属中学。到 1920 年，分别在苏州、上海、湖州及无锡先后设立四个东吴附中。初创时的三任校长都是美国人，1927 年起由中国人杨永清担任第四任校长，一直到 1952 年止。1937 年秋日军侵占苏州，杨校长和部分师生几经周折，于 1938 年夏在上海租界恢复了东吴文、理、法三个学院及附中的教学。1941 年 12 月太平洋战争爆发，日军侵入上海租界，部分师生辗转去内地办学，还有部分师生虽在上海继续办学，却都隐匿不用原来"东吴"的名称。东吴附中也由附中的原班人马开办了正养中学，校名取自东吴校训的上联"养天地正气"。1945 年抗战胜利，东吴大学先在上海恢复，年底在苏州恢复了东吴大学文、理学院及附中的教学。1952 年实行院系调整，由其他两个学校与东吴大学合并，改名为江苏师范学院。1982 年又有很多院校并入，改名为苏州大学。苏州大学在国际交往中，英文校名依旧沿用"Soochow University"。校训与校徽还是老东吴时代的原样。

东吴大学建校之前，先有教会办的书院。大学初创时学生很少，父亲程克让是 1921 年生物系的唯一毕业生，另外两个系也各有一个学生与他同时毕业，分别是陈宝珊和吴芷芳先生。东吴大学开始时不收女生，很多年后，第一名女生罗迟慧入学。在旧的东吴年刊上就可以看到这位女生的相片。附中也一样，大概到 1936 年高中部才开始收第一班女生，约有 20 多个学生。我父亲是该女生班的班主任。班里学习最好的学生叫李雅静（李政道的堂姐）。我看过她的试卷，非常整洁，内容也极好。当时初中仍不收女生，直到 1939 年春孙淑章（附中孙蕴璞主任次女）、陆素莲（湖州附中陆季清主任次女）和我三名女生进入上海附中初中二年级第二学期时，东吴附中才开始招收初中女生。我们三个在初二（丙）班，全班约有 50 人。世界闻名的物理学家李政道也是我们班里同学。初三毕业时，女生已增加到 11 名。除我们三人以外，还有杨天真、尹仪、张彩华、卫芬、蔡一新、裘亚冠、钱文瑛和胡丽芬。抗战以前,到东吴念书的学生中最有名的当然是蒋建镐。那时我们这批小学生都知道:“那个中学男生名叫蒋建镐,是蒋介石的儿子。”他也曾是我父亲的学生。附中毕业后,他又在东吴大学物理系念到大学二年级。以后才知道他就是蒋纬国。

我从小随父母去苏州,在景海附小学习六年,又在景海女师学完初中一年级。1937秋日军入侵,不久我离开了苏州。在1937年秋以前,我们一直住在东吴的家属宿舍,经常和小朋友们在校园内玩耍,或随父母在校园内散步。1946年起在东吴物理系念书,直到毕业。1949年8月起就在景海女师当了一年教师。有那么长的一段时间在东吴校区或附近生活和工作,几乎对东吴校园内的一草一木都很熟悉。先记下1937年夏抗战以前的往事吧。

学校的大门在北面,大门外是一条路,就在大门外这条街的中央。当时保留着一棵粗大的古树,后来不见了,可能日军入侵后把这棵古树砍掉了。东吴大学的校门现在仍保留着。正面保存着由清朝维新派名人翁同和所写的“东吴大学”四字,大门背面写着中文校训“养天地正气,法古今完人”(英文校训是“Unto A Full Grown Man”)。进入大门,迎面矗立着一座有大钟楼的建筑,那是林堂(Allen Hall,为纪念创办人之一林乐知而命名)。林堂供大学生上课用。从大门去林堂大道的两侧有很多树木,最显眼的是分立两侧的两棵大塔松。

在林堂北侧的草地上有一座纪念碑,是纪念创建人之一孙乐文而设立的。纪念碑上的柱子被特意打断,这断了的柱子表示他的工作尚未完成。东吴大学1945年底在苏州复校后,1947年春甚多外地校友纷纷回母校庆祝校庆,并于3月16日在这纪念碑前举行了纪念校庆的仪式。在大门内两侧还有六座老师与家属的宿舍。最东边的是戴荪先生所住,第二座是杨校长,第三座是文乃史,挨着大门的是许安之先生。1946年复校以后,每个小楼供好多教师及家属住。挨着大门东侧第一栋,楼下住孙蕴璞先生一家,二楼除许安之先生外,许先生的岳母也住在这里(其岳母去世后,葬在城外的安乐园)。有一间作为小食堂,孙先生一家、许安之先生、我和弟弟程德萱以及几位单身老师都在这里吃学校食堂的膳食。三楼是几位学生如陆克明、陆克亮、陆克昭等住宿。东侧第二栋是陆钦轼和曹之兢先生两家合住。大门西侧第一栋住着凌敬言、陈海澄和陆增礽先生三家。西二栋是徐景韩、陈宝珊和陆鸿钰先生三家住。再往西的四层楼房是大学女生宿舍,旁边还有中学女生宿舍。这些宿舍前有假山,假山旁是龙口淌水的小桥流水。在校园的东北角有一片不小的草地。草地一角的假山上有六角的仁寿亭。草地南边有约三米高的秋千设备和两个由铁斜梯爬上顶部、再由双杆滑下的运动设备。南边是两个网球场。我经常跟着父母在此看冯家声先生打网球。冯先生球打得好。

穿过林堂往南是一个大操场,操场周围是供径赛用的跑道。在这百米跑道上有我忘不了的事:大概是1936年,我还是个小学生的时候,只要听说哪天有程金冠的百米赛跑,我们这批孩子一定挤在大人们的前面去观看。程金冠曾于1936年与著名短跑名将刘长春代表中国参加在柏林召开的奥运会,所以很有名气。但是我们这批孩子其实不是去看比赛,而是为了去看程金冠的眨巴眼。程金冠有眨巴眼睛的毛病,跑得越快眨巴得就越快。操场上有一个大足球场。球场北面有田赛用的沙坑等。大操场的东侧，北面是科学馆又名葛堂（Cline Hall，为纪念创办人之一葛赉恩而命名）。葛堂一进门是一个阶梯教室。1948 年间我们物理系曾请何泽慧和钱三强两位有名的物理学家来此作报告，给人印象很深的是：何泽慧女士这位大科学家穿得令人惊讶地朴素；钱先生带来了录音机，作报告前先让我们每人上前留下一句话，然后再放给大家听。他们夫妇俩给我们留下了极好的回忆。那是我第一次接触到录音机，感到非常新奇。

葛堂往南是子实堂，是中学男生宿舍。子实堂再往南，是用烧坏的砖砌成的体育馆。这些烧坏的砖砌成的建筑别有风味，且很美观，造价还便宜。馆的前身是老健身房，记得 6 岁时某晚曾随父母到老健身房看电影。看的是一部黑白的无声电影，那是我这辈子第一次看电影。1947 年秋，校园内发生了一起坠机事件。当时每天上午十点起学生们有 20 分钟的课间活动。某日就在这个时间里，学生们正在操场上活动时，突有一架教练飞机在操场上空盘旋一阵后，又突然栽落在子实堂东南侧的墙脚下，两名飞行员当即死亡。飞机坠下时把体育馆的屋顶削去了不小的一个角。幸好地面上没有其他人员受到伤害。

操场的西侧，北面是孙堂（Anderson Hall，为纪念创办人之一孙乐文而命名），是中学生的教学楼。孙堂往南是维格堂，是大学男生宿舍。操场南侧是一长列旧宿舍。我父亲当年求学时就住在这里。体育馆的东面是游泳池，游泳池虽不算大，但夏天来游泳的人真不少。

校园的东边是内护城河，河道上经常有船只过往。河彼岸是苏州城的城墙，城墙上面是呈堞形的城头，常看到大学生们由船摆渡到对面城墙上游乐活动。校园内沿河砌有一堵半墙，墙上有方格的铁丝网，爬满了美丽的“十姐妹”小朵蔷薇花。墙内是一条煤屑路，挨着路边，间隔地种植着桃与杨柳，真美不胜收！傍晚师生们都爱在这条路上踯躅散步。那些在校园内的家属宿舍，带有欧美格局的不同建筑，被宽广的草地和绿荫树丛环抱着，宽畅静谧的优美环境，真是学习的好地方。这在 20 世纪二三十年代来说，真是不错的校园了。

由于日军侵占苏州东吴校园，1938 年春，我随父亲去了上海。1939 年春我进入东吴附中后，在现今西藏中路的慕尔堂教堂（现沐恩堂）和南京路慈淑大楼轮流上课。1941 年 12 月 8 日，我们正在慕尔堂上着课时，突然枪上上着刺刀的日本侵略军占领了慕尔堂，师生们只能匆忙地离开，学校因此停办。后来在静安寺原锡珍女中开办了正养中学。

1942 年 4 月，父亲病重，再也无法上课，我也只能辍学随父亲回常州老家。9 月，父亲病逝。1943 年春，我蒙各方的帮助，回上海继续东吴附中的学习，1943 年夏中学毕业。1946 年春，又蒙校方的照顾免我的学杂费，开始了东吴大学物理系的学习。1947 年秋，东吴校方给了我奖学金，这奖学金包括我学杂费和生活费等费用，支持我直到 1949 年夏毕业。接着我在景海女师执教一年，1950 年我去了沈阳东北工学院任教。在职期间很少有机会回苏州。

1961 年和 1982 年曾两次回母校，但都是匆匆而过，直到我退休后才有了充裕的时间与我先生李梅林同返母校。但感觉到这次回母校已为时太晚了，能探访的只剩下张梦白先生这位唯一的恩师了。我打电话给张老师，拟立即去拜访他，可是当时已是 90 岁高龄的张老师不让我们去，反而亲自光临我们下榻的招待所，并亲自领我们俩几乎走遍了校本部的全部地方，给我们介绍或讲解校内各处的情况及变化。苏州大学校本部，除包括老东吴大学，把景海女师及其附小和周围的农田都包括进来之外，还扩充出去不少。当我走近方塔时，不禁回忆起很多在景海附小学习时候的情景。那已是60多年前的事了。我们将离苏时准备去张老师家辞别，可张老师还是不让，再次亲临招待所，真让我过意不去。他说，见到我感到特别高兴，原因是：(1) 张老师和我是常州同乡，1936—1937年间还曾是邻居，我称张老师的母亲为“好婆”，她会做既好看又好吃的各式点心，常给我家送来；(2) 张老师和我父亲是同事；(3) 我是张老师的学生，他教过我外国历史。因此在他老年时我能来探访他，使他感到特别的亲切和高兴。两年后接到他与世长辞的消息，实在令我非常悲痛。只因苏州、沈阳相距太远，而未能再次造访，一直感到十分遗憾。

我小时候都住在东吴的家属宿舍，曾住过螺丝浜胡同里的最后一栋，隔壁是顾瑞伯先生家，现在我如去苏州还一定要和他女儿顾镕芬见面。后来搬家到望门桥宿舍，邻居是庞龙先生，那时家母和庞师母来往密切。最后搬进六宅头宿舍，住在最西面的一套，隔壁是陈宝珊先生，直到现在还和他女儿陈丽琏常来往。尤其在我上大学阶段，家父已故，经济上很窘迫，陈师母对我总很照顾。当我住六宅头宿舍时，东面还住有张梦白、陆鸿钰和张和岑等先生及家属。

2008年12月我去苏州，住东吴饭店。次日晨我带女儿和女婿去看我幼时旧居。先到苏州大学南门外的望门桥。情况可全变了，望门桥下的河道与小桥景物依旧，但感觉到河变得很窄，桥也变小了，而望门桥和六宅头宿舍的旧房子一点影踪也没了，看到的是又新、又宏伟、又美观的苏州大学法学院。

在附中初中部时我们共三个女生，另两位的情况如下：2004年，孙淑章在美国先走了。陆素莲呢，2004年附中同学钮心济得知她在美国旧金山。2005年我去美国，给她去了个问候的电话。她在电话里是那么的热情，非要见面相聚不可。2005年10月，我和老伴以及曹煦民夫妇去旧金山与陆素莲夫妇相聚，但她的先生坐轮椅，身体不好。次年我给她寄去圣诞卡和信，但都退回来了，又失去了联系。

2004年5月17日，附中的同班同学由孙增闳和吴指南（女）召集在上海某餐厅聚会，共到了男女同学12位，计有费修禄、印培成、张元震、周连斌、王引生、钮心济、魏佩龄（女）、程蕴玉（女）、何月满（女）和曹煦民，其中何、曹两人还是特意从美国赶回来的。可惜孙嘉麟因病、郑诚怡去沈阳未回未能与会。此外还有两位姑爷陈观濬和李梅林，一共有14人参加，其中最小的是80岁。当我们高中毕业离别时都是十八九岁朝气蓬勃的小伙子和姑娘，如今都是白发苍苍，有的已是步履蹒跚的老头和老太。聚会刚开始时，都互相问询近况，逐渐话题转向在慕尔堂和慈淑大楼求学时的种种回忆。这虽已是60多年以前的事，但“东吴”二字在我们脑海中记忆犹新。

我童年时就生活在东吴幽美的环境里，以后又受到东吴众多师长的谆谆教导。在我人生最艰困的日子里，众师长又不断伸出关怀搀扶的手，使我安度困境，并且为我多次创造学习机会，使我学有所成。东吴对我一路培育和扶持的恩情我是永远都忘不了的。

我的心永远情系东吴。

2009年2月，新加坡

篮球队　前排从左到右:沈曼丽　孙庆英　张××　程蕴玉
后排从左到右:沈蔼梅　张崇静　×××　吴劬妍　竺全恩　×××　吴慧仙老师

1948年物理系师生及家属和其他系师生同赴无锡鼋头渚旅游

从八十生辰说起

经济系50届　李乃果

参阅《辞海》，方知人之高寿有上、中、下之别。上寿120年，中寿百岁，下寿80。

2005年6月，我浑然不觉岁月蹉跎，已步入耄耋之年。长子次女孝思不匮，精心安排，设80华诞于Berkeley市海滨之His Lordship Restaurant，广邀亲友百余，共贺生辰快乐，亦借此庆祝我心脏血管搭桥手术成功。

内子曾苏生肖属龙，今年初夏也入围下寿80。儿女们振振有词，说是有例可援，年初即已开始策划，只是寿星老太坚持不想铺张，几经盛意磋商，终于达成以家庭旅游方式庆祝，以拉斯维加斯四日游为主，回程游览大峡谷，经尾站洛杉矶回家。

踏入7月，我俩恢复宁静生活。我日常阅读书报，每周三次上午去附近室内游泳池作一小时的水上运动，间或与亲友偶作"方城战"、共进晚膳，以作消遣。内子除主理家务外，嗜好毛织，手不离针，织就老少咸宜的毛线衣着赠送亲友。除此之外，我俩就等待欣赏第29届北京奥运及紧接而来的美国网球大赛的电视节目。

遽料天有不测风云。8月13日做完水上运动后，由更衣室步入淋浴间时，因地面湿滑失衡而摔倒，重创左脚踝骨，剧痛坐地，不能起立，后由救生员扶起。老伴获知意外即驱车来接，直驶Kaiser Permanente急诊部，经X光检验，断定左踝骨折，旋由足部外科医生手术治疗，坚嘱应将石膏中的左足高举，切忌着地，耐心静养，并估计需约六至八个星期始能痊愈。女儿赶来医院探视。儿子两日后由温哥华飞来，随侍在侧，协助一切。

遭此不幸后，行动不便。内子随即购置轻便轮椅，活动如厕器具，助行扶手架，铝质三角板，以策轮椅安全上落门前石级，等等，将我家单层的居所，变成颇有规模的疗养院。而她以80高龄摇身一变，成为全职免薪的特别护士，遵医嘱悉心照料我的日常生活，并需按时驾车往返医院，推动轮椅接受复诊验血。凡此种种无微不至，以我拙于言辞的人，唯有暗自衷心铭谢。

想起英国哲学家培根（Francis Bacon）在他以"Of Marriage and Single Life"为题的论文中述及婚姻的三个阶段："妻子乃年轻人的情妇，中年人的伴侣，老年人的护士。"我与曾苏共结连理，至今已有57年，理所当然领悟到培根数百年前描述的婚姻哲理。回想2004年10月以来，她驾车四顾急诊室，为我延医诊治突发症状。今次又遭遇到意外受伤，给予我体贴的服侍。亦因此联想到，离今不足三年，我俩将臻60周年的钻石结婚纪念，斯时也，子女孙辈们环绕的庆祝晚会上，我誓必举杯向她铭谢对我逾半个世纪的关怀。

后记：此文为东吴大学校友会美国西部理事乃果学长所作。刊于《星岛日报》2008年9月29日副刊，文中充满了和谐家庭及老年生活的幸福气氛。乃果夫妇结理已逾金色纪念，他们相濡以沫50余载，沈曾苏早为我幼稚园的同学，又是东吴校友，他们夫妇期望着不久即将来到的钻石纪念。

吴耀乐

灯下漫笔——拾遗补缺另一篇

法学院47届　王达人

“人到老年怀旧情深”,这是一句自古迄今在老年人群中久传不衰的话语,亦是老年人对过去的碎片断念遐思的“复活”或“再现”。我的怀旧故事还得从上世纪40年代讲起。

那时正值抗战军兴,我就读于上海“中国比较法学院”。这所学校借南阳路爱国女中的教室,利用业余时间上课,研读中外法学,当时社会上教育界与法学界人士中有一句顺口溜:“北有朝阳,南有东吴。”据法学界老前辈说,“两校各具特色,自有专长,硕果累累,人才辈出,南北互映,共享盛名”,因此慕名而来报考的亦不乏其人,笔者亦是其中之一。

想当年,上海四郊已沦陷。太平洋战事爆发后,租界亦为敌人占有,有一次晚上8点多钟,我们几个同路回家的同学(瞿祖勤、胡秀如、屠月芳、江永如、诸家俊、何恩光、王达人),正行走到同孚路(今石门一路),突然遇到交通管制,顿时车流停,人流散,我们只得分头躲进附近小弄堂内,但两耳能听到不远处有军警搜捕声,两眼能看到马路上点着防空灯罩的路灯无可奈何地向地面洒下微弱的灯光。大约过了一小时光景,才解除交通管制,车与人总算恢复通行。听路上行人说:“这样的事经常发生。”

又有一次晚上,也是我们放学回家时,也是我们这批同路人。当我们路过南京西路静安别墅时,同行的诸家俊同学突然激情难抑,引吭高歌“谁愿意做奴隶,谁愿意做马牛”。我们好像遇到春雷轰顶似的,仿佛眼前闪电一亮,歌声提醒我们在敌骑纵横的情况下,我们应铭记我们伟大的中华民族的优秀的民族气节,诸如“身在曹营心在汉”与“苏武留胡节不辱”的民族魂。诸家俊同学毕业后由台湾旅居加拿大,曾从事房地产事业。他急公好义、乐善好施,他们夫妇俩虽然身居异国他乡,却情系祖国家乡。他曾多次设宴邀请郭念祖、陈忠诚、胡秀如、何恩光、蔡锡荣、王达人等人商讨筹组以其夫妇名字命名的教育基金会,资助贫困学生读书与生活。几经讨论,并与有关方面多次联系,煞费心机,颇为艰辛。可他身患沉疴,行走不便,最后终因病魔无情,不久就先我而谢世了,真是“壮志未酬身先死”,痛乎哉! 哀乎哉! 家俊学长,遥祝您安息在他乡异国!

那时候,我们是有校无校舍的流浪学生,有时去得早些,女中还没有放学,我们只得在南阳路上一个小型简易的儿童公园里稍事歇脚。大约在三四年前吧,同班同学施祖同夫妇,从美国来上海访故旧,回崇明家乡探亲,我们部分同学为他洗尘接风后,同去爱国女中旧地重游。但校舍已改为民宅,学校已迁往他处,无可奈何,沧海桑田,变迁多端,我们就在原爱国女中的校门口摄影留念,为了这一段短暂的岁月留下宝贵的精神断想与物质碎片,一种永恒的留恋呀!

话说抗战胜利后,恢复东吴法学院。我们先在西藏中路慕尔堂上课,马路上不时可以看到三五成群的美国士兵与美军的吉普车,和臂佩“MP”的美国宪兵在路上巡走。有时下课休息凭窗远眺,看到马路对面跑马厅里(今人民公园)孤骑独骋,有时马路上也可以看到高举“反饥饿，反内战”大横幅的学生游行队伍。最后我们总算回到娘家——昆山路原校舍上课，一直到1947年夏毕业才离别了难忘的母校。现在回想起来真是弹指一瞬间。抗战刚胜利，社会上学习英语的风气颇为流行，我们几位同班同学瞿祖勤、何恩光、江永如、徐碧瑾、王达人等5人通过瞿祖勤的关系，借正行女中的教室兴办泰晤士英文夜校，共有100多学生，大都是附近商店的中青年职工。我们分成两个班上课，课本选用 *New China*（新中国）。我们白天在一起读书，晚上在一起教书，课前吃一顿免费的晚餐。此时同窗同桌，同享劳动果实，深觉饭更香喷，菜更美味，其中之友情与欢乐，非亲临其境者莫属！

现在我把笔尖转到另一个方向，谈谈我们历届东吴毕业同学在原华东政法学院（现更名为华东政法大学）执教或任职的情况。东吴同学先后在华东政法学院工作过的大约有近30人次，其中与笔者有交往的如庄咏文，曾任党委书记及经济法教研室主任，是经济法学科奠基人；谭永介曾任党委副书记；陈忠诚曾任外语教研室主任，是英语学科奠基人；胡文治曾任国际法教研室主任，是国际法学科奠基人。其他为钟吉渔、张延令、施觉怀、施荣根、罗济才、王达人、黄逸之、向务、徐圣庆、钱润慈、范关坤、聂昌颐、王万流、蔡福元等诸多学长，敬业乐群，执教又著书，兢兢业业，勤勤恳恳，为“东吴”增光，为“华政”立功，他们名留校史，为后人之楷模。

现在我把镜头集中到47届学长们。那是1997年5月7日的故事，我班同学蔡锡荣、陈忠诚、胡秀如、郭念祖、王达人、沈边因、何恩光、陈中祺在上海八仙桥基督教青年会举行一场庆祝毕业50周年纪念活动。席间老同学欢聚在一起，边吃边谈，幽默风趣，俏皮生动，返老还童，成为一群老小人，真像王君达人现场素描中所述，同学们头上均已“黑白杂居”，嘴里还习惯地“华洋并用”，俏皮风趣，宛若50年前同窗并座，活泼鲜跳，童心未泯，不知老之已至也（原文与照片均在《台湾东吴校讯》中刊载转发各地校友）。这可能是最后一次的聚首，因为现在我们都已七老八十，行动颇不自如，过着深居简出的准隐士式生活的老头、老太了！我们47届的同学，毕业后各奔前程，有足迹遍国内各省市的，有飘洋过海旅居异国他乡的，有尚在人间者，也有驾鹤仙游者。在上海的有胡秀如、蔡锡荣、郭念祖、陶令贤、何恩光、陈忠诚、王达人、徐开垒、崔碧君、张洵、陈中祺、王凯元、张延令、倪寿彝、关复三、杨翰文、何其旭，在国内其他省市的有顾铎（北京）、陈文仪（重庆）、洪子元（苏州）、孙亮（北京）、张维新（香港）、张口泰（泰州），在国外的有徐碧瑾（加拿大）、江永如（美国）、张美丽（美国）、屠月芳（美国）、施祖同（美国）和诸家俊（加拿大）等。

上述概况，仅凭个人回忆，若有错误敬请学长们斧正。知道或经历这段校史中的小插曲者，现在尚健在者不多，而笔者自己也已虚度年华八十又八，因此回眸当年情景，真是“往事如烟云，旧梦仍依然，岁月易逝人易老，惜青春之不再，愿情怀以永存”！

上海证券律师业的历史

党文俊

翻开上海证券律师业的发展历史，就不得不提起成立于20世纪80年代初（上海律师制度恢复初期）的上海市第三律师事务所——上海金融律师业的摇篮，她曾经同时还拥有过另两块牌子："上海市对外经济律师事务所"、"上海市侨务律师事务所"，这是上海最早从事金融、外贸等新型法律业务的律师事务所。

上海市第三律师事务所最早的掌门人居同匮，系原东吴大学法律系校友，被誉为上海金融律师界的"祖师"，解放后上海的第一单"银团贷款"，上海最早的银行"法律顾问"都与这个名字紧紧相连。

自居同匮之后，蒋鸿礼、邵瑞兴是上海第二代金融律师，他们活跃于20世纪的80年代中期到90年代末期，不但奉献了当时国内最大的基础建设融资项目——东方明珠广播电视塔建设融资、中国建国以来最大的外商投资项目融资——吴泾化工厂融资、中国第一只B股IPO项目——电真空B股上市、中国第一只海外上市股票——马鞍山钢铁H股上市等众多的中国资本市场的"第一次"，更培养出了目前活跃在上海金融律师业的中坚力量刘大力、秦悦民、黄伟民、李骐等。

与他们的老师比，刘大力、秦悦民、黄伟民、李骐等经历了中国资本市场发展的好时光。1989年后，中国的改革开放进入更成熟的阶段。邓小平南方讲话后，在建设中国特色的社会主义市场经济的宏伟蓝图下，中国的资本市场得到了跨越式的发展，他们亲历了1990年上海证券交易所成立、1998年《证券法》颁布等历史时期，并广泛地参与到第一单开放式基金成立、第一单私募股权基金成立、第一单信托产品成立等中国资本市场众多里程碑式的"第一次"项目中。而他们的老师，在处理最基本的金融法律实务的时候，甚至手边还没有《证券法》、《公司法》来参照，用蒋鸿礼的话说，第一支B股就是在"规范性文件都不是很完善的情况下突破的"。

事实上，蒋鸿礼、邵瑞兴很多在中国资本市场上创新的做法，后来都被引入《证券法》、《银行法》中。可以说，老一辈金融律师在实践中，为中国金融法律体系的建立奠定了基础。

（摘自《上海律师》2008年11月4日，作者系《文汇报》记者）

四代同门　母校情深

物理系49届　黄诒焯

2005年我的外孙女如愿被母校文学院录取，趁去上海开会的机会，8月底回苏州，沈雷洪校友陪我参观母校。踯躅校园，不禁思潮如涌，不仅是因为眼前的一物一景勾起了青春的回忆，更因为一家四代中有22人都与苏州东吴有着深深的渊源。

我父亲黄克家(胜卿)1912年到1920年在东吴附中和大学上学。抗日战争前供职于吴县县政府，苏州沦陷后，日伪以重金等手段诱逼他出任伪自治会长、县长，坚拒不屈，避往上海，贫病而逝。由于父亲早逝，兄弟姐妹甚多，家庭经济窘迫，1945年我在东吴附中毕业后，在父亲生前好友的帮助下，以半工半读方式，在上海圣约翰大学继续学业。因为留恋东吴，在老师们的帮助下，自1946年秋亦以勤工俭学、工读的形式，转入东吴大学物理系。虽1949年毕业，但在1948年作为陆鸿钰老师助手已留校工作。1952年以后几经辗转，任教于西安医科大学(现西安交通大学医学院)。效老骥伏枥，迄今犹久久不倦，带领学生进行课题研究。大哥诒沐，曾在东吴附中就读。姐诒芬和姐夫朱兆泰系东吴大学文学院经济系同学。二哥诒谷和三个弟弟都在东吴附中就读，也得到学校的帮助，给予减免学费，并各有成就。在第三、第四代晚辈中，也有数人曾分别就读于江苏师范学院、苏州医学院、苏州大学。外孙女，是第四代的第八人，又从西安考到苏大文学院就读，祖孙四代同沐东吴校风，堪称校史上的一段佳话。老伴竺全恩，是1939年一起进入东吴附中的同班同学，直到1949年东吴大学与我同年毕业。她的姐姐竺佩恩和竺乐恩也先后毕业于东吴大学社会系和生物系。我家与东吴真有说不尽、道不完的姻缘。

在参观老校区时，看到新建成的王健法学院楼、学校东区的凌云楼等，感觉母校的发展真是日新月异。据说2005年仅在外省就招本科生1 200多名，远远超过我在校就学时全校学生人数，母校已发展成为学科门类较齐全、基础雄厚的科研教学综合性大学，在国内外的影响和声誉也与日俱增。

母校的发展，又使我联想起2002年12月去台北参加国际会议时顺访台北东吴大学的事。留下深刻印象，是源于同门兄弟的热情接待。在刚住进台北“中央研究院”时，就得知东吴大学早已来过电话说：我访问东吴大学的进程要增加内容。虽访问时间仅上午半天，他们还是给我安排了很紧凑的内容。先由发展处谢政谕处长陪同在圆山饭店与东吴大学校友总会陆润康理事长共进早餐，再到外双溪校区与刘俊源校长和物理系、生物系老师见面，参观陈列室和教学区，最后到东吴大学王绍堉董事长办公室，与他进行了有关生物科技发展方面的交谈。王绍堉介绍了台北东吴大学从20世纪50年代初由校友艰苦创业，发展成目前规模的历程。他说：“苏大和东吴同根同源，两校校友是兄弟关系。”

东吴大学校歌云：“同门兄弟，暮云春树，记取古东吴；相期努力，敬教劝学，分校遍西东；辅国维才，广才维学，众望注东吴。”如今母校两岸都在为继承和弘扬东吴精神而努力。

用我所学，参加祖国建设

化工系39级　田钧康

一、日本帝国主义侵略我国，迫我"学非所用"

1939年我考入上海市圣约翰、沪江，杭州之江大学和苏州东吴大学四校联大化学系学习，地址在上海南京路的慈淑大楼。一学年后，因当时社会上制药企业群起，化工人才较缺，学校为适应当时形势，新增化学工程系。有的同学想转入化学工程系，但校方因化工系功课较重，不赞成同学的要求。经研究，只同意我和张金謇、林鸿慈、陶悦明、王承命、王荣舫、任道源等八位同学转过去，我班即成为东吴大学第一届化学工程系学生。同学们都努力学习，学风不差。化工系系主任为孙令衔老师。1941年大三班时，12月8日，日本帝国主义突然袭击美国珍珠港军事基地，挑起太平洋战争。那天上午，同学们还在沪西实习，得知这消息后，想回学校。当走到爱多亚路（现延安中路）时，见到日本宪兵已进入租界，手中拿着册子，查封手册中所列美国有关企业和单位，马路均已封锁。经半天多时间，才回到南京东路慈淑大楼，但东吴大学因受美国教会资助已被日军封闭，学生已不能进入。1942年初，经徐景韩老师的努力，借其他校舍，以补习方式维持了一学期，后为形势所迫而停学。学校即与昆明西南联大取得联系，未完学业者可去那里完成学业。我班任道源同学独自起程，辗转去昆明完成了学业。而我与张金謇同学求助于孙令衔老师主持的制药厂，但因厂董事会变动未去成，张同学进入梅林食品厂工作；而我在上海没法立足而去了南京，在建康路三伟书店暂避。我在南京时，想完成大四学业，曾向南京中央大学借读，没有得到同意。我只得在书店工作，等候用我所学的机会。

由于当时有大学学历的人较少，我被上海新星金笔厂聘任为厂长。后因我录用了一位宁波四明山驻沪联络员（四明山是抗日游击区）而被迫辞去厂长之职。想"用我所学"，曾打算在上海创立中国毛笔工业社，没有成功。

之后，利用我大学的英语水平，进入上海和记进出口商行任职。又因商品质量问题，企业关闭而失业。

1952年，在上海西藏中路千里文具商店工作，我在那里利用广播学习俄语，取得先进工作者荣誉。

1956年，党中央要落实知识分子政策，号召归队，我被批准到上海油脂肥皂工业公司技术科工作，实现了"我用我所学"的愿望。这对我是一个极大的鼓舞，同时也是给我一个极大的负担，因我学非所用已十余年之久，但我立志要边工作、边学习、边提高。

二、响应党的号召踏实工作

（1）1958年11月，我被安排在新成立的合成洗涤剂二人小组，探索以化学方法生产的油脂代替农产品油脂作原料生产洗涤用品。

1958 年开始，首先以石油原料生产合成洗涤剂，但这原料属化工局系统管理，这种产品所有国外资料均为化工局系统掌握，为此都要从头干起，先从试制着手，将世界上主要品种排队后由上海永星肥皂厂试制烷基磺酸钠工艺。上海制皂厂中型试制烷基磺酸钠工艺，上海五洲肥皂厂试制烷基苯磺酸钠工艺，中国化学工业社(上海牙膏厂前身)试制脂肪醇硫酸钠工艺。在四个厂试制取得有关资料的基础上，先易后难，首先在上海永星肥皂厂生产烷基磺酸钠工农牌洗衣粉和上海牌洗衣粉等。生产出的第一批工农洗衣粉由我送轻工业部报喜。

洗衣粉供应市场后发现一些突出问题：当时缺少增加去污力的三聚磷酸钠助剂，质量不理想，而用箱式设备喷制，成品轻而细，使用时容易刺鼻。

在市场压力下，我们又进行湿法生产，生产了一些湿法三聚磷酸钠用于配方中，增加去污能力。要解决洗衣粉轻细问题，成品要在 20 米以上的不锈钢高塔喷雾，我们就地取材，用混凝土钢结构内衬红钢砖来解决设备问题，生产出与国外同类型的颗粒产品。

生产烷基磺酸钠洗衣粉，要求有直链烷基的石油，当时国内只有锦州石油六厂生产。我去求援时，巧遇到了我东吴大学同班同学任道源同志，他在该厂任总工程师，得到了他的大力支持，解决了原料的供应。

(2) 在 1960 年间，合成洗涤剂小组进驻上海制皂厂。为解决油脂供应紧张的问题，要以石蜡氧化成合成脂肪酸化替动、植物油脂生产块状肥皂。这个工艺在国外特别是罗马尼亚已有所发展，国内因行业分工关系，均由化工系统掌握。幸好我曾在沈阳化工研究所调研时，摘录了罗马尼亚年产 1 250 吨的合成脂肪酸资料，轻工业部在安排这项目时曾嘱各地提建设方案，我们就利用罗马尼亚资料，大胆提供了一个年产 2 500 吨合成脂肪酸的基建方案，结果因上海方案比较具体可行，同意上海制皂厂建设和生产，投产后解决了当时自然灾害造成的油脂供应紧张问题。

(3) 1961 年 9 月，公司改组为上海食品日用化工公司。我仍然在公司基建科工作，抓公司的基建和技改工作。其间参与过的重大项目有：

硬化油厂 320kg 级氢化脂肪醇；

牙膏厂改锡管为用铝管的设备改造；

咖啡厂麦乳精项目；

香料厂香兰素项目技术改造；

味精厂工艺改造；

梅林食品厂设备引进工作；

油墨厂产品改进工作；

机修厂新建炼钢炉等重大改造、革新项目。

(4) 支援昆明的引进项目:1978—1991 年，轻工业部从西德整套引进三聚磷酸钠厂，要调上海技术干部支援这个建在昆明的项目，决定支援三年，我是八名支援人员之一。当时我已 56 岁，服从组织调配，参加了该工程。三年后如期建成投产。我在这个项目里开始时抓调研工作，接下来抓资料工作，按原约定支援期限为三年，但因工作需要，八名支援干部中只有我一个留了 13 年，工作到 70 岁才回上海。

三、一件难以忘记的事情

1948 年解放前夕，我孩子因得麻疹病，请里弄的医生医治，每针一银元，时间一长难以负担,为此我下决心将孩子送到当时的广慈医院,无意中遇到了东吴大学医预科同学,我求她想想办法。她二话没说,用吊针医治,送入急诊病房。第二天我再去看望,病床里孩子不见了,吓了我一跳,以为亡故了。找到隔离病房,只见他眼睛看着我,直叫爸爸。我心中永远感谢东吴的同学。

四、结束语

我在东吴大学化工系求学过程中,受日本帝国主义侵略中国的干扰,只完成了四分之三学课,因社会和家庭关系没有能完成全部学业,但我并不灰心,积极准备“学我所用”的条件。在党的政策感召下,“用我所学”,使我有报效祖国的机会,并在轻工业系统中取得了一些成绩,在退休后被评为轻工业工程系列高级工程师的称号。

我现在已是88岁老人,精神尚好。

当战地广播员的日子

法学院51届　刘禄曾

我的青春年华是在战火纷飞的朝鲜战场上度过的:在敌机扫射下审讯战俘,在炸弹轰鸣中千里行军,在冰天雪地里劳动生活。而最使我刻骨铭心的一段经历则是在前沿阵地当广播员。

我原是中国人民志愿军9兵团敌工部英文翻译,1952年11月,奉命调到24军政治部敌工科。报到后,我被分配到广播小分队,任务是到前沿阵地利用有线广播,以英语对美军展开政治攻势。这个小分队由敌工科科长汤文林带队,一名干事、两名朝鲜人民军广播员、四名手摇机电传员,连我共9人。广播站设在五圣山216团的前沿阵地。我们从军部出发,连闯两道敌远程炮火封锁线,终于在第二天晚上赶到前沿阵地,走进了距美军阵地咫尺之遥的740高地坑道。

坑道里的日日夜夜

进坑道的第二天,广播小分队就开始工作。白天炮声不断,一枚枚18公斤重的炮弹雨点般地落在高地上,震得蜡烛灭了又点,点了再灭。我们先用手摇机发电,再试听喇叭响不响,天黑就开始广播。时值圣诞节前夕,我们播放的都是《欢乐颂》、《平安夜》、《铃儿响叮当》等世界名歌,伴之以《送我回家》、《友谊地久天长》等思乡曲,还有《一封未写完的家信》以及我军的俘虏政策等广播稿,每晚8时开始,直播到深夜1时结束。有时电线被炮弹打断了,宣传员就爬到山顶接线。放在山顶的大喇叭也有一个掩体洞。喇叭朝着敌人,只能听到声音,看不到机身。敌人分辨不清乱打炮,只能打断电线,却打不到喇叭。离圣诞节的日子越近,美军前沿阵地枪声就越少。特别是夜晚,四周变得很静,只有高音喇叭里放的音乐和响亮的广播声。在朝鲜战场,敌人凭借空中优势,总是在白天向我攻击,而我方则充分运用夜间活动,运输、行军、构筑工事等等。所以这里有一句话——“白天是美国的,黑夜是中国的”。

为了充分发挥喇叭作用,白天,我们将喇叭拉到坑道里,为战士放唱片、演节目,开展文娱活动。放得最多的唱片如《志愿军战歌》、《中朝人民团结紧》、《打败美帝野心狼》以及侯宝林的相声、高元钧的山东快书等。战士们听后士气更加高昂。

坑道里潮气大,光线暗。拐弯处放盏小油灯照明,工作地方点蜡烛,加上各坑道做饭的烟火,空气非常混浊。一天清晨,我去查看广播线路,刚走出坑道就被袭来的新鲜空气击昏了,倒在地上,不省人事。同志们连拖带拉把我扶进坑道,让我躺在石块垒成的炕上。那就是我的床铺,上面垫有树枝草叶和棉被。卫生员给我服药片,喝口水。过半小时,我就醒过来了。

停战前后的日子

我第二次上前线是在1953年7月初。这时,金城反击战的第二阶段已经结束,一场更大的战斗正在孕育。我到的是70师209团。这次整个坑道里只有我一个女同志。我所在的对面山头是美军阵地,左右山头都是李承晚军,朝鲜女同志都到那几个高地广播去了。坑道里,同志们对我特别爱护,让我睡在炮弹箱上,说这上面不潮湿。工作上,我除了照例每晚对敌人广播外,又增加了一项喊话。我所在的坑道与美军阵地相距不过两三百米。我用一个长柄喇叭,从坑道旁挖开的洞眼里伸出去直接对着美军阵地喊话,把停战谈判的进程告诉美军,瓦解其士气。敌我之间似乎有了默契,在我广播和喊话的时候一般都不打枪。方圆几十公里一片寂静,我感觉自己的声音一泻千里,足以牵动美军怀乡、厌战思绪。

夏季反击战打得很激烈,我军一举攻占了敌军阵地并乘胜追击。几天后,连首长突然接到部队换防的命令。当夜,兄弟部队闪电般地进入坑道,24军则连夜撤出了阵地。临行前,连长通知我说:"敌人已经熟悉了你的声音。为了不让对方察觉我军动向,决定你留在这里,不下阵地。"就这样,每晚的喊话广播仍由我来主持。

停战当天,阵地上枪炮声依然未断,我则竭尽全力,先于对方播出这条消息。晚8时以后,炮声渐稀,坑道里一片欢腾。每日战斗在生死线上的运输队员们今天奉命可以等到10时以后返回驻地。战士们对和平的向往和兴奋之情非言语所能表达。他们隔一会儿就来问我:"还有几分钟到10点呀!"10点,这个简单的时数,成了死亡和生存的分水岭。10点到了,运输队员们个个跳出了坑道,飞也似地向归途奔去。

坑道里,战士们情绪沸腾,我也按捺不住,跟这几个战士一起,悄悄地爬上了山顶。天亮以前,忽见对面山头上有几个大个子美国兵在往上爬。他们见到我,大感惊奇。事后方知,原来他们以为我们的广播喊话用的是录音机,没想到真有女战士跑到这样危险的前沿阵地来了。这时,我忽然想起上级布置过停战后准备战地联欢的任务,就主动大声地与他们说话,而他们却没有一个敢搭腔。加之我方换防的兄弟部队连首长并没有接到这项任务,因而联欢没有搞成。停战协定生效第二天,我和战士们下山,见到几个炮弹坑里的水塘。在坑道里生活,最宝贵的东西是水。一见水塘,大家欣喜若狂,连忙洗手、洗脸。我把帽子摘下来,高兴地把头发弄得湿淋淋的。我们在温暖的阳光下,吸着新鲜空气,忘情地泼着清凉的塘水。空气、水分、阳光呀,我从来没有像今天这样感到你们的珍贵!

在一个明朗的早晨,我被通知撤出阵地。这次走路,没有枪炮声,也没有封锁线,不用避敌机,也不用进山洞了。路边刚露头的山花、小草在石头缝里挣扎成长,受炮火摧残的金达莱开始吐露清香、争妍斗艳……这一切唤起了我对大自然从未有过的眷恋,体会到从未体会到的和平之幸福。

我的三个三十年

东吴附中理科班　黄树颜

第一个三十年(1920—1949)“乱世磨刀”

我1920年生于上海,自幼丧父,家境清寒,原想读个职业学校,希早日工作以养家。因成绩优异,年年第一,英算尤佳,又慕东吴之名,乃考入高中理科班。时1938年,日军已入侵上海,上海仅租界尚未被占,但日伪恶势力已密布申城。师生敌忾同仇,抗敌救亡热情如火如荼。我们在一位老师的引导下,常在夜间出动,到大街上,一人在前刷好浆糊,后面的人迅速跟上贴上写好的标语,尔后立刻撤离。白天,口袋里装满小传单,到闹市大街的高楼上,从窗口丢下就溜走,见红红绿绿的传单像雪片样飞下去,心里格外痛快。要避免日伪追捕,做这种事也要有点勇气和智慧。高三时活动进入高潮,规模也变大了,可是人一多风险也大。

抗战时期,我们的一个同学被特务机关抓去了,是他的一个朋友领抓的。后一天,我们正要到殳家豪同学家去,遥见他家门口有一批人,知道要出事了,便纷纷溜走。后来知道这个同学那时正好不在家,并已经逃到香港去了。又知道我们中间出了“叛徒”,老师要大家纷纷避难,在上海救亡活动告一段落。

高中毕业后,大家就结伴到“内地”去考大学。我们6人,先到浙江丽水,准备参加西南联大等四校的联合考试,因为已过报名截止时间,结果被拒!当时去重庆的交通困难,只好分批赶路,我和顾福兴同行。有时挑担步行,搭商车或军车,汽车都是木炭车,上坡帮着推,下坡是滑行,既辛苦又危险。经过了5个月的长途跋涉,总算到了重庆,那时已满身白虱,狼狈不堪,时已1940年春节。

我们先进了先修班复习,准备暑假参加四校联合招生,西南联大是当时内地最好、也是最难考的大学。我和顾福兴凭我们在东吴的严格训练,双双考取了西南联大,我读经济,顾读机械。我们为什么不考就近的中央大学而考西南联大呢?那是因为到了重庆以后,才逐步了解内地的情况,有点失望,据说西南联大民主气氛浓厚,又集清华、北大、南开等名师于一校,学风自由,有“民主堡垒”之称。

我本来要读理工,后改学经济,因为当时国家经济十分困难,问题很严重,我天真地认为读好经济、解决经济问题是救国之道!

1941年进联大后,读了许多课程,看了很多论文,但觉得大块文章往往流于清谈。我认为理论要求实证,政策也要经实效证实,没有翔实的统计数据论证,不能明辨是非。而当时的统计数字又十分混乱。认识到研究经济必须加强统计制度,科学收集数据,所以修了好几门统计课。到高年级时,又逐渐感到:统计数字可用于各门学科,经济数据本身又有它的特殊性,经济问题的研究也应该有一套特有的方法与理论。但是遍找文献,都没有结果,因此暗暗立下一个志愿,要开发一个有关的学科。

1945 年联大毕业，我通过了全国性留学考试，终于赴美留学。那里图书资料丰富，也有很多战后经济问题的论述。我渐渐发现有一门叫计量的学科（Econometrics），是经济学、数学、统计学三结合的学科，而且它对战后经济的预测等方面有许多很重要的成果，我逐步收集了许多资料，准备回国作些研究。

1949 年，我得硕士学位，开始进入博士阶段。当时全国解放在望，友人赠以《新民主主义论》，读后很有启发，加上解放上海时老百姓对共产党印象很好，觉得中国前途有望。遂与同学结伴同行，转辗回国，9 月到北京，还参加了开国大典，以为从此可以学以致用、报国有门了。为了适应国内新的理念，我先进华北大学学习马列主义，由一流的老师、学者为我们授课，这对我建立正确的人生观与政治态度很有帮助。这 30 年我称它为“乱世磨刀”。

第二个三十年（1950—1979）“韬光养晦”

我学习未结束就提前分到国家统计机构，与苏联专家共商国家统计制度与统计方法。不久在落实知识分子政策中调到教学单位，教统计学、经济学、数学，也教英语，就是不能把经济学、统计学、数学结合起来。当时受极左思潮的影响，说是用数学或数理统计研究经济学是数学游戏，欺骗劳动人民，是受批判的禁区。那时政治运动不断，好在讲授的数学、统计学、经济学都是数量经济的基础。此时我把从美国带回来的数量经济材料又好好读了几遍，直到“文革”中外文资料全被烧光为止。我不贪名利，心不急，再说还懂一点哲学，“壮志”虽未酬，但从无怨言，所以历次政治运动，总能安然度过。这样又是 30 年，等到改革开放。

第三个三十年（1980—2009）“宝刀未老”

那时我在海运学院，说要专业归队，我又调回数学组，教数理统计。一个偶然的机会，去了上海财经学院。因为财经专业已有几十年没人教数理统计了，所以刚到校就开课，但褒贬不一，有人说这门课好看不好用，是花架子；甚至有人给我戴政治帽子，说是全盘西化；院领导虽很重视，但下面不尽欢迎，有阻力！

经济转型，财经院校的课程改革问题既新又大，一直影响到一系列后继课程内容与师资的调整，真是牵一发动全身，当然有阻力！

当时国家统计局局长参加多次国际会议后，决心要调整统计干部的知识结构，改革统计教育，委托上财院等高校开办新的统计教育本科生班，上财院更设“现代应用统计研究生班”培养专门人才，作为该局干部和高校师资的储备。校方为减少干扰，在原统计系外另设“现代应用统计研究室”，由我负责，1984 年开始招生。

这是国内该专业第一项要与国际接轨的任务，但亟需一定的外援，我们以接触过的有名国内外教授为目标，以比较低廉的代价甚至免费请他们为我们讲课，他们是美国的 Leslie Fish、刁锦寰，中科院的冯士雍，北大的谢衷浩，加拿大的陈乃九，武大张耀庭，等等，都是一流的教授，均各有专长。全新的教学内容与治学方法，轰动一时。这样的改革方向和内容深受财经类院校的重视，于是纷纷仿效，逐步形成浪潮，这一改革的效果是比较成功的。因此，财经院系的统计专业课程的设置都与当时的改革试点相同，这与当时统计改革所指明的方向有很大的关系。所培养出的毕业生，在许多领域里多数都已做出很大成绩或成为领军人物。2009 年 9 月部分毕业生返校，举行一个“中国统计教育与研究研讨会暨祝贺黄树颜教授从教60周年”的会议，以纪念专业创建25周年，并出版了《现代应用统计论文集——向黄树颜教授致谢专辑》，从另一侧面反映了统计教育改革的成果。

在专业建设过程中，当时资金困难，引进外智，必须走节约资金之路：我们请进来的都是名教授，我们有意识地为他配备青年教师、学生作为他们的助手，使彼此多接触了解，一般教授都乐于把他的助手推荐出去，为他们筹措奖学金，这样就有多名年轻人去美、加深造，少花了外汇。另一途径是：参加国内名教授如刁锦寰等教授在全国招收博士生考试，我专业派去的十来人全都考取，良好的成绩为学校争得了名誉，他们都顺利获得博士学位，也反映了专业改革的成果。

我1992年出访美国，在那里找到一所很有专业特色的研究生院（American Graduate School of International Management）。学院并不大，但在国际经营管理学科方面与哈佛齐名，毕业生遍布全球。我毛遂自荐，与该校达成协议，其中有一条：我们每年可派1—2名教师前往进修或攻读学位，除路费外费用全由该院负担，这样我们连续派出10人前往，效果极好。回来以后各单位都委以重任。

改革开放30年，也是我在财大的30年，历史给了我发挥余热机会的30年，是我在西南联大时立下的宏愿得以初步实现的30年，成绩虽然很小，可荣誉却不小。如国务院特殊津贴、上海市政府立大功奖、上海市引进外智先进个人奖、上海市侨联爱国贡献奖。真受之有愧，这是历史的机遇，不是我个人的功劳。

我一辈子在学校里生活，学校对我的影响太大了。读小学（澄衷）时学校很重视素质教育，特别重视体育，这奠定了我健康体质的基础；在中学（东吴附中理科班），培养了我重视科学论证和数据治学的思想，因此在经济研究中念念不忘数据和实证；西南联大的自由民主学风，使我在研究工作上不是人云亦云，而能不忘创新；在美国（华盛顿大学等）优良的学习环境、自由的思想和丰富的信息，是我创建专业的智慧源泉；人大的学习使我在政治上一生平安；财大给了我发挥的平台……学校对我太重要了，我感谢这些学校，特别感谢给我谆谆教导的导师们。

情系东吴　追忆往事

生物系49届　蒋九华

我是东吴大学1949年夏季生物系毕业生。我家与东吴有很深的情谊——一方面是地理环境,另一方面是受到我外公家的影响。

我家位于苏州市望星桥堍的一座老宅内,面积很大,居住着两位堂兄全家及我父亲一家,多余的房屋由亲友们居住。

由于离东吴近,所以我家兄妹四人都就读于东吴。

我外公家位于忠信桥下塘,后园与东吴仅一墙之隔,在他家就能听到孙堂内学生朗朗的读书声。东吴的李伯莲先生告诉我外公,东吴建校之际,外公的父亲王根香曾捐助一大块土地给东吴(即最早的的学生宿舍、厨房及食堂用地)。当时承诺王家子弟入学有免学费优惠,于是我舅父王强松及其小叔王宾秋于1912年到1920年共八年在东吴读书,三年高中、一年理科预备班与四年大学本科。王强松读的是生物系。他的同班同学有王志稼,后为华东师范大学生物系主任;朱元鼎,后为圣约翰大学生物系主任,上海水产学院院长。他与东吴大学后来的骨干教师如潘慎明、徐景韩、孙蕴璞等是先后同学,与盛振为是足球队的伙伴,与前上海瑞金医院院长倪葆春是同学好友。

王强松因口吃症,不适宜教学工作。他告诉我,东吴校歌是教文学的老师嵇健鹤先生所作。当时教师绝大多数为美国人如祈天锡、戴荪、许安之等,但也有中国老师如吴献书,吴教英文,深入浅出,很受学生欢迎。教国文如薛灌英、朱啸谷等老教师。

我母亲是家中长女,很早与我父亲结婚,她没有读到大学,故要求子女都能读到大学。结婚后我父亲被迫考入高等师范学院,毕业后因不善言辞,进入吴县县立图书馆工作。我母亲进入新苏女师读书。

“一·二八”淞沪战役时,图书馆被炸毁,父亲被介绍入东吴图书馆工作,多年来他一直在东吴图书馆工作,直到江苏师院时才退休。

我长兄蒋传纶,1929年毕业于东吴大学政治系。他曾随申逢章赴印度尼西亚领事馆工作,申回国,他亦回国。杨永清校长器重我哥,任他为校长室英文秘书,兼附中英语教师。他勤恳工作、认真负责,一直到抗战,随校回上海租界内复课。当时物价飞涨,入不敷出,他租了亭子间居住,拥挤不堪。有一纱厂厂主请他到纱厂任职,薪金较高,为解燃眉之急,于是搬入新居,在上海定居。

我始终不忘东吴。他有一位同届同学,抗战期间从上海去了重庆,留沪之妻因病去世,他与同学们出钱、出力,料理后事。他与同学罗迟慧也常常相互探望,我都看到过罗几次。杨校长病重,他去陪伴,杨校长去世后还参加了杨的葬礼,曾写信托我回苏时交给张梦白先生,说明杨校长的墓地,以便凭吊、扫墓。

杨永清校长是浙江镇海人,1909年东吴大学第三届毕业生,后去美国留学,1913年回国返校,教过半年书,后活动于外交界,是外交部长顾维钧的得力助手。杨永清于1927

年莅苏担任校长,励精图治,致力于扩充校园范围,增聘名流教师,招收女生,实行男女同学,最早的女生就是罗迟慧女士。

我大姐蒋焜华,1932 年毕业于东吴大学历史系,同届同学有费孝通、朱旻、王复民、张仁宏等。大姐毕业后在振华女中教书,后与经济系毕业、在青岛银行界工作的王复民结婚。因抗战爆发,姐夫辞职返苏,亦随父母及我们避难乡下,待稍安定才回苏州我家。那时振华停办,大姐在家带领孩子,姐夫在中学教国文。我小学毕业后,在补习学校读初中。小姐文华移居上海舅父家,在上海东吴附中读完高中,但因经济困难,回苏在中学教初中数学,直到抗战胜利。我读完初中,再在苏州中学读高中。东吴在苏州复校后,我与文华一同考进东吴大学生物系。教职工子弟可免学费,我们两人均免费。焜华姐有一个5 岁女儿,在邻居家吃了一顿午饭,晚上发高烧,昏迷不醒,当时缺医少药,一天一夜即夭逝。姐姐悲痛万分,她觉得在乱世,非得要有些医药知识,才能拯救生命。她认识一位学公共卫生的美国护士长,名叫魏斯脱,魏斯脱将很多药学方面的书籍借给焜华,指导她学习三个月,然后介绍到博习医院药房间工作。一直到苏州医学院接收博习医院,她仍在儿童医院药房间做主任,“文革”前退休。她曾任苏州市政协委员。她不忘自己是东吴校友,每年东吴校友会召开,她都参加。如海外校友来苏,她参加座谈会等活动,李惠林教授返校,她去欢迎,听演讲、参加座谈会。当时我也在苏州,我们还一起合影留念。一起合影者有陈海澄之子陈明斋外科主任,程小青之子程育德夫妇,以及张梦白、李惠林夫妇、焜姐及我,可惜照片已遗失,是一大憾事!她与梦白先生往来较多,张师母病危时,焜姐去探望她,张师母说:“焜华妹,我平时舍不得吃,现在想吃也吃不下去了!”听到此话,真使人心酸泪下。我姐病重,梦白先生一直挂念,托人问候,可是他还是比姐姐早几天去世。

姐夫王复民,解放后进入苏州大学,教理科学生外语,直到退休。八十多岁病逝,梦白先生主持追悼会。外甥王通,东吴附中毕业,他在北京大学化学系工作,与苏大朱正元教授之女朱慧天结婚。因朱老身边无子女,遂将王通、慧天调来苏大。

生物系系主任徐荫祺(国文老师徐允修之子)教我们无脊椎动物及脊椎动物比较解剖学,以后又教寄生虫病学等课程。他一口流利的英语讲课,使我们的听力提高不少。助教有杨祺祚老师,专门为生物系同学讲授遗传学及原理,也用英语讲,一学期只上了三分之二的课程,好在同学们自学能力强,一样能顺利地完成考试任务。杨老师后赴美留学,专攻生理学。生物系附设医预科,医预科同学很多,有张大为、方儒修、陈重刚、金泰运、吴明明、许兆祥、邢玲玲、顾书敏、王泽长、申功述等。除张大为、方儒修被徐老师推荐入协和医学院读书外,其他同学都陆续考入其他医学院校,现已成为各地院校的骨干医师或科研人员。

生物系老师还有徐祥生教昆虫学、陈子英教胚胎学等。我最感兴趣的课程是李惠林教授教的植物分类学,他与沈毓风老师及戴荪(美国人)先生是植物学的三大重要教师。李老师带领我们生物系的学生认识校园内的一草一木。校园内的每一颗大树上都钉有一块铭牌,注明这棵树的学名。沈毓风老师教普通植物学,教我们认识植物的结构。戴荪先生主要教菌类植物,三位老师常带我们出外采集标本。戴荪瘦长个子,动作敏捷,像猴子一般,树上树下跳来跳去,引得大家哈哈大笑。徐祥生老师带领我们去郊区七子山等采集昆虫标本,如蝴蝶等。

生物系有生物材料供应处,有专业技师制作标本切片运销海内外,为学校创好多收益,贫困学生可去勤工俭学。生物系还有一叶小船,课后或节假日,我们相约泛舟在外城河。有一次我们采到了活泼可爱的小球藻。夏季划船到黄天荡采荷花、莲蓬、莲藕等,常欢天喜地满载而回。

李惠林老师常请学生去他家作客,看幻灯片,我记得有一次看到100多种杜鹃花,还请我们吃自制冰淇淋。师生感情融洽如一家人。

四年的校园生活,老师们循循善诱,诲人不倦,同学互助友爱,友爱相处。这是多么美好的时光,我留恋不已!

我毕业后,1949年秋由徐荫祺老师介绍进上医生物教研室工作。那里的教授有张和岑、陈世骐,副教授王志清、胡鸿仪,全是东吴毕业生。1950年郑增淳、杨朴进入上医,1952年郑修文也来了。我在上医工作了八年,升了讲师。

1958年随爱人申功述一起到重庆医学院工作,直到我退休。

小姐蒋文华毕业后,在景海女中与程蕴玉一起教课。她和程成了好朋友,还介绍堂侄女做蕴玉的弟媳,成了亲家。

一年后景海停办,文华进入上医解剖教研室,翁嘉颖也进入了解剖组,与原有的王永豪等工作在一起。1952年院系调整,徐荫祺老师也进入上医寄生虫学教研室当教授、主任。后来温廷桓、裘明华也分到寄生虫学教研室了。

接着陈丽琏、沈瑞菊等也进入上医组胚教研室。加上东吴医预科读过书的医师等,东吴在上医的校友可说很多。

1956年上医创办重庆医学院,分去了很多东吴校友,为以后重庆东吴校友会成立打下了基础。

我们毕业时,正值解放战争三大战役。李惠林、沈毓风全家及戴荪先生去了台湾,据说并不是为了蒋政权而去,而是为了台湾植物丰富,是植物学者的乐园。一年后李、沈两家去了美国,而戴荪留在台北东吴大学。

文华姐一直在上医解剖教研室工作,在“文革”时,学校下乡办学,不久姐夫因肝癌而离去。姐姐化悲痛为力量,不再婚嫁,全心全意投入工作,教了几十年的解剖学,培养了7位硕士研究生,编写了很多论文及教材,她是我们兄妹四人中对教学贡献最大的一位。现与女儿一家安居上海。

我的其他同学,如袁春及毕业后,徐荫祺老师介绍她到金陵大学工作,后金陵大学改为南京大学。她从小就聪慧过人,我和她初中同学,她高中靠自学,以同等学力考入东吴。她在南大,教学科研双丰收,搞鱼类胚胎的研究,对改良鱼类的质量贡献很大。可是家中遭受不幸,一个月中,有三位亲人相继逝世,她悲伤过度,不久生癌症早逝!我痛失良友,国家痛失英才,真是无可奈何!

王幽兰,她由何泽瑛的姐夫钱三强介绍进入中科院细胞生物研究所,何泽瑛也同时进入,但她因兴趣在植物方面改进南京植物研究所。王幽兰随朱冼教授搞孤雌生殖,我记得有一科技纪录片,名叫“没有外祖父的癞蛤蟆”,就是她的科研成果之一。她终身未婚,性情过分清高,不善与人沟通,晚年孤单一人,连身边说话的人都没有,70余岁亦生癌症逝世!

金苏华,后改选协和护预科,现在北京协和医学院公共卫生教研室工作。金苏危是最后一年转入东吴与我们一起毕业的,现在上海某中学教书。

男同学朱承烈,他在东吴时搞学生运动。因躲避特务抓捕,在最后一学期去北京大学借读。北大很欣赏他的才学。待苏州解放,他重回东吴读完课程,毕业后再回北大,正式成为北京大学的教师,硕果累累,常有文章发表。

这些健在的师长、同学们,祝你们健康长寿!晚年幸福!

几十年过去了,一切都在变化、发展与进步。

沧海桑田,谁也无法阻挡历史的变迁!

我的老师如徐荫祺、李惠林、包鼎成教授都相继过世,我的父母、长兄、大姐、姐夫亦已逝去。黄鹤一去不复返,这些人与事,只永远留在我的记忆中,我将此写出来,以作纪念!

最后汇报一下重庆校友会的情况:

重庆校友会成立于1991年3月。当时共有32位校友。因重庆医学院校友最多,会址设在重庆医学院。校友会推选王永豪为会长,因他不仅本科毕业于东吴,研究生也是在东吴读的,还在上海东吴教过书,德高望重,当之无愧。大家商议每年至少开会一次,聚谈会餐,拍照留念,然后用车送校友们回市中心。好几年来,大家踊跃参加。东吴大学90周年校庆,我代表重庆校友会去参加盛会。我遇见许多老师如张承宏、许嘉祥等老前辈,很多老同学如温廷桓、杨天恩夫妇,沈宇飞等,还有费孝通、谈家桢、江贵云,以及从美国赶来的海外校友会会长吴天锡等。吴老师也是生物系毕业生,和我相谈甚欢。我还遇见了我的高龄舅父王强松以及年轻的姨表妹罗温言等。我在大姐家住了一阵才返回重庆的。东吴百年校庆时,重庆校友会派陈瑞年校友参加。

重庆校友会几年不开会,我催促王老师几次,未成。后来才知道他已患病,另选热心群众工作的杨明鸣女士担任会长。几年后,杨女士患冠心病住院,推举我担任会长,只好勉为其难地承担了下来。大家年龄越来越大,有生病的,还有出国定居的如郑家瑞,有返回家乡的如伍立祖,有的去上海女儿家定居如沈承弼,有的已病逝了。剩下的人大多有高血压、老慢支等疾病,万一开会时兴奋、激动生了病,怎么办?所以重庆医学院绝大多数校友叫我停止开会,校友会从此名存实亡。我想只要我还活着,与苏州校友总会的联系是不会中断的!

附告:王永豪老师于2009年5月8日病逝,享年92岁。

生物系49级毕业生半个世纪后重返母校

生物系53届　归　鸿执笔

姑苏城东边，有座幽雅、宁静的东吴饭店，饭店大厅门口竖立着一块醒目的标语牌："热烈欢迎东吴大学生物系毕业五十周年返校活动的各位来宾！"迎接走过漫长而曲折的半个世纪光辉历程的游子回母校。

2003年10月9日中午，远自昆明的臧穆夫妇首先到达。接着来自上海、成都的郭氏兄弟携夫人以及太原的凌元洁先后抵达。由西安、武汉来的田展人、余子林也准时到达。忙人宋大祥也准时从上海赶了过来。本地的陈英敏也到了。张国芳从南京来，原买好同次列车车票的周开亚、徐珞珊夫妇却不见人影，徒增大家几分悬念。从国外探亲回来不久的陈健行夫妇从杭州来。下午6时多，周开亚夫妇带着孙女和上海来的张国佩、樊培方同时到达，他们好像事先相约一样，在火车站欣然相遇。原定今天要来的同学，这时都到齐了。大家迫不及待地重温青春岁月，畅叙阔别衷情。不过，个别同学要相视几秒钟后，才从记忆深处认出对方，于是大家拍手欢呼。是啊！半个世纪第一次见面，真正太不容易、太难得了！从跨出校门时的热血青年到两鬓斑白的古稀老人，走过了18 200多个日日夜夜，虽然大家都显老了，但同学间的深情厚谊依然如故，友情犹如一杯浓浓的红茶，久久地散发着清醇及郁香，这难道不值得大家倍加珍惜吗！

19时左右，苏大党委统战部部长和副部长等，生命科学学院周副院长、朱副院长及党总支正、副书记，还有从南师大生物系毕业在生命科学学院工作的部分校友，都来看望我们，问长问短。母校领导的亲切关怀，这股暖流深深地温暖了我们每个游子的心。母校领导走后，大家心情激动，谈兴浓浓，心潮澎湃，浮想联翩，思绪的翅膀不禁飞回到50年前。当年这批年轻的学子，坚决响应党的号召，到祖国最需要的地方去，到祖国最艰苦的地方去，满怀激情地告别母校，告别亲人，背起行囊，奔赴祖国东西南北，经过几十年的努力，不管遇到什么风风雨雨，我们这届同学在各自从事的工作岗位上始终兢兢业业，把自己的一生都献给了祖国伟大的教育事业和科技事业，成为祖国社会主义建设的骨干力量，也回报了母校的哺育和培养，可以无愧地说我们尽心尽力了……不知谁叫了一声："不早了，大家早点休息，明天还有安排呢！"大家才余兴未尽地陆续停了口。

10日上午8时，在生命科学学院周副院长的陪同下，我们跨进了古老的校园，迎面扑来一股绿荫和肃穆相互交织的圣洁气氛。此时校园里的行人不多，道路干净如洗。同级不同班的老同学沈雷洪（物理系，原苏大副校长，现为东吴大学校友总会会长）、顾镕芬（物理系）、陆忠娥（化学系）、蔡希杰（中文系）等也走来欢迎我们。刘静如夫妇也早到达等候了。母校虽然经历了半个世纪的沧桑，仍然那么美！欧洲风格的林堂、孙堂、葛堂、维格堂、女生宿舍等风姿依旧，经过维修和增添了现代化设施，以崭新的面貌迎接我们。过去，我们这些莘莘学子就在这里上课、做试验、孵图书馆。一座由特殊建筑材料砌成的建筑上，映射出孔祥熙题写的金光闪闪的"体育馆"三个大字，不禁使我们忆起了生物系篮球健儿在这里努力拼搏，荣获传统的系级比赛两连冠的辉煌。当年的健将张国佩、臧穆、周开亚等此时更是难忘那激动人心的时刻。原操场的南面老宿舍和六宅头等一大片房屋已拆除，建起了一座庞大壮观的建筑——王健法学院（王健系旅美校友，他捐资1 000万美元而建）。原东吴大学的校门，依然屹立，成了校园中的一个景点——门中之门。清代两代皇帝之师翁同龢书写的“东吴大学”四个苍劲有力的大字，在秋日的阳光下更加熠熠生辉。两侧“养天地正气，法古今完人”的校训更显现了它的厚重。我们不停地摄下宝贵的镜头，留作永久纪念。原景海女中和方塔以北，如今已成为新的校区。原景海女中的图书馆，创建于1903年，因年久已破损不堪，经著名建筑师的精心设计，改建成了外形依旧，内部是现代化设施的会议中心，与旅美校友陆侃如先生捐赠的学术报告厅相连，堪称杰作。右侧新建的图书馆，气势雄伟，明亮宽敞，在此看书多么惬意啊！一楼门前有院士风采展览，宋大祥院士在那里欢迎我们。东吴生物系先后培养出了10位院士（胡经甫、刘承钊、高尚荫、谢少文、谈家桢、宋鸿钊、刘建康、陆宝麟、钦俊德、宋大祥），这对一个系来说，也可算是全国生物界之最了。我们观瞻校园，个个都沉浸在幸福的回忆中……

上午10时，我们驱车来到三元坊苏大南校区，园林建筑的可园是生命科学学院的所在地。在他们的会议室（杏林堂，系名人讲学处）落座，举行简单而隆重的欢迎仪式，这时刘帼良同学从上海赶到。苏大郭副校长代表母校热烈欢迎我们并向我们问好，他介绍了苏大近况与发展宏图，生命科学学院周副院长也介绍了学院的概况。仪式结束后，我们又参观了生命科学学院的实验室。

中午，生命科学学院在“新天伦之乐”大酒店设宴招待我们，大家有幸品尝了久别的正宗姑苏美味菜肴。

下午1时，大家直奔离姑苏城东18公里、被国家命名为“中国历史文化古镇”角直游览。走进角直，三步五步一桥，小河四通八达，犹如穿越在悠悠的历史长廊中，叫人回味无穷。接着又参观了保圣寺，寺内有罗汉塑像的陈列馆。进入这座中西合璧的建筑，便可见气势雄伟的塑壁迎面矗立，仿佛海上仙岛的一角。栩栩如生的罗汉像，经讲解员生动的讲解后，使我们看到了这些罗汉像的高妙之处，就在于塑者捕捉了这些人精神风貌的一瞬间，把它加以典型化的夸张，使作品写心、传神、达意、抓人、耐看，经得起琢磨。据记载这是唐开元时杰出的雕塑家杨惠之所作，现已列入国家重点文物保护单位。为纪念文化名人叶圣陶先生早年在角直的育人业绩，寺内还设有叶圣陶纪念馆和叶圣陶墓。出保圣寺，又参观了沈宅——民族服装陈列馆，萧芳芳的演艺馆（香港著名演员），王韬纪念馆（清末民初的新闻工作者和译作家），他们都是角直人。最后一个景点是“万盛米行”，陈列着当年一些手工生产的工具和揭露老板欺压农民的各种手法。经叶圣陶先生的一篇著名散文《多收了三五斗》，更将当年剥削农民的残酷情景刻画得入木三分，让人铭记不忘。待返抵东吴饭店已下午5时多矣。晚间宋大祥、臧穆、周开亚不辞辛苦地又为母校献上了《蜘蛛的生物学》、《三江地区植物的多样性》和《动物学中的DNA信息》三个学术报告，博得生命科学学院师生的一片掌声。

11日上午8时出发，游览太湖明珠东、西山。路经高新技术开发区，我们饱览了苏州在改革开放后令人惊讶的变化。行驶在太湖上架起的三座相连接的大桥时，犹如在水上轻浮，极为美丽壮观，可称一景。到达东山后的第一个景点是启园（即席家花园），我们在园内沿着太湖漫步，金桂、银桂飘来阵阵清香，沁人心脾。清康熙皇帝曾到此，故筑有御码头，竖牌坊，上有康熙手书“火焰万丈”题词，两侧有刘镛（刘罗锅）和于右任手书的对联。这些都被我们摄入镜头。出启园后，重游了被称为江南第一楼的“雕花楼”，它集建筑、雕刻、绘画、工艺、园艺、泥塑于一体，充分展示了工艺匠人的精湛技艺。

中午，宋大祥在“万家灯火”餐馆作东，请大家品尝了东山的特产干切羊肉、太湖“三白”（白鱼、银鱼、白虾，但因季节不适时，而以青虾代替）、菱角、茭白、白果等丰盛的午餐，菜肴口味得到大家认可，餐后大家同声向主人道谢。饭后，大家马不停蹄地沿太湖湖堤而行，直抵西山，游览了吴中圣地——石公山。这里山清水秀，湖光山色，无限风光尽收眼底，使人心旷神怡，无怪海灯法师要选中此地练功。山上小庙香火很旺，不少善男信女叩头求菩萨保佑。还有求吉利的不少红绸丝带挂满树梢，随风飘扬，增添了无限妩媚。这时，我们这批古稀老人已没有上山时的勇往直前的劲头了，毕竟岁月不饶人，只能走走歇歇慢步徐行。但自有老当益壮，独自经“一线天”直达山顶的英雄——臧穆老兄也。

晚6时，校党委统战部主持在下榻的东吴饭店设宴为我们送行。副校长、生命科学学院院长张学光教授专门赶来参加，席间欢声笑语，宾客相聚甚欢，不仅尝到了美味佳肴，更增添了我们心中的温暖。

12日天气转阴，后又飘起了蒙蒙细雨，气温也明显下降。我们没有气馁，仍按原计划去盘门景区观光。这里是由瑞光塔、盘门水陆城门等景点组成的新景区，亭台楼阁和水面相叠其间，水陆城门别具一格，景色极佳。难怪当年APEC财长会议就选在这里举行。大祥也称这里是我们这次游览的最好景点，理应第一天就来的，其他同学也有同感。随后又来到观前街，昔日的市中心，今天不仅拓宽，且各店面已整旧一新，成为步行街。漫步其间，边看边找，找到了几家老字号：黄天源的糕团，采芝斋的虾子鲞鱼，黄埭的瓜子等等，每人各取所需尽收囊中，大包小包拎了一大串。最后，校车分别将大家送到火车站或汽车站，彼此互道保重，依依惜别。到此，几天难忘的相聚画上了一个圆满的句号。下一次什么时候再相聚，成了大家祈盼的悬念。苏大张副校长在送别我们时饱含深情地说：希望你们每隔两年回来一次看看。

生物系49级校友2003年10月摄于维格堂前

左起：樊培芳　陈英敏　周开亚　宋大祥

生物系49级校友2003年10月欢聚于东吴大学

生物系49级校友2003年10月摄于东吴饭店大堂前
前排左起：庄穆和夫人黎兴江　凌元洁　田展人　归鸿
后排左起：陈健行　陈英敏　张国芳

万里寻根到苏大

——记柏乐文后代寻根之旅

小 草

柏乐文

2007年5月28日，阳光灿烂，绿意盎然，苏州大学迎来了一群客人，他们是蓝柏(Lambuth，J. W.)、柏乐文(W. H. Park)及许安之(D. L. Sheretz)的后代。蓝柏，1860年抵华，其子蓝华德(Lambuth，Walter R.)于1878年12月在苏州租赁民房三间，开设医院，名叫“中西医院”，即博习医院的前身；柏乐文1882年抵华，是博习医院的第一任院长；许安之博士是东吴大学附属中学的教师。他们的关系是：柏乐文娶了蓝柏的女儿，许安之娶了柏乐文的女儿。这次来华寻根的共有7位，分别是Marguerite(许安之的女儿)夫妇，Marguerite的女儿，柏乐文的三位孙子女，还有一位是柏乐文的儿子。

苏州大学校史研究专家王国平教授陪同他们参观了校园。Marguerite是许安之夫妇的女儿，她出生在苏州，并在苏州生活了15年，东吴大学旧址校门旁边的一幢小楼就是她曾住过的地方，1945年离开中国，一直到今天才重回校园，整整半个世纪了。故地重游勾起了Marguerite许多回忆，坐在熟悉的亭子里，走在美丽的小河边，Marguerite像又回到了孩提时代，还时不时来句苏州话，让翻译半晌反应不过来。她说她的中文名字叫“许丽德”，小时候大家都这么叫她。Marguerite对校园内的一草一木都很有感情，还不断地问起曾经的景物现在何处。王教授向他们介绍了苏州大学现在的办学规模与发展现状。站在雄伟的东吴桥上，Marguerite惊叹学校发展的迅速，她说现在东校区这一带曾经都是农田，指着东吴桥下的葑溪激动地说，她的父母(许安之夫妇)曾沿着运河坐船到杭州度蜜月。她的后代们听了之后，拿着相机不停地拍，口里不停地唏嘘“哦……”，这就是他们祖父母们曾经生活、浪漫的地方！

走到她住过的小楼，Marguerite介绍了当时的生活情景，并在小楼前面合影留念。由于时间的关系，Marguerite带着她的后辈们依依不舍地离开了校园。

她们一行是28日到上海的，本来计划先去参观苏州其他景点，但第一站他们就到柏乐文工作过的地方(博习医院旧址)、许安之工作过的地方(东吴大学旧址，苏州大学本部)参观，因此而改变了行程，可见Marguerite对他们父辈工作过、生活过的地方怀有很深的感情。

29日晚上，苏州大学领导、发展办在东吴饭店宴请了他们，对他们父辈为东吴大学及博习医院所作的贡献表示谢意。Marguerite带来自己珍藏的照片及资料与大家分享！

30日，他们专程去苏州香山公墓寻找先辈的坟墓。临走前说，非常感谢苏大的款待，以后我们要经常保持联系。柏乐文、许安之逝世后都葬在他们为之奋斗一生的苏州。Marguerite一行7人，就是带着寻根的愿望来到中国的，这也是他们此行的主要目的。他们如愿以偿找到了柏乐文先生的墓，但许安之的墓尚未寻到。虽然远隔万里旅途，却有着千丝万缕的牵挂。

东吴歌声　伴我一生

东吴附中初中51届　张孝冲

1948—1951年,我在东吴附中求学三年。音乐课是在林堂二楼东大厅的左侧上的。钢琴和老师带领我们进入美妙的音乐殿堂,净化了心灵,陶冶了情操,激发了热情。光阴荏苒,60年过去了,但东吴歌声却不断萦回在脑中,哼唱在心口之间,把我们带回到那天真无邪、嬉戏求学、激情澎湃、热血沸腾、憧憬未来的少年时代,这真是:难忘东吴深情,歌声伴我人生。

排名第一位的是东吴校歌。唱着她,巍峨的林堂孙堂,青翠的雪松草坪,慈祥的老师,活泼的同学,又一一浮现在眼前。凭着她,在天南海北,甚至大洋彼岸,都可能找到学长学弟,他乡遇故知在歌声之中,感觉多好啊! 我们永远忘不了天开图画地秀山河的姑苏城,决心以效法古今完人,修养天地正气的精神,成长为一个堂堂正正地服务社会、报效祖国的人。

我们学到了传遍世界的巴哈的《英雄颂歌》。百战沙场扬虎威,英雄今日得胜归,丰功伟业盖天下,赫赫英名万古垂。这是一首为欢迎保卫祖国、热血奋战、杀退顽敌的英雄们,在他们凯旋时人民群众夹道欢呼时的颂歌。当这首音乐曲演奏时,英国女皇情不自禁地站起来致敬。上世纪80年代中期中国女排勇夺五连冠,在日本的颁奖典礼上,又奏响了这首大气磅礴、庄严辉煌的乐曲。每当听到演唱这首歌曲时,总是会激起我们对为国为民的英雄们的无限崇敬,沉浸在浮想联翩的激动心情之中。

歌声还把我们带进中国历史和传统文化的回忆气氛之中。“汉军逐单于,日没处河曲。浮云道傍起,行子车下宿。枪城围鼓角,毡帐依山谷。马上悬壶浆,刀头分顿肉。来自高堂上,父母亲束……”还有“一轻舟,一蓑笠,随波优游”的《老渔翁》曲,缅怀历史,追忆当年。

“我们祖国多么辽阔广大,她有无数田野和森林……”苏联歌曲《祖国进行曲》,使我们对苏联怀着无限美好的向往,并决心为把祖国建设得像苏联一样而奋斗终生。这也就是为什么当苏联解体,红旗落地,克里姆林宫上红星失去光芒之时,我们黯然神伤、悲痛不已的原因。

当然,最多的是刚解放时的许多革命歌曲。那真是“解放区的太阳永远不会落,解放区的歌声永远唱不完。为什么我们不喜欢? 为什么我们不歌唱”的激情燃烧的时代。唱着“雄赳赳气昂昂,跨过鸭绿江”,我们举着小旗,在人民路上寒风中欢迎志愿军伤病员来苏州疗养,还恍如昨日一般。

宋承宪老师给我们留下终生难忘的印象。他以高涨的政治热情,亲自作曲作词,为我们留下宝贵的历史遗产，有“全体的师生员工为迎接划时代的历史任务，展开了反封建的土改学习……”和“西藏已和平地解放，已回了祖国的怀抱，中国人民大团结，齐心协力，巩固祖国边防，叫那帝国主义心惊胆战，消灭光！”等，对我们是极大的鼓舞。

我还参加了学生合唱团。其中有一首歌是这样唱的，“马达在怒吼，热血在燃烧，我们张开钢铁的翅膀，从祖国怀抱飞向云宵，越过那康藏和摩天的大雪山，飞向那波浪滔天的海洋，冲向那反抗美帝侵略的地方，进军西藏，解放台湾，支援朝鲜，把帝国主义和蒋匪帮，一起消灭光！”当这首歌曲的录音由葛堂前的扩音器播放出来时，我们年轻的心真是欢呼雀跃，想不到我们唱的歌，竟然还能重新播放出来。少年时代一去不复返，但稚嫩而坚定的歌声，却永远留在我们脑海之中，反复回响，伴随一生。

东吴情结　永志不忘

东吴附中49届　徐白仑

天堂瑰宝　魂牵梦萦

抗战时期，我随家父徐铸成在大后方，抗战胜利后回到了上海。由于我小学同学缪德墀的介绍（他的父亲就是当时在东吴执教的缪廷辅先生），我进入了东吴高中一年级，来到了苏州。

俗语说："上有天堂，下有苏杭。"我到处颠沛流离，却从未到过这样柔美的江南水城，而且一住就是三年。苏州优美的自然和人文环境，东吴美丽的校园和良好的教育环境使我终身受益，这却是我原先所没有想到的。整个苏州城每两条街之间必有一条小河，家家临河，条条小河形成一个水网，街道之间则有拱桥相连。日常生活用品都是在小船上叫卖。那时居民不多，河水清澈，我常常站在石桥上，俯瞰在河边轻舞棒槌的洗衣女，遥望远处石拱桥的倒影，流连忘返。此种景象我日后在外地工作时经常浮现在脑海中。

我学得最好的是两门课：一门是语文，一门是物理。我的语文老师是两位名家：程小青和范烟桥。在他们的精心教导下，我的语文水平大有长进。我曾被人夸为"颇有文学天赋"，其实都是在中学里打好基础的关系。我的物理老师是大学里的陆增礽教授，他是一位很有学术功底的老师，而且教的概念十分清楚，力学、声学、光学都学得很扎实。我以后读的是建筑系，打好了力学基础，使我在学专业课建筑力学时轻松多了。

说起老师，我还不得不再提两位。一位是缪廷辅老师，一位是许安之老师。缪老师是位名教授，他编的英语教材当时已经被很多学校采用。他上课时特别強调语法，不论多么长的句子，都可以图解得清清楚楚。一直到现在我还使用这种方法来读文章。许安之老师是美国人，他的课没有教材，从不讲汉语，课的名字也特别："耳口"。但这种方法使我们在英语的听和说方面得到很大的提高，我现在还怀念他。

东吴是个教会学校，我对宗教没有兴趣。但每年的圣诞节总是很热闹。同学们都坚持不睡，过了午夜12点便三五成群地到外籍教师家门口唱赞美诗，他们一定会请我们进去观赏家里的圣诞树，发给我们大把的糖果。师生之情，其乐融融，至今犹历历在目。

东吴的校园是非常美的，虽然不大但很精致。绿草成片，绿树成荫。校内的建筑如林堂、孙堂等都特色鲜明，尤其是体育馆，造型朴实，里边设施非常好。

我们是在校园内迎接苏州解放的，不久便离开东吴各奔前程了。但是此后不管身在何处，苏州和东吴总是我魂牵梦萦的地方。

啊！在我的心目中，苏州是人间天堂，东吴则是天堂里的瑰宝！

同窗情谊　弥足珍贵

踏上工作岗位后我承受了丧妻、失明的巨大痛苦，经历了徬徨、无助、无所适从的时期。最后我走出了阴影，开辟了自己的事业。这期间，许许多多朋友帮助了我。但是在我心中始终忘不了的还是东吴的同窗情谊，老同学们在我困难的时候不忘旧情，纷纷伸出友谊之手给我以安慰和帮助，使我充满勇气向命运抗争。

"文革"期间，由于各种原因，我被迫离开了热爱的建筑事业。这时我的眼睛已经失去了大部分视力。我处于失落、徬徨的之中，不知道下一步该怎么走。但是，紧接着，一个更大的打击降临到我身上：我热爱的妻子因病医治无效，离我而去。

我妻子益陶是位生物学家，是一位极优秀的人。她的才华和人品经常被人所称赞。她有理想，有追求，实在是一位不可多得的贤妻良母。我们俩十分恩爱。"当我们回首往事时，不因虚度年华而自责，不因碌碌无为而羞愧。"这句名言，也曾身体力行，尽力为祖国献出无限忠诚。然而她匆匆走了，留下我一个接近全盲的人又该怎么办？一时间我就像一只折了翅膀的雄鹰，颓废、徬徨、无望、无所适从。在这种情况下，我回到了故乡——上海。

就在这困难的时刻，我的东吴老同学热情地接待了我。尽管在所谓"大革命"的疯狂年代，大家噤若寒蝉，彼此的联系几乎完全断掉了，但是在东吴哺育下的同窗情谊仍然深深地植根于我们心中。大家安慰我，鼓励我，尽可能地帮助我摆脱现状。同学李海明帮我在灵岩山的庙里为益陶安排了一处永久安息的地方。同窗好友黄惟卓夫妇陪我到苏州，实地察看并重回母校。在苏州又有同学沈同文帮我安排一切。同学蔡起予的女儿也来陪伴我（她的母亲也是我们的老同学，可惜英年早逝）。上海同学几次聚会欢迎我，他们尽量让我忘掉一切不幸，振作精神，重新获得生活的勇气。我深深地感谢这些好心的老同学，正是他们的热情帮助使我很快端正了生活的态度。他们让我已经死去的心开始反思了。我想这么多老同学在关心我，期待我振作起来，我有什么权利辜负大家的期望？我要从头开始，在一个新的行业里探索、拼搏才对。

今天，我在这个行业里已经取得了很大的成果。然而饮水思源，没有东吴老同学的鼓励和帮助就不可能有我今天。我要从心底里向老同学们说声谢谢。

与命运抗争，为母校争光

同学火热的感情化解了我冰冷的心，我猛然醒悟，不能再这么消沉下去，要和命运抗争，开辟我新的人生道路。

过去曾经有位朋友说过："你在儿童文学创作方面已有一定造诣，又深刻地感受盲人的痛苦和需要，你可以为盲孩子写些文学作品。"但是我失明已经整整 13 年了，很少与盲人接触。要为他们写作首先应该学会盲文。于是我找到一位经验丰富的盲童学校的老师。盲文全靠用手摸读，我已经是 53 岁的人，手指触觉相当迟钝。但在她耐心的帮助和我自己的刻苦努力下，我基本上学会了盲文的阅读。

我想为盲孩子写些东西，这个愿望被上海盲校的杨校长知道后，她十分赞许我为盲孩子编一本刊物并全力支持我实现这个愿望。1985 年 3 月下旬，我们共同商定出版一本为盲童写的文学杂志，定名为《盲童文学》。我了解盲童最大的苦恼是寂寞，他们很少与外界接触，几乎过着与世隔绝的生活。我设计这本杂志的栏目就是要使盲孩子通过触觉、听觉、嗅觉和想象来接触世界。

现在这本杂志已经获得巨大的成功，我们在为盲童所做的工作得到了国际上的好评。我本人也获得不少荣誉。

回顾往事，不胜感叹。我要从心底里向我东吴的同学说声谢谢。你们的友谊我将终身不忘。我也将更努力地工作，报答你们，为母校争光。

结缘东吴

东吴附中 严继华

到2010年,我将是82岁的老人了。适逢东吴建校110周年,它勾起了我许多回忆,忆及早年求学东吴的往事,实深有感言。记得抗战胜利后,我由上海慕尔堂随校返回苏州葑门附近天赐庄的校本部续学,走近校址仰面正视,但见写有"东吴大学"四字的高大拱洞校门,其左右门柱上写有校训"养天地正气,法古今完人",在门梁上则写有英文校训"UNTO A FULL GROWN MAN"。进入校园,首先映入眼帘的是一座有大钟楼的建筑,那就是"林堂"。往前有一片很大的操场,四周环绕着一圈跑道,操场中有一个足球场与田径赛用的沙坑,在跑道外侧周围有"葛堂"、"孙堂"、"子实堂"、"维格堂"等,分别为科学实验、教学与学生宿舍大楼。在大操场东南侧有体育馆、游泳池、网球场,还有特具欧美格调,专供中外教师与家属居住用的小洋房。整个校园处处有花草、树木,间隔着小桥流水、亭台假山,在校园的东面边沿还有一条内城河,过河就是城墙,同学们常会爬上城头温功课或闲逛。当时的东吴还是一所教会学校,教学中英文并举,每星期日早晨那小教堂总会响起礼拜的钟声。校区环境优雅静谧,确实是个学习的好地方。其时学生们在杨永清校长及张梦白、孙蕴璞、顾翼东、缪廷辅、张旭民、程小青等师长的谆谆教导下,都获得了德智体的全面成长,不少同学还在日后成为社会上各有所长的英才。

1949年解放后,我在上海转学声乐专业,有幸得到音乐学院苏俄声乐家苏石林(Shualin)教授的多年培育,进入了上海乐团成为一名专业声乐工作者,并在日后作为声乐家取得了国家一级演员职称。那时我除了定期公演外,还经常参加招待来沪国内外领导人的专场音乐会,又先后与来华的苏、美、法、德各国指挥家、声乐家合作演出格林卡、海顿等作曲家作品及"纪念巴赫、亨德尔诞生三百周年"大型音乐会(大多以原文说唱)。其后获"中国国际名人研究院"发给"中国当代艺术界名人录荣誉奖",并列入《中外歌唱家辞典》与《中国音乐家辞典》等辞书。

在往年多次校庆活动时,我们上海校友会的东吴人总会重叙旧谊,我也必高歌同庆。

1987年,得东吴校友总会的邀约,我曾偕同钢琴家李士珉(我的爱人,她同为国家一级演员,属上海圣约翰校友会),赴苏州校本部大礼堂举行"祝校庆独唱音乐会",受到了我的老师、校友会总会长张梦白教授的接待。音乐会上同学们与日本等国留学生的热烈掌声,更使我激情高歌。"情系东吴音乐会"后,张梦白总会长与新任校党委领导及留学生代表送给我一大幅工艺纪念匾,并合影留念,还作了现场录像,此情此景使我至今未能忘怀。光阴飞逝,斗转星移。我离开母校已半个多世纪,在即将迎来东吴建校110周年大庆之际,见到来自世界各地的东吴学人,大都已是步履蹒跚、白发苍苍的老人了,当年踌躇满志、憧憬无限的青年学子们也大都是各有其成了。缅怀起那些都已谢世的恩师，他们言传身教的精神，诲人不倦的音容笑貌，犹历历在目。如今百十学府正与时俱进，扩建校区，增设院系，前程远大。衷心期盼，凡我“东吴学人”不论身处何方，皆能一如既往，互勉共励，弘扬东吴精神，养天地正气，法古今完人，“UNTO A FULL GROWN MAN”。

严继华 1987 年在苏州大学本部大礼堂“独唱音乐会”布告栏前与张梦白会长及校领导合影

左一严继华，左二张梦白

苏州大学党委领导与张梦白教授、同学及日本等国留学生代表向严继华赠送纪念匾，并合影留念

忆东吴大学

49 级医预科　陶和谦

学　医

1949 年 7 月,上海解放后一个多月,我毕业于复旦中学。报考什么大学,学什么专业,有点茫茫然。

父亲年轻时,曾在苏州博习医院做医生。他毕业于北京第四中学,但学的是德文,而北京协和医学院入学考英语,故未能进入北京协和医学院学医,引以为憾。所以他愿我入东吴,将来去协和医学院,读博士学位,完成他的心愿。就是这样,东吴是理想的选择,我考入了东吴大学"医预班"。

入　学

那天,父亲送我到苏州后,先去干将坊探望他的老同学吴立如伯伯,当时规定新生要在苏州找一担保人才能入学,父亲请他给我做了保。他一再亲切地让我常去看他。父亲带我去天赐庄东吴大学办理好入学手续,就准备回上海。我送父亲出校门,离别的那一瞬间,望着父亲离去的背影,不知为什么,突然一阵无法用言语表达的情感涌上心头,我的眼眶湿润了。

维格堂

从中学进入大学是人生的一大步,大学的一切是那么新奇。男生宿舍——维格堂,三人一室,都是一年级的新生,但不是一个专业,他们是中文系的张荫甫和物理系的张冠亚,我们一见如故。对我说来,一切都无比新鲜、有趣。维格堂的夜景美丽非常,房间都装日光灯,定时开关。床是可以随意拼装的弹簧床,可以装成两层或三层,很有意思。洗衣服务给我留下了极佳的印象,价廉而服务很周到。每晚,有人来每间房收取脏衣服,洗好后,整整齐齐地送回,从无差错。一层是食堂,生活非常方便。刚解放时,物价稳定。就是到望星桥或从学校后门出去,不远的小店供应生活用品,都不贵。

学　习

生物系医预科是为协和医学院培养高级医务人材的摇篮。课程非常丰富,理科方面要学生物、普通化学、半微量定性分析、物理等课,下午做生物、化学、物理的实验,课后要写实验报告,晚上的时间几乎都用在写报告上了。生物是陈子英先生讲授的,实验由黄惠芬先生教。由于在中学没有做过生物实验，所以黄先生的实验课对我说来，是一次生动的生物科学启蒙，我学会了用硬铅笔画生物实验报告的图；学会了解剖青蛙前的麻醉与解剖、绘图。还有徐荫祺主任讲授的寄生虫学，他联系苏州地区的寄生虫病的情况讲，使我对寄生虫的病因和防治大开眼界，获益匪浅。我不能忘记的化学半微量定性分析课，每个学生使用整套的仪器，对测未知溶液的分析更是兴趣盎然。

我们一年级还不上高等数学课，但我的室友张冠亚是读物理的，他学微积分时兴趣盎然，使我对微积分也发生了兴趣。我买了一本书自学，对牛顿等创立微积分的大师们敬佩不已，深深地感叹：如果没有学过微积分，怎么能说学过数学呢？

这一年（1950 年）1 月，东吴大学举办了"自然科学展览会"，是新中国成立后第一次，我参加了，终生难忘。物理系分六个陈列室（无线电、热学、电学、力学、光学、工场）进行展览，生物系分九个陈列室（植物，动物，胚胎遗传，生物技术及实验材料制备，生理，细菌、植物、病理、农艺作物，生物材料处，寄生虫，昆虫）进行展览，化学系分八个陈列室（营养化学、工业化学、药物化学、大众化学、理论化学、有机化学、分析化学、摄影化学）进行展览。学生担任讲解员。我是"生物技术及实验材料制备陈列室"的讲解员。最宝贵的还有学生创作的结晶：化学方面有自制的药品和油脂工场的产品"月光牌肥皂"；生物方面有生物材料处的材料标本；物理方面有自制的物理仪器。

课余生活

入学后，在体育馆内举行迎新晚会，我演出了口琴独奏《蓝色的多瑙河》，受到了同学的欢迎。我在高中时参加上海中华口琴会，是中华口琴会交响乐团的成员。不少同学找我学口琴，我们就组织了东吴口琴会，还参加了救灾音乐会的义演。

课余，我在附设的惠寒小学兼任六年级的自然课。任课老师都是东吴的学生，教学是义务的。医预的课程很多，我利用仅有的空当，来安排我教的课程。

进入了东吴，真好像到了天堂。俗语说得好，上有天堂，下有苏杭。而东吴大学对居住上海的我说来，就是一座大花园，它在葑门的里面，河水经过东吴校园一侧，风景自然，有一种说不出的美妙。校内的建筑，各具特色，典雅的林堂，现代化的科学馆，欢笑的体育馆，明亮的维格堂，洁白的女生宿舍、图书馆和子实堂，还有古色古香的仁寿亭。每一个地方，都留下了难忘的记忆。体育馆中的晚会和篮球比赛，听老同学讲子实堂曾被一架小飞机撞坏了一只角的事件，在仁寿亭中和同学天南海北地神聊，在林堂礼堂中的救灾义演，等等，回想起来，这是一段多么欢乐的时光。

东吴那时是一所教会学校，而天赐庄内，离东吴不远有一所教堂，每个星期日上午，信徒都去做礼拜，有时信教的同学要带我进去，我出于好奇，跟着去过一次。我不信上帝，后来就再也没有兴趣去教堂了。不过唱诗班的歌声还是很使人难忘的。我常去的地方是观前街，那里有剧场、电影院和各种小店、露天的游乐场和书摊、书店。我常在那里流连忘返，晚上在开明大戏院看京剧，回来时校门口有价廉物美的小吃摊。有时，校门关后，只好越墙而入。一次，我和几个同学出葑门租船出去玩，船主问我们会不会使船，我们都说"会"。我们不约而同地想，说不会就借不到船了。我们上了船，将船弄得在水中团团转，无法前行。原来苏州的船是摇橹前行的，不是用桨划的。最后，只好请老船工来，才解了困。苏州的许多地方都留下了我们的足迹，老师带我们去采集标本，然后又去灵岩山的吴王宫游玩，给我的感觉是，游人很多，人山人海。看了西施的遗迹，想到吴越之争，令我浮想联翩。

入　团

东吴大学虽然是教会学校，解放后受革命思潮的影响很大，我们这些青年产生了对进步的向往，我在1949年的最后一天，被批准加入了新民主主义青年团。在接受进步思想的过程中，老师给我印象最深的一句话是“马列主义是放之四海而皆准的真理”，唤起了我对追求真理、学习真理的强烈愿望。那时，团组织在东吴大学内还没有公开，生活就更有一种不同的意义。

波　动

一则新闻报道，引发了医预班学生思想的波动。内容是说，国家急需医务人才，学医的时间太长，医学院要从那时的七八年制改成四年或五年制。而东吴大学安排我们学三年，再到协和医学院学五年，共八年。如果一共学五年，我们怎么办？协和从医预班招生的制度会不会变化？另外，东吴有一些同学，纷纷去东北沈阳报考中国医科大学，他们来信说，那里的学制如何先进，五年就能毕业。同学们问校方，校方无法回答。于是学生自动集会，决定派代表去上海找华东行政委员会询问，我们全年级都被震撼了。学生征得学校同意后，就派学生代表去上海华东教育行政部门请示该怎么办。

我被选为学生代表，到上海后得到华东教育行政部门负责人的接见，回答是：“以后怎么办，现在不知道，读与不读，自己决定。如不读下去，可以参加即将到来的高考，另选学校。”总之，一切由我们自己决定。

回校后，我们向系主任和班上的同学做了汇报，学校做了很好的决定，允许我们自己决定，如果考不上，回校接着读下去。不久，中国医科大学的东吴学生来信叫我们去沈阳报考。不少同学，包括高年级的学生纷纷准备报考。就这样，因考期已近，我和黄仲荪、王莲初放弃了期末考试，准备回上海，再去东北，校方允许我们考不上可以回来补考。

同学们热情地举行欢送会，我们在一起照了不少照片。离开那天，三人乘坐一辆马车去车站，我也没有去吴伯伯家告别，茫然地离别了天赐庄。

惜别的心情伤感而低沉。

我回到家，父母亲都吃了一惊。我做了详细的说明，要和同学一起去沈阳报考中国医科大学，遭到双亲一致的反对。母亲不愿我离开上海，她真正的想法是连苏州也不让我去的，但她从未明白地说出来，而是处处让你感受到她的意思。母亲就是母亲呀！她能牺牲自己的感情来满足儿子的要求，我一想起来，心中就不好受。母亲没有多说什么，暗自伤神，我知道她不愿意我远离，心中更不是滋味。通过与双亲的一场争辩，说到最后，父亲的理由是：“离家太远了，不能同意。”父亲不同意，我毫无办法。我没有家里不让走也要走的准备，更没有同家庭为此决裂的准备。几天后，我的两位同学来约我同行，我歉疚地告诉他们，家里不同意，我不能走了。

再考大学

怎么办呢？我等待着暑假中的高考。我没有准备如何应考，念了一年大学的理科，还有什么好准备的呢？我是团员，我的关系转入了上海新成区区团委，由于我是东吴大学的团支部委员，区团委分配我在区暑假工作委员会工作，组织区内学生开展各种暑期活动。我在一所小学里办公，召集学生团组织负责人会议，组织各种读书活动和文艺演出，忙忙碌碌地度过了这个极不愉快的假期。我们这个临时组成的工作班子里，有一位复旦大学政治系的学生，他知道我要参加高考，便劝我报考复旦的政治系。

高考来临，华东的大学先招生。我想弃医从政，只填了一个大学一个系——复旦大学政治系，没有后顾之忧，考不上还可以回东吴，骑着马找马。我不愿学医，我的心肠太软，很容易动感情，连小动物都不愿解剖，更见不得要死要活的病人。

我的父亲对我进行开导，引领我体会人生的意义。他说："许多科学家、教授，研究了一辈子，没有取得辉煌的成就，一般人也不清楚他们搞些什么。但是，他们能告诉后来的人，他们走过了哪些路，为什么没有走通，他们留下的失败记录，就是对人类、对世界的贡献，因为他们的失败，后来的人才避免了错误，获得成功。"这些富于哲理、启迪的话，和团组织教育"为人民服务"的崇高理想结合起来，使我很自然地接受了为共产主义奋斗的理想。

说起来还有前因。在复旦中学时，有一位姓张的同学曾神秘地告诉我，他哥哥有一本书，叫什么《辩证唯物主义》，学了以后就能懂得一切，他一点也看不懂，就是他哥哥看得懂等等。他的话也引起我极大的兴趣。当时，我认为：学习放之四海皆准的马列主义普遍真理，应该读政治系。

我准备报考复旦大学政治系，研究放之四海皆准的马列主义普遍真理，解放全人类。多么令人向往的壮丽事业，研究这门学问有什么不好呢？

我毫无准备地进入考场，极为放松，自我感觉良好。

不久，华北高校在上海联合招生，我又要去报名填志愿，妈妈一再对我劝说："爸爸是医生，有许多经验，你也学过一年医，放弃岂不可惜？"妈妈的话说服了我，我报考了一个学校两个系——北京大学医学院医疗系和法学院政治系。心想，让命运去决定吧！不久，报上公布了录取名单，复旦大学和北京大学双双录取了我。北京大学录取了我的第二志愿政治系。

这是我自己又一次的人生选择，也是命运的眷顾。

东吴大学我们这一批医预班的同学，有两位到了东北沈阳的中国医大。1951 年 49 及 50 届预科同学全部并入了上海医学院，继续把医科读下去，护预班却全部并到协和医学院，倒是有不少生物系的同学三年后进入了北京中国科学院的生物所。给我的感觉是燕京和东吴的医预受到了不同的待遇。

返　校

36 年过去了,1985 年 4 月 9 日,我回过母校一次,那是中国法学会民法学、经济法学研究会成立会议在苏州大学召开,我应邀参加了这次会议。36 年过去,东吴大学成了苏州大学,原来对面的景海女中已经没有了,校址比原来扩大了,我住在学校的新招待所,感慨不已,还见到了老同学刘涤民。

情系东吴

法律系51届　姚　云

1999年,东吴百年校庆之前,北京校友会组团访问台湾东吴大学。该校校史研究小组邀请访问团座谈,向我们提的第一个问题就是:你是如何结缘东吴的?

入读附中

我怎么会进东吴的呢?这是因为,我虽生长于上海,而祖籍是苏州。东吴是一所名校,在我幼时就有印象。抗战胜利后,我从重庆回到上海,就近在我家附近的晓光中学插班读高二上学期,仅几个月,东吴大学附中在上海复校,我就立即转入,是慕名而至。抗日战争时期,东吴由苏州迁入上海租界,大学曾与圣约翰、之江组成华东基督教联大,附中则由教职工举办正养中学(取校训"养天地正气"),抗战胜利后就恢复了原名。我在西藏路慕尔堂读了高二下一个学期。1946年,学校迁回苏州天赐庄原址,我随之到苏州上学。

"上有天堂,下有苏杭",我虽籍隶苏城,但由于战争,却始终没到过那里。这个江南名城在战后显得衰颓,但小桥流水、文风民俗,依然令人倾心。东吴校园绿荫芳草,林堂、孙堂、维格堂环大草坪而立,有美式学府气派,环境优美。

学校有不少优秀教师。还记得,英文老师缪廷辅上课,用的是他自编的教科书,与一般学校死板地教文法不同,他着重教英文中各类词的搭配,极有特色和实效。国文课教师是著名作家范烟桥,他是江南文学社团"星社"的发起人,他上课按照传统,认真讲学。还有一位侦探小说家程小青教公民课,中国化的侦探小说《霍桑探案》就是他的创作。

中学对学生管理严格,平日是不准出校门的,只有到周末才允许学生出校。苏州本地的学生都是回家,上海来的学生有时逛观前、看电影,有时租民船摇橹出城河游玩,有的还到虎丘去骑马。我常到潘儒巷姨母家过假日。学生宿舍晚间熄灯后,舍监是要来查房的,男生们恨他管得严,因他是圆脸,给他起了个不敬的外号"蟹壳黄"。有一晚,学生在房门上搁一扫帚,他推门进去,正被击中,狼狈而退。在附中,我和曹辰、陈璞等结为知交。

1946—1947年,国内国际局势都极为动荡。而在东吴校园,仍安逸宁静,似世外桃源。但校外的暴风激浪是不可阻挡的。形势的发展,在政治上给了我教育。先是昆明的李公朴、闻一多被暗杀,还有重庆发生的较场口、沧白堂事件,国民党统治的黑暗与腐败催我警醒,著名记者杨枣被害更使我激愤。几位中学政治上进步的同学也帮助了我,他们有的给我写信论述时事,有的寄进步书籍给我,我开始有了最初的政治觉醒。1946年底，北平发生美国军人强暴北大女生沈崇事件，在北京大学的同学寄传单到苏州给我。一个黑夜，在同学王静波掩护下，我把传单贴上了孙堂入口处的玻璃布告箱。

进法学院

1947年中，我在附中毕业，考进大学法学院。作此选择，是因为东吴法科素有名声，由附中升入顺理顺章。虽然我当时就对新闻工作有兴趣，但接受了读法科可有更多选择职业的机会的意见，入读上海昆山路的法学院。法学院以教授英美法为特色，聘有不少优秀的教师，大都是著名的法学家、律师与法官。至今我还记得，教我们民法的曹杰教授，精通法理，还同情学运，掩护过进步学生。讲政治学的吴芷芳教授对政府的总统制与内阁制、三权分立与议会制度、美国宪制等，解释分析非常透辟精彩。教英美刑法的鄂森教授曾参加东京国际军事法庭审判日本战犯的工作，是上海有名的大律师。他教我们做案件的概要（Summary）与简析（Briefing），对我们分析案情、学习处理案件很有益处。讲授英美法大纲的陈晓教授所说的一些法学基本原则，给我们深刻印象，至今也没有忘记。国文教授王佩诤是著名的文字学家，他告诉我们许多字的正确读音，如“无所适从”的“适”应读为“di”音，而今天人们仍普遍读错，甚至《现代汉语词典》也注错了音。

但我并没有把主要精力放在学法上。1947年秋，一进大学，我就和校内的进步同学取得了联系。我是在法律系法学理论组，与行政法组合为一班，在晚间上课，司法组与国际法组则合班在日间上课。班上，有两位地下党员（陈韫秀、陈定平），加上我和朱培根（原在重庆广益中学同学，受我影响他也进了东吴）、胡文治等，发起组织了“友会”，作为团结同学的社团。我们传阅进步书刊，开讨论会、联欢会，出版中英文会讯，发动同学参加校内的合唱团唱进步歌曲，以及参加各种进步学生活动。不久，在地下党支部的领导下，全院的进步同学在支部书记张瑞芸家聚会，建立了“民光”团契，这是党的秘密外围组织，成为党在本校推进学运的核心力量。我们在校内组织了追悼于子三（浙大学生会主席，被国民党当局逮捕杀害）的大会，组织了全校选举学生自治会的活动，使“民光”成员占了理事会的绝大多数。我们在女青年会学习讨论时事，参加全市性的学运，如声援同济大学保卫学生自治会的斗争，反对美国扶植日本等，影响愈来愈大。我还担任了学生会会刊《东吴生活》的编辑，与主编马云镜（马路）一起工作。

1948年8月，国民党当局发动大逮捕，镇压学生运动。东吴学生自治会全部理事都被列入黑名单，大部分被捕，我班陈定平（党员）、朱培根（积极分子）也在其列。学校大部分党员和积极分子离校，或撤往解放区，或转移别处，校内革命力量大为削弱。新学期开始，我们尽力重整与发展队伍。党组织也派一些外校或中学毕业的党员进校支援。不久之后，在党支部领导下，“民光”恢复组织与活动。我被党支部指定为三位召集人之一。随后，我们争取了重新选举学生自治会，由党员和进步学生领导的各班社团展开声势浩大的联合竞选，取得巨大胜利，自治会理事仍主要是“民光”成员，我也当选为理事。

这一时期，因家庭经济状况下降，我也找了一份工作，但工作相当轻松，上午可以做完。午饭后，我就到苏联设在上海的时代出版社门市部（茂名南路）去读书，直到4时左右赶去学校上课。时代出版社门市部的书架上陈列着苏联出版的中文版马列主义经典著作，由此我读了列宁的《国家与革命》，恩格斯的《家庭、私有制和国家的起源》，马克思的《拿破仑第三政变记》等书，还看过《联共党史简明教程》。此前，我已经看过毛主席所著《中国革命与中国共产党》和一些马克思主义学者所著历史类书籍。这些书使我深深信服，让我学到了一些马列主义理论，帮助我树立起对共产党和共产主义事业的认识与信仰。

从进大学开始，党组织一直关心、帮助、引导着我。1948 年大逮捕后，党支部书记就跟我提出过参加党的问题，但我当时觉悟仍不够。随着形势的发展，1949 年初，由支部书记孙廷珍介绍，我写了申请报告，经组织批准，在 4 月间入党。

这时，上海已临近解放。在党组织领导下，我们紧张地做配合和迎接解放的工作。班上的“民光”小组（成员除我之外，包括陈道同、曹奇辰、郝鸿龙、殷源吉等）受命负责保护学校附近一个小区的工厂和公产、公共机构，我们勘察地形，绘制地图，布置力量，还搞到了两支枪。我们对敌军警散发传单，动员他们投诚起义。我曾在一个晚上把一束传单冒险投进了附近宪兵队队部的操场。国民党当局还企图固守上海负隅顽抗，向上海调集军队，同时加紧镇压革命力量，整天街头警车呼啸，气氛恐怖。按组织指示，我们都设法到亲友处避居。

1949 年 5 月 25 日，一夜炮声不断。26 日清晨，非常安静。我从亲戚家出来，上街察看，看到解放军已在陆续进入市区，这时心中充满了兴奋之情，只想欢笑。赶紧设法找同学，迎接这个朝思暮盼的时刻的到来。当天，由苏州河南岸到北岸，又经一番激战，27 日，上海全市解放。

解放之后，支部做了一系列的配合工作，不久就公开了组织，我也得以与低一级的一些党员同志，如王鸣琴、曹锦孚、顾念祖、庄咏文、张婉如等会合一起工作。过去在学运中我们大都已经认识，这时才确知彼此的党员身份。随后，由于工作需要，又分飞各方，有些同志被抽调到其他岗位，有些参加了三野的南下工作团和二野的西南工作团，相继离开了学校。

我进了新华通讯社。1949 年 10 月 1 日下午，新中国开国大典举行之时，在礼炮轰鸣声中，我从上海到达北京，从此开始了我 60 年的新闻生涯。

结缘东吴，情系东吴，因为我的青年时期的起始和关键阶段是在东吴。在这个阶段，在母校东吴，确立了我的人生方向，决定了此后我一生的道路。

2009 年 12 月 8 日于北京

回忆往事　心系母校

会计系47届　徐光表

我进入东吴法学院会计系读书，已是东吴法学院的"中国比较法学院"时代，借南阳路爱国女中上课。学校教学制度沿袭东吴旧制，原有教师（除往内地外）仍来校授课。在这特殊环境中，学生们因得到许多学识渊博的老师授业，都感到幸运。

学习期间最大困难是缺少课本书籍。当时太平洋战事已发生，书籍进口完全停止，翻印书店寥寥无几。福州路旧书店、石门路北京路口旧书摊，旧书数度辗转，不够出售，因此教师们增加工作量，编写授课提纲。上届同学见此情况，主动将读过的书籍借给我们，并说"读完后，归还时找不到我，你们就再借给下届同学吧"，高风亮节，感人肺腑。

爱国女中学生下午放学后，3时前全部离校回家。离校前打扫教室、整理桌椅，每日如此将清洁干净的教室留给东吴师生上课。这种高尚风气受到东吴师生敬重和赞扬。回忆1932年1月28日，日本侵略军发动淞沪战役，暨南大学位居真如，处于双方战火之下，于是避难迁到苏州，借住东吴大学，继续讲课授业，受到东吴大学热情接待和慷慨帮助，迄今暨大学生仍有感激之情。20世纪90年代常与蔡演雄先生（原全国政协委员、广东省体委副主任）相会闲谈，谈及学生时代，必提到在苏州东吴大学借教室读书，而避免辍学一个学期之事，他十分感谢东吴大学发扬团结互助合作精神。

抗战胜利，师生们又回到慕尔堂上学。内地东吴师生也逐渐迁回上海。校领导开始计划迁回苏州及上海昆山路，这是全校师生和校友们的共同愿望。

1946年3月16日是东吴大学校庆日，东吴大学和东吴校友会号召在沪校友及部分师生返苏州天赐庄母校。八年未见母校，闻讯之下，众皆欢喜。学校向铁路局包两节火车厢，作为交通运输工具。途中见闻叙述于后。

（1）有些学生到北站，自己购票搭车而去；有些学生在苏州车站出站后找不到车辆，就步行去天赐庄。

（2）蒋纬国先生参加返校活动，带着两辆吉普车赶来北站，若赶不上火车就预备乘吉普车去苏州。

（3）去市区观光游览时，若缺少交通车辆，男同学步行为主，把车辆让给老师、校友、女同学乘坐。

这次返校师生、校友共有多少，很难准确统计，估计有四五百人。其中以校友、会长陈霆锐以及律师界江一平等最有名，在校园内来去走动，指点景物，缅怀旧情；其次为"行政院善后救济总署"董承道、张清治、杨巩祚等人亦受人注目。

东吴在校教师亦不少，我们学生初来乍到，随着老师们团团转、到处跑，耳听老师指点讲解，目看四周景物，犹如《兰亭集序》"茂林修竹，群贤毕至"。再加美轮美奂的楼堂环绕形成一幅优美的景色。午后回沪，顺便去街市逛逛，随意购些土产。店铺职员笑脸询问："你们是东吴大学学生吗？你们是校友吗？何时迁回苏州？"关怀之情，现于面色。我们回答："很快，下个学期就可迁回。"姑苏民众关怀东吴，东吴师生情系吴中。

1946年9月，法学院已迁回昆山路校舍。中旬某日，遇见代理校长盛振为先生，对我说："星期六上午，苏州文理学院举行新生入学典礼，你们'会四'、'法四'各派一名代表去苏州祝贺。明日到校长室领取火车票。"适有"法四"王姓同学（名字已忘）走来，请她一齐听取盛代校长的吩咐，再到班级选出代表。我们两人回到各自班级，向同学们介绍情况后，推举代表。结果就选我和王同学当代表，次日向盛代校长汇报后，领取火车票，于星期六上午同去苏州参加新生入学典礼。半年来，苏州教职工在积极办校精神鼓舞下，取得辉煌成绩。校内整齐清洁，花草并茂，会场布置庄严雍容、充满朝气。会上，盛振为代理校长、潘慎明院长、徐景韩教务长以及教师代表先后讲话，首先欢迎新同学来校读书，其次介绍学校情况。八年抗战，学校受日军破坏，损失严重，正在积极恢复中。原有教授逐渐返校任课，同时增聘一些新教授，充实教师队伍。我们学校具有良好的学习风气，教师讲课认真，学生勤奋好学，尊师爱生，蔚然成风。历时两小时左右，会后张梦白老师来找我们两人到他府上用膳，席上有吴中名肴。盛情难忘，受之有愧。

第三次去苏州母校是在1947年5月，参加法学院和文理学院篮球友谊比赛。法学院于1946年9月迁回昆山路上课后，不久建造一个篮球场，供学生课余锻炼。为了普及学生们文娱活动，曾两次组织篮球系际比赛，由法律、会计、司法、夜校四系参加。各系球艺相差不大，胜负只在二三分之间。比赛时观看者甚多，两次冠军均为司法系所获。在这系际比赛基础上选拔东吴法学院篮球队，由教务长鄂森担任领队，队长由"法四"胡惠超、副队长由"会四"徐光表担任。成立后提议与苏州文理学院进行一次篮球友谊赛，得到院领导同意。此时，杨永清校长回国不久，知道此事后大力支持，认为比赛可增加两地学生的友谊，加强团结，亲自与苏州校部联系要好好接待。经双方球队商议后，利用星期六下午时间来苏州校部体育馆进行比赛。比赛当日，法学院学生随球队来苏州者不少。苏州师生观看比赛者甚多，一些家居上海的学生，待比赛结束后再乘车回沪。比赛结果，文理学院取胜。这次比赛增进了两地同学间的交流。

20世纪90年代，数度到台北探亲，曾到外双溪东吴大学访问。承蒙秘书室人员接待，陪同参观了部分校园。所见大学校门与苏州东吴大学校门极其相似，唯广阔一些，随即摄影留念。

1943年入学时班级同学40余人，1947年毕业时20余人。目前能联络者加拿大1人、纽约3人、台北3人、香港1人、南京1人、苏州1人、上海6人。其中3人失聪，不能通话。但愿人长久，千里共婵娟。

别离母校已62个春秋，明年母校举行建校110周年纪念活动。回忆美丽宁静的天赐庄校部，以及上海读书学习的南阳路爱国女中、西藏路上慕尔堂、昆山路法学院校舍，缅怀谆谆教导我们的老师，和蔼可亲的交谈，景物难忘，只能以"记忆犹新"、"别梦依稀"作为结束语吧！敬祝母校：

苏州大学承前启后继往开来；
东南名校与时共进鹏程万里。

四、东吴存念

水调歌头·贺苏大校庆110周年

李　馨

自古潇洒地，绿水抱青山。百年名校驰誉，时雨着鞭先。佳木葱茏凝翠，奇葩斑斓夺艳，改革写新篇。校友满天下，桃李尽芳妍。

晴空碧，春风漾，百花鲜。全球获冠[注]，科学兴教力无边。甘露园丁哺育，学子含辛拔萃，树大叶参天。喜望葑溪水，日日舞翩翩。

[注] 指苏大陈艳青在奥运会上荣获举重世界冠军。

沁园春·贺苏大110年校庆

庄百里

古邑苏州，学校源长，一百十年。看运河两岸，虹桥亘接，新区独墅，芳草绵绵。塔影钟声，弦歌不息，桃李花开争鲜妍。待来日，趁长风万里，破浪争先。

春风再换新天，喜老树新枝一脉牵。溯解放改革，江南十校强强联合。专业齐全，立足苏南，服务社会，培育人才薪火传。展宏图，创一流名校，事业空前。

人　月　园

姜新祥　姜可人

祖父姜新祥，1952年毕业于东吴大学，孙儿姜可人，2004年毕业于苏州大学，祖孙校友弦歌同庆母校110周年校庆。

赏花时节吟诗侣，能不忆黉门。堂堂垂训，乾坤正气，今古完人。

鲤庭问礼，鹅湖受业，岁月留痕。祖孙校友，欣逢盛典，薪火长存。

采桑子·苏州大学110周年校庆感赋

徐惠德

百十校庆思潮沸，先贤扬鞭，来者攀巅，厚德薪传书锦篇。
星移斗转沧桑变，世纪更迁，未变贞坚，创世腾飞稼穑艰。

纪念苏州东吴大学成立110周年

龚　涛

（一）
百载风云话长短，古城名校倍凄凉。论谈学子闯天下，数我东吴志气扬。
（二）
华夏崇文起汉唐，创基立国帝君王。江山后继才人出，蹈海求知万里航。
（三）
桃李天涯花锦簇，中华儿女志高昂。吴门巾帼经风雨，勇夺金牌放胆量[注]。

[注] 苏州大学体院学子陈艳青、吴静钰在2008年北京奥运会上勇夺两枚金牌，为中国赢得荣誉争了光。

古风·喜迎苏州大学110周年校庆

惠　高

校庆筹闻喜提期，天涯学子梦牵依。凤鸾飞舞桑梓恋，桃李芬芳蝶蜂迷。
杏坛师恩深如海，黉园母慈甘如饴。校友故旧盼相聚，重温当年雏鸟啼。

苏州大学110华诞贺联

苏允执

几度春风，代代园丁勤耕耘，环顾桃李锦绣；
百十华诞，莘莘学子喜相聚，长思母校情深。

祝贺东吴上海校友会成立一周年

顾翼东

苏杭明秀似天堂，重浚运河又畅航。万众一心搞建设，莳溪一宿到之江。

贺东吴大学上海校友会祝寿年会

从　余

青松百岁碧森森，学子扬帆四海钦。更喜新苗犹茁壮，满园桃李颂恩深。
金秋丹桂传薪火，炎夏莲荷竞清新。拂面春风歌母爱，难迁舐犊忆思亲。

学友相会歌

苏允执

相见时难别亦难，同窗五载各扬帆。桃李春风一杯酒，杏林耕耘四十年。
流年似水繁霜鬓，养身献智若赋闲。老树著花百年庆，学子遥记师箴言。
祈言学友常相聚，旧谊新情乐无前。

东吴大学上海校友会活动图片

1980年夏东吴大学上海同学会摄于上海科学会堂

1981年东吴大学校友联谊会苏沪校友第二次聚会合影

1982 年夏东吴大学上海同学会摄于上海九三学社

2006 年，东吴大学上海校友会为九秩高寿校友祝寿

东吴大学上海校友会 2007 年年会

东吴大学上海校友会 2008 年年会

东吴大学上海校友会第五届理事会第四次会议

东吴大学上海校友会 2009 年年会

在沪东吴附中 49、50、51、52 四届校友聚会

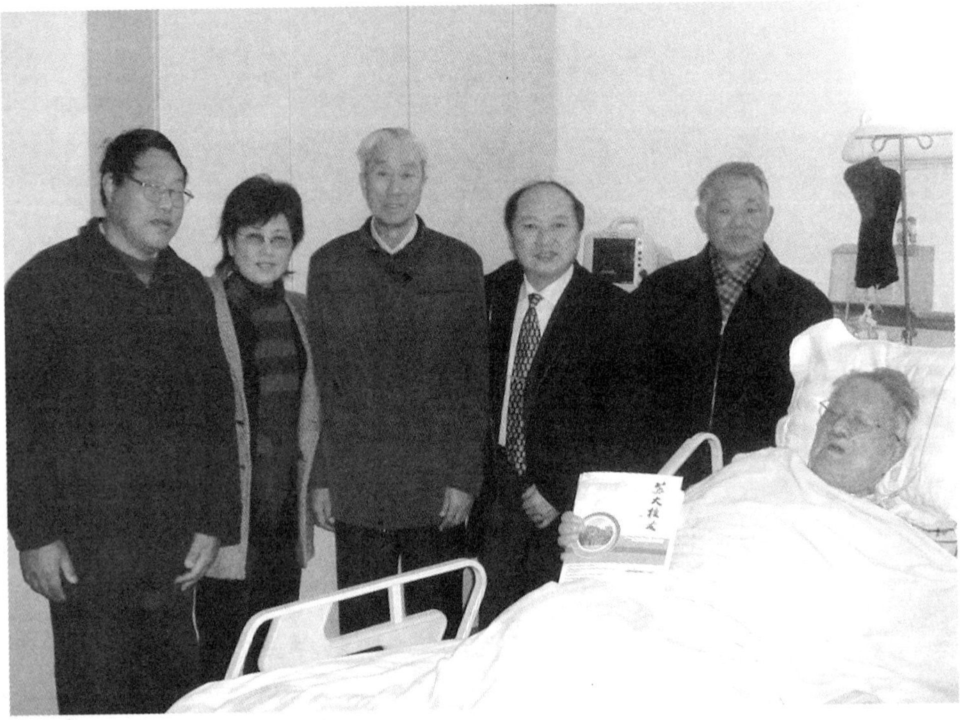

东吴大学上海校友会顾念祖会长(中)探望谈家桢

苏州大学和东吴大学上海校友会祝贺谈家桢百岁华诞

东吴大学上海校友会创办东吴比较法进修学院

东吴比较法进修学院学员赴杭州参观

东吴大学上海校友会欢迎台北东吴大学章孝慈校长率团来访

东吴大学上海校友会组团赴台湾旅游访问台北东吴大学

东吴大学上海校友会会长顾念祖率领《东吴春秋》部分编委及编辑人员赴苏州大学洽谈该书出版事宜，受到苏大江涌副校长和苏大出版社吴培华总编辑等苏大负责同志的热情接待

摄于苏大红楼前 2009.10.10

祝贺苏州大学建校百十周年书画作品

东吴大学上海校友会　贺
2010.05

俞仁良书

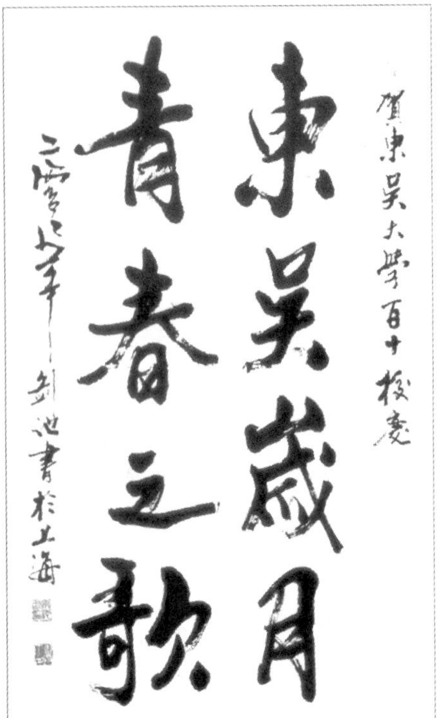

杨　剑(剑池)书

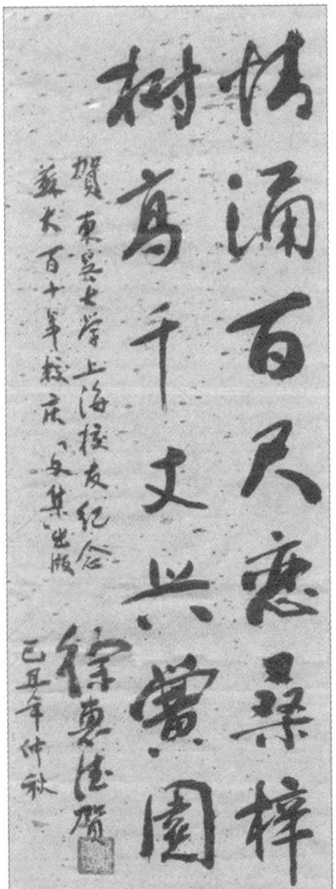

徐惠德　贺

张铭新画

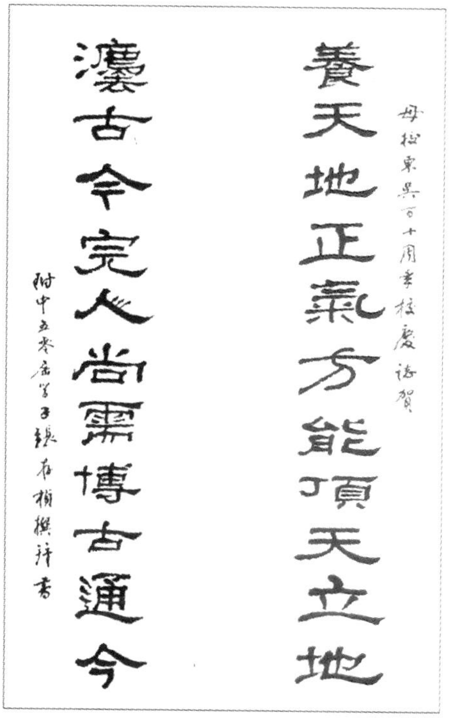

张存桢书

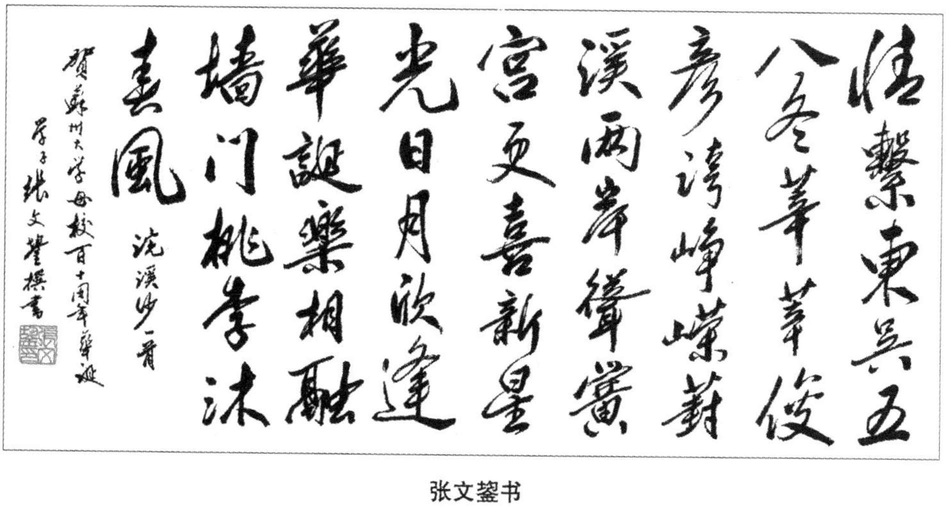

张文鋆书

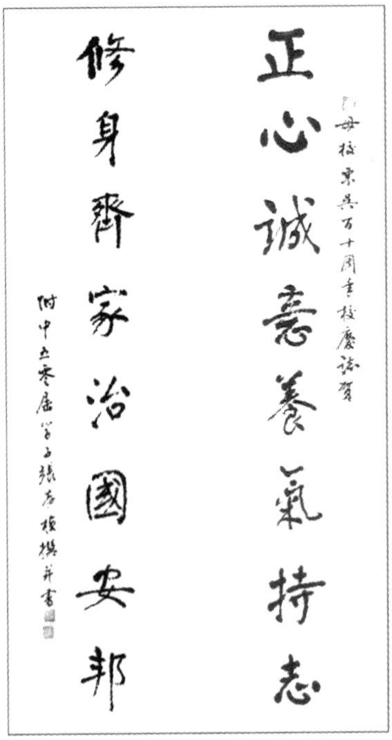

张存桢书

邵忠勤画

李鹤云书

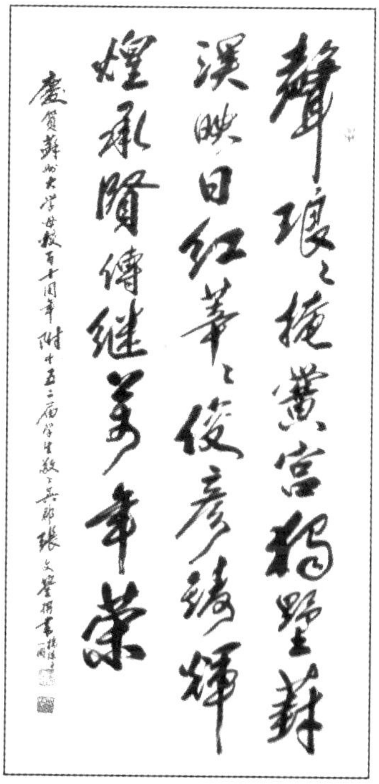

张文鋆书

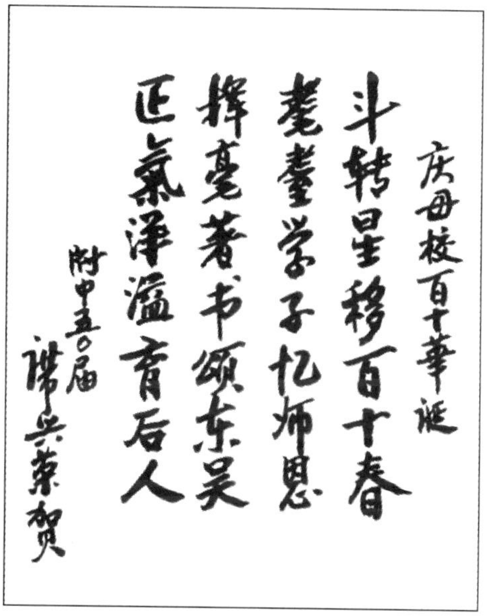

席兴荣书

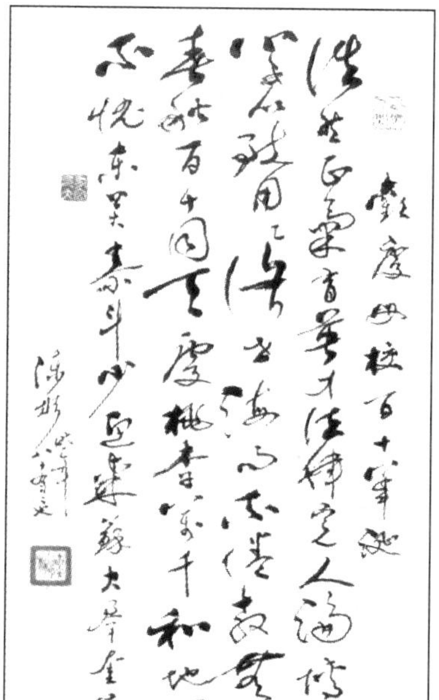

陈　彤书

苏允执书

附　录

东吴大学上海校友会前奏

化工系49届　杨笺康

一、从教学思想研讨会开始

顾翼东老师在东吴大学、交通大学、大同大学等校任教。1952年全国高校院系调整，顾老师被分配去复旦大学化学系工作。当年成立华东化工学院(12个华东院校有关院系组成)，我们被分配至化工学院工作，该院教师大多来自东吴、交大、大同等校，都是顾老师的学生。复旦在上海的东北方向，化工学院在上海的西南方向，师生间的联系受到了地理条件的限制。

顾老师每年抽出时间到化工学院来看望大家，受到热烈欢迎。大家向老师请教，怎样提高教学质量，得到了老师的具体指导，大家受到了很大启发。老师介绍先讲解清楚基本理论，然后以理论来分析生产实例的应用，使大家提高了认识，改进了备课内容，受益匪浅。大家认为是老师关心老学生的聚会，也是老师的教学思想研讨会。

每年春夏之交聚会，参加的同志愈来愈多，很受欢迎。

二、校友联谊会

1977年，顾老师创意东吴大学的化学系、化工系校友聚会，征求大家意见成立东吴大学校友联谊会，出席聚会的校友一致同意。

第一次校友联谊会的聚会地点是陕西南路美心酒家。随着参加人数的增多，每年改变聚会地点，先后在南昌路上海科学会堂、陕西北路民主党派大厦、北京路政协俱乐部等进行校友联谊。后来苏州部分校友也闻讯来沪参加。

参加的校友人数每年不断增加。他们感觉毕业离校几十年，同学们很少接触，现在能相聚友情，回忆在校情况，觉得年轻了许多。

顾老师将兄弟院校准备恢复校友会的情况告诉我们，因此我们积极准备，分组访问法学院、文学院、生物系、物理系等校友，筹备成立东吴大学上海校友会。

张梦白老师不仅赞同，并提供了筹备工作的建议。

经过一番努力，东吴大学上海校友会应运而生！

东吴大学上海校友会大事记

（1984—2009）

1984 年 9 月 13 日	东吴大学上海校友会成立大会召开。800 人参加。大会通过校友会章程，推举会长、副会长、名誉会长及理事、干事。会长：谈家桢。名誉会长：吴芷芳、顾翼东、盛振为、顾廷龙。副会长：董寅初、汪葆浚、汪涵清、裘劭恒。总负责人：滕家振。
1984 年 11 月	校友会第一期《简讯》印发。
1985 年 10 月 13 日	庆祝母校建校 85 周年，上海校友会成立一周年，1985 年年会在苏州大学举行。300 余位上海校友前往参加。
1986 年 12 月 6 日	东吴大学校友会在苏州成立，张梦白任会长。上海校友 200 余人前往参加。
1987 年 10 月	《上海校友通讯录》印发。
1988 年 9 月 15 日	庆祝谈家桢会长 80 华诞。谈家桢将顾廷龙学长题字之烫金书签分赠校友。
1988 年 9 月	“东吴比较法学院”正式筹建。
1988 年秋	增补舒适为副会长。
1988 年 11 月 15 日	向上海市高等教育局提交建立“东吴比较法学院”申请书。
1989 年 11 月 20 日	上海市高等教育局（89）第 6562 文批准“为筹建东吴比较法学院而建立东吴比较法进修学院”（属成人非学历教育性质）。
1990 年 5 月 12 日	东吴比较法进修学院召开第一次董事会。通过校董会章程，聘请费孝通、孙起孟、雷洁琼、赵朴初、董寅初、倪征燠、冯梯云、盛振为为名誉董事长。谈家桢任董事长，王兴任副董事长。
1991 年 9 月	东吴大学上海校友会迁至上海社会科学院办公。校友会《简讯》自第 13 期起正式定名为《东吴上海会讯》。
1991 年 11 月 16 日	上海校友 300 余人前往苏州大学，庆祝 90 周年校庆。会后参加“东吴之家”奠基仪式。下午，以舒适为队长的上海古花篮球队与苏州大学老年篮球队进行友谊赛。
1992 年 7 月 14 日	谈家桢会长举行访台归来大型报告会，千余校友参加。
1993 年 1 月 2 日	顾念祖任东吴比较法进修学院院长。

1993年4月11日	1992—1993年年会第二届理事会成立,产生理事64人,常务理事27人。会长:谈家桢连任;副会长:黎绍良、顾德骥、雷传湛、舒适;名誉会长:顾翼东、顾廷龙、盛振为、吴芷芳、董寅初。
1993年8月31日	欢迎台北东吴大学章孝慈校长率台湾法学界代表团一行57人。
1994年5月	香港新华社捐赠东吴比较法进修学院英国、英联邦包括香港的原版法律书籍61箱运抵上海。
1994年12月18日	庆祝东吴大学上海校友会建会10周年暨1994年年会。
1995年12月16日	1995年年会。成立"科技所"、"会计所"和"律师所"。
1996年12月20日	1996年年会。第三届理事会成立,产生理事68人。会长:顾念祖;名誉会长:谈家桢;副会长:向平(常务副会长)、顾德骥、黎绍良、黄履中、舒适。
1997年4月9日	贺名誉会长吴芷芳百岁华诞。
1997年6月21日	迎香港回归报告会(上海社会科学院研究员尤安山主讲)。
1998年4月18日	1998年年会。台北东吴大学原校长杨其铣偕夫人杨石平旦出席,名誉会长谈家桢、东吴大学校友会会长张梦白陪同参加。
1998年9月15日	会长顾念祖等一行前往名誉会长谈家桢寓所祝贺其90岁华诞。
1999年3月26日	东吴比较法进修学院校董会议通过停办"学院"的决定。
1999年4月26日	"庆母校百年校庆"筹备组成立。
1999年5月18日	1999年年会。理事会宣告三项决定:(1)东吴比较法进修学院停办(10年来共培养学员1 400余人);(2)"科技所"、"会计所"和"律师所"停办;(3)原香港捐赠的法律书籍转赠给上海社会科学院图书馆。
2000年4月15日	欢迎江苏师院20位新校友。
2000年5月13日	"庆苏州大学百年校庆"盛会在上海社会科学院大礼堂召开,海内外校友600余人出席。主席台就座的来宾有:倪征 、裘劭恒、王兴、冯梯云、沈国明、赵忠令、张雪根、王绍堉、刘建康、张友瑛、李乃果。上海校友会的代表有:顾念祖、舒适、雷传湛、黄履中、顾德骥、黎绍良、俞仁良。 百年校庆相关内容:(1)在母校植金桂树一株;(2)在母校立碑一座,由名誉会长谈家桢亲笔书写"百年树人";(3)编印《东吴大学上海校友会庆祝母校百年校庆特刊》一册;(4)制作纪念品两件:A. 镌有校训的纪念壶一把,B. 分别印有谈家桢、倪征 题写的"东吴大学百年校庆纪念"邮封一套

两枚。

2000 年 5 月 18 日 上海校友包括海外校友 200 余人,赴苏州母校参加百年校庆活动。

2000 年 9 月 24 日 迎新校友联谊活动,160 位新校友出席。

2001 年 11 月 25 日 2001 年年会。第四届理事会成立,理事 81 人。会后召开四届一次理事会。议程包括:选举常务理事 31 人,推举顾念祖连任会长,常务副会长向平。副会长顾德骥、黄履中、崔善江、舒适、黎绍良。秘书长俞仁良。副秘书长卞济川、杨笺康、李来苏、李昌群、李惠芬(女)、吴耀乐、汪以美、徐鼎铭。

2001 年 12 月 《东吴大学法学院 51 届毕业 50 周年纪念册》印发。

2002 年 1 月 7 日 办公会议决定:每年春节,向 85 岁以上老校友寄贺卡一帧。

2002 年 7 月 《东吴大学法学院 52 届毕业 50 周年纪念册》印发。

2002 年 12 月 22 日 "东吴大学上海校友会 2002 年年会暨部分校友藏品展"开展,会上展示中外钱币、铜印、专题邮票、就餐筷套以及摄影作品等。

2004 年 1 月 迎新春访问 90 岁以上老校友 40 位。

2004 年 5 月 17 日 办公会议决定:庆祝东吴大学上海校友会成立 20 周年,出版《东吴上海会讯》特刊一期。

2004 年 5 月 22 日 顾念祖、俞仁良参加苏州大学校友会成立大会。

2004 年 12 月 25 日 举行"东吴大学上海校友会 2004 年我爱东吴餐聚年会"。第五届理事会成立,顾念祖连任会长,81 位理事连任第五届理事,30 位常务理事连任第五届常务理事。下午召开五届一次理事会:(1) 同意年会决定;(2) 通过常务理事会主要负责人名单。常务副会长:向平。副会长:顾德骥、黄履中、崔善江、舒适、黎绍良。秘书长:俞仁良。副秘书长:卞济川、杨笺康、李来苏、李昌群、李惠芬(女)、吴耀乐、汪以美、徐鼎铭。

2005 年 5 月 17—18 日 五届二次理事会在苏州大学举行:(1) 确定年会主题:贺母校 105 周年华诞、纪念抗日战争胜利 60 周年(制作纪念帽一顶,纪念章一枚);(2) 18 日上午,顾念祖、向平与苏州大学领导一起为"苏州大学校史馆"开馆揭牌。

2005 年 10 月 30 日 "我爱东吴 2005 年年会"举行。两位校友作纪念抗日战争胜利 60 周年专题发言。增补席兴荣为第五届理事。

2006 年 3 月 15 日 东吴附中 49—52 届 40 余位校友首次联谊相聚活动。顾念祖、向平、俞仁良出席。

2006 年 4 月 7 日 中午,台北东吴大学发展处处长、校刊总编陈立刚先生来访,设宴王朝大酒店,顾念祖会长、副会长等一行 14 人出席。晚上,顾念祖会长设宴迎送陈立刚先生。

2006 年 10 月 14 日	五届二次理事会。增补徐鼎铭为常务副会长。
2006 年 12 月 16 日	东吴大学上海校友会祝九秩高寿年会。300 余位校友参加,有 11 位九秩老人出席。《上海老年报》特派记者全程采访,于 2007 年 1 月 2 日第二版报道祝寿活动概况。与会寿星 11 位:李时辉(97 岁)、卢绳祖(96 岁)、许之森(95 岁)、裘劭恒(95 岁)、顾可权(94 岁)、沈丕建(93 岁)、郑思竞(93 岁)、孙妙辛(92 岁)、盛惠英(91 岁)、钟佩瑜(91 岁)、黄孝赉(91 岁)。
2007 年 1 月 23 日	顾念祖会长等会见苏州大学党政领导迎春拜访团一行,同往华东医院探望谈家桢名誉会长。
2007 年 5 月 10 日、25 日、31 日	常务副会长向平等先后三次会见苏州大学徐惠德、杭晓平一行,就争取恢复"东吴大学"校名工作作了交流。
2007 年 5 月	《情系东吴——东吴附中校友纪念文集》印发。
2007 年 12 月 16 日	东吴大学上海校友会 2007 年年会,近 300 名校友出席。同意五届三次理事会 11 月 17 日提案:增补理事朱家灏、杨剑、杨得其、余建新、和法礼、周荣根、郑鹏、黄惟卓、熊月之 9 人,增补常务理事丰忠汉、余建新、陈惠英(女)、张宗祁、和法礼、钱运春、席兴荣、熊月之 8 人。名誉会长:谈家桢、舒适、黄履中,增补副会长熊月之,增补常务副秘书长丰忠汉。
2007 年 12 月 18 日	苏州大学上海校友会网站开通,东吴大学上海校友会在网站设专栏。
2008 年 6 月 13—14 日	东吴大学上海校友会五届四次理事会在苏州大学举行,安排"迎东吴大学建校 110 周年庆祝活动"五项工作。
2008 年 6 月 30 日	《苏州大学百十校庆纪念文集》编委会(筹)工作小组成立。
2008 年 8 月	上海市社团局批准五届理事会任期延长一年,至 2008 年 12 月 31 日止。
2008 年 9 月 13 日	顾念祖会长会见并陪同苏州大学校长朱秀林、党委副书记、副校长江涌探望谈家桢名誉会长,贺谈老百岁寿辰。下午前往复旦大学参加谈家桢先生百岁寿辰庆典。

2008年9月14日	顾念祖会长、黄履中、徐鼎铭、俞仁良、丰忠汉及林学诒等一行，代表全体校友前往华东医院向谈家桢名誉会长祝贺百岁寿辰。
2008年10月	《苏州大学百十校庆纪念文集征稿启事》印发全体校友。
2008年10月25日	五届五次理事会，确定换届选举第六届理事会。
2008年11月1日	谈家桢名誉会长与世长辞。11月8日，顾念祖会长及部分理事前往龙华殡仪馆为谈老送行。
2008年11月23日	东吴大学上海校友会2008年年会。第六届理事会成立。顾念祖连任会长。理事77人，常务理事34人。根据会长推荐：常务副会长向平、徐鼎铭，副会长顾德骥、崔善江、熊月之，秘书长俞仁良，常务副秘书长丰忠汉，副秘书长卞济川、杨笺康、李来苏、李昌群、吴耀乐、汪以美、陈惠英（女），名誉会长舒适、黄履中。
2009年6月21—28日	校友一行28人赴台，并访问了台北东吴大学。
2009年6月25日	"东吴大学一百一十周年纪念"（祥兽献瑞）茶壶定制意向书签约。7月30日，合作协议书正式签订。
2009年7月4—8日	苏州大学"寻访东吴校友　开启智慧人生"采访团来沪参加社会实践活动，共采访21批次、28位老校友。
2009年9月7日、26日	顾念祖会长（主编）召集《苏州大学百十校庆纪念文集》编委会、工作人员审阅纪念文集稿。
2009年10月10日	顾念祖会长（主编）率《苏州大学百十校庆纪念文集》编委会、工作人员一行赴苏州大学，与校方领导及有关部门达成合作出版纪念文集的意向。
2009年11月14日	东吴大学上海校友会2009年年会，280余人出席。
2009年12月6日	《苏州大学百十校庆纪念文集》经编委会审定通过，并正式定名为《东吴春秋——东吴大学建校百十周年纪念》，待交苏州大学出版社按苏州大学校史丛书出版。

编后话

《东吴春秋》编辑小组在本书编委会领导下，按照既定方针，经过18个月的努力，终于在苏州大学校庆110周年前夕，奉出该书面世。这是广大校友辛勤耕耘的收获，也是苏州大学领导及出版社大力扶持的结果。

小组成员在广大校友中相对年轻，经历与学识多有不足，因而在完成任务过程中，深感对校史了解的肤浅和各种知识的匮乏。好在众多学长把出书一事都看做自己的事，对我们的编辑工作全力支持，坦诚赐教，这对减免出现差错，力求少走弯路，提高本书质量，起到了关键的作用。

本组成员在席兴荣统一组织下，团结协作、各司其职。首先所有成员分工，对全部稿件逐一阅看，并提出了各自的看法；与此同时，各人的职责按分工又有所侧重。席兴荣掌握全局，承上启下；确定工作进度，协调各方关系；带领全组研究并落实编辑计划。郑鹏、黄维卓、朱家灏分别负责百篇左右书稿的校阅订正，廓清内容，理顺文字，调整分类，排出顺序，保证质量。杨得其负责整书的综合规范和美术装帧，进行电脑编辑、统排；后期全面负责交付出版前的基础工作。张宗祁利用多种渠道扩展稿件来源；发挥摄影专长，充实全书版面。余建新利用电脑，检索图文，打字复印，刻录光盘，做好软硬件保障，并提出全书体例建议，担当全组的编务工作。

除东吴老学长来稿外，还有一部分就读于江苏师范学院、苏州丝绸工学院、苏州医学院和苏州大学的校友踊跃赐稿，原来曾一并编入本书，后因这些稿件将由苏州大学收入另外的纪念文集，我们遵嘱忍痛割爱。在此，对支持本书的上述各位作者表示衷心致谢！

东吴大学上海校友会常务副秘书长丰忠汉，自始至终代表编委会把握编辑方向，及时给予有效指导，保证了编辑工作顺利进行。

由于我们的水平有限，本书难免有许多不足之处，衷心希望广大读者批评指正。若有意见，请与东吴大学上海校友会（上海市淮海中路622弄7号上海市社会科学院内长乐楼302室）、苏州大学上海校友会（WWW. SUAAS. ORG. CN）联系。

《东吴春秋》编辑小组

2009年12月6日